매일 나답게 꾸미자! 액세서리 교과서

액세서리 스타일북
CLASS BOOK

EARRINGS
NECKLACE
BRACELET
HAIR ACCESSORY
RING ETC.

373
ITEMS

마피아싱글하우스

액세서리부터 시작

내가 직접 만든 액세서리가 가장 애착 가는 아이템. 핸드메이드 액세서리를 메인으로 코디 완성!

오늘의 코디

ACCESSORIES × BASIC ITEM

[BASIC ITEM] × [ACCESSORIES]
Simple Shirt • • Metallic
Print Shirt • • Floral
Blouse • • Unique
Jersey • • Oversized
Jacket •
Overalls •
Ribbed Knit •

METALLIC ACCESSORIES

메탈 소재 액세서리는 베이직한 아이템과 맞춰 노블하게

ACCESSORIES

p.125
SELECT →
메탈 파츠를 연결하여 개성있는 오각형으로 펜타곤 목걸이 완성!

p.010
SELECT →
언발런스하게 파츠를 연결하여 만든 아티스틱한 기하학 팔찌.

p.120
볼륨감 있는 골드 프린지는 얼굴을 더욱 화사하게!

p.121
진주 x 메탈 체인 레이어드 팔찌. 이것 하나로 데일리 아이템 완성!

CORDINATE 1/7

펜타곤 목걸이 지오메트릭 팔찌 × 셔츠 원피스

부드러운 분위기의 오버핏 셔츠 원피스에는 메탈 파츠와 펜타곤을 연결해 만든 팔찌와 목걸이

FLORAL ACCESSORIES

꽃 모티브는 차분한 컬러와 얇은 소재 상의와 함께 코디하면 성숙한 분위기를 연출합니다.

CORDINATE 2/7

플라워 귀걸이 × 리버티 프린트 셔츠

ACCESSORIES

SELECT ←☑

p.099

웨이브 메탈 파츠는 플라워 모티브의 아름다움을 돋보이게 합니다.

p.095

꽃잎의 연한 톤은 개성이 강한 패션에도 여성스럽고 부드러운 인상을 줍니다.

p.095

볼륨감 있는 머리핀은 코디의 주인공. 메탈 참이 포인트.

차분한 색상의 상의로 매치했기 때문에 리버티 프린트와 꽃 모티브의 스타일링이 더욱 돋보입니다.

CORDINATE 3/7

플라워 브로치 × 스탠드 칼라 블라우스

SELECT ←☑

p.095

조화에 레진을 발라 광택감을 표현한 브로치는 레트로하고 부드러운 분위기를 연출합니다

p.041

압화와 골드 물감으로 장식한 머리핀은 캐주얼에도, 파티에도 잘 어울립니다.

고급스럽고 얇은 소재의 블라우스에는 광택이 있는 레진 액세서리를 착용. 샤프한 스트라이프 패턴에 플라워의 달콤함이 포인트!

UNIQUE ACCESSORIES

유니크한 모티브로 매치하면 매니시한 캐주얼한 옷이 패셔너블하게!

ACCESSORIES

p.156

SELECT ☑ →

자전거를 타다 환상의 세계로 빠져 볼까? 귀여운 신감각 액세서리.

p.158

야구 소년과 비즈의 그래피컬한 디자인 하나로 확실하게 스타일리시 해져요!

p.157

진주 x 사람 미니어처 모형으로 멋지고 세련된 취향을 담아 귀걸이로!

p.158

SELECT ☑ →

얼룩소가 초원을 걷고 있는 듯한 풍경을 네모난 레진 속에 담아 브로치로.

p.159

우드 비즈에 미니어처 모형을 붙이는 것만으로 이런 존재감이 생기다니 신기해!

CORDINATE 4/7

아크릴 귀걸이 × 하프 집업 풀오버

스파이시한 컬러를 돋보이게 하는 것은 역시 화이트. 풀오버 티셔츠를 매치하여 스포티한 스타일로 연출하고 싶어!

CORDINATE 5/7

디오라마 브로치 × 멜빵바지

보이시한 멜빵바지에는 소박하고 포근한 느낌의 브로치가 잘 어울려요.

보이시한 재킷의 걷어 올린 소매에 여성스러운 팔찌가 엿보이게끔.

CORDINATE
6 / 7

아크릴 비즈 팔찌 × 스트라이프 재킷

OVERSIZED
ACCESSORIES

ACCESSORIES

SELECT ← ☑

p.065

매트한 아크릴 비즈를 균형 있게. 부드러운 색감으로 차분한 분위기를 연출하세요.

p.067

작은 비즈도 엮으면 화려한 반지로 변신!

SELECT ← ☑

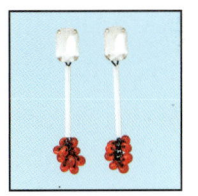
p.069

글래스 비즈로 만드는 보태니컬 스타일 귀걸이. 크지만 차분한 느낌을!

CORDINATE
7 / 7

비즈 귀걸이 × 니트 원피스

p.063

우드 펄 x 실크 리본의 조합은 코디를 여성스러운 분위기로 완성!

p.067

극세사로 볼륨감 있게 감아 만든 태슬 귀걸이는 심플한 티셔츠에.

심플한 골지 니트에 돋보이는 것은 차분한 컬러의 귀걸이. 흔들리는 귀걸이는 여성스러움을 더해줍니다.

볼드한 액세서리는 깔끔하게 심플한 옷과 스타일링하는 것이 정답!

CONTENTS

액세서리부터 시작!
오늘의 코디
p.002

ENJOY! HANDMADE

SIMPLE ACCESSORIES
CLASS ① 심플 액세서리

001, 002 p.020	003 p.020	004, 005 p.021	011, 012 p.023
006 p.021	007, 008 p.021	009, 010 p.022	
013, 014 p.022	015 p.024	016, 017 p.024	018, 019 p.025

목걸이

| 020~022 p.025 | 023, 024 p.026 | 025, 026 p.026 | 027~029 p.027 |

귀걸이

| 030, 031 p.028 | 032, 033 p.028 | 034, 035 p.029 | 036, 037 p.029 |

| 038, 039 p.030 | 040, 041 p.030 | 042, 043 p.031 | 044, 045 p.031 |

| 046~052 p.017 | 053~057 p.017 |

반지

| 058~060 p.032 | 061, 062 p.033 | 063, 064 p.033 |
| | 065, 066 p.034 | 067, 068 p.034 |

팔찌 & 발찌

| 069, 070 p.035 | 071 p.036 | 072 p.036 | 073 p.037 |

RESIN ACCESSORIES
CLASS ② 레진 액세서리

플라워

| 074, 075 p.046 | 076, 077 p.046 | 078, 087 p.048 |
| | 079, 080 p.047 | 081, 082 p.047 |

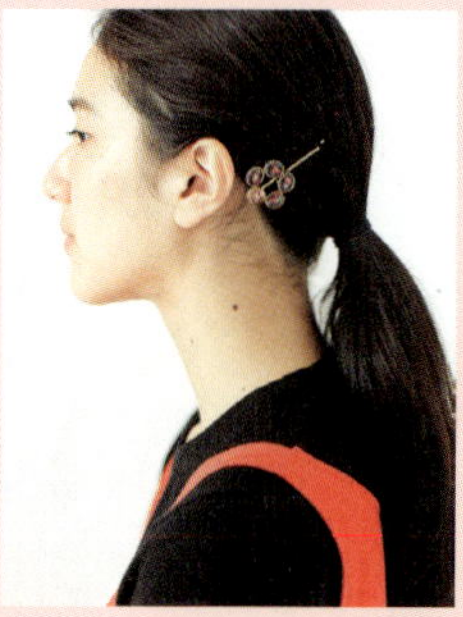

이 책에 소개된 작품의 총개수는 색상이 다른 것과 응용작품 개수 포함입니다.

083, 084

플라워

p.047

085, 086  p.048
088, 089  p.049
090, 091 p.049

IMPACT ACCESSORIES
CLASS ③ 볼드 액세서리

134, 135  p.070
136, 137  p.070
138, 139 p.071

하트

096, 097  p.050
092~095, 100, 101 p.050, 051
098, 099  p.051
102, 103 p.052

140, 141  p.072
142, 143 p.071
144, 145  p.073
146, 147 p.073

104, 105  p.052
106, 107 p.053

148, 149  p.074
150, 151  p.075
152, 153 p.076

112, 113

네온컬러

p.055

108, 109 p.053
110, 111  p.054

154, 155   p.074
156, 157  p.077
158, 159 p.078

114, 115  p.055
116, 117  p.054
118, 119  p.056

160, 161  p.079
162, 163  p.077
164, 165 p.080

120, 121  p.057
122, 123  p.058

별과 달

166, 178  p.081
167, 179  p.081
168, 180  p.082
169, 181  p.083

124, 125  p.057
126, 127  p.058
128~130 p.059
131~133 p.059

170, 182  p.083
171, 183 p.084
172, 184  p.085
173, 185  p.084

007

174, 186	175, 187	176, 188	177, 189
p.086	p.086	p.087	p.088
190, 201	191, 208	192, 193	194, 206
p.087	p.089	p.089	p.090
195, 196	197, 209	198, 199	
p.090	p.091	p.092	
200, 205	202, 204	203, 207	
p.092	p.093	p.093	

241, 242	243, 244	245, 246	247~249
p.116	p.117	p.117	
250, 251	252	253~255	
p.118	p.116	p.119	p.118

플라워 파츠

GOLD & SILVER ACCESSORIES
CLASS ⑤   골드&실버 액세서리

256, 263	257, 264	258, 265	259, 266
	p.126	p.127	p.128
	260, 267	261, 268	262, 269
p.126	p.128	p.129	p.130
270, 279	271, 280	272, 281	
	p.131	p.131	
	273, 282	274, 284	
	p.132	p.132	
	275, 285	276, 286	
p.129	p.133	p.133	
277, 283	278, 287	288, 297	289, 298
p.134	p.134	p.135	p.135

BOTANICAL ACCESSORIES
CLASS ④   보태니컬 액세서리

조화 & 드라이플라워

210~212	213~215	216, 217
	p.101	p.102
	218, 219	220, 221
p.100	p.102	p.103
222, 223	224, 225	226~228	229, 230
p.103	p.104	p.106	p.108
231, 232	233~235	236, 237	238~240
p.110	p.112	p.114	p.113

점토

이 책에 소개된 작품의 총개수는 색상이 다른 것과 응용작품 개수 포함입니다.

290, 299 p.137
291, 300 p.136
292, 301 p.136
293, 302 p.137
p.136
294, 303 p.138
295, 304 p.139
296, 305 p.138

DIORAMA ACCESSORIES
CLASS ⑦ 디오라마 액세서리

342, 343 p.160
344, 345 p.160
346, 347 p.161
348, 349 p.161

350, 351 p.162
352, 353 p.162
354, 355 p.163
356, 357 p.163

358, 359 p.164
360, 361 p.164
362, 363 p.165
364, 365 p.165

366, 367 p.166
368, 369 p.166
370, 371 p.167
372, 373 p.167

SMALL BEADS ACCESSORIES
CLASS ⑥ 작은 비즈 액세서리

306~311

비즈 자수

p.144~146

312, 313 p.146
314, 315 p.147
316, 317 p.147
318, 319 p.148

320, 321 p.148
322, 323 p.149
324, 325 p.149

BASIC LESSON

갖추어야 할 기본 도구 ———————— p.168
이 책에 소개된 기본 재료 ———————— p.170
기본 테크닉 ———————————————— p.176

이 책의 사용법

○ 완성 사이즈는 평균치입니다. 대부분의 작품 재료에 품번을 기입하지 않았습니다. 대형 수예점을 중심으로 구하기 쉬운 재료를 사용하고 있지만, 구하지 못할 경우에는 유사품으로 대체하여 만드세요. 또한 비즈 자수의 작품은 제작방법에 따라 재료표에 표기한 비즈의 수와 오차가 생기는 경우가 있을 수 있습니다.

재료표 보는 법

아크릴진주 (둥근·3㎜·블랙) ———— 2개
↑   ↑   ↑   ↑   ↑
재료의 명칭 형태 크기 색   필요한 개수

○ 각 작품에 [사용하는 도구]를 기재하고 있습니다만, 「자」는 작품 대부분에 사용하기 때문에 일부 제외하고 기재하지 않았습니다.

○ 이 책에는 파디코 (PADICO) 브랜드의 UV레진을 사용하였습니다. UV레진 경화 시간은 제품의 브랜드마다 사용량과 UV라이트에 종류에 따라 다른 경우가 있습니다. UV레진을 사용할 때 반드시 사용 제품의 취급 설명서를 읽어 주세요.

○ 이 책에 게재된 사진, 작품, 도안 등을 복제하여 핸드메이드 마켓이나 SNS 등 개인 판매 및 실제 매장, 프리마켓, 바자회 등 영리 목적으로의 사용은 저작권법으로 금지합니다. 개인적으로 작업을 즐기는 용도로만 이용해 주십시오.

326, 327 p.152
328, 329 p.150
330, 331 p.153
332, 333 p.153

즈 스티치

334, 335 p.152
336, 337 p.154
338, 339 p.154
340, 341 p.155

009

PART 1　from 001 to 073

심플 액세서리

SIMPLE ACCESSORIES

심플한 디자인은 매일 애용할 수 있어요.
코디에 뭔가 하나 더하고 싶은
그런 날 착용하면 좋은 멋진 아이템들.

파츠를 순서대로 끼우는 것만
으로도 만들 수 있기 때문에
초보자도 실패하지 않고 만들
수 있어요!

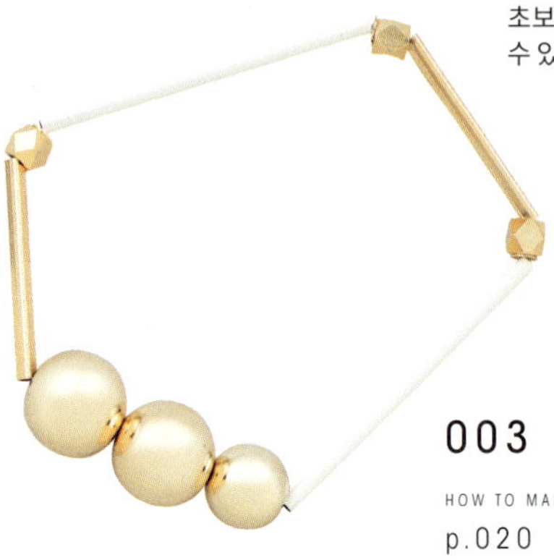

003
HOW TO MAKE
p.020

메탈 비즈, 진주,
귀걸이 포스트 고리를
T핀에 통과시켜 만드는
볼륨 귀걸이

004
HOW TO MAKE
p.021

005
HOW TO MAKE
p.021

001
HOW TO MAKE
p.020

002
HOW TO MAKE
p.020

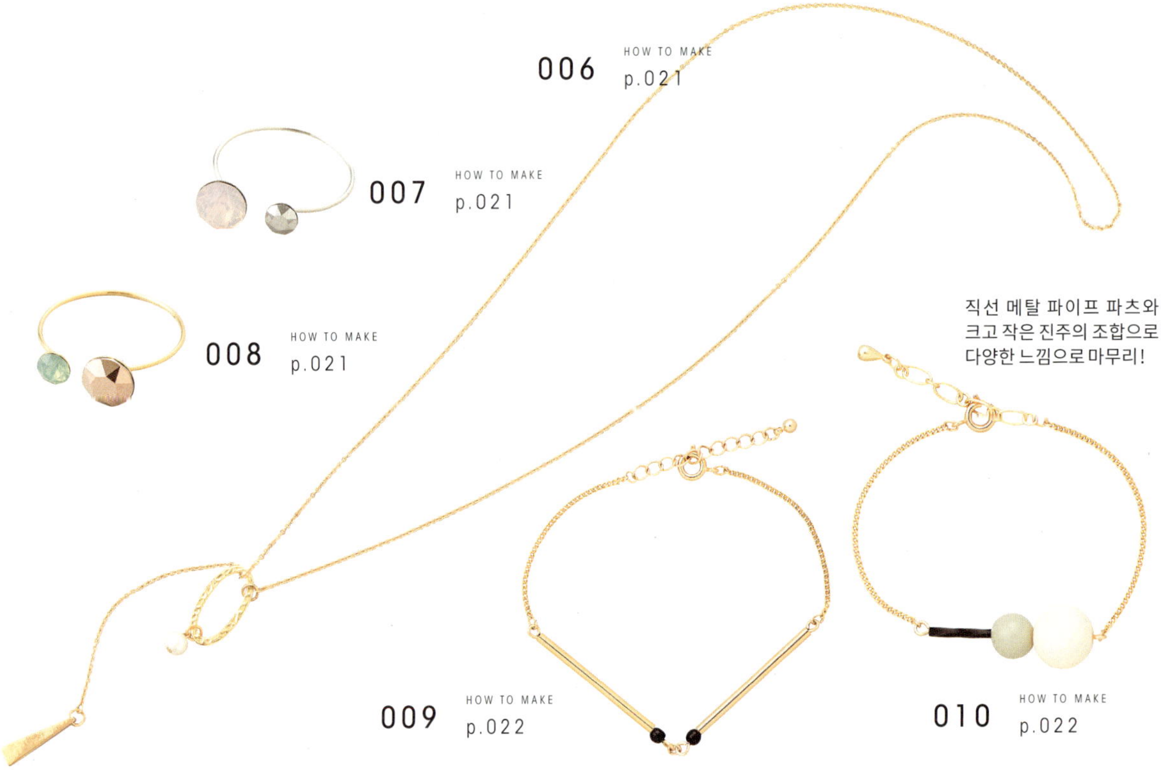

006
HOW TO MAKE
p.021

007
HOW TO MAKE
p.021

008
HOW TO MAKE
p.021

직선 메탈 파이프 파츠와
크고 작은 진주의 조합으로
다양한 느낌으로 마무리!

009
HOW TO MAKE
p.022

010
HOW TO MAKE
p.022

010

026

HOW TO MAKE
p.026

028

HOW TO MAKE
p.027

025

HOW TO MAKE
p.026

027

HOW TO MAKE
p.027

029

HOW TO MAKE
p.027

배색으로 배치한 델리카 비즈에 우드 비즈와 체코 진주가 포인트!

027~029의 만드는 법이 같습니다.
소재만 바꿔도 분위기가 확 바뀝니다.

오페라 (Opera)

길이 : 80cm 전후

밤의 공연(오페라)에 입고 가는 드레스에 어울리는 고급스러운 롱 목걸이. 파티에도 잘 어울립니다.

025

마티니 (Matinee)

길이 : 55cm 전후

미티니는 음악회나 발레같이 낮 공연을 뜻하는 프랑스어. 마티니를 걸고 외출하는 약간 캐주얼한 목걸이를 상상해보세요.

027

013

| BRACELET & ANKLET | RING | EARRINGS | NECKLACE |

030

파츠를 연결하는 것만으로
만들 수 있는 귀걸이 액세서리.

컬러풀한 파츠와 볼드 파츠,
2way 클러치 귀걸이 (040-043) 와
매치하는 방법은 여러가지!

○△□의 자유로운 조합이
보이시함을 귀엽게 만들어 주네요.

030
HOW TO MAKE
p.028

032
HOW TO MAKE
p.028

034
HOW TO MAKE
p.029

036
HOW TO MAKE
p.029

038
HOW TO MAKE
p.030

031
HOW TO MAKE
p.028

033
HOW TO MAKE
p.028

035
HOW TO MAKE
p.029

037
HOW TO MAKE
p.029

039
HOW TO MAKE
p.030

색상·형태의 조합을
응용해보세요!

러프한 형태 천연석에
는 가느다란 체인을!

360° 매력적인 기하학
디자인

개성 있는 디자인과
배색이 돋보이는 귀걸이

두 색상 아크릴 실로
언밸런스 태슬 귀걸이

2way 클러치의 귀걸이

두 종류의 귀걸이 클러치를 준비해 놓으면 귀걸이 본체 하나로 2가지 귀걸이를 즐길 수 있습니다.

040
HOW TO MAKE
p.030

체인 태슬과 흔들리는 코튼 펄의 2way

041
HOW TO MAKE
p.030

진주 다발과 크리스탈 참(charm)의 2way

044
HOW TO MAKE
p.031

042
HOW TO MAKE
p.031

흔들리는 줄란과 타원 금속 장식의 2way

043
HOW TO MAKE
p.031

물결 금속 장식과 심플한 코튼 펄의 2way

045
HOW TO MAKE
p.031

파츠를 붙여 연결하기만 하면 되므로 간단해요!

039

클래식한 옷에 언밸런스 태슬 귀걸이를 착용하면 적당한 여유가 느껴져요.

심플 액세서리　015

| BRACELET & ANKLET | RING | EARRINGS | NECKLACE |

처음 만들 때는 우선 가장
쉽게 만들 수 있는 진주
한 알부터 시작해봅시다.

**반지대에 파츠를 붙이는 것만으로도
만들 수 있는 반지.
반지대×파츠의 조합을 자유롭게 즐겨보세요.**

HOW TO MAKE p.017

048
047
046
052
049
050
051

진주 한 알에 익숙해지
면 작은 파츠나 비쥬에
도 도전!

054처럼 모티브를 붙일 때는
평판형 반지대를!

055
054
053
057
056

스와로브스키를 사용할 때 전용
반지대를 사용하는 것을 추천합니다.
품번을 확인한 후에 구매하세요.

046-057

반지 만드는 법

왼쪽 페이지의 반지는 모두 반지대에 파츠를 붙이기만 하면 되는 것이라 아주 간단합니다.

←

STEP 1 CHOOSE PARTS 파츠를 선택합니다.

\ 준비물 /

어떤 파츠로 할까…

RING   A   B

PEARL or BIJOU

반지대는 A의 컵 형태이거나 B의 평판 형태가 있습니다. 진주 또는 비쥬 등 파츠를 선택할 때, A를 사용하는 경우는 딱 맞는 사이즈, B 형태는 평판의 크기보다 작은 크기를 선택합니다. 좋아하는 아크릴 파츠나 금속 장식을 사용해도 OK.

STEP 2 PASTE PARTS 반지대에 파츠를 붙입니다.

이쑤시개에 접착제를 적당량 묻힙니다.

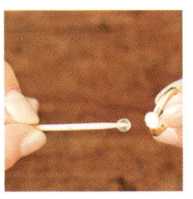

반지대의 중앙에 접착제를 묻힙니다. 너무 많이 묻히지 않도록 주의!

조심스럽게 붙여서…

STEP 3 FINISH 완성!

만들었다!!

이런 도구가 있으면 편리해요!

작은 스톤이나 비쥬는 점착성이 있는 스톤피커를 사용하면 작업이 쉬워집니다.

시드 비즈같이 작은 파츠를 집는 작업을 할 때는 핀셋을 쓰면 편리합니다.

심플 액세서리 017

001, 002

SIZE: 손목 둘레 15 cm

재료

5cm로 자른 4개의 AW에 비즈를 끼운 후, 그림과 같이 구자말이를 하여 파츠를 연결합니다.
메탈 링은 O링 a로 연결하고, 금속 장식은 O링 b로 연결합니다.

※ 와이어 루핑으로 파츠 연결 방법 ▶p.177 ④

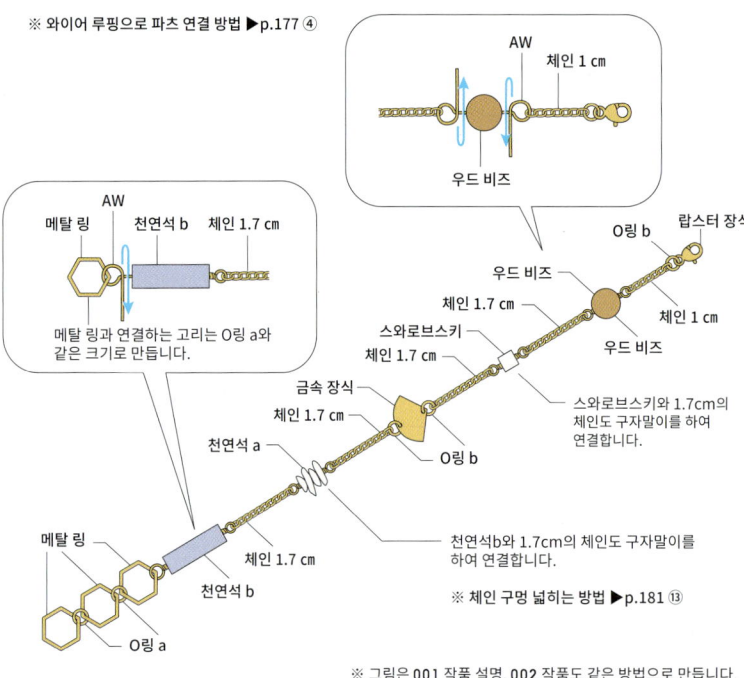

001

스와로브스키 (#5601·4㎜·투명) ── 1개
천연석 a (칩형·하우라이트) ── 4개
천연석 b (사각기둥·13×4㎜·청금석 Lapis-lazuli)
──── 1개
우드 비즈 (동전 모양·10㎜·오렌지 우드)
──── 1개
금속 장식 (부채 모양·11.5×17㎜·매트 골드)
──── 1개
메탈 링 (육각·10㎜·골드) ── 3개
O링 a (0.7×3.5㎜·골드) ── 2개
O링 b (0.6×3㎜·골드) ── 3개
랍스터 장식 (골드) ── 1개
체인 (골드) ── 1㎝×1개, 1.7㎝×4개
AW [아티스틱 와이어]
(#26·Non-Tarnish Brass) ── 20㎝×1개

002

스와로브스키 (#5601·4㎜·블랙 다이아몬드)
──── 1개
천연석 a (칩형·아쿠아 마린) ── 4개
천연석 b (원기둥·13×4㎜·로즈 쿼츠) ── 1개
우드 비즈 (동전 모양·10㎜·화이트 우드)
──── 1개
금속 장식 (부채 모양·11.5×17㎜·매트 실버)
──── 1개
메탈 링 (물방울·10.5×7.5㎜·로듐) ── 3개
O링 a (0.7×3.5㎜·로듐) ── 2개
O링 b (0.6×3㎜·로듐) ── 3개
랍스터 장식 (로듐) ── 1개
체인 (로듐) ── 1㎝×1개, 1.7㎝×4개
AW [아티스틱 와이어]
(#26·Non-Tarnish Silver) ── 20㎝×1개

〔사용하는 도구〕
기본 도구 (p.168)

003

SIZE: 손목 둘레 15 cm

재료

1 실리콘 줄을 바늘에 꿰어 두 줄로 만들어 끝부분을 마스킹 테이프로 고정하여 스토퍼 역할을 하게 합니다.
그림과 같은 순서로 비즈를 실리콘 줄에 통과시켜 끼웁니다.

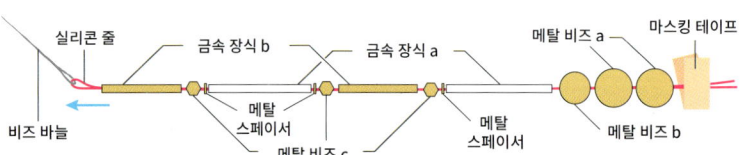

2 마스킹 테이프를 제거한 후 파츠 사이에 틈이 생기지 않게 고정합니다. 실리콘 줄의 끝부분을 두 번 묶어 매듭을 짓고 접착제를 바릅니다.

3 바늘에 메탈 비즈 3개를 되돌려 끼운 후, 매듭을 메탈 비즈 쪽으로 조금 당겨 메탈 비즈 안으로 숨깁니다. 남은 실리콘 줄은 비즈의 끝부분에서 가위로 자릅니다.

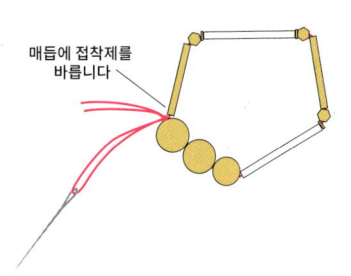

003

메탈 비즈 a (라운드·12㎜·골드) ── 2개
메탈 비즈 b (라운드·10㎜·골드) ── 1개
메탈 비즈 c (각진·4㎜·골드) ── 3개
금속 장식 a (둥근 파이프·2×40㎜·화이트)
──── 2개
금속 장식 b (각진 파이프·2×25㎜·골드)
──── 2개
메탈 스페이서 (0.3×3㎜·골드) ── 3개
실리콘 줄 Operon Rubber (0.8㎜·투명)
──── 약 50㎝×1개

〔사용하는 도구〕
비즈 바늘 / 가위 / 마스킹 테이프 / 접착제

---

memo
**실리콘 줄이라면
잘 뜯어지지 않아요!**

실리콘 줄은 폴리우레탄의 가느다란 섬유 모양의 고무가 모여 묶여있기 있기 때문에 강도가 세고 잘 뜯어지지 않는다.

004, 005

SIZE : 세로 2 × 가로 3 cm

1 그림과 같이 T핀에 비즈 종류와 귀걸이 귀찌를 순서대로 끼운 후, 고정볼을 평집게로 눌러 고정합니다.
고정볼 밖으로 튀어나온 T핀은 니퍼로 자릅니다.

※ 그림은 004 작품 설명. 005 작품도 같은 방법으로 만듭니다.

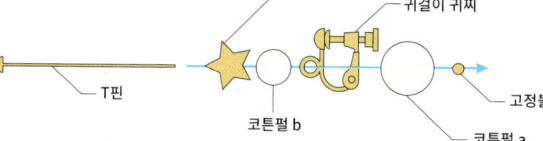

2 파츠 틈새 사이에 UV 레진을 이쑤시개로 조금 바른 후, 약 30초 정도 UV 램프로 굳힙니다.

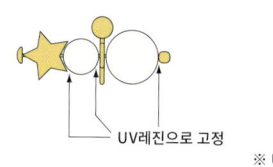

※ UV레진의 기본 테크닉 ▶ p.184, 185

재료

004
코튼 펄 a (라운드·12㎜·화이트) ─── 1개
코튼 펄 b (라운드·8㎜·화이트) ─── 2개
메탈 비즈 (별·8㎜·골드) ─── 2개
T핀 (0.6×45㎜·골드) ─── 2개
고정볼 (골드) ─── 1개
귀걸이 귀찌 (고리 부착형·골드) ─── 1세트
UV 레진 ─── 적당량

005
코튼 펄 a (라운드·12㎜·골드) ─── 1개
코튼 펄 b (라운드·8㎜·화이트) ─── 2개
메탈 비즈 (별·8㎜·골드) ─── 2개
T핀 (0.6×45㎜·골드) ─── 2개
고정볼 (골드) ─── 1개
귀걸이 귀찌 (고리 부착형·골드) ─── 1세트
UV 레진 ─── 적당량

〔사용하는 도구〕
기본 도구 (p.168) / UV 램프 / 이쑤시개

006

SIZE : 목둘레 77 cm

1 코튼 펄에 T핀을 끼우고 끝부분을 둥글게 말아 파츠를 만듭니다.

2 그림과 같이 파츠를 체인에 연결합니다. 체인과 C링을 연결할 때 체인 끝 구멍을 송곳으로 조금 넓힙니다.

※ 체인 구멍 넓히는 방법 ▶ p.181 ⑬

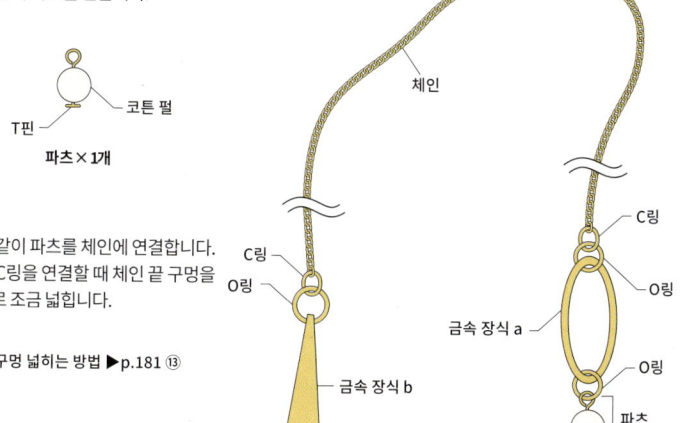

재료

006
코튼 펄 (라운드·6㎜·화이트) ─── 1개
금속 장식 a (타원·24×13㎜·골드) ─── 1개
금속 장식 b (삼각 스틱형·22×5×3㎜·골드) ─── 1개
O링 (0.6×5㎜·골드) ─── 3개
C링 (0.55×3.5×2.5㎜·골드) ─── 2개
T핀 (0.5×14㎜·골드) ─── 1개
체인 (골드) ─── 70㎝×1개

〔사용하는 도구〕
기본 도구 (p.168)

007, 008

SIZE : 모티브 부분 6㎜, 4㎜

스티로폼에 칼집을 내고 반지대를 넣어 고정합니다.
스와로브스키의 뒷면에 접착제를 발라 반지대의 컵 부분에 붙입니다.

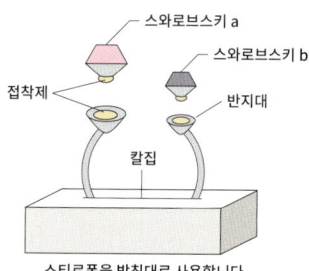

※ 그림은 007 작품 설명. 008 작품도 같은 방법으로 만듭니다.

※ 반지 만드는 방법 ▶ p.017

재료

007
스와로브스키 a (#1088·6㎜·로즈 워터 오팔) ─── 1개
스와로브스키 b (#1088·4㎜·크리스탈라이트 크롬) ─── 1개
반지대 (컵 형·4㎜/6㎜·로듐) ─── 1개

008
스와로브스키 a (#1088·6㎜·크리스탈 로즈 골드) ─── 1개
스와로브스키 b (#1088·4㎜·퍼시픽 오팔) ─── 1개
반지대 (컵 형·4㎜/6㎜·골드) ─── 1개

〔사용하는 도구〕
기본 도구 (p.168) / 스티로폼 / 접착제

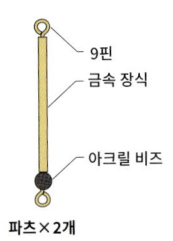

009, 010

SIZE: 009 / 손목 둘레 17cm   010 / 손목 둘레 17cm

재료

009
1 9핀에 아크릴 비즈와 금속 장식을 끼우고 끝을 둥글게 9자로 말아 파츠를 만듭니다.

2 그림과 같이 파츠와 금속 부자재들을 연결합니다.

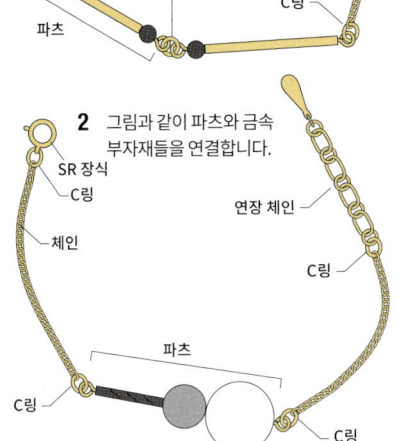

009
- 아크릴 비즈 (라운드·3mm·블랙) ─ 2개
- 금속 장식 (둥근 파이프·30mm·골드) ─ 2개
- O링 (0.6×3mm·골드) ─ 1개
- C링 (0.55×3.5×2.5mm·골드) ─ 4개
- 9핀 (0.7×45mm·골드) ─ 2개
- SR 장식 (골드) ─ 1개
- 연장 체인 (골드) ─ 1개
- 체인 (골드) ─ 3.5cm×2개

010
- 아크릴 비즈a (라운드·12mm·화이트) ─ 1개
- 아크릴 비즈b (라운드·8mm·그레이) ─ 1개
- 트위스트 비즈 (12mm·블랙) ─ 1개
- C링 (0.55×3.5×2.5mm·골드) ─ 4개
- 9핀 (0.7×45mm·골드) ─ 1개
- SR 장식 (골드) ─ 1개
- 연장 체인 (골드) ─ 1개
- 체인 (골드) ─ 5cm×2개

010
1 9핀에 트위스트 비즈, 아크릴 비즈 a, b를 끼우고 끝을 9자로 말아 파츠를 만듭니다.

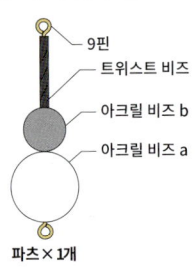

2 그림과 같이 파츠와 금속 부자재들을 연결합니다.

〔사용하는 도구〕
기본 도구 (p.168)

013, 014

SIZE: 모티브 길이 2.5cm

재료

1 3가지 색상의 아크릴 실을 각각 반씩 빼서 모읍니다.

2 중심을 임시 실(아크릴 실 a·5cm·분량 외)로 고정 매듭을 짓습니다.

3 반으로 접습니다. 이때 매듭진 부분을 안쪽으로 넣어 보이지 않도록 합니다. 삼각 고리 안쪽에 접착제를 바른 후 실을 넣고 삼각 고리를 닫습니다.

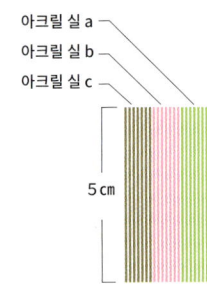

013
- 아크릴 실a (그린 계열) ─ 5cm×1/4타래
- 아크릴 실b (핑크 계열) ─ 5cm×1/4타래
- 아크릴 실c (브라운) ─ 5cm×1/4타래
- 라운드 삼각고리 (약 8mm·골드) ─ 2개
- 귀걸이 부자재 (커브 라인·골드) ─ 1세트

014
- 아크릴 실a (블루 계열) ─ 5cm×1/4타래
- 아크릴 실b (네이비 계열) ─ 5cm×1/4타래
- 아크릴 실c (옐로우 계열) ─ 5cm×1/4타래
- 라운드 삼각고리 (약 8mm·골드) ─ 2개
- 귀걸이 부자재 (커브 라인·골드) ─ 1세트

〔사용하는 도구〕
기본 도구 (p.168) / 가위 / 자 / 접착제

4 실 끝을 가위로 잘라 가지런히 정돈합니다.

5 4를 귀걸이 부자재와 O링으로 연결합니다. 반대쪽 귀걸이도 같은 방법으로 만듭니다.

※ 그림은 013 작품 설명. 014 작품도 같은 방법으로 만듭니다.

실의 분량에 대해서

1타래……실의 고리 모양으로 되어 있는 한 군데를 자른 상태

1/4타래…1타래 실의 양을 4등분 한 상태

※ 실타래에서 태슬을 얻는 방법 ▶ p.183 ⑲

011, 012

SIZE: 목둘레 75cm

재료

011
- 코튼 펄a (라운드·8㎜·골드 크림 화이트) —— 20개
- 코튼 펄b (라운드·6㎜·골드 크림 화이트) —— 20개
- 브라스 비즈a (라운드·3㎜·신주 버니쉬) —— 11개
- 브라스 비즈b (조리개용 비즈·5㎜·신주 버니쉬) —— 8개
- 브라스 비즈c (라운드·2.5㎜·신주 버니쉬) —— 38개
- 브라스 비즈d (원기둥·5×6㎜·신주 버니쉬) —— 2개
- 메탈 비즈 (단추·15㎜·골드) —— 1개
- 금속 장식 (둥근 파이프·15×8㎜·골드) - 1개
- O링 (0.8×5㎜·골드) —— 1개
- 디자인 O링 (1×8㎜·골드) —— 2개
- 랍스터 장식 (신주 버니쉬) —— 1개
- AW [아티스틱 와이어]
  (#24·Non-Tarnish Silver) —— 10㎝×1개
- 스테인리스 코드 (0.8㎜·앤틱 골드)
  —— 25㎝×1개, 110㎝×1개, 365㎝×1개
- 미싱용 레이온 자수실 (골드 계열)
  —— 2700㎝×2개
- 자수실 (25번사·골드 계열) —— 20㎝×2개

012
- 코튼 펄a (라운드·8㎜·베이지) —— 20개
- 코튼 펄b (라운드·6㎜·베이지) —— 20개
- 브라스 비즈a (라운드·3㎜·신주 버니쉬) —— 11개
- 브라스 비즈b (조리개용 비즈·5㎜·신주 버니쉬) —— 8개
- 브라스 비즈c (라운드·2.5㎜·신주 버니쉬) —— 38개
- 브라스 비즈d (원기둥·5×6㎜·신주 버니쉬) —— 2개
- 메탈 비즈 (단추·15㎜·골드) —— 1개
- 금속 장식 (둥근 파이프·15×8㎜·골드)
  —— 1개
- O링 (0.8×5㎜·골드) —— 1개
- 디자인 O링 (1×8㎜·골드) —— 2개
- 랍스터 장식 (신주 버니쉬) —— 1개
- AW [아티스틱 와이어]
  (#24·Non-Tarnish Silver) —— 10㎝×1개
- 스테인리스 코드 (0.8㎜·앤틱 골드)
  —— 25㎝×1개, 110㎝×1개, 365㎝×1개
- 미싱용 레이온 자수실 (25번사·골드 계열)
  —— 2700㎝×2개
- 자수실 (25번사·골드 계열) —— 20㎝×2개

[사용하는 도구]
기본 도구 (p.168) / 두꺼운 종이 / 접착제

---

1 365cm의 스테인리스 코드를 종이틀에 9번 반 바퀴를 감습니다.

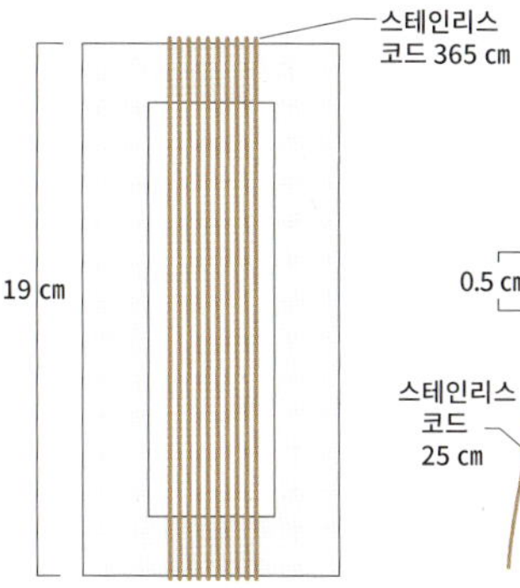

2 25cm 코드를 반접어 고리 길이가 0.5cm 되도록 1번 묶습니다. 이 코드로 1의 코드 가운데를 묶은 후, 매듭 부분이 바깥쪽에 가도록 태슬을 만듭니다.

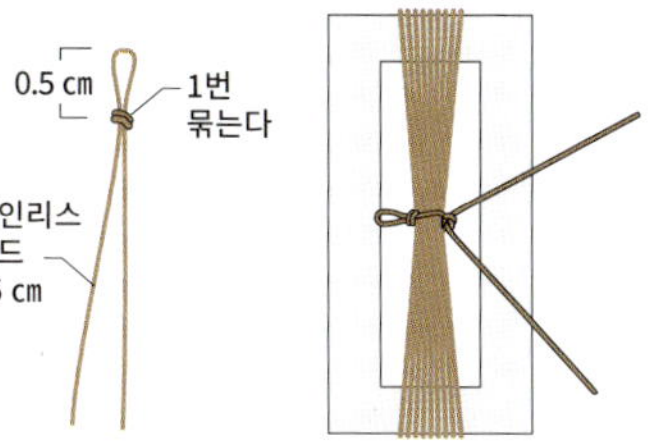

3 2의 태슬에 금속 장식을 끼워 접착제로 고정합니다.

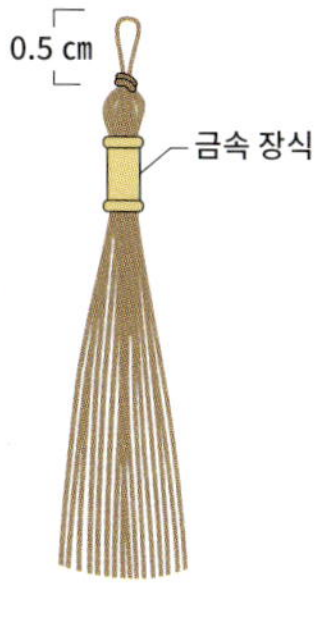

※ 태슬 만드는 방법 ▶ p.182 ⑱

4 110cm의 코드를 4cm 되돌려 접고 그림과 같이 메탈 비즈를 끼웁니다.

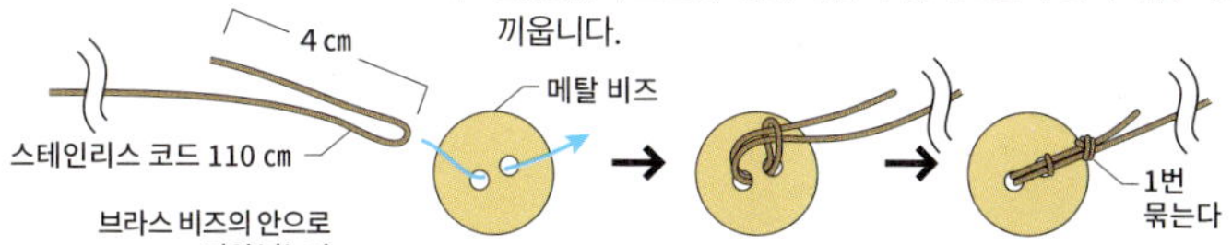

5 4의 메탈 비즈를 끼운 코드와 반대편에서 AW를 바늘처럼 달고 그림과 같이 비즈를 끼웁니다. 간격이 벌어지지 않도록 비즈를 끼운 후, AW에 코드를 3번 감고 사이로 뽑아 매듭을 만듭니다. 이렇게 매듭을 만들며 비즈를 끼우고 마지막엔 3의 태슬을 끼웁니다.

6 코드의 끝을 브라스 비즈a와 브라스 비즈b에 끼운 뒤, 그림과 같이 코드를 묶습니다.

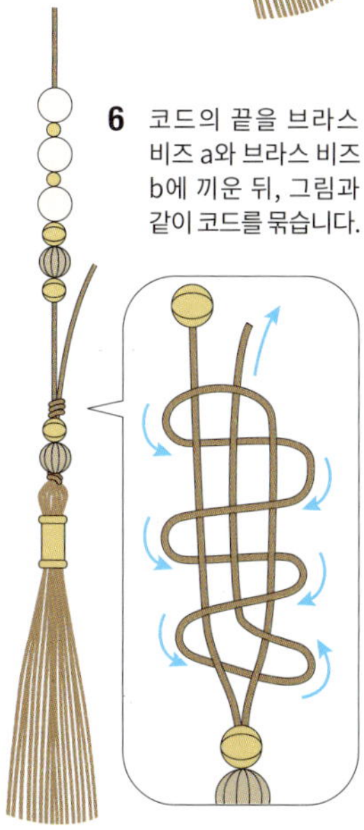

7 2cm 정도 벌려 6과 같은 방법으로 묶어 단춧구멍을 만들고 다시 브라스 비즈 3개를 끼운 후, 비즈 끝부분에서 코드를 자릅니다.

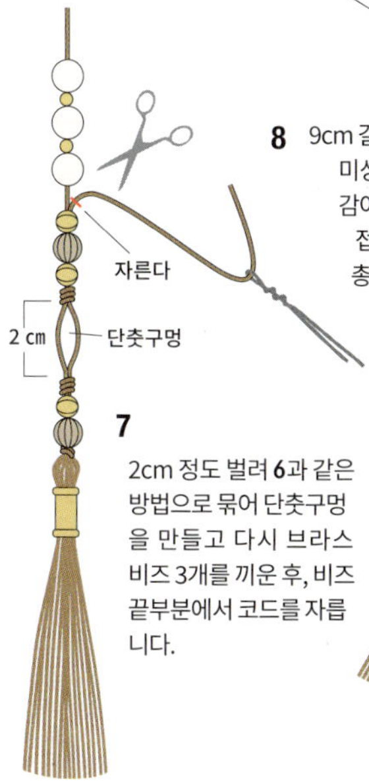

8 9cm 길이 종이틀로 태슬을 만듭니다. 미싱용 레이온 자수실을 종이틀에 감아 가운데 O링을 끼우고 반으로 접어 자수실로 묶어 정리합니다. 총 2개의 태슬을 만들어 O링으로 연결하고 랍스터 장식을 달아 7에서 만든 단춧구멍에 연결합니다.

※ 그림은 011 작품 설명. 012 작품도 같은 방법으로 만듭니다.

015

SIZE: 목둘레 38cm

재료

015
스와로브스키 (#5810·3mm·화이트) ——— 10개
금속 장식 (곡선원통파이프·3×100mm·골드) ——— 1개
O링 (0.6×3mm·골드) ——— 2개
SR 장식 (골드) ——— 1개
연장 체인 (골드) ——— 1개
체인 (골드) ——— 17.5cm×2개, 45cm×1개
AW [아티스틱 와이어]
 (#26·Non-Tarnish Brass) ——— 7cm×1개

〔사용하는 도구〕
기본 도구 (p.168)

1 17.5cm의 체인 끝에 AW를 와이어 루핑으로 연결하고 스와로브스키 10개를 끼웁니다. AW 끝에 와이어 루핑으로 또 하나의 17.5cm의 체인을 연결합니다. 손가락으로 AW를 살짝 구부려 커브를 만듭니다.

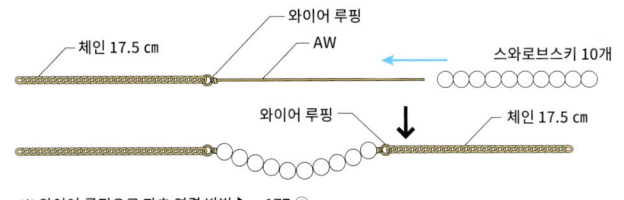

※ 와이어 루핑으로 파츠 연결 방법 ▶p.177 ④

2 45cm의 체인에 금속 장식을 끼운 후 **1**의 체인 끝부분과 O링으로 연결하여 정리합니다. SR 장식과 연장 체인을 각각 끝에 연결합니다.

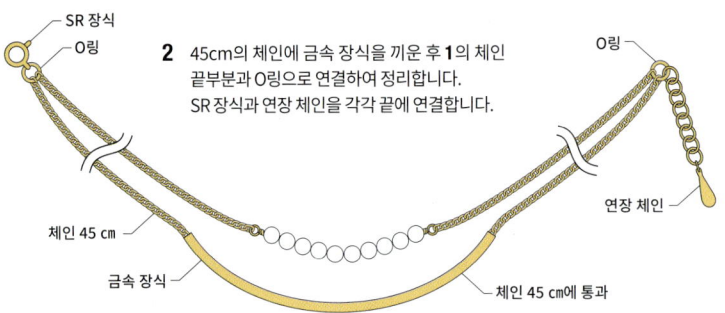

016, 017

SIZE: 길이 11cm

재료

016
깃털a (8cm·거위털/핑크) ——— 2장
깃털b (8cm·거위털/라이트 블루) ——— 2장
O링 (0.6×3mm·로듐) ——— 2개
고정캡 (1.2mm용·로듐) ——— 4개
귀걸이 부자재 (후크·로듐) ——— 1세트
체인 (로듐) ——— 2.5cm×2개

017
깃털a (8cm·거위털/네이비) ——— 2장
깃털b (8cm·거위털/화이트) ——— 2장
O링 (0.6×3mm·골드) ——— 2개
고정캡 (1.2mm용·골드) ——— 4개
귀걸이 부자재 (후크·골드) ——— 1세트
체인 (골드) ——— 2.5cm×2개

〔사용하는 도구〕
기본 도구 (p.168) / 접착제

1 깃털은 가장 작은 사이즈에 맞추어 깃털 밑 부분을 뜯어내고 심을 3m 남기고 자릅니다. 4장을 같은 모양으로 정리합니다. 3mm 남긴 심 부분에 접착제를 바르고 고정캡을 붙입니다.

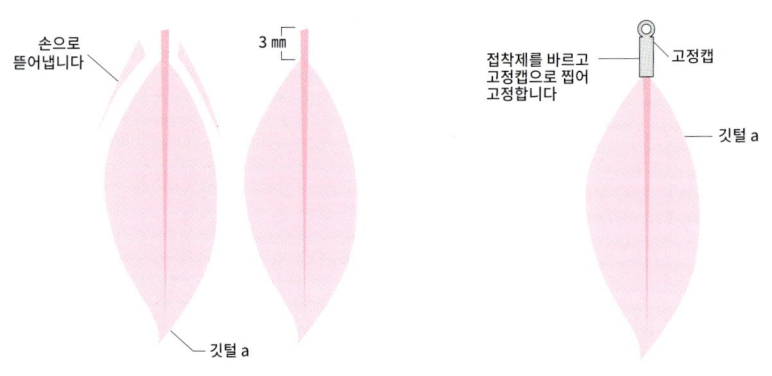

※ 고정캡 사용법 ▶p.179 ⑦

2 그림과 같이 깃털과 귀걸이 훅을 연결합니다. 체인에 끼우기 어려운 경우 송곳으로 체인 구멍을 넓힙니다. 반대쪽 귀걸이도 같은 방법으로 만듭니다.

※ 체인 구멍 넓히는 방법
▶p.181 ⑬

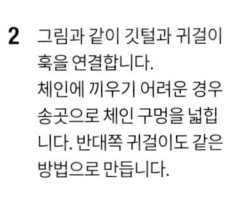
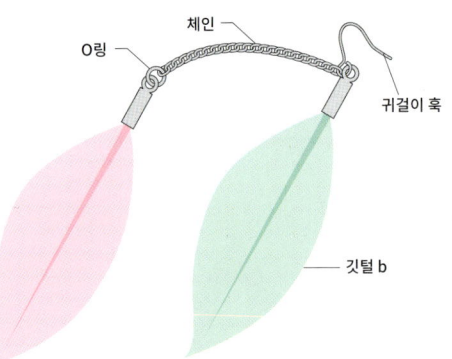

> **memo**
> 깃털은 손으로 떼어내어 크기를 정리합니다.
> 깃털은 상품에 따라 크기가 다릅니다. 뿌리 부분을 깃털로 떼어낸 후 간단하게 크기를 바꿀 수 있습니다. 크기를 맞추면 고급스럽게 정리되어 완성도가 UP!

※ 그림은 016 작품 설명. 017 작품도 같은 방법으로 만듭니다.

018, 019

SIZE: 길이 6cm

재료

1 T핀에 천연석을 끼우고 핀의 끝부분을 둥글게 말아 파츠를 만듭니다.

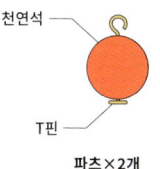

2 귀걸이 부자재의 체인 구멍에 파츠와 금속 장식을 그림과 같이 O링으로 연결합니다. 반대쪽 귀걸이도 같은 방법으로 만듭니다.

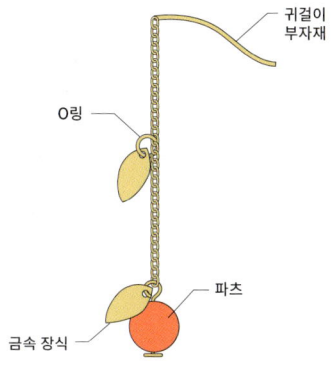

※ 그림은 018 작품 설명. 019 작품도 같은 방법으로 만듭니다.

018

천연석 (라운드 컷·6㎜·레드 마노) ———— 2개
금속 장식 (잎·7×4㎜·골드) ———————— 4개
T핀 (0.6×15㎜·골드) ————————————— 2개
귀걸이 부자재 (커브 라인·골드) ——— 1세트

019

천연석 (라운드 컷·6㎜·백수정) ————— 2개
금속 장식 (잎·7×4㎜·로듐) ——————— 4개
T핀 (0.6×15㎜·로듐) ————————————— 2개
귀걸이 부자재 (커브 라인·로듐) ——— 1세트

〔사용하는 도구〕
기본 도구 (p.168)

 # 020~022

SIZE: 목둘레 30cm

재료

1 가죽 끈에 금속 장식을 끼웁니다. 가죽 끈 끝에서부터 1cm 안쪽에 접착제를 바르고 금속 장식에 걸어 뒤로 접은 후 고정캡으로 고정시킵니다. 금속 장식 반대쪽도 같은 방법으로 가죽 끈을 연결합니다. 이때 끈의 앞뒤가 바뀌지 않도록 주의합니다.

※ 고정캡 사용법 ▶p.179 ⑦

2 가죽 끈 끝부분에 접착제를 바르고 레이스 캡을 붙입니다.

3 그림과 같이 SR 장식과 연장 체인을 각각 O링으로 연결합니다.

※ 그림은 020 작품 설명. 021, 022 작품도 같은 방법으로 만듭니다.

※ 레이스캡 사용법 ▶p.179 ⑧

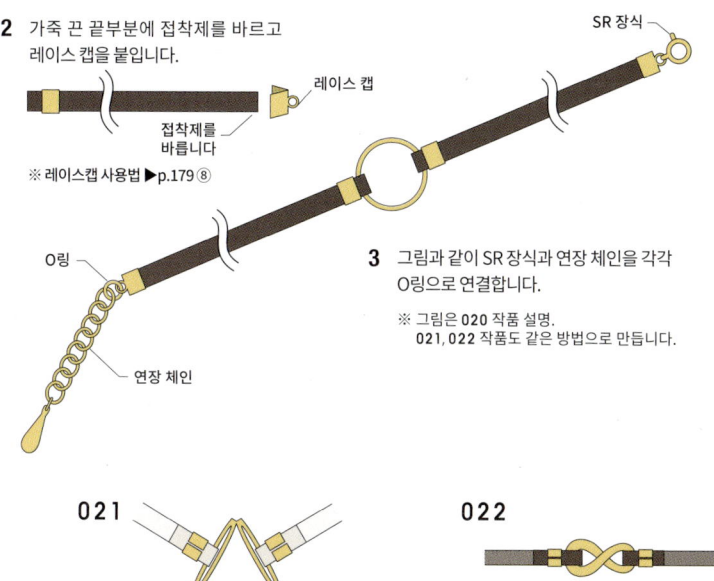

020

금속 장식 (라운드·15㎜·골드) —————— 1개
O링 (0.6×3㎜·골드) ————————————— 1개
고정캡 (6㎜용·골드) ————————————— 2개
레이스 캡 (6㎜용·골드) ——————————— 2개
SR 장식 (골드) ———————————————— 1개
연장 체인 (골드) ——————————————— 1개
가죽 끈 (5㎜ 폭·블랙) —————— 16㎝×2개

021

금속 장식 (입체 삼각형·18×20×7㎜·골드)
———————————————————————————— 1개
O링 (0.6×3㎜·골드) ————————————— 1개
고정캡 (6㎜용·골드) ————————————— 2개
레이스 캡 (6㎜용·골드) ——————————— 2개
SR 장식 (골드) ———————————————— 1개
연장 체인 (골드) ——————————————— 1개
가죽 끈 (5㎜ 폭·화이트) ————— 16㎝×2개

022

금속 장식 (무한대 기호·6.5×15×3㎜·골드)
———————————————————————————— 1개
O링 (0.6×3㎜·골드) ————————————— 1개
고정캡 (4㎜용·골드) ————————————— 2개
레이스 캡 (6㎜용·골드) ——————————— 2개
SR 장식 (골드) ———————————————— 1개
연장 체인 (골드) ——————————————— 1개
가죽 끈 (3㎜ 폭·브라운) ————— 16㎝×2개

〔사용하는 도구〕
기본 도구 (p.168) / 접착제

023, 024

SIZE: 목둘레 42cm

재료

1. 체인 끝을 O링으로 SR 장식을 연결합니다. O링이 체인 구멍에 끼워지지 않을 경우 송곳으로 체인 구멍을 넓힙니다. 체인 반대편부터 그림과 같이 비즈를 끼웁니다.

2. 연장 체인을 체인에 O링으로 연결합니다. 연결 체인의 끝에 O링으로 금속 장식을 연결합니다.

※ 그림은 023 작품 설명. 024 작품도 같은 방법으로 만듭니다.

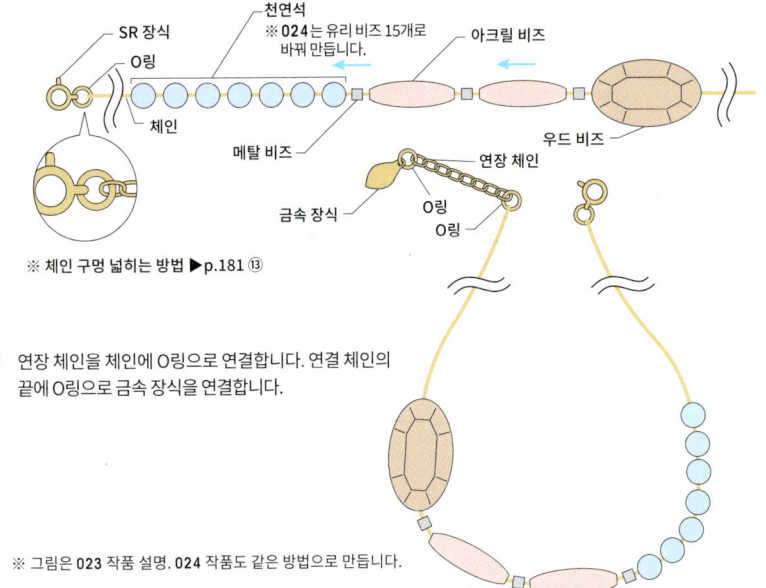

023
- 천연석 (10mm·화산석/블루) ——— 7개
- 우드 비즈 (타원·20×28mm·골드) ——— 1개
- 아크릴 비즈 (대추 모양·20mm·매트 핑크베이지) ——— 2개
- 메탈 비즈 (각진 모양·3mm·골드) ——— 3개
- 금속 장식 (잎·15×7mm·골드) ——— 1개
- O링 (0.6×3mm·골드) ——— 3개
- SR 장식 (골드) ——— 1개
- 연장 체인 (골드) ——— 1개
- 체인 (골드) ——— 42cm×1개

024
- 유리 비즈 (단추 컷·6mm·다크 레드) ——— 15개
- 우드 비즈 (직사각형·20×30mm·골드) ——— 1개
- 아크릴 비즈 (트위스트·23×11mm·매트 다크 그린) ——— 2개
- 메탈 비즈 (각진 모양·3mm·매트 골드) ——— 3개
- 금속 장식 (잎·15×7mm·골드) ——— 1개
- O링 (0.6×3mm·골드) ——— 3개
- SR 장식 (골드) ——— 1개
- 연장 체인 (골드) ——— 1개
- 체인 (골드) ——— 42cm×1개

〔사용하는 도구〕
기본 도구 (p.168)

025, 026

SIZE: 목둘레 81cm

재료

1. 고정볼을 나일론 코팅 와이어에 끼운 후 되돌아와 고정볼에 와이어를 넣고 평집게로 살짝 누릅니다. 남은 와이어는 자르고 구멍 지프에 고정볼을 넣고 닫습니다.

※ 구멍지프 사용법 ▶ p.178 ⑥

2. 나일론 코팅 와이어에 그림과 같이 비즈 종류를 끼웁니다. 마지막에 구멍 지프, 고정볼을 순서대로 끼운 후 고정볼을 평집게로 누릅니다. 구멍 지프에 고정볼을 넣고 닫습니다.

3. 2에 체인과 SR 장식, 연장 체인을 각각 O링으로 연결합니다.

※ 그림은 025 작품 설명. 026 작품도 같은 방법으로 만듭니다.

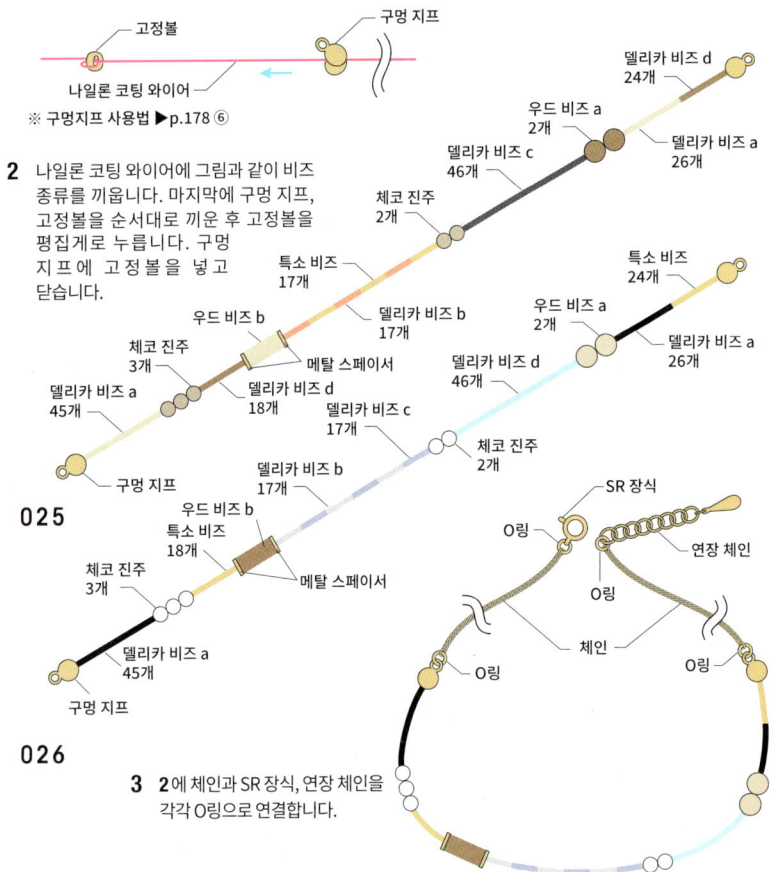

025
- 우드비즈a (동전모양·10mm·오렌지우드) — 2개
- 우드비즈b (사각기둥·16×8mm·화이트우드) — 1개
- 체코 진주 (라운드·6mm·매트브라운골드) — 5개
- 델리카 비즈a (무광 아이보리) ——— 71개
- 델리카 비즈b (무광 레드) ——— 51개
- 델리카 비즈c (무광 블랙) ——— 46개
- 델리카 비즈d (무광 다크 브라운) ——— 42개
- 특소 비즈 (옐로우 골드) ——— 51개
- 메탈 스페이서 (0.3mm×3·골드) ——— 2개
- O링 (0.6×3mm·황동) ——— 4개
- 구멍지프 (황동) ——— 2개
- 고정볼 (황동) ——— 2개
- SR 장식 (황동) ——— 1개
- 연장 체인 (황동) ——— 1개
- 체인 (황동) ——— 19cm×2개
- 나일론코팅와이어 (0.38mm·로듐)·약 50cm×1개

026
- 우드 비즈a (동전모양·10mm·화이트우드) — 2개
- 우드 비즈b (사각기둥·16×8mm·참나무) — 1개
- 체코 진주 (라운드·6mm·매트 화이트) — 5개
- 델리카 비즈a (무광 블랙) ——— 71개
- 델리카 비즈b (무광 화이트) ——— 51개
- 델리카 비즈c (무광 라피스) ——— 51개
- 델리카 비즈d (무광 하늘색) ——— 46개
- 특소 비즈 (옐로우 골드) ——— 42개
- 메탈 스페이서 (0.3mm×3·골드) ——— 2개
- O링 (0.6×3mm·골드) ——— 4개
- 구멍지프 (골드) ——— 2개
- 고정볼 (골드) ——— 2개
- SR 장식 (골드) ——— 1개
- 연장 체인 (골드) ——— 1개
- 체인 (골드) ——— 19cm×2개
- 나일론코팅와이어 (0.38mm·로듐) 약 50cm×1개

〔사용하는 도구〕
기본 도구 (p.168)

027~029

SIZE: 목둘레 53cm

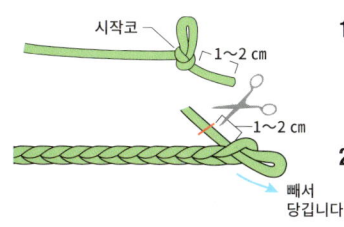

1 폴리에스테르 실의 끝부분을 1~2cm 남기고 코바늘로 시작코를 만든 후 사슬뜨기로 약 25cm 엮습니다.
※ 028작품은 면 실로, 029작품은 종이 실(화지 실)로 만듭니다.

2 약 25cm 뜨고 난 후 실 끝부분을 1~2cm 정도 남겨 실을 자르고 실 끝을 빼내 당깁니다.

3 실의 끝을 다시 4mm 정도 자르고 접착제를 발라 고정캡을 끼워 붙입니다. 반대쪽의 실 끝도 같은 방법으로 만듭니다.

※ 고정캡 사용법 ▶p.179 ⑦

4 그림과 같이 비즈를 AW 또는 9핀에 끼워 각각의 파츠 A를 만들면서 연결합니다. 메탈 비즈와 메탈 스페이서를 T핀에 끼워 끝부분을 둥글게 말아 파츠 B를 만듭니다.

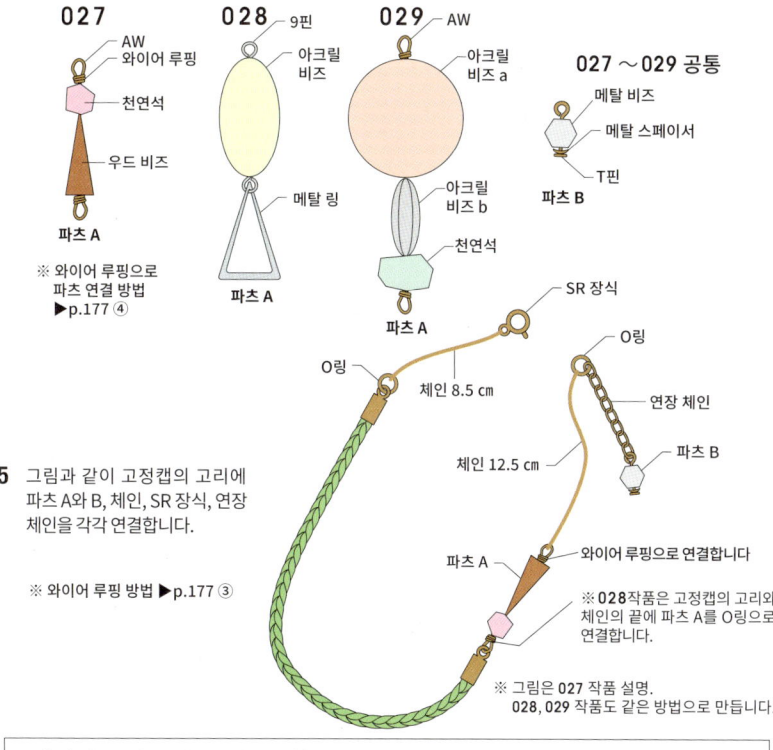

5 그림과 같이 고정캡의 고리에 파츠A와 B, 체인, SR 장식, 연장 체인을 각각 연결합니다.

※ 와이어 루핑 방법 ▶p.177 ③

재료

027
천연석 (돌 모양·약 15mm·로즈 쿼츠) ─ 1개
우드 비즈 (삼각·14×40mm·다크 브라운)
────────────────── 1개
메탈 비즈 (각진 모양·4mm·황동) ─ 1개
메탈 스페이서 (0.3×3mm·골드) ─ 1개
O링 (0.6×3mm·황동) ──────── 2개
T핀 (0.6×15mm·황동) ──────── 1개
고정캡 (2mm용·골드) ──────── 2개
SR 장식 (황동) ─────────── 1개
연장 체인 (황동) ─────────── 1개
폴리에스테르 실 (날개실·그린 계열)
────────────── 180cm×1개
체인 (황동)
────── 12.5cm×1개, 8.5cm×1개
AW [아티스틱 와이어]
(#24·Non-Tarnish Brass) ── 10cm×1개

028
메탈 링 (삼각·25×20mm·매트 화이트) ─ 1개
아크릴 비즈 (타원·30×16mm·매트 오프 화이트)
────────────────── 1개
메탈 비즈 (각진 모양·4mm·매트 실버) ─ 1개
메탈 스페이서 (0.3×3mm·로듐) ─ 1개
O링 (0.6×3mm·로듐) ──────── 3개
T핀 (0.6×15mm·로듐) ──────── 1개
9핀 (0.7×40mm·로듐) ──────── 1개
고정캡 (2mm용·로듐) ──────── 2개
SR 장식 (매트 블랙) ────────── 1개
연장 체인 (매트 블랙) ────────── 1개
면 실 (내추럴 커버·레드&화이트 계열)
────────────── 180cm×1개
체인 (매트 블랙)
────── 12.5cm×1개, 8.5cm×1개

029
아크릴 비즈a (라운드 평판형·30mm·매트 핑크)
────────────────── 1개
아크릴 비즈b (대추 모양·20mm·매트 그레이)
────────────────── 1개
천연석 (돌 모양·약 15mm·밀키 아쿠아 마린)
────────────────── 1개
메탈 비즈 (각진 모양·4mm·골드) ─ 1개
메탈 스페이서 (0.3×3mm·골드) ─ 1개
O링 (0.6×3mm·골드) ──────── 2개
T핀 (0.6×15mm·골드) ──────── 1개
고정캡 (2mm용·골드) ──────── 2개
SR 장식 (골드) ─────────── 1개
연장 체인 (골드) ─────────── 1개
종이실 (화지 몰(mogol)실·화이트 계열)
────────────── 180cm×1개
체인 (골드)
────── 12.5cm×1개、8.5cm×1개
AW [아티스틱 와이어]
(#24·Non-Tarnish Brass) ── 10cm×1개

[사용하는 도구]
기본 도구 (p.168) / 코바늘 / 가위 / 접착제

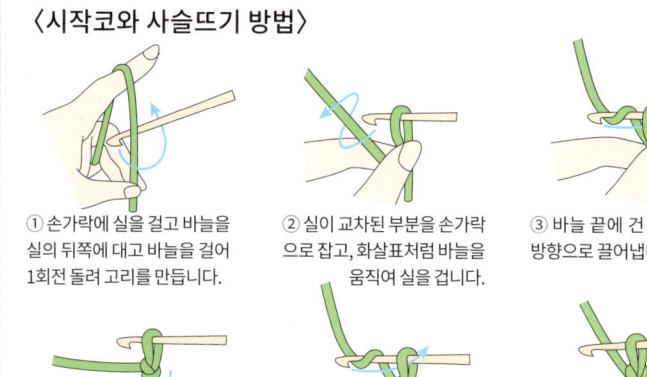

〈시작코와 사슬뜨기 방법〉

① 손가락에 실을 걸고 실의 뒤쪽에 대고 바늘을 걸어 1회전 돌려 고리를 만듭니다.

② 실이 교차된 부분을 손가락으로 잡고, 화살표처럼 바늘을 움직여 실을 겁니다.

③ 바늘 끝에 건 실을 화살표 방향으로 끌어냅니다.

④ 실을 아래로 잡아당겨 고리를 조입니다. 시작코 완성.

⑤ ②,③과 같은 방법으로 바늘에 실을 걸어 끌어냅니다.

⑥ 사슬뜨기 첫째 코를 뜬 모습. 계속해서 ⑤를 반복합니다.

030, 031

SIZE: 길이 4.5cm

030

1 그림과 같이 T핀에 각각 비즈를 끼우고 끝을 둥글게 말아 파츠 A와 B를 만듭니다.

2 귀걸이 훅의 고리 부분에 파츠 A와 B를 연결합니다.

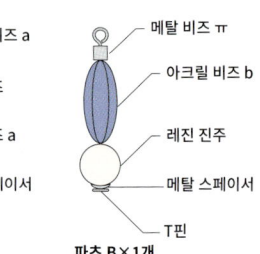
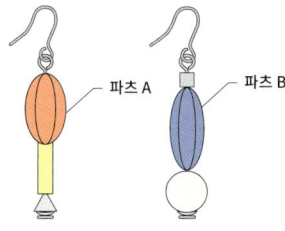

031

1 그림과 같이 T핀에 각각 비즈를 끼우고 끝을 둥글게 말아 파츠 A와 B를 만듭니다.

2 귀걸이 훅의 고리 부분에 파츠 A와 B를 연결합니다.

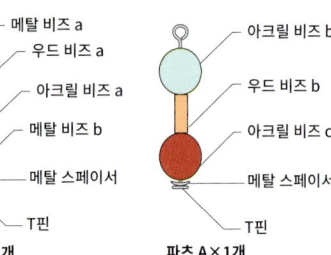
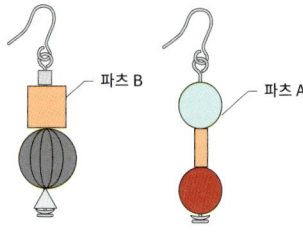

※ p.014의 모델은 030 작품을 귀걸이 귀찌로 바꿔 착용한 모습입니다.

재료

030
- 레진 진주 (라운드·10㎜·매트 화이트) — 1개
- 우드 비즈 (사각 기둥·4×10㎜·옐로우) — 1개
- 아크릴 비즈a (타원·18㎜·매트 핑크) — 1개
- 아크릴 비즈b(대추 모양·20㎜·매트 네이비) — 1개
- 메탈 비즈a (삼각·5㎜·로듐) — 1개
- 메탈 비즈b (각진 모양·4㎜·매트 실버) — 1개
- 메탈 스페이서 (0.3×3㎜·로듐) — 2개
- T핀 (0.7×40㎜·로듐) — 2개
- 귀걸이 부자재 (후크·매트 실버) — 1세트

031
- 우드 비즈a (평평한 사각형·10×4㎜·화이트) — 1개
- 우드 비즈b (사각 기둥·4×10㎜·화이트) — 1개
- 아크릴 비즈a (호박 모양·16㎜·매트 그레이) — 1개
- 아크릴 비즈b (라운드·12㎜·매트 하늘색) — 1개
- 아크릴 비즈c (라운드·12㎜·매트 레드) — 1개
- 메탈 비즈a (큐브·2㎜·로듐) — 1개
- 메탈 비즈b (삼각·5㎜·로듐) — 1개
- 메탈 스페이서 (0.3×3㎜·로듐) — 2개
- T핀 (0.7×40㎜·로듐) — 2개
- 귀걸이 부자재 (후크·매트 실버) — 1세트

〔사용하는 도구〕
기본 도구 (p.168)

032, 033

SIZE: 길이 6.5cm

1 체인에 천연석을 끼워 두 줄을 가지런히 모아 구멍 지프, 고정볼을 끼웁니다. 양 끝 길이를 맞춘 후 고정볼을 평집게로 누릅니다. 이때 체인이 고이지 않게 조심합니다. 남은 체인을 자르고 구멍 지프 안에 고정볼을 넣고 닫습니다.

※ 구멍지프 사용법 ▶p.178 ⑥

2 1과 귀걸이 포스트를 O링으로 연결합니다. 반대쪽 귀걸이도 같은 방법으로 만듭니다.

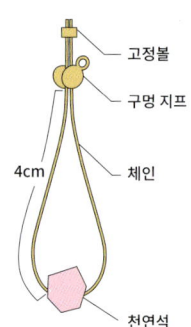

※ 그림은 032 작품 설명. 033 작품도 같은 방법으로 만듭니다.

재료

032
- 천연석 (돌 모양·약 15㎜·로즈 쿼츠) — 2개
- O링 (0.6×3㎜·골드) — 2개
- 구멍지프 (골드) — 2개
- 고정볼 (골드) — 2개
- 귀걸이 포스트 (볼고리형·골드) — 1세트
- 체인 (골드) — 15㎝×2개

033
- 천연석 (돌 모양·약 15㎜·밀키 아쿠아 마린) — 2개
- O링 (0.6×3㎜·골드) — 2개
- 구멍지프 (골드) — 2개
- 고정볼 (골드) — 2개
- 귀걸이 포스트 (볼고리형·골드) — 1세트
- 체인 (골드) — 15㎝×2개

〔사용하는 도구〕
기본 도구 (p.168)

034, 035

SIZE: 길이 5.5cm

1 귀걸이 포스트의 컵 부분과 메탈 비즈에 접착제를 발라 붙입니다. 이때 비즈 구멍의 위치가 수평이 되도록 주의합니다. 이것을 총 2개 만들고 스티로폼 등에 고정시켜 하루 동안 완전히 건조합니다.

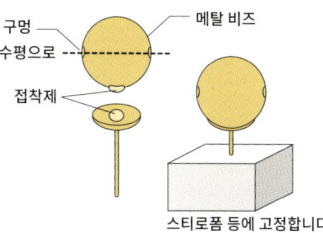

2 메탈 링b의 한 변 중앙 부분을 니퍼로 자릅니다. 자른 부분으로 메탈 링a를 끼웁니다.

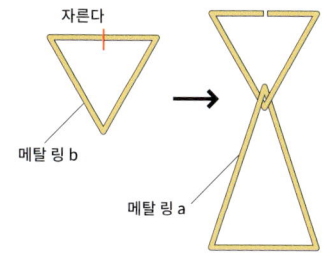

3 자른 쪽을 손가락으로 밀어내며 고정볼을 양쪽에 한 개씩 끼워 1의 메탈 비즈 구멍에 통과시켜 넣습니다. 고정볼을 눌러 찌부러뜨립니다.

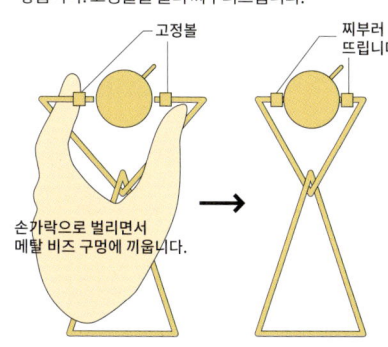

4 T핀에 1에서 만든 나머지 메탈 비즈와 1개의 메탈 비즈, 금속 장식 b를 끼우고 끝부분을 둥글게 말아 고리를 만듭니다. 금속 장식 a를 연결합니다.

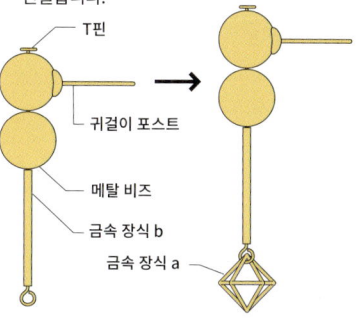

※ 그림은 034 작품 설명. 035 작품도 같은 방법으로 만듭니다.

재료

034
- 메탈 링a (이등변 삼각형·33×25mm·골드) — 1개
- 메탈 링b (정삼각형·24×27mm·골드) — 1개
- 금속 장식a (입체·삼각·11×11×11mm·골드) — 1개
- 금속 장식b (각진 파이프·2×25mm·골드) — 1개
- 메탈 비즈 (라운드·10mm·골드) — 3개
- T핀 (0.7×60mm·골드) — 1개
- 고정볼 (2mm·골드) — 2개
- 귀걸이 포스트 (컵형·4mm·골드) — 1세트

035
- 메탈 링a (이등변 삼각형·33×25mm·로듐) — 1개
- 메탈 링b (정삼각형·24×27mm·로듐) — 1개
- 금속 장식a (입체·삼각·11×11×11mm·로듐) — 1개
- 금속 장식b (각진 파이프·2×25mm·로듐) — 1개
- 메탈 비즈 (라운드·10mm·로듐) — 3개
- T핀 (0.7×60mm·로듐) — 1개
- 고정볼 (2mm·로듐) — 2개
- 귀걸이 포스트 (컵형·4mm·로듐) — 1세트

[사용하는 도구]
기본 도구 (p.168) / 접착제

036, 037

SIZE: 길이 6cm

1 AW의 끝에서 7.5cm 되는 지점을 평집게로 구부립니다. 반대쪽으로부터 체코 진주를 4개 끼워 넣고 평집게로 구부립니다.

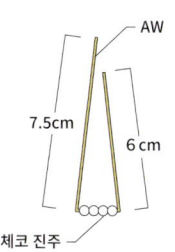

※ 037 작품은 천연석 a로 만듭니다.

2 양쪽 AW에 각각 트위스트 비즈를 끼우고 AW 두 줄을 가지런히 모아 금속 장식과 아크릴 비즈를 끼웁니다.

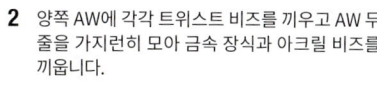
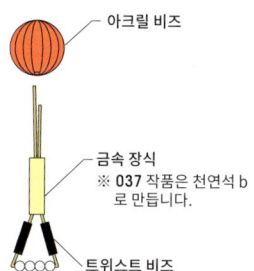

3 긴 쪽 AW를 9자말이 집게로 둥글게 고리를 만들어 귀걸이 훅을 연결합니다. 짧은 쪽 AW를 감아 참 루핑을 하여 고정합니다. 반대쪽 귀걸이도 같은 방법으로 만듭니다.
※ 와이어 참 루핑 방법 ▶ p.178 ⑤

※ 그림은 036 작품 설명. 037 작품도 같은 방법으로 만듭니다.

재료

036
- 체코 진주 (라운드·3mm·화이트) — 8개
- 아크릴 비즈 (호박 줄무늬 구슬·16mm·매트 레드) — 2개
- 트위스트 비즈 (2×12mm·매트 블랙) — 4개
- 금속 장식 (육각 파이프·5×15mm·골드) — 2개
- 귀걸이 부자재 (후크·골드) — 1세트
- AW [아티스틱 와이어]
  (#26·Non-Tarnish Brass) — 15cm×2개

037
- 천연석a (라운드·3mm·오닉스) — 8개
- 천연석b (사각 기둥·4×12mm·로즈 쿼츠) — 2개
- 트위스트 비즈 (2×12mm·매트 화이트) — 4개
- 아크릴 비즈 (변형·16mm·매트 민트) — 2개
- 귀걸이 부자재 (후크·매트 실버) — 1세트
- AW [아티스틱 와이어]
  (#26·Non-Tarnish Silver) — 15cm×2개

[사용하는 도구]
기본 도구 (p.168)

038, 039

SIZE: 길이 7cm

재료

038
- 체코 비즈 (6㎜·핑크투명) ——— 8개
- 아크릴 실a (블루) — 7cm×1/4타래, 5cm×1/8타래
- 아크릴실b (핑크) — 7cm×1/4타래, 5cm×1/8타래
- 디자인 O링 (0.9×5㎜·골드) ——— 2개
- 9핀 (0.7×40㎜·골드) ——— 2개
- 귀걸이 부자재 (후크·골드) ——— 1세트
- 스테인리스코드 (0.6㎜·앤틱골드) ——— 15cm×2개

039
- 체코 파이어 폴리쉬 (6㎜·블랙) ——— 8개
- 아크릴 실a (블랙 계열)
  ——— 7cm×1/4타래, 5cm×1/8타래
- 아크릴 실b (브라운 계열)
  ——— 7cm×1/4타래, 5cm×1/8타래
- 디자인 O링 (0.9×5㎜·골드) ——— 2개
- 9핀 (0.7×40㎜·골드) ——— 2개
- 귀걸이 부자재 (후크·골드) ——— 1세트
- 스테인리스코드 (0.6㎜·앤틱골드) ——— 15cm×2개

[사용하는 도구]
기본 도구 (p.168) / 가위

실의 분량에 대해서
1타래……실의 고리 모양으로 되어 있는 한 군데를 자른 상태
1/4타래…1타래 실의 양을 4등분 한 상태
1/8타래…1/4타래를 2등분 한 상태

1 그림과 같이 9핀에 비즈를 끼우고 끝을 둥글게 말아 파츠를 만듭니다.

파츠 A×1개 파츠 B×1개

※ 039 작품은 체코 파이어 폴리쉬로 작업합니다.

2 아크릴 실 a와 b를 합쳐 각각 묶습니다.

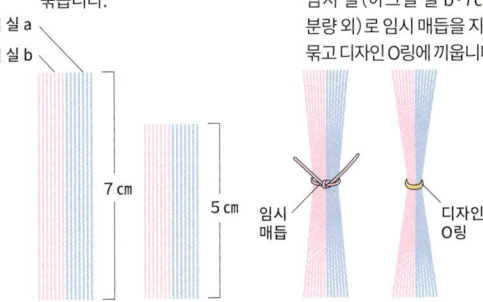

3 2의 실타래의 가운데 부분을 임시 실 (아크릴 실 b·7cm·분량 외)로 임시 매듭을 지어 묶고 디자인 O링에 끼웁니다.

4 O링을 중심으로 반으로 접고 목 부분을 스테인리스 코드로 정리하여 매듭을 짓습니다.

※ 실타래에서 태슬을 얻는 방법 ▶p.183 ⑲

5 실 끝을 정리하여 가위로 가지런히 자릅니다.

6 파츠 A, B와 귀걸이 훅을 연결합니다.

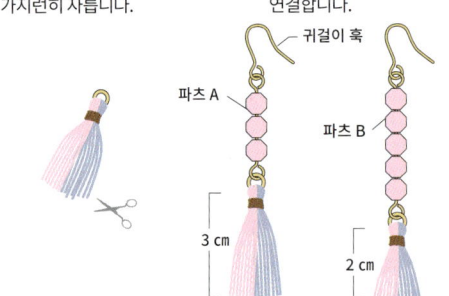

※ 그림은 038 작품 설명. 039 작품은 실과 파츠를 바꿔 같은 방법으로 만듭니다.
※ p.015의 모델은 039 작품을 귀걸이 포스트로 바꿔 착용하였습니다.

040, 041

SIZE: 040의 본체 1cm, 클러치 (A) 길이 6cm, 클러치 (B) 길이 4cm
041의 본체 1cm, 클러치 (A) 길이 3cm, 클러치 (B) 길이 4cm

재료

040
귀걸이 본체 부분
- 코튼 펄 (반구멍·라운드·10㎜·화이트) - 2개
- 귀걸이 포스트 (침 형·4㎜·골드) ——— 2세트

클러치 (A)
- 체인 태슬 (50㎜·골드) ——— 2개
- O링 (0.6×5㎜·골드) ——— 2개
- 귀걸이클러치 (골드) ——— 2개

클러치 (B)
- 코튼 펄 (반구멍·라운드·6㎜·화이트) — 2개
- 디자인 연결장식 (0.3×20㎜·골드) — 2개
- O링 (0.6×5㎜·골드) ——— 2개
- O링 (0.55×2.5㎜·골드) ——— 2개
- T핀 (0.6×14㎜·골드) ——— 2개
- 귀걸이클러치 (골드) ——— 2개

041
귀걸이 본체 부분 (040 과 같음)
클러치 (A)
- 코튼 펄a (라운드·10㎜·화이트) ——— 2개
- 코튼 펄b (라운드·8㎜·화이트) ——— 4개
- 코튼 펄c (라운드·6㎜·화이트) ——— 4개
- O링a (0.6×5㎜·골드) ——— 2개
- O링b (0.6×5㎜·골드) ——— 2개
- T핀 (0.5×21㎜·골드) ——— 10개
- 귀걸이클러치 (골드) ——— 2개

클러치 (B)
- 참 (6㎜·투명) ——— 2개
- 디자인 연결장식 (0.3×20㎜·골드) ——— 2개
- O링a (0.6×5㎜·골드) ——— 2개
- O링b (0.6×3㎜·골드) ——— 4개
- 귀걸이클러치 (골드) ——— 2개

[사용하는 도구]
기본 도구 (p.168) / 접착제

040
1 본체를 만듭니다. 귀걸이 포스트 침 부분에 접착제를 바르고 코튼 펄을 붙입니다. 반대쪽 귀걸이도 같은 방법으로 만듭니다.

본체 / 코튼 펄 / 귀걸이 포스트
※ 접착제 바르는 방법 ▶p.180 ⑫

2way로 즐겨보세요!
본체 2개와 클러치 4개를 만들어 두면, 바꿔 착용하며 즐길 수 있습니다.

2 그림과 같이 귀걸이 클러치에 각각 파츠를 연결합니다. 반대쪽 귀걸이도 같은 방법으로 만듭니다.

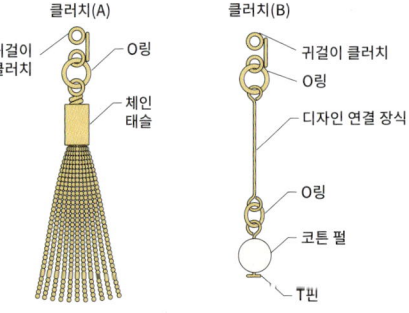

클러치(A): 귀걸이 클러치 / O링 / 체인 태슬
클러치(B): 귀걸이 클러치 / O링 / 디자인 연결 장식 / O링 / 코튼 펄 / T핀

041
1 040의 1과 같은 방법으로 본체 2개를 만듭니다.

040,041은 귀걸이 포스트 2개와 클러치 4개를 하나의 세트로 하고 있습니다.

귀걸이 포스트 2개 + 귀걸이 클러치 4개

2 그림과 같이 귀걸이 클러치에 파츠를 각각 연결합니다. 반대쪽 귀걸이도 같은 방법으로 만듭니다.

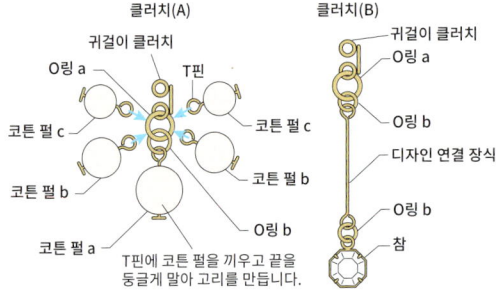

클러치(A): 귀걸이 클러치 / O링 a / T핀 / 코튼 펄 c / 코튼 펄 b / 코튼 펄 a / T핀에 코튼 펄을 끼우고 끝을 둥글게 말아 고리를 만듭니다. / O링 b

클러치(B): 귀걸이 클러치 / O링 a / 디자인 연결 장식 / O링 b / 참

042, 043

SIZE : 042의 본체 세로8×가로6mm, 클러치 (A) 길이 3.5cm, 클러치 (B) 길이 5cm
　　　043의 본체 세로8×가로6cm, 클러치 (A) 길이 2cm, 클러치 (B) 길이 7cm

042

1　본체를 만듭니다. 스와로브스키를 스톤캡에 넣고 발을 밀어 눕혀 세팅한 후, 스톤캡 뒷면에 접착제를 발라 귀걸이 포스트를 붙입니다. 반대쪽 귀걸이도 같은 방법으로 만듭니다.

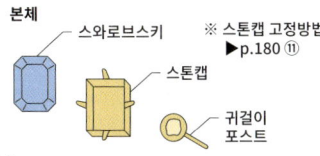

043

1　042의 **1**과 같은 방법으로 본체를 만듭니다.

042,043은 귀걸이 포스트 2개와 클러치 4개를 하나의 세트로 하고 있습니다.

귀걸이 포스트 ＋ 귀걸이 클러치　2개 / 4개

2way로 즐겨보세요! 본체 2개와 클러치 4개를 만들어 두면, 바꿔 착용하며 즐길 수 있습니다.

2　줄란캡을 붙인 줄란과 금속 장식을 각각 귀걸이 클러치에 연결합니다.

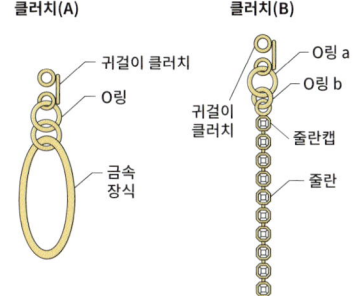

2　T핀에 코튼 펄을 끼우고 끝부분을 구자말이한 파츠와 메탈 바를 각각 O링으로 귀걸이 뒷 클러치에 연결합니다. 반대쪽 귀걸이도 같은 방법으로 만듭니다.

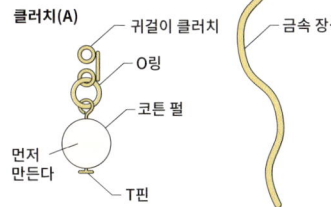

재료

042
귀걸이 본체 부분
스와로브스키 (#4527·8×6mm·몬타나)·2개
스톤캡 (#4527용·8×6mm·골드) —— 2개
귀걸이 포스트 (원판형·6mm·골드) — 1세트
클러치 (A)
금속 장식 (타원·24×13mm·골드) —— 2개
O링 (0.6×5mm·골드) ——————— 4개
귀걸이 클러치 (골드) ——————— 2개
클러치 (B)
줄란 (#110·2mm·투명) ——— 3.5cm×2개
줄란캡 (#110용·골드) ——————— 2개
O링 a (0.6×5mm·골드) —————— 2개
O링 b (0.6×3mm·골드) —————— 2개
귀걸이 클러치 (골드) ——————— 2개

043
귀걸이 본체 부분
스와로브스키 (#4527·8×6mm·에리나이트)– 2개
스톤캡 (#4527용·8×6mm·골드) —— 2개
귀걸이 포스트 (원판형·6mm·골드) — 1세트
클러치 (A)
코튼 펄 (라운드·14mm·화이트) —— 2개
O링 (0.6×5mm·골드) ——————— 2개
T핀 (0.6×26mm·골드) ——————— 2개
귀걸이 클러치 (골드) ——————— 2개
클러치 (B)
메탈 바 (웨이브·62mm·골드) —— 2개
O링 (0.6×5mm·골드) ——————— 2개
귀걸이 클러치 (골드) ——————— 2개

[사용하는 도구]
기본 도구 (p.168) / 접착제

044, 045

SIZE : 길이 7cm

1　아크릴 파츠에 접착제를 바르고 귀걸이 포스트를 붙입니다.

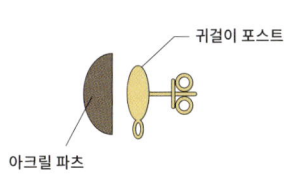

2　T핀에 메탈 비즈, 아크릴 비즈, 금속 장식 순서로 끼우고 끝을 말아 파츠를 완성합니다.

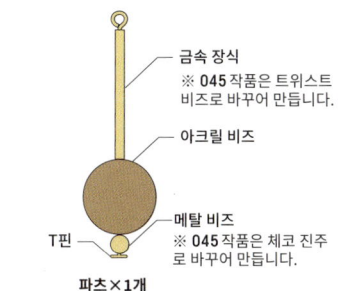

※ 045작품은 트위스트 비즈로 바꾸어 만듭니다.
※ 045작품은 체코 진주로 바꾸어 만듭니다.

파츠×1개

3　**1**의 귀걸이 포스트에 **2**의 파츠, 메탈 링을 O링으로 연결합니다. 반대쪽 귀걸이도 같은 방법으로 만듭니다.

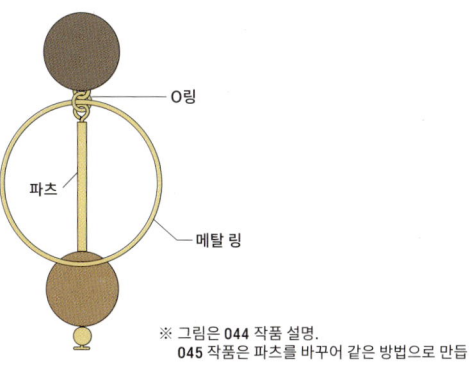

※ 그림은 044 작품 설명.
045 작품은 파츠를 바꾸어 같은 방법으로 만듭니다.

재료

044
아크릴 파츠 (반구·16mm·블랙) —— 2개
아크릴 비즈 (라운드·16mm·호박 마블) – 2개
메탈 비즈 (라운드·4mm·골드) —— 2개
금속 장식 (둥근 파이프·30mm·골드) — 2개
메탈 링 (40mm·골드) ——————— 2개
O링 (0.8×4.5mm·골드) —————— 2개
T핀 (0.8×65mm·골드) ——————— 2개
귀걸이 포스트 (원판 고리형·10mm·골드)
——————————————— 1세트

045
아크릴 파츠 (반구·16mm·블랙) —— 2개
아크릴 비즈 (라운드·16mm·투명)
——————————————— 2개
체코 진주 (라운드·4mm·화이트) —— 2개
트위스트 비즈 (30mm·실버) —————— 2개
메탈 링 (40mm·골드) ——————— 2개
O링 (0.8×4.5mm·골드) —————— 2개
T핀 (0.8×65mm·골드) ——————— 2개
귀걸이 포스트 (원판 고리형·10mm·골드)
——————————————— 1세트

[사용하는 도구]
기본 도구 (p.168) / 접착제

058~060

SIZE: 손목 둘레 16㎝

재료

058
론델 (10㎜·골드) ────────── 1개
메탈 비즈 (라운드·3㎜·골드) ─── 1개
금속 장식 (잎·35×20㎜·골드) ── 1개
왁스 코드 (1㎜ 폭·네이비)
──────────── 약 100㎝×1개

059
메탈 비즈a (각진 모양·4㎜·골드) ── 2개
메탈 비즈b (각진 모양·2.5㎜·골드) ─ 2개
금속 장식a (육각 파이프·5×15㎜·골드)
────────────────── 1개
금속 장식b (사자·20×15㎜·골드) ── 1개
왁스 코드 (1㎜ 폭·레드)
──────────── 약 100㎝×1개

060
메탈 비즈a (삼각·5㎜·로듐) ───── 2개
메탈 비즈b (각진 모양·4㎜·매트 실버)
────────────────── 2개
메탈 비즈c (큐브·4㎜·로듐) ───── 2개
우드 비즈 (라운드·8㎜·화이트) ── 1개
왁스 코드 (1㎜ 폭·아이보리)
──────────── 약 100㎝×1개

〔사용하는 도구〕
자 / 코바늘 / 가위 / 라이터 / 실꿰기 / 접착제

1 자의 8㎝ 눈금에 금속 장식의 중심을 두고 금속 장식 끝에서 자의 맨 앞까지의 길이인 A를 잽니다. 놓여 있는 금속 장식을 떼어냅니다.

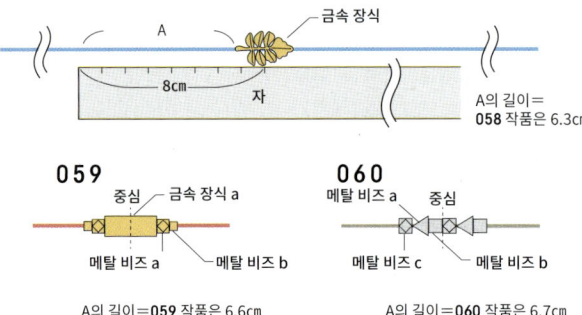

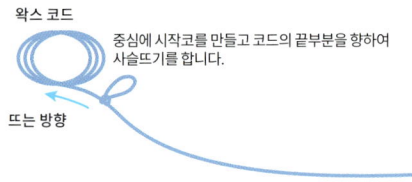

A의 길이=059 작품은 6.6㎝   A의 길이=060 작품은 6.7㎝

2 p.027의 **027~029**의 <시작코와 사슬뜨기 방법>을 참고하여 왁스 코드 중심에 시작코를 만들어 A 길이만큼 사슬뜨기합니다.

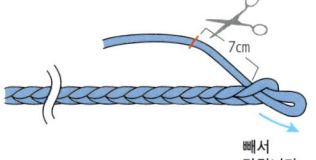

3 A의 길이만큼 뜨고 난 뒤 코드 끝을 7㎝ 남기고 자릅니다.
코드 끝을 빼내 당깁니다.

memo
뜨는 길이를 늘리면 돌돌 감는 팔찌로!
코드로 엮어 만드는 팔찌는 길게 만들어 이중 삼중으로 레이어드해도 멋집니다.

4 왁스 코드의 남은 부분을 론델과 메탈 비즈에 끼웁니다. 마지막 코에 코드를 끼운 후 빼내 그림과 같이 사이로 묶습니다. 5㎜를 남기고 가로로 자른 후 코드의 끝부분을 라이터 불로 지집니다. 마지막으로 접착제를 사용해 고정합니다.

※ 059 작품은 금속 장식 b로, 060 작품은 우드 비즈로 바꾸어 만듭니다.
메탈 비즈 059、060은 없음
※ 불로 지져 마감하는 법 ▶p.186

5 2에서 남겨둔 왁스 코드에 금속 장식을 끼우고 2와 같은 방법으로 시작코를 만듭니다.

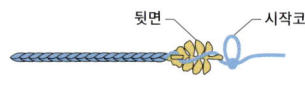

6 3과 같은 길이로 사슬뜨기해서 왁스 코드를 7㎝ 남기고 자른 후 바늘에 걸려있는 코드를 빼냅니다. 마지막 코에서 2㎝ 되는 부분을 묶습니다. 왁스 코드 나머지 부분을 마지막 코에 통과시켜 끼워 넣고 매듭을 하나 더 짓습니다. 5㎜ 남기고 자른 뒤 왁스 코드의 끝을 라이터 불로 지집니다.

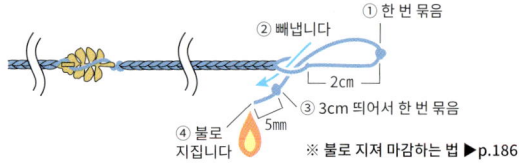

※ 그림은 058 작품 설명. 059, 060 작품은 파츠를 바꾸어 같은 방법으로 만듭니다.

061, 062

SIZE: 손목 둘레 14cm

재료

061
메탈 링 (26mm·골드) ─────── 1개
메탈 비즈 (각진 모양·3mm·매트 골드) ─ 1개
매듭용 줄 (0.7mm·그레이)
　　　　　　　　　　─ 60cm×2개

062
금속 장식 (새·17×17mm·골드) ─── 1개
메탈 비즈 (각진 모양·3mm·매트 골드) ─ 1개
매듭용 줄 (0.7mm·라이트 블루) ─ 60cm×2개

〔사용하는 도구〕
자 / 가위 / 실 끼우개

1. 매듭용 줄을 반으로 접은 매듭용 줄을 두 줄로 고리를 만들어 메탈 링에 끼웁니다.
반대쪽도 같은 방법으로 매듭용 줄을 통과시켜 끼웁니다.

   ※ 062 작품은 금속 장식으로 바꾸어 만듭니다.

2. 자의 7cm 눈금에 1의 메탈 링 중심을 두고 메탈 링에서 자의 끝까지의 길이 A를 잽니다.

   A의 길이= 061 작품은 57cm
   　　　　　062 작품은 61.5cm

3. A 길이가 될 때까지 줄을 좌우 엮기로 엮습니다. 반대쪽도 같은 방법으로 좌우 엮기로 엮습니다.

   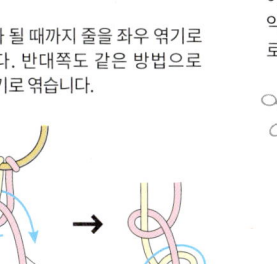

   ※ 좌우 엮기 ▶p.186 ㉟

4. 매듭용 줄 양 끝을 교차시켜 메탈 비즈에 끼웁니다(끼우기가 어려울 경우 실 끼우개를 사용). 좌우 엮기를 한 줄 끝으로부터 약 3cm 부분에 2줄을 모아 한 번 묶고, 1cm 남긴 후 줄을 가위로 자릅니다.

   ※ 그림은 061 작품 설명. 062 작품은 파츠를 바꾸어 같은 방법으로 만듭니다.

063, 064

SIZE: 손목 둘레 16cm

재료

063
스와로브스키
　(#4470·10mm·크리스탈실버나이트) ─ 1개
스톤캡 (#4470용·양고리형·10mm·골드) ─ 1개
메탈 스페이서 (7mm·골드) ─────── 2개
디자인 O링 (1×5mm·골드) ─────── 2개
꽈배기 실 (1.5mm·블루) ───── 30cm×2개
스테인리스 코드 (0.6mm·앤틱 골드)
　　　　　　　　　　───── 15cm×2개
아크릴 실 (블루 계열) ─ 6cm×1/2타래×2개

064
스와로브스키 (#4470·10mm·빈티지 로즈)
　　　　　　　　　　　　　　　── 1개
스톤캡 (#4470용·양고리형·10mm·골드)
　　　　　　　　　　　　　　　── 1개
메탈 스페이서 (7mm·골드) ─────── 2개
디자인 O링 (1×5mm·골드) ─────── 2개
꽈배기 실 (1.5mm·핑크) ───── 30cm×2개
스테인리스 코드 (0.6mm·앤틱 골드)
　　　　　　　　　　───── 15cm×2개
아크릴 실 (핑크 계열) ─ 6cm×1/2타래×2개

〔사용하는 도구〕
기본 도구 (p.168) / 자 / 가위 / 접착제

> **실의 분량에 대해서**
> 1타래……실의 고리 모양으로 되어 있는 한 군데를 자른 상태
> 1/2타래…1타래 실 양의 절반 상태
> ※ 실타래에서 태슬을 얻는 방법
> ▶ p.183 ⑲

1. 스톤캡에 접착제를 바르고 스와로브스키를 붙입니다.

   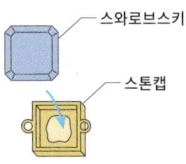

2. 꽈배기 실에 디자인 O링과 메탈 스페이서를 끼우고 그림과 같이 엮습니다. 실을 당겨 끝을 가위로 자르고 매듭에 접착제를 바릅니다. 이것을 총 2개 만듭니다.

   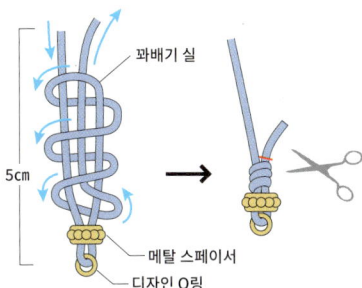

3. 2의 꽈배기 줄 끝을 한 번 묶습니다. 아크릴 실 다발의 중간 부분에 그림과 같이 놓고 중앙을 임시 실(아크릴 실·6cm·분량 외)로 묶습니다. 매듭을 안쪽으로 숨기듯이 당기고 반으로 접어 스테인리스 코드로 묶어 태슬을 만듭니다. 다른 한쪽 끝도 태슬을 만듭니다.

   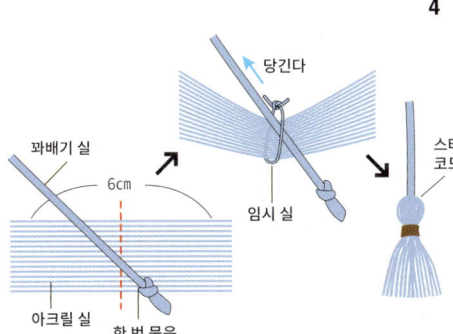

4. p.34의 065, 066의 만드는 방법 4를 참고하여 3의 꽈배기 줄의 양 끝을 두 곳에 묶습니다. 2에서 연결한 디자인 O링을 1의 스톤캡 고리와 연결합니다.

   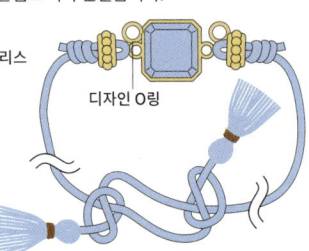

   ※ 그림은 063 작품 설명. 064 작품도 같은 방법으로 만듭니다.

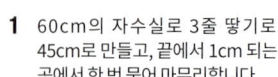

065, 066

SIZE: 손목 둘레 35cm

재료

065
메탈 스페이서 (6×3mm·골드) ── 8개
O링 (0.8×5mm·골드) ── 2개
자수실 (25번사·6개·핑크 계열)
　── 60cm×3개, 50cm×2개, 15cm×2개

066
메탈 스페이서 (6×3mm·골드) ── 8개
O링 (0.8×5mm·골드) ── 2개
자수실 (25번사·6개·그린 계열)
　── 60cm×3개, 50cm×2개, 15cm×2개

[사용하는 도구]
자 / 가위 / 두꺼운 종이 / 테이프

1. 60cm의 자수실로 3줄 땋기로 45cm로 만들고, 끝에서 1cm 되는 곳에서 한 번 묶어 마무리합니다.

   한 번 묶음
   자수실 60cm
   45cm
   테이프로 붙입니다
   ※ 3줄 땋기 ▶p.187 ㉟

2. 5cm 두꺼운 종이에 50cm 자수실을 5번 감고 O링과 메탈 스페이서를 끼운 15cm 자수실을 중간에 묶습니다. 위아래 실 끝을 자르고, 종이틀을 빼고 반으로 접어 자수실(분량 외)로 묶어 매듭을 정리하여 총 2개의 태슬을 만듭니다.

   O링
   메탈 스페이서
   자수실 15cm
   5cm
   자수실 50cm
   자수실 (분량 외)
   ※ 태슬 만드는 방법 p.182 ⑱

3. 3줄 땋기 한 1에 메탈 스페이서와 2의 태슬을 끼웁니다. 테이프로 고정했던 끝부분을 한 번 묶어 매듭짓습니다.

   메탈 스페이서

4. 3줄로 땋은 실의 양 끝 길이 조절할 수 있도록 묶습니다.

   1의 3줄로 땋은 실
   ※ 알기 쉽도록 매듭을 간략한 그림으로 표현

※ 그림은 065 작품 설명. 066 작품도 같은 방법으로 만듭니다.

067, 068

SIZE: 손목 둘레 16cm

재료

067
메탈 링 (잎·4×14mm·골드) ── 1개
참 (3mm·투명) ── 1개
O링 a (0.7×3.5mm·골드) ── 1개
O링 b (0.6×3mm·골드) ── 1개
C링 (0.55×3.5×2.5mm·골드) ── 4개
SR 장식 (골드) ── 1개
연장 체인 (골드) ── 1개
체인 (골드) ── 6.5cm×2개

068
양고리 펜던트 (라운드·5.5×5.5×2.5mm·퍼플) ── 1개
C링 (0.55×3.5×2.5mm·골드) ── 4개
SR 장식 (골드) ── 1개
연장 체인 (골드) ── 1개
체인 (골드) ── 6.5cm×2개

[사용하는 도구]
기본 도구 (p.168)

067
1. 메탈 링에 O링 a와 b로 참을 연결하여 파츠를 만듭니다.

   메탈 링
   O링 a
   O링 b
   참
   파츠×1개

2. 1의 파츠, 체인, SR 장식, 연장 체인을 C링으로 연결합니다.

   C링
   파츠
   체인
   C링
   SR 장식
   체인
   C링
   SR 장식

068
양고리 펜던트 고리에 C링으로 체인을 각각 연결하고, 체인 끝은 연장 체인과 SR 장식을 C링으로 각각 연결합니다.

069

SIZE: 손목 둘레 20cm

재료

069

1 파츠를 만듭니다. 코튼 펄에 접착제를 바른 9자 나사못을 끼워 넣어 붙입니다(파츠 A). T핀에 메탈 비즈와 고정볼을 끼우고 끝을 둥글게 말아 고리를 만듭니다(파츠 B).

2 체인 2.5cm에 금속 장식 b를 끼우고 양 끝에 파츠 A와 파츠 B를 O링으로 연결합니다.

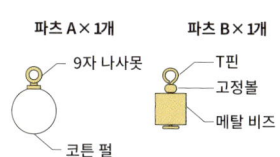

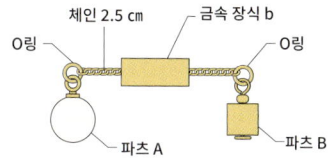

코튼 펄 (반구멍·라운드·8mm·오프 화이트) ─── 1개
메탈 비즈 (사각·4mm·매트 골드) ─── 1개
금속 장식 a (잎·고리형·10mm·골드) ─── 1개
금속 장식 b (둥근 파이프·3×7mm·매트 골드) ─── 1개
고정캡 (2mm용·매트 골드) ─── 2개
고정볼 (2mm·골드) ─── 1개
O링 (0.6×3mm·골드) ─── 6개
T핀 (0.6×15mm·골드) ─── 1개
9자 나사못 (5.5×2mm·골드) ─── 1개
랍스터 장식 (골드) ─── 1개
연장 체인 (골드) ─── 1개
체인 (골드) ─── 2.5cm×1개, 18cm×1개

〔사용하는 도구〕
기본 도구 (p.168) / 접착제

3 체인 18cm의 양 끝에 고정캡을 넣어 부착합니다.

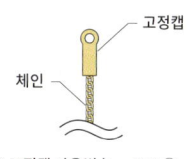

※ 고정캡 사용법 ▶p.179 ⑦

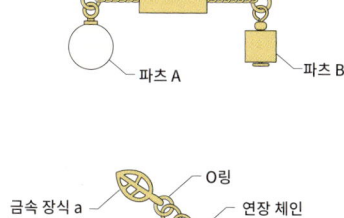

4 3의 체인을 2의 금속 장식 b에 통과시켜 고정캡 고리에 O링으로 랍스터 장식과 연장 체인을 각각 연결합니다. 연장 체인의 끝은 금속 장식 a을 O링으로 연결합니다.

070

SIZE: 손목 둘레 20cm

재료

070

1 체코 진주에 접착제를 바른 9자 나사못을 붙여 파츠를 만듭니다.

2 체인에 참을 통과시켜 양 끝에 고정캡을 끼운 후 붙입니다.

참 (말굽 모양·양구멍·9×8mm·매트 골드) ─── 1개
금속 장식 (잎·10mm·골드) ─── 1개
체코 진주 (라운드·5mm·오프 화이트) ─── 1개
O링 (0.7×4mm·매트 골드) ─── 4개
고정캡 (2mm용·매트 골드) ─── 2개
9자 나사못 (5.5×2mm·골드) ─── 1개
랍스터 장식 (골드) ─── 1개
연장 체인 (매트 골드) ─── 1개
체인 (골드) ─── 18cm×1개

〔사용하는 도구〕
기본 도구 (p.168) / 접착제

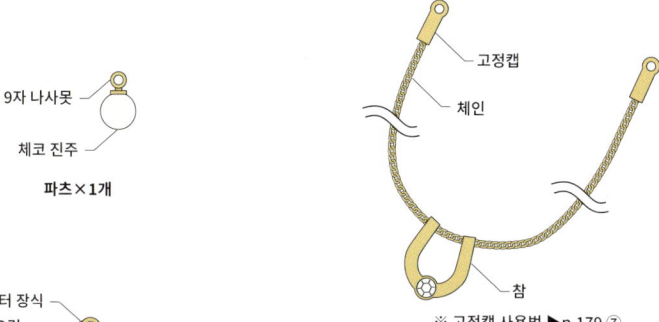

※ 고정캡 사용법 ▶p.179 ⑦

3 2의 고정캡의 고리에 랍스터 장식과 연장 체인을 각각 O링으로 연결합니다. 연결 장식의 끝에는 1의 파츠와 금속 장식을 O링으로 연결합니다.

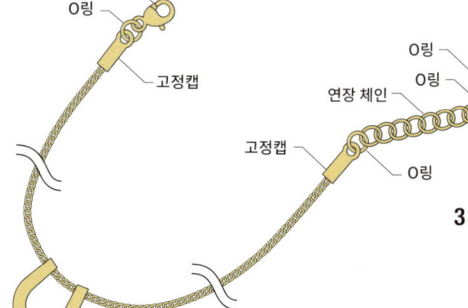

memo
연장 체인에 참을 달아보자!

연장 체인 끝부분에 진주 또는 참 금속 장식을 달아 뒷모습도 매력적으로 만들 수 있습니다.
진주를 달면 엘레강스하게, 잎 모양 금속 장식을 달면 쿨하게, 하트 모양의 금속 장식 또는 보석을 달면 사랑스럽게 연출할 수 있습니다. 취향에 맞게 응용해보세요.

071

SIZE: 발목 둘레 21cm

재료

071

스와로브스키 a (#5810·5㎜·빈티지 골드)
———————————————— 1개
스와로브스키 b (#5810·5㎜·파우더 아몬드)
———————————————— 1개
금속 장식 (데이지·4㎜·신주 버니쉬)
———————————————— 1개
메탈 스페이서 (7×4㎜·골드)
———————————————— 1개
참 (십자가·28×17㎜·골드)
———————————————— 1개
O링 a (0.6×3㎜·골드)
———————————————— 7개
O링 b (0.6×5㎜·골드)
———————————————— 1개
T핀 (0.6×15㎜·골드)
———————————————— 1개
고정캡 (4㎜용·신주 버니쉬)
———————————————— 2개
고정볼 (2.5㎜·골드)
———————————————— 1개
9자 나사못 (5.5×2㎜·골드)
———————————————— 1개
랍스터 장식 (매트 골드) ——— 1개
연장 체인 (매트 골드) ——— 1개
체인 (골드) ——————— 2㎝×1개
가죽 끈 (4㎜ 폭·블랙)
———————————————— 17.5㎝×1개

〔사용하는 도구〕
기본 도구 (p.168) / 접착제

1 파츠를 만듭니다. 스와로브스키 a에 접착제를 발라 9자 나사못을 끼워 붙입니다(파츠 A). T핀에 비즈를 끼우고 끝부분을 둥글게 말아 고리를 만듭니다(파츠 B).

2 가죽 끈의 양 끝에 고정캡을 부착합니다.

※ 고정캡 사용법 ▶p.179 ⑦

3 가죽 끈에 메탈 스페이서를 끼웁니다. 파츠 A와 O링 b를 끼운 참을 O링 a로 체인에 연결합니다. 랍스터 장식과 파츠 B를 각각 3cm, 0.5cm로 자른 연장 체인에 O링 a로 연결합니다.

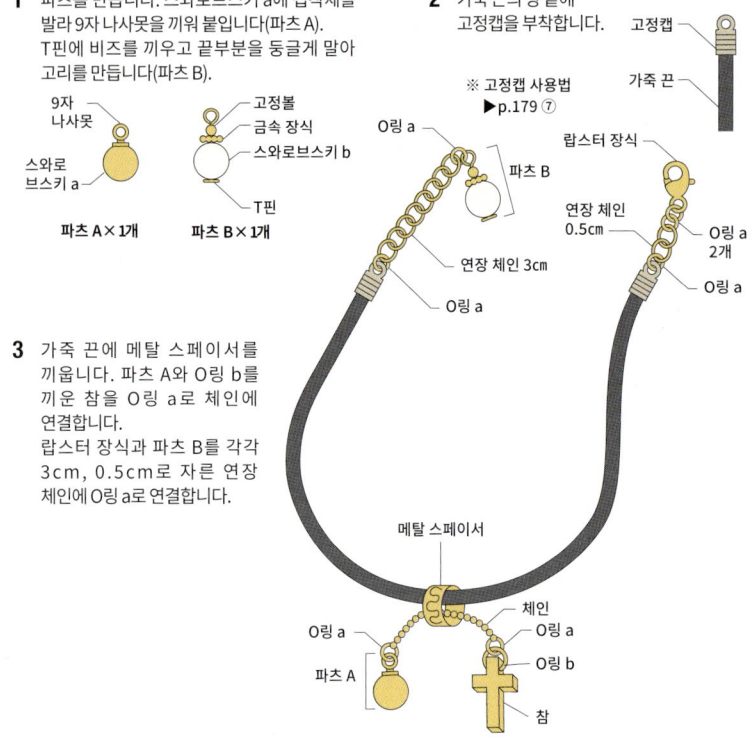

072

SIZE: 발목 둘레 21cm

재료

072

스와로브스키 (#5810·6㎜·화이트)
———————————————— 1개
체코 파이어 폴리쉬 (5㎜·스모크 토파즈)
———————————————— 1개
금속 장식 (4㎜·골드)
———————————————— 1개
메탈 스페이서 (4×2.3㎜·골드)
———————————————— 1개
고정캡 (2㎜용·골드)
———————————————— 2개
고정볼 (2.5㎜·골드)
———————————————— 4개
O링 (0.6×3㎜·매트 골드)
———————————————— 4개
T핀 (0.6×15㎜·골드)
———————————————— 2개
삼각 고리 (골드)
———————————————— 1개
랍스터 장식 (골드)
———————————————— 1개
연장 체인 (매트 골드)
———————————————— 1개
체인 a (골드) ——————— 1.5㎝×8개
체인 b (0.6㎜·골드) ——— 19㎝×2개
AW 〔아티스틱 와이어〕
(#26·골드) ——————— 10㎝×1개

〔사용하는 도구〕
기본 도구 (p.168)

1 체인 b 두 줄의 양 끝에 고정캡을 부착합니다.

※ 고정캡 사용법 ▶p.179 ⑦

2 T핀에 비즈를 끼워 끝부분을 둥글게 말아 파츠를 만듭니다.

3 8줄의 체인 a를 AW에 끼워 반으로 접습니다. 메탈 스페이서와 고정볼 순서로 끼운 후 와이어 참 루핑으로 고정을 합니다.

※ 와이어 참 루핑 방법 ▶p.178 ⑤

4 1의 체인에 삼각 고리를 끼웁니다. 파츠 A, B와 태슬, 랍스터 장식, 연장 체인을 O링으로 연결합니다.

073

SIZE: 발목 둘레 20cm

재료

073

체코 비즈a
　(테이블컷 플라워·10mm·오팔그린) ── 1개
체코 비즈b
　(라운드·15mm·브론즈) ──────── 1개
체코 비즈c (물방울·7×5mm·블랙 다이아)
　──────────────────── 1개
참a (동전 모양·10mm·골드) ─────── 1개
참b (스퀘어 십자가·10mm·매트 골드) ── 1개
참c (라운드·6×4mm·크리스탈/골드) ─── 1개
금속 장식 (잎·10×6mm·신주 버니쉬) ── 1개
O링a (1.2×8mm·골드) ───────── 2개
O링b (0.6×3mm·골드) ───────── 9개
T핀 (0.6×15mm·골드) ───────── 1개
고정 클립 (매트 골드) ───────── 2개
비즈캡 (16mm·신주 버니쉬) ─────── 1개
고정캡 (4mm용·골드) ────────── 2개
고정볼 (2mm·골드) ─────────── 1개
랍스터 장식 (골드) ──────────── 1개
연장 체인 (골드) ───────────── 1개
디자인 체인 (3칸·골드)
　─────────────── 7cm×1개
가죽 끈 (4mm 폭·브라운) ──── 7cm×2개
AW [아티스틱 와이어]
　(#24·Non-Tarnish Brass) ── 15cm×1개

〔사용하는 도구〕
기본 도구 (p.168)

---

1 그림과 같이 AW에 체코 비즈 a, b를 끼우고 와이어 루핑을 하여 파츠 A를 만듭니다.

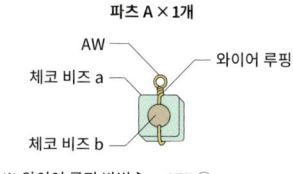

파츠 A × 1개
AW / 와이어 루핑 / 체코 비즈 a / 체코 비즈 b

※ 와이어 루핑 방법 ▶p.177 ③

2 T핀에 비즈를 끼우고 끝부분을 둥글게 말아 파츠 B를 만듭니다.

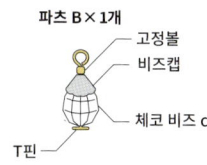

파츠 B × 1개
고정볼 / 비즈캡 / 체코 비즈 c / T핀

3 가죽끈의 한쪽 끝에 고정캡을 부착합니다. O링 a를 디자인 체인에 연결하고 다른 한쪽의 가죽끈의 끝을 O링 a에 끼운 후 8mm 정도 접어 고정 클립으로 고정합니다. 가죽끈 양쪽 모두 이와 같이 연결합니다.

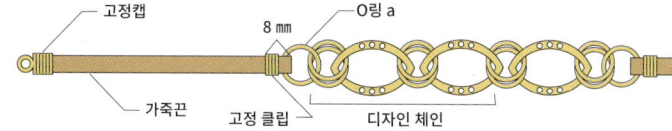

고정캡 / 8mm / O링 a / 가죽끈 / 고정 클립 / 디자인 체인

※ 고정캡 사용법 ▶p.179 ⑦

4 3에 3cm와 0.5cm로 자른 연장 체인과 랍스터 장식, 파츠 B를 각각 연결합니다. 그림과 같이 파츠 A와 참 a~c, 금속 장식은 디자인 체인에 O링 b로 연결합니다.

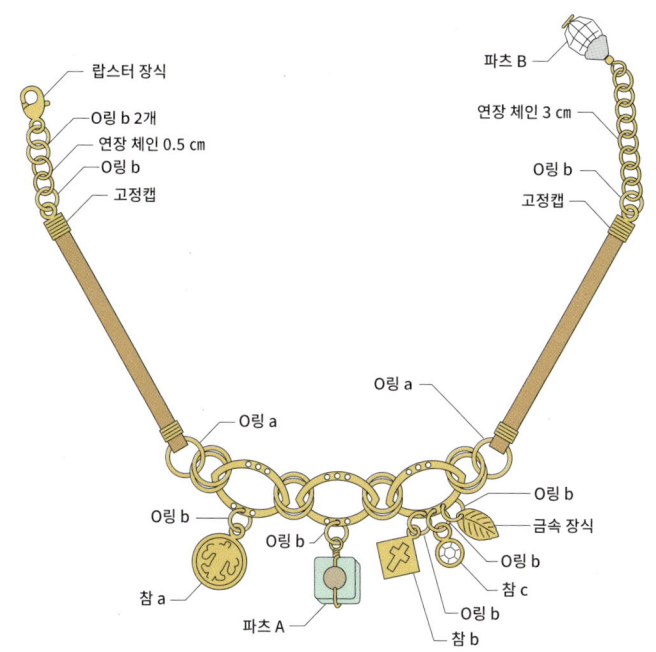

랍스터 장식 / O링 b 2개 / 연장 체인 0.5cm / O링 b / 고정캡 / 파츠 B / 연장 체인 3cm / O링 b / 고정캡 / O링 a / O링 a / O링 b / 금속 장식 / O링 b / 참 a / 파츠 A / O링 b / 참 c / O링 b / 참 b

---

memo

참을 O링으로 자유자재로!

링 부분에 구멍이 있는 디자인 체인이라면 O링으로 여러 가지 참을 연결할 수 있습니다.
예를 들어, 앤틱한 참 금속 장식을 연결하면 여성스러운 스타일, 별 모양 참만 모아 연결하면 락 스타일, 골드 장식으로만 연결하면 글래머스한 스타일을 연출할 수 있습니다.

PART 2 from 074 to 133

레진 액세서리

RESIN ACCESSORIES

마음에 드는 꽃과 파츠로 기분에 따라
팝 스타일을 하거나 레트로 스타일로
작은 세상 속에 좋아하는 모양을 담아보아요.

096
CLOSE-UP
p.042

살짝 달콤한 느낌의 액세서리로
쿨한 스타일을 약간 여성스럽게.

083
CLOSE-UP
p.041

075
CLOSE-UP
p.040

102
CLOSE-UP
p.042

117
CLOSE-UP
p.044

112
CLOSE-UP
p.043

팝적인 매력을 성숙한
느낌의 가죽 가방으로
차분하게.

107
CLOSE-UP
p.043

플라스틱 체인으로 스포티
한 룩을 더욱 가볍게.

(087)
HOW TO MAKE
p.048

(084)(083)
HOW TO MAKE
p.047

프리저브드 플라워를 레진 안에 담는 것만으로도!

(089)(088)
HOW TO MAKE
p.049

(086)(085)
HOW TO MAKE
p.048

(082)
HOW TO MAKE
p.047

(091)(090)
HOW TO MAKE
p.049

서로 다른 모양의 타원을 자유롭게 배치해 개성있는 머리핀 완성!

투명한 느낌의 초커는 목둘레에 잘 맞아요!

(075) (074)
HOW TO MAKE
p.046

(077) (076) 압화와 자개 파츠,
HOW TO MAKE 자연 소재 간의 궁합은 최고!
p.046

(081)
HOW TO MAKE
p.047

(078)
HOW TO MAKE
p.048

화이트와 컬러 물감을
레진에 섞어
파스텔 컬러로!

(080) (079)
HOW TO MAKE
p.047

CONFINE THE
FLOWER
플 라 워 레 진

퍼플, 화이트, 옐로, 핑크……
형형색색의 드라이플라워에 은은한 반짝임을 추가해보아요.
물에 떠있는 꽃잎 그대로 액세서리로 만드는 것처럼요!

CONFINE THE
HEART
하트 레진

압화 또는 자개 가루를 하트 프레임에 넣어
레진을 듬뿍 넣고 귀엽게 굳히면 완성.
오늘은 어떤 액세서리를 할까?

(097)(096)
HOW TO MAKE
P.050

귀여운 조팝꽃 압화에
예쁜 색상 가죽끈을 매
치해보세요.

(093)(092)
HOW TO MAKE
P.050

(095)(094)
HOW TO MAKE
P.050

(101)(100)
HOW TO MAKE
P.051

(099)(098)
HOW TO MAKE
P.051

(103)(102)
HOW TO MAKE
P.052

파츠 컬러를 맞춰 청초
하면서도 시크하게.

두 가지 색의 경계선을
부드럽게 섞는 것이
예쁜 그라데이션 팁!

(105)(104)
HOW TO MAKE
P.052

(107)(106)
HOW TO MAKE
P.053

(109)(108)
HOW TO MAKE
P.053

(110)
HOW TO MAKE
P.054

(111)
HOW TO MAKE
P.054

(113)(112)
HOW TO MAKE
P.055

아이스크림의 콘은
사실 모양에 맞춰
자른 와이어!

CONFINE THE
NEON COLOR
네온 컬러 레진

80년대 팝 스타일에서 빼놓을 수 없는 네온컬러.
코디에 색 하나를 더해
약간 튀는 패션을 즐겨보세요!

074, 075

SIZE: 모티브 세로 3 × 가로 3 cm

재료

074
메탈 링 (타원·11×13㎜·골드) ─ 5개
압화 (좋아하는 것·화이트 계열) ─ 적당량
호일 글리터 (실버) ─ 적당량
머리핀 금속 장식 (원판형·10㎜·골드) ─ 1개
UV 레진 ─ 적당량

075
메탈 링 (타원·11×13㎜·골드) ─ 5개
압화 (좋아하는 것·퍼플 계열) ─ 적당량
호일 글리터 (옐로우) ─ 적당량
머리핀 부자재 (원판형·10㎜·골드) ─ 1개
UV 레진 ─ 적당량

〔사용하는 도구〕
이쑤시개 / 작업대 / UV 램프

※ 그림은 075 작품 설명. 074 작품도 같은 방법으로 만듭니다.
1 작업대와 틈새가 생기지 않도록 메탈 링을 둥글게 배치합니다.
2 메탈 링 각각 UV 레진을 얇게 바른 후, 작업대와 함께 통째로 UV 램프에 넣어 약 30분 정도 굳힙니다.
3 2에 UV 레진을 얇게 바른 후, 압화를 얹어 UV 램프로 30초 정도 굳힙니다.
4 3에 호일 글리터를 뿌리고 앞면이 볼록해지도록 UV 레진을 부은 후, 약 2분 정도 UV 램프로 굳힙니다.
5 UV 레진을 이쑤시개에 약간 묻혀 메탈 링 사이에 각각 바른 후, 약 1분 정도 UV 램프로 굳힙니다. 뒷면 전체에도 UV 레진을 바른 후, 약 1분 정도 UV 램프로 굳힙니다.
6 작업대에서 5를 떼어냅니다.
뒷면에 UV 레진을 바른 후, 머리핀 금속 장식을 붙여 약 1분 정도 UV 램프로 굳힙니다.

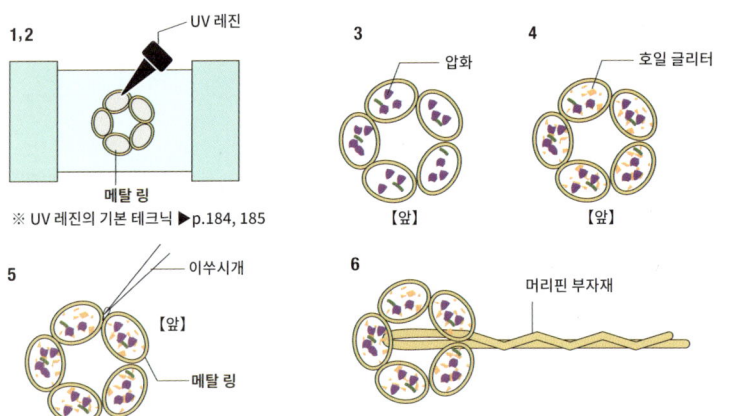

076, 077

SIZE: 세로 5 × 가로 2 cm

재료

076
레진 진주 a (라운드·3㎜·골드) ─ 2개
레진 진주 b (대추 모양·6×3㎜·골드) ─ 2개
땅콩 비즈 (6×9㎜·투명) ─ 2개
커팅 링 (원형·20㎜·골드) ─ 2개
압화 a (좋아하는 것·퍼플 계열) ─ 적당량
압화 b (좋아하는 것·화이트 계열) ─ 적당량
자개 파츠 (물방울 형·13×18㎜·진주 조개) ─ 2개
O링 (0.8×4㎜·골드) ─ 2개
T핀 (0.7×45㎜·골드) ─ 2개
귀걸이 포스트 (원판형·8㎜·골드) ─ 1세트
UV 레진 ─ 적당량

077
레진 진주 a (라운드·3㎜·골드) ─ 2개
레진 진주 b (대추 모양·6×3㎜·골드) ─ 2개
땅콩 비즈 (6×9㎜·투명) ─ 2개
커팅 링 (원형·20㎜·골드) ─ 2개
압화 a (좋아하는 것·화이트 계열) ─ 적당량
압화 b (좋아하는 것·블루 계열) ─ 적당량
자개 파츠 (물방울 형·13×18㎜·진주 조개) ─ 2개
O링 (0.8×4㎜·골드) ─ 2개
T핀 (0.7×45㎜·골드) ─ 2개
귀걸이 포스트 (원판형·8㎜·골드) ─ 1세트
UV 레진 ─ 적당량

〔사용하는 도구〕
기본 도구 (p.168) / 이쑤시개 / 작업대 / UV 램프

※ 그림은 076 작품 설명. 077 작품도 같은 방법으로 만듭니다.
1 파츠 A를 만듭니다. 작업대에 커팅 링을 고정하여 붙입니다.
2 1에 UV 레진을 얇게 바른 후 UV 램프에 작업대 통째로 넣어 약 30초 정도 굳힙니다.
3 2에 UV 레진을 얇게 바른 후 압화 a와 압화 b를 얹어 약 30초 정도 UV 램프로 굳힙니다.
4 앞면이 볼록하게 되도록 UV 레진을 붓고 약 2분 정도 UV 램프로 굳힙니다.
5 4를 작업대에서 떼어냅니다. 뒷면에 UV 레진을 발라 평평하게 만들고 약 2분 정도 UV 램프로 굳힙니다.
6 5의 뒷면에 UV 레진을 바른 후, 귀걸이 포스트를 붙여 약 1분 정도 UV 램프로 굳힙니다.
7 파츠 B를 만듭니다. 그림과 같이 T핀에 비즈들을 끼운 후 끝부분을 구자말이하여 둥글게 고리를 만듭니다.
8 귀걸이 뒷클러치에 파츠 B를 O링으로 연결합니다. 반대쪽 귀걸이도 같은 방법으로 만듭니다.

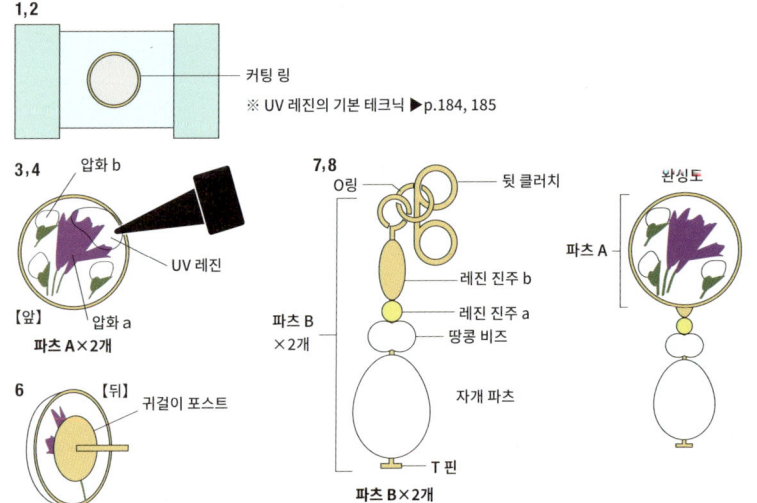

079, 080

SIZE : 모티브 세로2×가로1.4cm

※ 그림은 079 작품 설명. 080 작품도 같은 방법으로 만듭니다.

1. 작업대에 금속 장식을 고정하여 붙입니다.
2. 화이트와 블루(080작품은 옐로우)색상의 투명 글리터를 UV 레진에 섞어 메탈 파츠 전체에 얇게 바른 후, 작업대 통째로 UV 램프에 각각 넣어 약 2분 정도 굳힙니다.
3. 2의 UV 레진을 약 1mm 정도로 얇게 추가로 꼼꼼히 바른 후, 압화를 얹어 약 3분 정도 UV 램프로 굳힙니다.
4. 골드 펄 투명 글리터를 UV 레진에 섞어 이쑤시개로 선을 그리듯 3에 발라 약 30초 정도 UV 램프로 굳힙니다.
5. 투명 UV 레진을 앞면에 볼록하게 되도록 붓고 약 2분 정도 UV 램프로 굳힙니다.
6. 작업대에서 5를 떼어냅니다. 뒷면 전체에 투명 UV 레진을 바르고 약 30초 정도 UV 램프로 굳힙니다.
7. 뒷면에 투명 UV 레진을 바른 후, 반지대를 붙여 약 2분 정도 UV 램프로 굳힙니다.

재료

079

금속 장식 (타원·20×1.4mm·골드) — 1개
압화 (좋아하는 것·퍼플/옐로우 계열) — 적당량
반지대 (평판형·8mm·골드) — 1개
투명 글리터 (화이트, 블루, 골드 펄) — 각 적당량
UV 레진 — 적당량

080

금속 장식 (타원·20×1.4mm·골드) — 1개
압화 (좋아하는 것·옐로우/핑크 계열) — 적당량
반지대 (평판형·8mm·골드) — 1개
투명 글리터 (화이트, 옐로우, 골드 펄) — 각 적당량
UV 레진 — 적당량

[사용하는 도구]

이쑤시개 / 작업대 / UV 램프

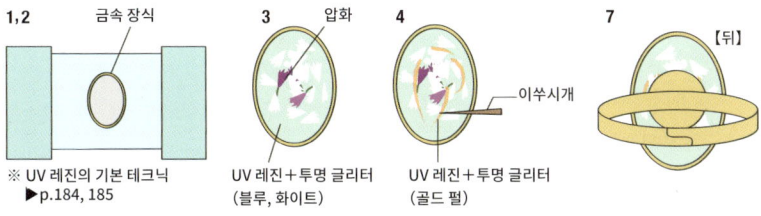

081, 082

SIZE : 모티브 세로1.8×가로1.3cm

※ 그림은 082 작품 설명. 081 작품도 같은 방법으로 만듭니다.

1. 소프트 몰드 전체에 UV 레진을 약 3mm 정도 바른 후, 이쑤시개로 호일 글리터를 넣습니다. 작업대 통째로 각각 UV 램프에 넣어 약 2분 정도 굳힙니다.
2. UV 레진을 1에 얇게 바릅니다. 압화를 얹고 약 30초 정도 UV 램프로 굳힙니다.
3. 앞면이 볼록하게 되도록 UV 레진을 붓고, 약 2분 정도 UV 램프로 굳힙니다.
4. 소프트 몰드에서 떼어냅니다. 디자인 커터 칼로 부스러기 같은 이물질들을 제거합니다.
5. 4의 뒷면에 UV 레진을 바른 후 삼각 고리가 달린 금속 장식을 붙입니다. 그 위에 전체적으로 UV 레진을 바르고 약 2분 정도 UV 램프로 굳힙니다.
6. 와이어 초커에 5를 끼워 넣고 양쪽 옆에 체코 진주를 끼웁니다. 초커의 끝에는 와이어 부속 파츠를 접착제로 붙여 고정합니다.

재료

081

체코 진주 (라운드·6mm·화이트) — 2개
압화 (좋아하는 것·화이트 계열) — 적당량
호일 글리터 (화이트) — 적당량
삼각 고리 (물방울·5×2mm·골드) — 1개
와이어 초커 (1개·약 10cm·골드) — 1개
UV 레진 — 적당량

082

체코 진주 (라운드·6mm·화이트) — 2개
압화 (좋아하는 것·퍼플 계열) — 적당량
호일 글리터 (화이트) — 적당량
삼각 고리 (물방울·5×2mm·골드) — 1개
와이어 초커 (1개·약 10cm·골드) — 1개
UV 레진 — 적당량

[사용하는 도구]

소프트 몰드 (타원형·1.8×1.3mm) / 이쑤시개 / UV 램프 / 디자인 커터 칼 / 접착제

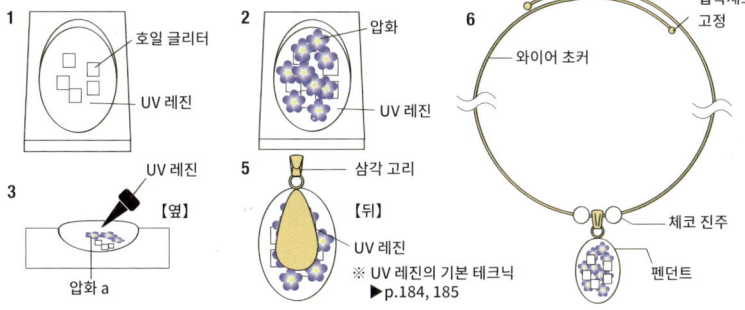

083, 084

SIZE : 모티브 세로2×가로2.4cm

※ 그림은 083 작품 설명. 084 작품도 같은 방법으로 만듭니다.

1. 작업대에 커팅 링을 고정하여 붙이고 UV 레진을 얇게 발라 작업대 통째로 UV 램프에 넣어 약 30초 정도 굳힙니다.
2. 프리저브드 플라워의 꽃 부분을 손가락으로 떼어 커팅 링 안에 배치하고 UV 레진을 앞면이 볼록하게 되도록 부어 넣습니다. UV 램프에 넣어 약 2분 정도 굳힙니다.
3. 작업대에서 2를 떼어냅니다. 뒷면에 UV 레진을 볼록하게 되도록 바르고 약 2분 정도 UV 램프로 굳힙니다.
4. 3의 뒷면에 UV 레진을 바른 후, 반지링에 붙여 약 2분 정도 UV 램프로 굳힙니다.

재료

083

커팅 링 (삼각형·2×2.4mm·골드) — 1개
프리저브드 플라워 (좋아하는 것·퍼플 계열) — 적당량
반지대 (각 있는 판형·2×7mm·골드) — 1개
UV 레진 — 적당량

084

커팅 링 (삼각형·2×2.4mm·골드) — 1개
프리저브드 플라워 (좋아하는 것·옐로우 계열) — 적당량
반지대 (각 있는 판형·2×7mm·골드) — 1개
UV 레진 — 적당량

[사용하는 도구]

이쑤시개 / 작업대 / UV 램프

085, 086

SIZE: 세로 4 × 가로 2 cm

재료

※ 그림은 085 작품 설명. 086 작품도 같은 방법으로 만듭니다.

1. 귀걸이 부분을 만듭니다. 작업대에 커팅 링 a를 고정하여 붙입니다.
2. 1 을 전체적으로 얇게 UV 레진을 발라 작업대 통째로 UV 램프에 넣어 약 30초 정도 굳힙니다.
3. 2 를 얇게 UV 레진을 발라 프리저브드 플라워를 얹고 약 30초 정도 UV 램프로 굳힙니다.
4. 앞면이 볼록하게 되도록 UV 레진을 부은 후, 약 2분 정도 UV 램프로 굳힙니다.
5. 작업대에서 4 를 떼어냅니다. 뒷면에 UV 레진을 발라 약 2분 정도 UV 램프로 굳힙니다.
6. 뒷면에 UV 레진을 발라 귀걸이 포스트를 붙여 약 1분 정도 UV 램프로 굳힙니다.
7. 귀걸이 뒷클러치를 만듭니다. T핀에 레진 진주와 비즈를 끼워 끝부분을 구자말이하여 파츠를 만듭니다.
8. 7 과 커팅 링 b를 귀걸이 뒷클러치에 O링으로 연결합니다. 반대쪽 귀걸이도 같은 방법으로 만듭니다.

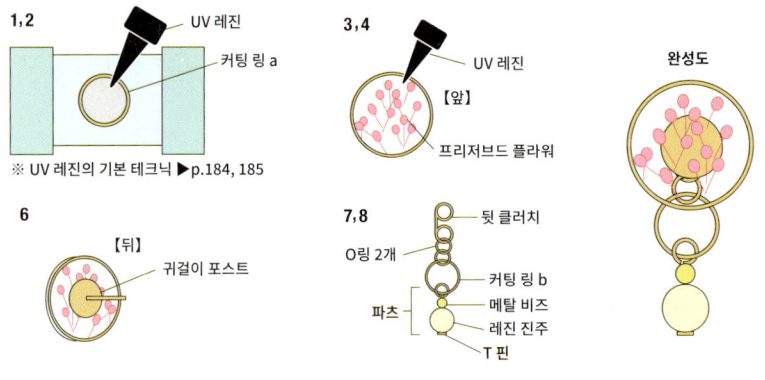

085

레진 진주 (라운드·10㎜·라이트 핑크) — 2개
메탈 비즈 (라운드·3.5㎜·골드) — 2개
커팅 링 a (원형·20㎜·골드) — 2개
커팅 링 b (원형·15㎜·골드) — 2개
프리저브드 플라워 (좋아하는 것·핑크 계열)
— 적당량
O링 (0.8×5㎜·골드) — 4개
T핀 (0.7×20㎜·골드) — 2개
귀걸이 부자재 (원판형·8㎜·골드) — 1세트
UV 레진 — 적당량

086

레진 진주 (라운드·10㎜·블랙) — 2개
메탈 비즈 (라운드·3.5㎜·골드) — 2개
커팅 링 a (원형·20㎜·골드) — 2개
커팅 링 b (원형·15㎜·골드) — 2개
프리저브드 플라워 (좋아하는 것·그린 계열)
— 적당량
O링 (0.8×5㎜·골드) — 4개
T핀 (0.7×20㎜·골드) — 2개
귀걸이 부자재 (원판형·8㎜·골드) — 1세트
UV 레진 — 적당량

[사용하는 도구]
기본 도구 (p.168) / 이쑤시개 / 작업대 /
UV 램프

 # 078, 087

SIZE: 손목 둘레 17 cm

재료

※ 그림은 087 작품 설명. 078 작품도 같은 방법으로 만듭니다.

1. 파츠 A를 만듭니다. 작업대에 메탈 링을 고정하여 붙인 후 전체적으로 얇게 UV 레진을 발라 작업대 통째로 각각 UV 램프에 넣어 약 30초 정도 굳힙니다.
2. 더 얇게 1 에 UV 레진을 발라 가위로 압화를 잘라 얹고, UV 램프에 넣어 30초 정도 굳힙니다.
3. UV 레진에 투명 글리터를 섞어 이쑤시개로 그림을 그리듯 2에 바릅니다.
4. 표면이 볼록하게 되도록 UV 레진을 부어 넣습니다. 3 에서 칠한 레진을 이쑤시개로 가볍게 섞고 UV 램프에 약 2분 정도 굳힙니다.
5. 작업대에서 4 를 떼어냅니다. 뒷면 전체에 UV 레진을 발라 금속 장식을 붙입니다. 그 위에 전체적으로 UV 레진을 발라 약 2분 정도 UV 램프로 굳힙니다.
6. 파츠 B를 만듭니다. 9핀에 메탈 비즈와 체코 진주를 끼운 후 끝부분을 둥글게 말아 고리를 만듭니다.
7. 그림과 같이 파츠 A, 파츠 B, 커팅 링, SR 장식, 연장 체인을 연결합니다.

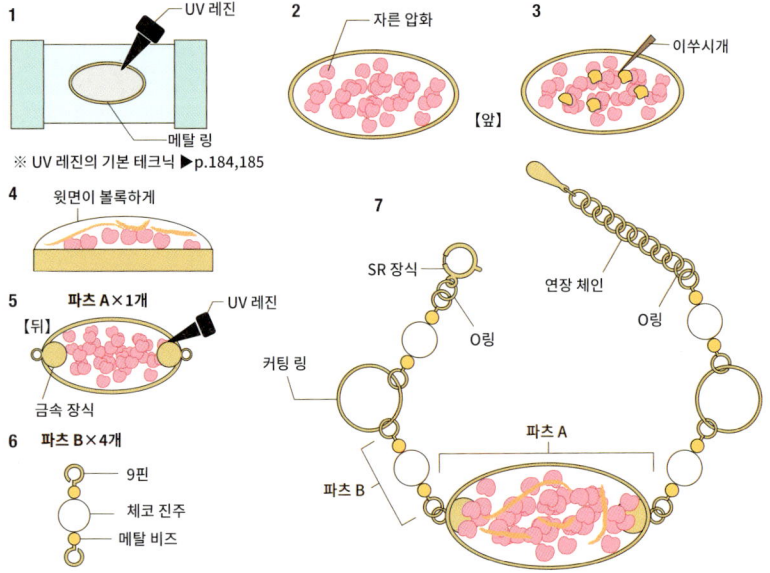

078

체코 진주 (라운드·4㎜·화이트) — 4개
메탈 비즈 (라운드·2㎜·골드) — 8개
커팅 링 (라운드·12㎜·골드) — 2개
메탈 링 (타원·약 38×23㎜·골드) — 1개
금속 장식 (라운드 외고리형·4㎜·골드)
— 2개
압화 (좋아하는 것·블루 계열) — 적당량
O링 (0.6×3㎜·골드) — 2개
9핀 (0.6×30㎜·골드) — 4개
SR 장식 (골드) — 1개
연장 체인 (골드) — 1개
투명 글리터 (골드 펄) — 적당량
UV 레진 — 적당량

087

체코 진주 (라운드·4㎜·화이트) — 4개
메탈 비즈 (라운드·2㎜·골드) — 8개
커팅 링 (라운드·12㎜·골드) — 2개
메탈 링 (타원·약 38×23㎜·골드) — 1개
금속 장식 (라운드 외고리형·4㎜·골드) — 2개
압화 (좋아하는 것·핑크 계열) — 적당량
O링 (0.6×3㎜·골드) — 2개
9핀 (0.6×30㎜·골드) — 4개
SR 장식 (골드) — 1개
연장 체인 (골드) — 1개
투명 글리터 (골드 펄) — 적당량
UV 레진 — 적당량

[사용하는 도구]
기본 도구 (p.168) / 이쑤시개 / 작업대 /
가위 / UV 램프

088, 089

SIZE: 세로 4.5 × 가로 1.2cm

※ 그림은 089 작품 설명. 088 작품도 같은 방법으로 만듭니다.

1. 파츠 A와 파츠 B를 만듭니다. 소프트 몰드 a와 b에 UV 레진을 각각 3mm 정도 바른 뒤 이쑤시개로 호일 글리터를 넣고 약 2분 정도 UV 램프로 굳힙니다.
2. 1에 얇게 UV 레진을 바르고, 각각 압화를 얹어 약 30초 정도 UV 램프로 굳힙니다.
3. 각각의 소프트 몰드에 앞면이 볼록하게 되도록 UV 레진을 붓고 약 2분 정도 UV 램프로 굳힙니다.
4. 3을 소프트 몰드에서 분리한 후 디자인 커터 칼로 찌꺼기들을 제거합니다.
5. 4의 뒷면에 UV 레진을 바른 후 금속 장식을 붙입니다. 그 위에 전체적으로 UV 레진을 바르고 약 2분 정도 UV 램프로 굳힙니다.
6. 파츠 A의 뒷면에 UV 레진을 발라 귀걸이 포스트를 붙여 약 2분 정도 UV 램프로 굳힙니다.
7. 파츠 C를 만듭니다. 9핀에 천연석을 끼운 후 끝부분을 둥글게 말아 고리를 만듭니다.
8. 그림과 같이 파츠 A~C를 연결합니다. 반대쪽 귀걸이도 같은 방법으로 만듭니다.

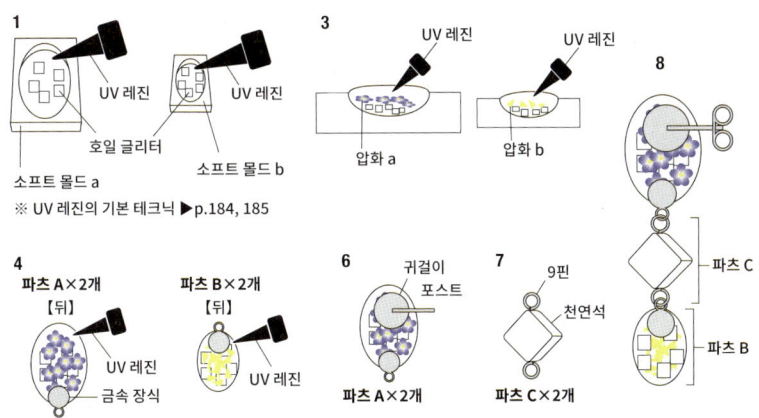

재료

088
- 천연석 (스퀘어·6mm·수정) —— 2개
- 금속 장식 (평판 외고리형·4mm·골드) — 4개
- 압화 (좋아하는 것·퍼플 & 화이트 계열) —————————— 적당량
- 호일 글리터 (화이트 & 실버) —— 적당량
- 9핀 (0.6×30mm·골드) —————— 2개
- 귀걸이 포스트 (원판형·8mm·골드)
  —————————————— 1세트
- UV 레진 —————————— 적당량

089
- 천연석 (스퀘어·6mm·수정) —— 2개
- 금속 장식 (평판 외고리형·4mm·로듐) — 4개
- 압화 (좋아하는 것·블루 & 화이트 계열) —————————— 적당량
- 호일 글리터 (화이트 & 실버) —— 적당량
- 9핀 (0.6×30mm·로듐) ————— 2개
- 귀걸이 포스트 (원판형·8mm·로듐)
  —————————————— 1세트
- UV 레진 —————————— 적당량

〔사용하는 도구〕
기본 도구 (p.168) /
소프트 몰드 a (타원형·1.8×1.3cm) /
소프트 몰드 b (타원형·1.3×1cm) /
이쑤시개 / 디자인 커터 칼 / UV 램프

090, 091

SIZE: 세로 3.8 × 가로 8.6cm

※ 그림은 091 작품 설명. 090 작품도 같은 방법으로 만듭니다.

1. 작업대에 메탈 링 a~c를 간격을 살짝 두어 배치합니다.
2. 1을 전체적으로 UV 레진을 얇게 바르고, 투명 글리터를 섞은 UV 레진을 이쑤시개로 마블 무늬를 그리며 섞습니다. 작업대를 각각 UV 램프를 넣고 약 30초 정도 굳힙니다.
3. 2에 얇게 UV 레진을 바르고 압화를 얹어 2의 투명 글리터를 섞은 UV 레진을 이쑤시개로 적당량 발라 약 30초 정도 UV 램프로 굳힙니다.
4. 앞면이 볼록하게 되도록 UV 레진을 부은 후 약 2분 정도 UV 램프로 굳힙니다.
5. 작업대에서 4를 떼어냅니다. 뒷면 전체에 UV 레진을 바르고 UV 램프에 약 2분 정도 굳힙니다.
6. 그림과 같이 자동 머리핀 부자재에 5를 나란히 배치하여 접착제로 붙입니다.
7. 각 파츠와 자동 머리핀 부자재 사이에 UV 레진을 바른 후, 약 2분 정도 UV 램프로 굳힙니다.

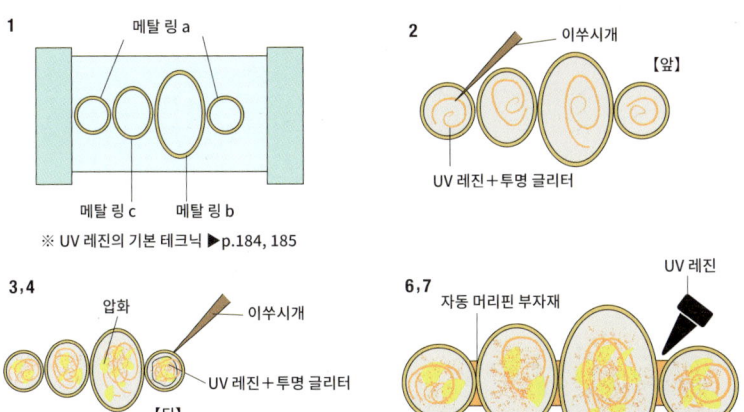

재료

090
- 메탈 링 a (라운드·18mm·골드) — 2개
- 메탈 링 b (타원·38×23mm·골드) — 1개
- 메탈 링 c (타원·28×30mm·골드) — 1개
- 압화 (좋아하는 것·핑크 & 화이트 계열)
  ——————————————— 적당량
- 자동 머리핀 부자재 (80mm·골드) — 1개
- 투명 글리터 (골드 펄) ————— 적당량
- UV 레진 —————————— 적당량

091
- 메탈 링 a (라운드·18mm·골드) — 2개
- 메탈 링 b (타원·38×23mm·골드) — 1개
- 메탈 링 c (타원·28×30mm·골드) — 1개
- 압화 (좋아하는 것·옐로우 & 화이트 계열)
  ——————————————— 적당량
- 자동 머리핀 부자재 (80mm·골드) — 1개
- 투명 글리터 (골드 펄) ————— 적당량
- UV 레진 —————————— 적당량

〔사용하는 도구〕
이쑤시개 / 작업대 / UV 램프 / 접착제

092~095

SIZE: 세로 1.6 × 가로 2.2cm

092, 093

※ 그림은 093 작품 설명. 092 작품도 같은 방법으로 만듭니다.
1. 작업대에 메탈 링을 고정하여 붙입니다.
2. 1 에 UV 레진을 바르고 작업대를 각각 UV 램프에 넣어 약 30초 정도 굳힙니다.
3. 2 에 UV 레진을 얇게 바르고 압화를 얹어 약 30초 정도 UV 램프로 굳힙니다.
4. 앞면이 볼록하게 되도록 UV 레진을 부은 후 약 2분 정도 UV 램프로 굳힙니다.
5. 작업대에서 4 를 떼어냅니다. 뒷면에 UV 레진을 발라 귀걸이 포스트를 붙이고 약 2분 정도 UV 램프로 굳힙니다. 반대쪽 귀걸이도 같은 방법으로 만듭니다.

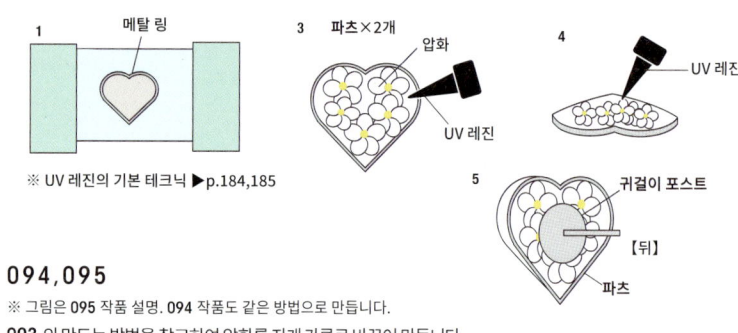

※ UV 레진의 기본 테크닉 ▶ p.184, 185

094, 095

※ 그림은 095 작품 설명. 094 작품도 같은 방법으로 만듭니다.
093 의 만드는 방법을 참고하여 압화를 자개 가루로 바꾸어 만듭니다.

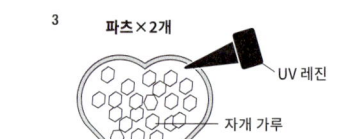
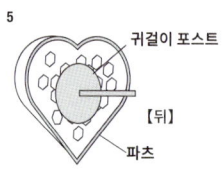

재료

092
- 메탈 링 (하트·22mm·골드) ─── 2개
- 압화 (좋아하는 것·블루 계열) ─── 적당량
- 귀걸이 포스트 (원판형·8mm·로듐) ─── 1세트
- UV 레진 ─── 적당량

093
- 메탈 링 (하트·22mm·로듐) ─── 2개
- 압화 (좋아하는 것·화이트 계열) ─── 적당량
- 귀걸이 포스트 (원판형·8mm·로듐) ─── 1세트
- UV 레진 ─── 적당량

094
- 메탈 링 (하트·22mm·골드) ─── 2개
- 자개 가루 (라이트 옐로우) ─── 적당량
- 귀걸이 포스트 (원판형·8mm·로듐) ─── 1세트
- UV 레진 ─── 적당량

095
- 메탈 링 (하트·22mm·로듐) ─── 2개
- 자개 가루 (화이트) ─── 적당량
- 귀걸이 포스트 (원판형·8mm·로듐) ─── 1세트
- UV 레진 ─── 적당량

〔사용하는 도구〕
이쑤시개 / 작업대 / UV 램프

096, 097

SIZE: 목둘레 38cm

※ 그림은 097 작품 설명. 096 작품도 같은 방법으로 만듭니다.
1. 가죽끈의 양 끝을 2mm 정도 비슷히 뾰족하게 자릅니다.
2. 이 페이지 위의 093과 같은 방법으로 파츠를 만들고 뒷면에 UV 레진을 발라 금속 장식을 붙인 후 약 2분 정도 UV 램프로 굳힙니다.
3. 1 의 가죽끈 양 끝에 접착제를 바르고 종캡에 넣은 후 각각 랍스터 장식과 A바를 O링으로 연결합니다.
4. 3 에 삼각 고리를 걸어 파츠를 연결합니다.

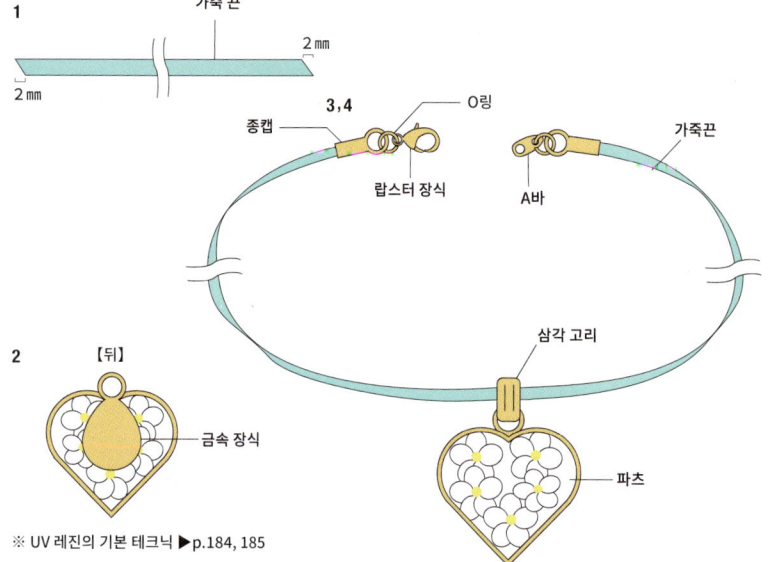

※ UV 레진의 기본 테크닉 ▶ p.184, 185

재료

096
- 메탈 링 (하트·22mm·골드) ─── 1개
- 금속 장식 (물방울 외고리형·6×13mm·골드) ─── 1개
- 압화 (좋아하는 것·블루 계열) ─── 적당량
- O링 (0.8×4mm·골드) ─── 2개
- 삼각 고리 (5×2mm·골드) ─── 1개
- 종캡 (1.8mm·골드) ─── 2개
- 가죽끈 (3mm 폭·옐로우) ─── 35cm×1개
- 랍스터 장식 (골드) ─── 1개
- A바 (골드) ─── 1개
- UV 레진 ─── 적당량

097
- 메탈 링 (하트·22mm·로듐) ─── 1개
- 금속 장식 (물방울 외고리형·6×13mm·로듐) ─── 1개
- 압화 (좋아하는 것·화이트 계열) ─── 적당량
- O링 (0.8×4mm·로듐) ─── 2개
- 삼각 고리 (5×2mm·로듐) ─── 1개
- 종캡 (1.8mm·로듐) ─── 2개
- 랍스터 장식 (로듐) ─── 1개
- A바 (로듐) ─── 1개
- 가죽끈 (3mm 폭·블루) ─── 35cm×1개
- UV 레진 ─── 적당량

〔사용하는 도구〕
기본 도구 (p.168) / 가위 / 이쑤시개 /
작업대 / UV 램프 / 접착제

098, 099

SIZE: 세로 5.5×가로 2cm

재료

※ 그림은 098 작품 설명. 099 작품도 같은 방법으로 만듭니다.

1. p.050의 **093**과 같은 방법으로 파츠(파츠 A)를 만듭니다.
   뒷면에 UV 레진을 바르고 금속 장식을 붙인 후 약 1분 정도 UV 램프로 굳힙니다.
2. 작업대에서 **1**을 빼낸 후, 뒷면에 UV 레진을 바르고 귀걸이 포스트를 붙인 후 약 2분 정도 UV 램프로 굳힙니다.
3. 파츠 B를 만듭니다. T핀에 자개 파츠, 레진 진주, 천연석 순서로 끼운 후 끝부분을 둥글게 만듭니다.
4. 파츠 A와 파츠 B를 연결합니다. 반대쪽 귀걸이도 같은 방법으로 만듭니다.

098

레진 진주 (라운드·3mm·실버) ─── 4개
천연석 (라운드·8mm·캣츠아이/핑크) ─── 2개
자개 파츠 (스퀘어·16mm·진주 조개) ─── 2개
자개 가루 (화이트) ─── 적당량
메탈 링 (하트·22mm·로듐) ─── 2개
금속 장식 (평판 외고리형·4mm·로듐) ─── 2개
T핀 (0.7×45mm·로듐) ─── 2개
귀걸이 포스트 (원판형·8mm·로듐) ─── 1세트
UV 레진 ─── 적당량

099

레진 진주 (라운드·3mm·골드) ─── 4개
천연석 (라운드·8mm·캣츠아이/오렌지) ─── 2개
자개 파츠 (스퀘어·16mm·진주 조개) ─── 2개
자개 가루 (라이트 옐로우) ─── 적당량
메탈 링 (하트·22mm·골드) ─── 2개
금속 장식 (평판 외고리형·4mm·골드) ─── 2개
T핀 (0.7×45mm·골드) ─── 2개
귀걸이 포스트 (원판형·8mm·골드) ─── 1세트
UV 레진 ─── 적당량

〔사용하는 도구〕
기본 도구 (p.168) / 이쑤시개 / 작업대 / UV 램프

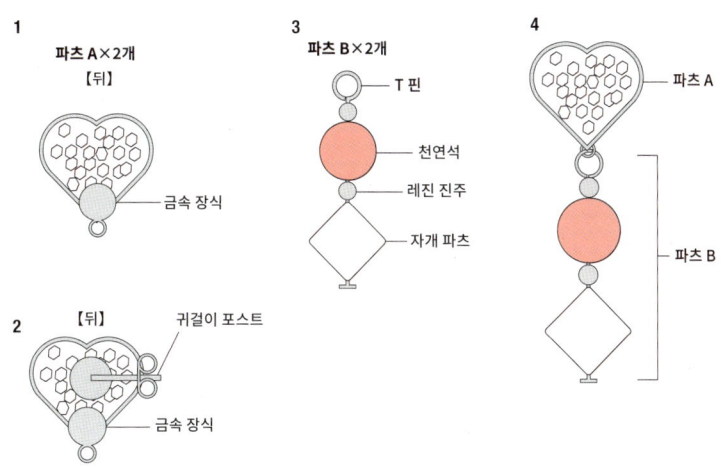

※ UV 레진의 기본 테크닉 ▶ p.184, 185

100, 101

SIZE: 모티브 세로 1.6×가로 2.2cm

재료

※ 그림은 100 작품 설명. 101 작품도 같은 방법으로 만듭니다.

1. 작업대에 메탈 링을 고정하여 붙입니다.
2. **1** 전체에 UV 레진을 얇게 바르고, 작업대 각각 UV 램프에 넣어 약 30초 정도 굳힙니다.
3. **2**에 얇게 UV 레진을 바르고 압화를 얹어 약 30초 정도 UV 램프로 굳힙니다.
4. 호일 글리터를 이쑤시개로 **3**에 흩트려서 넣습니다. 그 위에 앞면이 볼록하게 되도록 UV 레진을 부은 후 약 2분 정도 UV 램프로 굳힙니다.
5. 작업대에서 **4**를 떼어냅니다. 뒷면에 UV 레진을 볼록하게 바르고 약 2분 정도 UV 램프로 굳힙니다.
6. 뒷면에 UV 레진을 바르고 반지대를 붙여 약 2분 정도 UV 램프로 굳힙니다.

100

메탈 링 (하트·22mm·골드) ─── 1개
압화 (좋아하는 것·화이트 계열) ─── 적당량
호일 글리터 (옐로우) ─── 적당량
반지대 (각 있는 판형·2×7mm·골드) ─── 1개
UV 레진 ─── 적당량

101

메탈 링 (하트·22mm·골드) ─── 1개
압화 (좋아하는 것·블루 계열) ─── 적당량
호일 글리터 (옐로우) ─── 적당량
반지대 (각 있는 판형·2×7mm·골드) ─── 1개
UV 레진 ─── 적당량

〔사용하는 도구〕
이쑤시개 / 작업대 / UV 램프

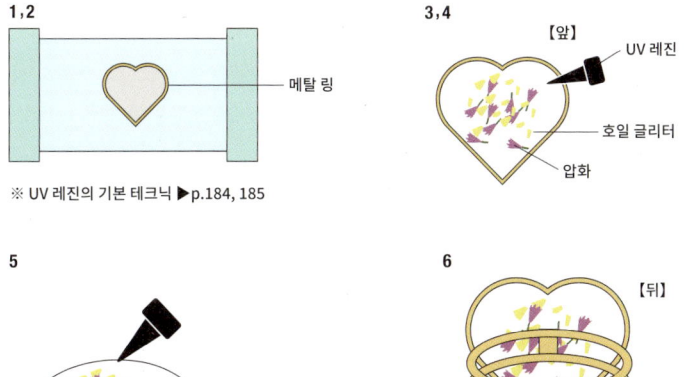

※ UV 레진의 기본 테크닉 ▶ p.184, 185

102, 103

SIZE: 세로 6.7 × 가로 2.2cm

재료

102
- 레진 진주 (라운드·3mm·골드) —— 2개
- 천연석 (라운드·10mm·퍼플 제이드) —— 2개
- 메탈 링 (하트·22mm·골드) —— 2개
- 금속 장식a (평판 외고리형·4mm·골드) - 2개
- 금속 장식b (곡선 파이프·1.5×35mm·골드) —— 2개
- 압화 (좋아하는 것·블루 계열) —— 적당량
- T핀 (0.7×65mm·골드) —— 2개
- 귀걸이 포스트 (원판형·8mm·골드) —— 1세트
- UV 레진 —— 적당량

103
- 레진 진주a (라운드·3mm·로듐) —— 2개
- 레진 진주b (라운드·10mm·허니 골드) —— 2개
- 메탈 링 (하트·22mm·로듐) —— 2개
- 금속 장식a (평판 외고리형·4mm·로듐) - 2개
- 금속 장식b (곡선 파이프·1.5×35mm·로듐) —— 2개
- 압화 (좋아하는 것·화이트 계열) —— 적당량
- T핀 (0.7×65mm·로듐) —— 2개
- 귀걸이 포스트 (원판형·8mm·로듐) —— 1세트
- UV 레진 —— 적당량

〔사용하는 도구〕
기본 도구 (p.168) / 이쑤시개 / 작업대 / UV 램프

※ 그림은 103 작품 설명. 102 작품도 같은 방법으로 만듭니다.

1. p.050의 **093**과 같은 방법으로 파츠(파츠 A)를 만듭니다. 뒷면에 UV 레진을 바르고 금속 장식 a 를 붙인 후 약 2분 정도 UV 램프로 굳힙니다.
2. 작업대에서 **1**을 떼어냅니다. 뒷면에 UV 레진을 바르고 귀걸이 포스트를 붙인 후 약 2분 정도 UV 램프로 굳힙니다.
3. 파츠 B를 만듭니다. 그림과 같이 T핀에 레진 진주 a와 b, 천연석, 금속 장식 b를 끼운 후 끝부분을 둥글게 말아 고리를 만듭니다.
4. 파츠 A와 파츠 B를 연결합니다. 반대쪽 귀걸이도 같은 방법으로 만듭니다.

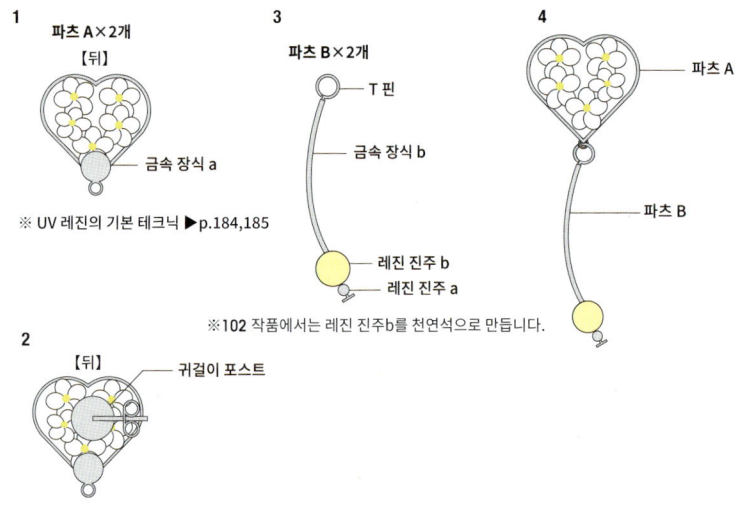

※ p.039의 모델은 102 작품을 귀걸이 귀찌로 바꿔 만든 것을 착용하였습니다.

104, 105

SIZE: 세로 1.7 × 가로 6.2cm

재료

104
- 레진 진주 (구멍 없는 것·라운드·3mm·화이트) —— 6개
- 메탈 링 (라운드·17mm·골드) —— 1개
- 금속 장식 (하트·8mm·골드) —— 1개
- 자개 가루 (믹스 컬러) —— 적당량
- 자동 머리핀 부자재 (약 55mm·골드) —— 1개
- UV 레진 —— 적당량
- 착색제 (편광 펄, 퍼플, 네온 핑크) - 각 적당량

105
- 레진 진주 (구멍 없는 것·라운드·3mm·화이트) —— 6개
- 메탈 링 (라운드·17mm·골드) —— 1개
- 금속 장식 (하트·8mm·골드) —— 1개
- 자개 가루 (믹스 컬러) —— 적당량
- 자동 머리핀 부자재 (약 55mm·골드) —— 1개
- UV 레진 —— 적당량
- 착색제 (편광 펄, 네온 그린, 네온 옐로우) - 각 적당량

〔사용하는 도구〕
소프트 몰드a (다이아 컷 사각형·1×1cm) / 소프트 몰드b (라운드·1.5cm) / 이쑤시개 / 작업대 / UV 램프 / 디자인 커터 칼

※ 그림은 104 작품 설명. 105 작품도 같은 방법으로 만듭니다.

1. 파츠 A와 B를 만듭니다. 착색제를 섞은(아래 그림의 배합 비율에서 원하는 색이 될 때까지 조금씩 더합니다) UV 레진을 소프트 몰드 a에 가득 부은 후 약 30초 정도 UV 램프로 굳힙니다. 다 굳은 후 소프트 몰드에서 빼내 디자인 커터 칼로 찌꺼기 부분을 제거합니다.
2. 소프트 몰드 b에 UV 레진을 2mm 넣고 금속 장식을 얹어 약 30초 정도 UV 램프로 굳힙니다.
3. **2**에 자개 가루를 섞은 UV 레진을 소프트 몰드에 가득 부은 후 약 2분 정도 UV 램프로 굳힙니다. 소프트 몰드에서 빼내 디자인 커터 칼로 찌꺼기들을 제거합니다.
4. 작업대에 메탈 링을 고정하여 붙입니다. 전체적으로 얇게 UV 레진을 바르고 파츠 C를 얹어 약 2분 정도 굳힌 후 작업대에서 떼어냅니다.
5. 자동 머리핀 부자재에 UV 레진을 바르고 그림과 같이 파츠 A~C와 레진 진주를 붙입니다. 약 2분 정도 UV 램프로 굳힙니다.

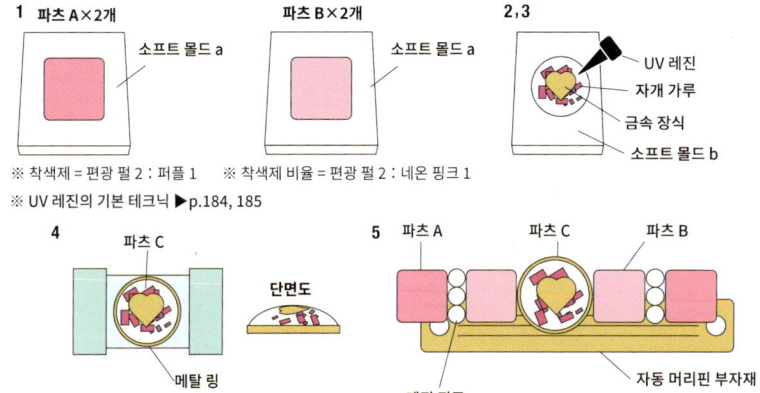

106, 107

SIZE: 길이 6.5cm

재료

106
금속 장식
　(스틱사다리꼴·양구멍·5×20mm·실버) — 2개
금은볼 파츠 (1mm·실버) —————— 6개
O링 (0.6×3mm·로듐) ——————— 6개
9자 나사못 (7.5×5mm·로듐) ———— 4개
귀걸이 포스트 (볼고리형·로듐)
　———————————————— 1세트
플라스틱 체인 (투명 블루) ——— 4cm×2개
UV 레진 ———————————— 적당량
착색제 (네온 핑크) ——————— 적당량

107
금속 장식
　(스틱사다리꼴·양구멍·5×20mm·실버) — 2개
금은볼 파츠 (1mm·실버) —————— 6개
O링 (0.6×3mm·로듐) ——————— 6개
9자 나사못 (7.5×5mm·로듐) ———— 4개
귀걸이 포스트 (볼고리형·로듐) — 1세트
플라스틱 체인 (투명 블루) ——— 4cm×2개
UV 레진 ———————————— 적당량
착색제 (네온 옐로우) ————————— 적당량

〔사용하는 도구〕
기본 도구 (p.168) /
소프트 몰드 (사각형·1.5×1.5cm) /
이쑤시개 / UV 램프 / 디자인 커터 칼 /
핀 바이스 / 접착제

※ 그림은 106 작품 설명. 107 작품도 같은 방법으로 만듭니다.

1. 파츠를 만듭니다.
소프트 몰드에 UV 레진을 약 3mm 부은 후 금은볼 파츠를 올립니다. 약 30초 정도 UV 램프로 굳힙니다.
2. 착색제를 섞은 UV 레진을 그림과 같이 1의 절반 정도를 붓고 나머지 반은 UV 레진을 부어 넣습니다.
경계선이 생긴 부분은 이쑤시개로 섞고 약 2분 정도 UV 램프로 굳힙니다.
소프트 몰드에서 빼낸 후 디자인 커터 칼로 찌꺼기들을 제거합니다.
3. 파츠의 모서리(두께가 있는 부분) 위아래에 핀 바이스로 구멍을 뚫습니다.
UV 레진을 묻힌 9자 나사못을 꽂은 후 약 30초 정도 UV 램프로 굳힙니다.
4. 파츠에 플라스틱 체인, 금속 장식, 귀걸이 포스트를 O링으로 연결합니다. 반대쪽도 같은 방법으로 만듭니다.

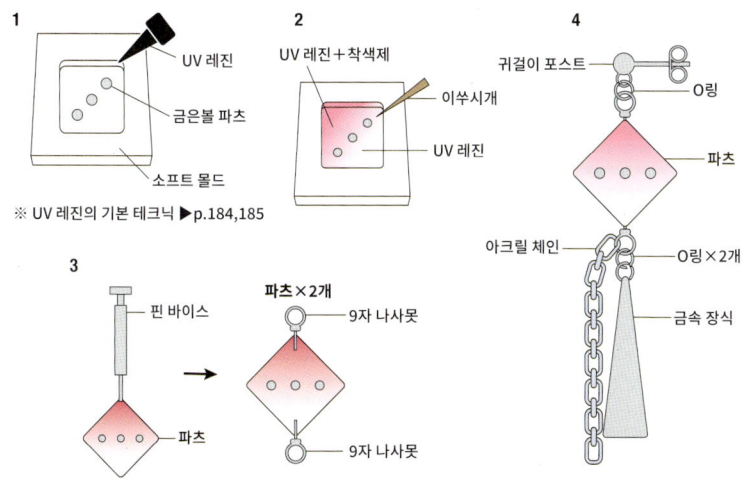

※ p.039의 모델은 107 작품을 귀걸이 귀찌로 바꿔 만든 것을 착용하였습니다.

 # 108, 109

SIZE: 모티브 세로 1.8×가로 1.3cm

재료

108
금속 장식 (리본·6×3mm·골드) ——— 1개
홀로그램 (화이트) ———————— 적당량
편광 펄 (화이트) ————————— 적당량
반지대 (원판형·8mm·골드) ————— 1개
UV 레진 ———————————— 적당량
착색제 (네온 핑크, 시안) ————— 각 적당량

109
금속 장식 (리본·6×3mm·골드) ——— 1개
홀로그램 (화이트) ———————— 적당량
편광 펄 (화이트) ————————— 적당량
반지대 (원판형·8mm·골드) ————— 1개
UV 레진 ———————————— 적당량
착색제 (네온 오렌지, 네온 옐로우)
　————————————————— 각 적당량

〔사용하는 도구〕
소프트 몰드 (타원형 보석컷·1.8×1.3cm)
/ 이쑤시개 / 디자인 커터 칼 / UV 램프

※ 그림은 109 작품 설명. 108 작품도 같은 방법으로 만듭니다.

1. 소프트 몰드에 UV 레진을 약 1mm 부어 넣고 금속 장식과 홀로그램을 얹어 약 1분 정도 UV 램프로 굳힙니다.
2. 네온 오렌지와 네온 옐로우 착색제를 각각 섞은 UV 레진을 1에 3분의 1씩 부어 넣은 후 이쑤시개로 경계선을 섞고 약 2분 정도 UV 램프로 굳힙니다.
3. 편광 펄을 섞은 UV 레진을 2의 소프트 몰드에 가득 부어 넣은 후 약 2분 정도 UV 램프로 굳힙니다.
4. 소프트 몰드에서 빼낸 후, 디자인 커터 칼로 찌꺼기들을 제거합니다. 뒷면에 UV 레진을 바르고 반지대를 붙여 약 2분 정도 UV 램프로 굳힙니다.

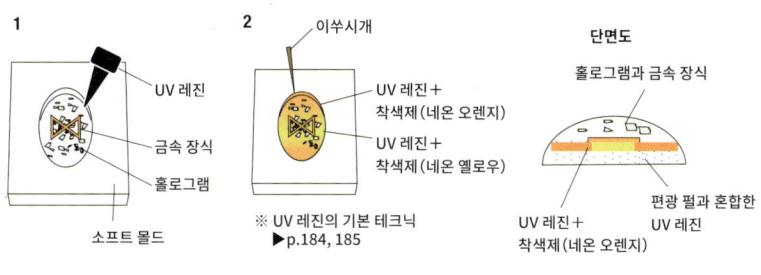

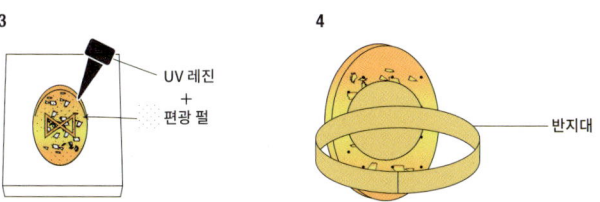

110, 111

SIZE: 목둘레 33cm

재료

※ 그림은 111 작품 설명. 110 작품도 같은 방법으로 만듭니다.

1. 소프트 몰드에 UV 레진을 얇게 바르고 금속 장식과 금은볼 파츠를 얹어 약 1분 정도 UV 램프로 굳힙니다.
2. 착색제를 섞은 UV 레진을 소프트 몰드 테두리 부분 쪽에 넣고, 중앙에만 UV 레진 한 방울을 떨어뜨려 투명하게 한 후 약 1분 정도 UV 램프로 굳힙니다. 다 굳으면 소프트 몰드에서 빼내 커터 칼로 찌꺼기들을 제거합니다.
3. 작업대에 2를 고정하여 붙입니다. 하트 가장자리에 UV 레진을 바르고 레진 진주로 둘러싼 상태로 약 30초 정도 UV 램프로 굳힙니다.
4. 작업대에서 3을 떼어낸 후, 하트 윗부분에 핀 바이스로 구멍을 뚫습니다. UV 레진을 묻힌 9자 나사못을 꽂고 약 30초 정도 UV 램프로 굳힙니다.
5. 그림과 같이 와이어 초커에 파츠를 O링으로 연결하고 비즈 종류를 끼웁니다. 초커의 끝부분 마감 부속은 접착제로 고정합니다.

110
레진 진주 (구멍 없는 것·라운드·2mm·화이트) ──── 24개
체코 파이어 폴리쉬 (3mm·투명) ──── 2개
메탈 비즈a (각진 모양·3mm·골드) ──── 4개
메탈 비즈b (라운드·2mm·골드) ──── 2개
금속 장식 (십자가·5mm·골드) ──── 1개
O링 (0.6×3mm·골드) ──── 1개
금은볼 파츠 (1mm·골드) ──── 2개
와이어 초커 (1개·0.7×33cm·골드) ──── 1개
9자 나사못 (7×2mm·골드) ──── 1개
UV 레진 ──── 적당량
착색제 (네온 오렌지) ──── 적당량

111
레진 진주 (구멍 없는 것·라운드·2mm·화이트) ──── 24개
체코 파이어 폴리쉬 (3mm·투명) ──── 2개
메탈 비즈a (각진 모양·3mm·골드) ──── 4개
메탈 비즈b (라운드·2mm·골드) ──── 2개
금속 장식 (십자가·5mm·골드) ──── 1개
O링 (0.6×3mm·골드) ──── 1개
금은볼 파츠 (1mm·골드) ──── 2개
와이어 초커 (1개·0.7×33cm·골드) ──── 1개
9자 나사못 (7×2mm·골드) ──── 1개
UV 레진 ──── 적당량
착색제 (네온 핑크) ──── 적당량

〔사용하는 도구〕
기본 도구 (p.168) / 소프트 몰드 (하트·1.8×1.8cm) / 작업대 / 이쑤시개 / UV 램프 / 디자인 커터 칼 / 핀 바이스 / 접착제

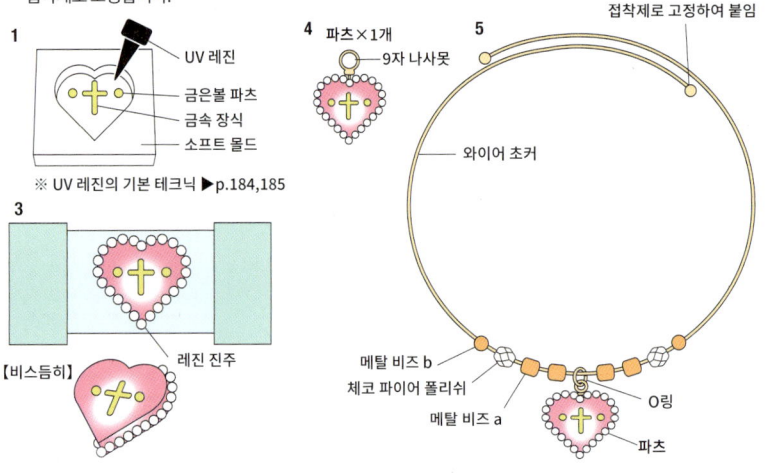

116, 117

SIZE: 목둘레 37cm

재료

※ 그림은 116 작품 설명. 117 작품도 같은 방법으로 만듭니다.

1. UV 레진에 펄을 섞어서 까메오 판에 가득 부어 넣은 후, 약 1분 정도 UV 램프로 굳힙니다.
2. 1에 앞면이 볼록하게 되도록 UV 레진을 부어 넣고 홀로그램 a와 홀로그램 b를 올립니다. 약 2분 정도 UV 램프로 굳힙니다.
3. 2에 메탈 링을 비스듬히 얹고 메탈 링과 2의 틈새 사이에 UV 레진을 조금 묻힙니다. 약 2분 정도 UV 램프로 굳힙니다. 뒷면 역시 UV 레진을 조금 묻힌 후, 약 2분 정도 UV 램프로 굳힙니다.
4. 삼각 고리로 3의 파츠와 체인을 연결하고, 체인의 양 끝은 SR 장식과 연장 체인을 각각 O링으로 연결합니다.

116
메탈 링 (타원·8×18mm·골드) ──── 1개
펄 (골드) ──── 적당량
홀로그램a (라운드) ──── 2개
홀로그램b (별) ──── 3개
O링 (3mm·골드) ──── 2개
삼각 고리 (볼록형·3×6mm·골드) ──── 1개
랍스터 장식 (골드) ──── 1개
SR 장식 (골드) ──── 1개
연장 체인 (골드) ──── 1개
까메오 판 (고리형·10mm·골드) ──── 1개
체인 (골드) ──── 35cm×1개
UV 레진 ──── 적당량
착색제 (시안) ──── 적당량

117
메탈 링 (타원·8×18mm·골드) ──── 1개
펄 (골드) ──── 적당량
홀로그램a (라운드) ──── 2개
홀로그램b (별) ──── 3개
O링 (3mm·골드) ──── 2개
삼각 고리 (볼록형·3×6mm·골드) ──── 1개
랍스터 장식 (골드) ──── 1개
SR 장식 (골드) ──── 1개
연장 체인 (골드) ──── 1개
까메오 판 (고리형·10mm·골드) ──── 1개
체인 (골드) ──── 35cm×1개
UV 레진 ──── 적당량
착색제 (블루) ──── 적당량

〔사용하는 도구〕
기본 도구 (p.168) / 이쑤시개 / UV 램프

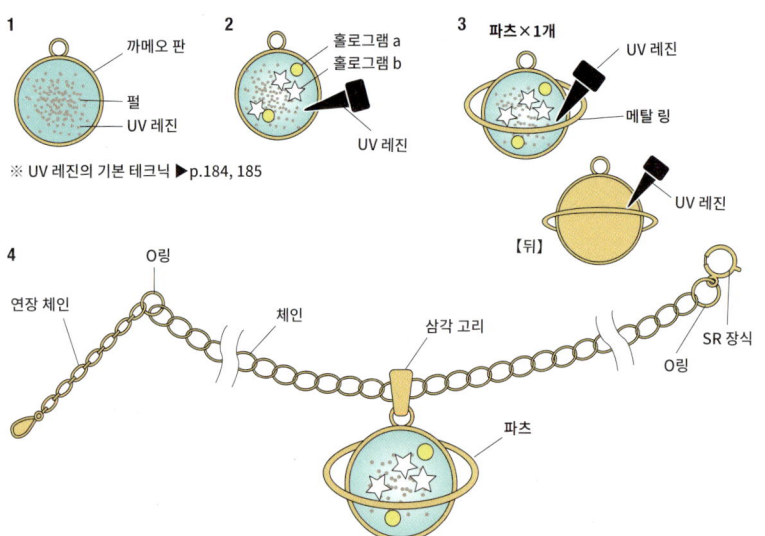

112, 113

SIZE: 모티브 세로4.7×가로3.4cm

※ 그림은 113 작품 설명. 112 작품도 같은 방법으로 만듭니다.

1. 파츠 A를 만듭니다. 작업대에 레진 프레임을 고정시켜 붙입니다.
2. 착색제를 섞은 레진 2색을 준비하여 그림처럼 레진 프레임에 얇게 바른 후 약 2분 정도 UV 램프로 굳힙니다.
   ※ 112의 착색제 혼합법
   아이스크림···UV 레진＋착색제(화이트 1 : 네온 핑크 1)
   콘···UV 레진＋착색제(화이트 1 : 네온 오렌지 1)
3. 2 의 레진 프레임에 UV 레진을 가득 부어 넣고 아이스크림 부분에는 홀로그램, 콘 부분에는 모양에 맞춰 자른 AW를 올려놓은 후, 약 2분 정도 UV 램프로 굳힙니다.
4. 앞면이 볼록하게 되도록 UV 레진을 부어 넣고 약 3분 정도 UV 램프로 굳힙니다.
5. 파츠 B~D를 만듭니다. T핀에 아크릴 비즈 a~c를 각각 끼운 후 끝부분을 둥글게 말아 고리를 만듭니다.
6. 그림과 같이 가방 참 금속 장식에 파츠 A~D를 연결합니다.

재료

112
아크릴 비즈a (하트·12㎜·라벤더) ─── 1개
아크릴 비즈b (하트·12㎜·민트그린) ─── 1개
아크릴 비즈c (하트·12㎜·베이비 핑크) ─ 1개
홀로그램 (믹스 컬러) ─── 적당량
레진 프레임 (아이스크림·34×47㎜·골드)
─── 1개
O링 (1×5㎜·골드) ─── 1개
T핀 (0.6×20㎜·골드) ─── 3개
가방 참 금속장식 (골드) ─── 1개
AW [아티스틱 와이어] (#20·골드)
─── 4㎝×1개
UV 레진 ─── 적당량
착색제 (화이트, 네온 그린, 네온 오렌지)
─── 각 적당량

113
아크릴 비즈a (하트·12㎜·핑크) ─── 1개
아크릴 비즈b (하트·12㎜·화이트) ─── 1개
아크릴 비즈c (하트·12㎜·오렌지) ─── 1개
홀로그램 (핑크) ─── 적당량
레진 프레임 (아이스크림·34×47㎜·골드)
─── 1개
O링 (1×5㎜·골드) ─── 1개
T핀 (0.6×20㎜·골드) ─── 3개
가방 참 금속장식 (골드) ─── 1개
AW [아티스틱 와이어] (#20·골드)
─── 4㎝×1개
UV 레진 ─── 적당량
착색제 (화이트, 네온 핑크, 네온 오렌지)
─── 각 적당량

[사용하는 도구]
기본 도구 (p.168) / 이쑤시개 / 작업대 /
UV 램프

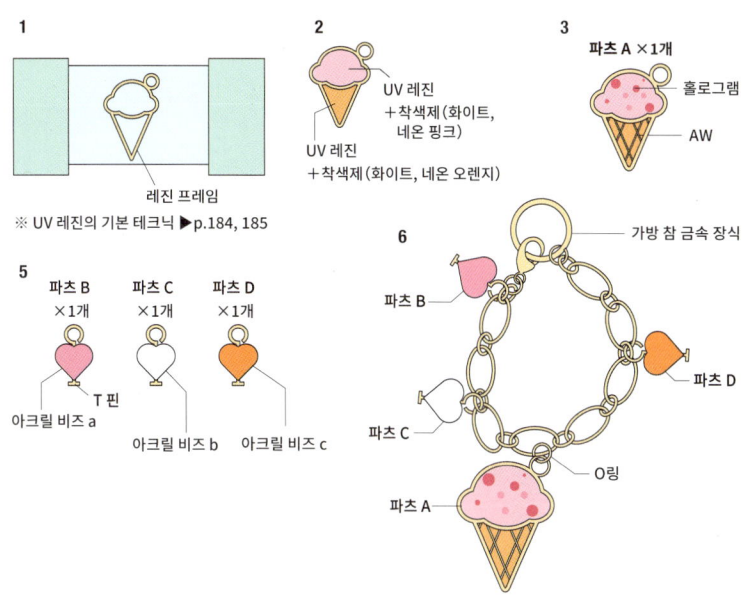

114, 115

SIZE: 모티브 세로1.5×가로1.5cm

※ 그림은 114 작품 설명. 115 작품도 같은 방법으로 만듭니다.

1. 작업대에 레진 프레임을 고정하여 붙입니다.
2. 핑크(115는 시안)와 퍼플의 착색제를 각각 섞은 UV 레진을 레진 프레임에 절반씩 부어 넣은 뒤 이쑤시개로 경계선을 섞고 약 1분 정도 UV 램프로 굳힙니다.
3. 2 의 파츠에 UV 레진을 레진 테두리까지 가득 부어 넣고 금속장식, 홀로그램, 레진 진주를 올린 후 약 1분 정도 UV 램프로 굳힙니다.
4. 작업대에서 3 을 떼어냅니다.
   뒷면에 UV 레진을 바르고 머리핀 금속 장식을 붙인 채, 약 1분 정도 UV 램프로 굳힙니다.

재료

114
레진 진주 (구멍 없는 것·라운드·1㎜·화이트)
─── 4개
금속 장식 (달·5×4㎜·골드) ─── 1개
레진 프레임 (별·15㎜·골드) ─── 1개
홀로그램 (별) ─── 2개
머리핀 금속 장식 (원판형·10㎜·골드) ─ 1개
UV 레진 ─── 적당량
착색제 (핑크, 퍼플) ─── 각 적당량

115
레진 진주 (구멍 없는 것·라운드·1㎜·화이트)
─── 4개
금속 장식 (달·5×4㎜·골드) ─── 1개
레진 프레임 (별·15㎜·골드) ─── 1개
홀로그램 (별) ─── 2개
머리핀 금속 장식 (원판형·10㎜·골드) ─ 1개
UV 레진 ─── 적당량
착색제 (시안, 퍼플) ─── 각 적당량

[사용하는 도구]
이쑤시개 / 작업대 / UV 램프

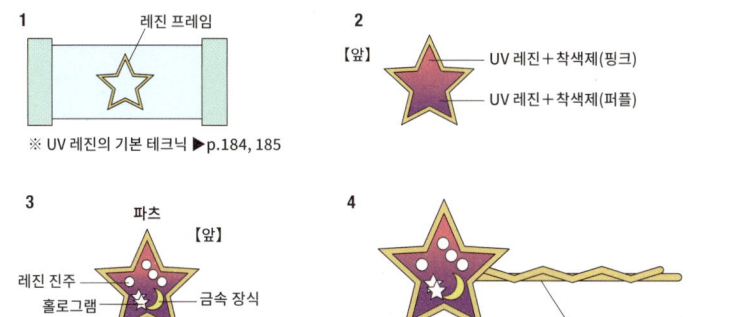

118, 119

SIZE: 왼쪽 길이 6㎝ 오른쪽 길이 3.5㎝

재료

118

금속 장식 (라운드·6㎜·골드)	2개
펄 (실버)	적당량
홀로그램 (좋아하는 것)	적당량
레진 프레임 a (라운드·20㎜·골드)	1개
레진 프레임 b (별·1.2㎜·골드)	1개
O링 (0.6×3㎜·골드)	4개
9자 나사못 (7×2㎜·골드)	1개
귀걸이 포스트 (볼고리형·골드)	1세트
체인 (골드)	5.5㎝×1개, 3.5㎝×1개
AW【아티스틱 와이어】 (#30·골드)	1.5㎝×3개
UV 레진	적당량
착색제 (블루)	적당량

119

금속 장식 (라운드·6㎜·골드)	2개
펄 (실버)	적당량
홀로그램 (좋아하는 것)	적당량
레진 프레임 a (라운드·20㎜·골드)	1개
레진 프레임 b (별·1.2㎜·골드)	1개
O링 (0.6×3㎜·골드)	4개
9자 나사못 (7×2㎜·골드)	1개
귀걸이 포스트 (볼고리형·골드)	1세트
체인 (골드)	5.5㎝×1개, 3.5㎝×1개
AW【아티스틱 와이어】 (#30·골드)	1.5㎝×3개
UV 레진	적당량
착색제 (시안)	적당량

〔사용하는 도구〕
기본 도구 (p.168) / 이쑤시개 / 소프트 몰드 (볼 형태·1.5㎝) / 작업대 / 디자인 커터 칼 / 핀 바이스 / UV 램프

※ 그림은 118 작품 설명. 119 작품도 같은 방법으로 만듭니다.

1 파츠 A를 만듭니다. 착색제를 섞은 UV 레진을 소프트 몰드에 약 2㎜ 정도 넣고 홀로그램을 섞어 약 30초 정도 UV 램프로 굳힙니다.

2 착색제를 섞은 UV 레진을 소프트 몰드에 부어 넣은 후 약 30초 정도 UV 램프로 굳힙니다. 소프트 몰드에서 빼낸 후 디자인 커터 칼로 찌꺼기를 제거합니다. 이것을 총 2개 만듭니다.

3 작업대에 레진 프레임 a를 고정하여 붙입니다. 펄을 약간 섞은 UV 레진을 얇게 전체적으로 바르고 2의 파츠 1개를 올리고 각각 작업대 통째로 UV 램프에 넣어 약 30초 정도 굳힙니다.

4 3을 뒤집은 후 작업대 위에 놓고, 펄을 약간 섞은 UV 레진을 바르고 또 하나의 반구 파츠를 얹어 약 30초 정도 UV 램프로 굳힙니다.

5 핀 바이스로 4의 꼭대기에 구멍을 뚫고 레진을 묻힌 9자 나사못을 넣고 약 30초 정도 UV 램프로 굳힙니다.

6 그림과 같이 파츠 A, 금속 장식, 5.5㎝ 체인, 귀걸이 포스트를 O링으로 연결합니다.

7 파츠 B를 만듭니다. 작업대 위에 레진 프레임 b를 고정하여 붙입니다. 착색제를 섞은 UV 레진을 진한 것과 연한 것으로 두 종류를 만들고 절반씩 레진 프레임에 부어 넣습니다. 이쑤시개로 경계선 부분을 섞은 후 약 2분 정도 UV 램프로 굳힙니다.

8 파츠 C를 만듭니다. 작업대에 1.5㎝로 자른 AW를 약간 구부린 후 그림과 같이 배치합니다. 펄을 넣은 UV 레진을 AW의 높이까지 가득 부어 넣은 후 약 2분 정도 UV 램프로 굳힙니다.

9 파츠 D를 만듭니다. 작업대에서 파츠 B와 파츠 C를 떼어냅니다. 파츠 B 뒤에 UV 레진을 바르고 파츠 C를 붙여 약 30초 정도 UV 램프로 굳힙니다.

10 9와 금속 장식, 3.5㎝ 체인, 귀걸이 포스트를 O링으로 연결합니다.

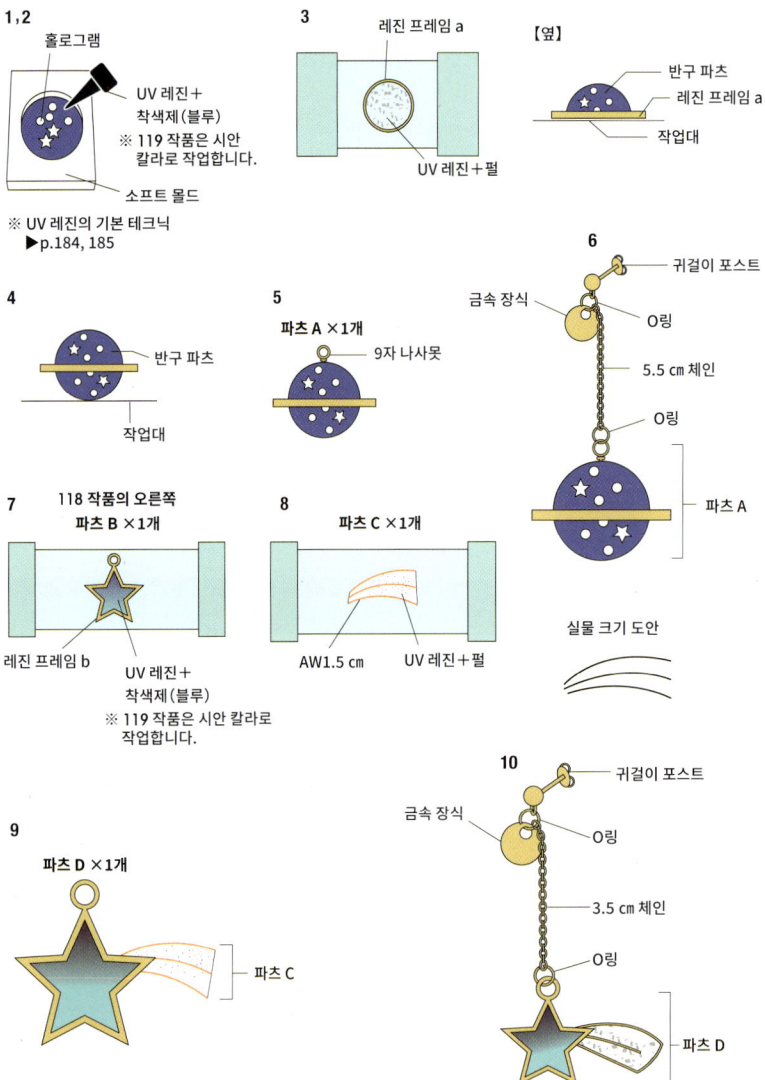

memo
원형 볼은 어떻게 만드는 걸까?

먼저 반구를 2개 만들고, 평평한 면을 맞추어 UV 레진으로 붙입니다 이것만으로도 예쁜 원형 볼이 만들어집니다.

120, 121

SIZE: 모티브 세로 5.5×가로 2.5cm

재료

120
금속 장식a (달·5mm·골드) —————— 1개
금속 장식b (평판 외고리형·10mm·골드)
—————— 1개
펄 (골드) —————————————— 적당량
홀로그램 (좋아하는 것) —————— 적당량
레진 프레임 (거울 모양·5.5×2.5mm·골드)
—————— 1개
참 (별·고리형·5mm·골드) —————— 1개
O링 (0.6×3mm·골드) —————————— 2개
가방 참 금속장식 (골드) —————————— 1개
미니 태슬 (18mm·네이비) —————————— 1개
UV 레진 —————————————— 적당량
착색제 (블루, 블랙) —————————— 적당량

121
금속 장식a (달·5mm·골드) —————— 1개
금속 장식b (평판 외고리형·10mm·로듐)
—————— 1개
펄 (골드) —————————————— 적당량
홀로그램 (좋아하는 것) —————— 적당량
레진 프레임 (거울 모양·5.5×2.5mm·로듐)
—————— 1개
참 (별·고리형·5mm·로듐) —————— 1개
O링 (0.6×3mm·로듐) —————————— 2개
가방 참 금속장식 (로듐) —————————— 1개
미니 태슬 (18mm·블루) —————————— 1개
UV 레진 —————————————— 적당량
착색제 (시안, 블루) —————————— 적당량

〔사용하는 도구〕
기본 도구 (p.168) / 이쑤시개 / 작업대 /
UV 램프

※ 그림은 120 작품 설명. 121 작품도 같은 방법으로 만듭니다.

1 작업대에 레진 프레임을 고정하여 붙입니다.
2 블루와 블랙(121은 시안, 블루) 착색제를 각각 섞은 UV 레진을 레진 프레임에 절반씩 부어 넣습니다. 이쑤시개로 경계선을 섞은 후 각각의 작업대 통째로 UV 램프에 넣어 약 1분 정도 굳힙니다.
3 2 에 UV 레진을 레진 프레임에 가득 부어 넣고 금속 장식 a, 펄, 홀로그램을 올려 약 1분 정도 UV 램프로 굳힙니다.
4 작업대에서 3 을 떼어냅니다. 뒷면에 UV 레진을 바르고 금속 장식 b를 붙여 약 1분 정도 UV 램프로 굳힙니다.
5 그림과 같이 가방 참 금속 장식에 참, 미니 태슬을 O링으로 연결하고, 파츠 A도 O링으로 연결합니다.

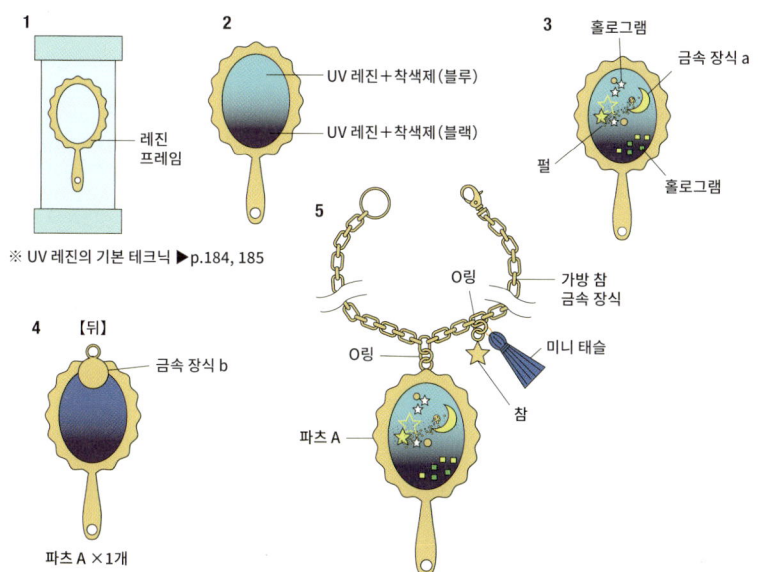

 # 124, 125

SIZE: 세로 4×가로 3cm

재료

124
금속 장식 (평판 외고리형·10mm·로듐) - 2개
홀로그램 (좋아하는 것) —————— 적당량
레진 프레임 (별·25mm·로듐) —————— 2개
O링 (0.6×3mm·로듐) —————————— 4개
귀걸이 포스트 (원판형·4mm·로듐)
—————— 1세트
폼폼 (15mm·아이보리) —————————— 2개
UV 레진 —————————————— 적당량
착색제 (핑크, 화이트) —————————— 적당량

125
금속 장식 (평판 외고리형·10mm·골드) - 2개
홀로그램 (좋아하는 것) —————— 적당량
레진 프레임 (별·25mm·골드) —————— 2개
O링 (0.6×3mm·골드) —————————— 4개
귀걸이 포스트 (원판형·4mm·골드)
—————— 1세트
폼폼 (15mm·그레이) —————————— 2개
UV 레진 —————————————— 적당량
착색제 (블랙) —————————— 적당량

〔사용하는 도구〕
기본 도구 (p.168) / 이쑤시개 / 작업대 /
가위 / UV 램프

※ 그림은 124 작품 설명. 125 작품도 같은 방법으로 만듭니다.

1 작업대에 레진 프레임을 고정하여 붙입니다.
2 착색제를 섞은(마음에 드는 색이 될 때까지 조금씩 더합니다) UV 레진을 레진 프레임에 가득 부어 넣고 홀로그램을 이쑤시개로 얹어 각각의 작업대를 통째로 UV 램프에 넣어 약 2분 정도 굳힙니다.
3 작업대에서 2 를 떼어냅니다. 뒷면에 UV 레진을 바르고 금속 장식과 귀걸이 포스트를 붙여 약 1분 정도 UV 램프로 굳힙니다.
4 금속 장식의 고리에 2개의 O링을 연결합니다. 폼폼은 실로 O링에 고정 매듭을 짓고 나온 실은 가위로 자릅니다. 반대쪽 귀걸이도 같은 방법으로 만듭니다.

※ 고정 매듭 ▶ p.186 ㉟

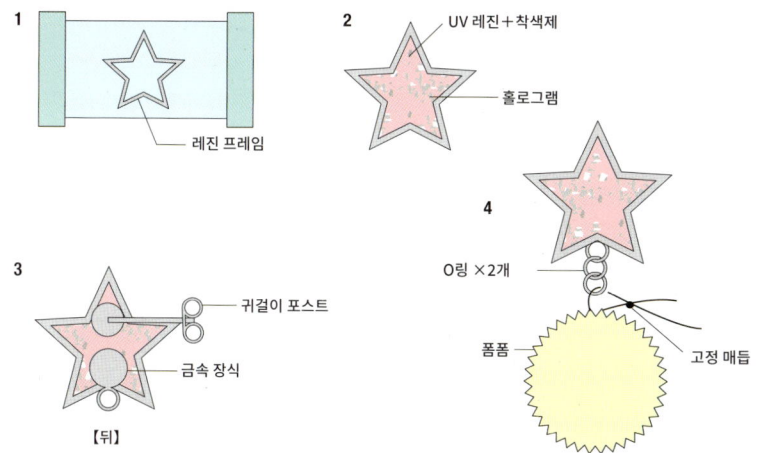

122, 123

SIZE: 세로 3 × 가로 1.7 cm

재료

122
- 레진진주a (구멍없는것·라운드·5mm·화이트) – 2개
- 레진진주b (구멍없는것·라운드·3mm·화이트) – 4개
- 메탈 비즈a (라운드·4mm·골드) ─ 2개
- 메탈 비즈b (라운드·3mm·골드) ─ 2개
- 금속 장식 (라운드고리형·6mm·골드) ─ 1개
- 캡보석a (마르키즈(끝이 뾰족한 타원형)·10×5mm·투명) ─ 2개
- 캡보석b (라운드·4mm·네이비) ─ 2개
- 펄 (실버) ─ 적당량
- 자개 가루 ─ 적당량
- 금은볼 파츠 (1mm·골드) ─ 적당량
- 레진 프레임a (별·고리형·10mm·로듐) – 2개
- 레진 프레임b (원형·고리형·1.7mm·로듐) – 2개
- O링 (0.7×3mm·로듐) ─ 2개
- 귀걸이 부자재 (원판형·8mm·골드) – 1세트
- UV 레진 ─ 적당량
- 착색제 (블루, 블랙) ─ 각 적당량

123
- 레진진주a (구멍없는것·라운드·5mm·화이트) – 2개
- 레진진주b (구멍없는것·라운드·3mm·화이트) – 4개
- 메탈 비즈a (라운드·4mm·골드) ─ 2개
- 메탈 비즈b (라운드·3mm·골드) ─ 2개
- 금속 장식 (라운드고리형·6mm·골드) ─ 1개
- 캡보석a (마르키즈·10×5mm·투명) ─ 2개
- 캡보석b (라운드·4mm·네이비) ─ 2개
- 펄 (골드) ─ 적당량
- 자개 가루 ─ 적당량
- 금은볼 파츠 (1mm·골드) ─ 적당량
- 레진 프레임a (별·고리형·10mm·로듐) – 2개
- 레진 프레임b (원형·고리형·1.7mm·골드) – 2개
- O링 (0.7×3mm·골드) ─ 2개
- 귀걸이 부자재 (원판형·8mm·골드) – 1세트
- UV 레진 ─ 적당량
- 착색제 (핑크, 블랙) ─ 각 적당량

〔사용하는 도구〕
기본 도구 (p.168) / 이쑤시개 / 작업대 / UV 램프

※ 그림은 123 작품 설명. 122 작품도 같은 방법으로 만듭니다.

1. 파츠 A를 만듭니다. 작업대에 레진 프레임 a를 고정하여 붙입니다. 전체적으로 UV 레진을 얇게 바르고 각각의 작업대 통째로 UV 램프에 넣어 약 1분 정도 굳힙니다.
2. 레진 프레임 a를 튀어오르는 지름 10mm 원 모양으로 레진 프레임 a의 높이까지 UV 레진을 붓습니다. 그림과 같이 파츠를 올린 후, 약 2분 정도 UV 램프로 굳힙니다. 그 위에 UV 레진을 얇게 바르고 약 1분 정도 UV 램프로 굳힙니다.
3. 작업대에서 2를 떼어내고 뒷면에 UV 레진을 바른 후 귀걸이 귀찌와 금속 장식을 붙여 약 2분 정도 UV 램프로 굳힙니다.
4. 파츠 B를 만듭니다. 작업대에 레진 프레임 b를 붙이고 UV 레진을 얇게 발라 약 1분 정도 UV 램프로 굳힙니다.
5. 레진 프레임에 가득 채운 착색제와 펄을 섞은 UV 레진을 붓고 자개 가루와 금은볼 파츠를 얹어 약 2분 정도 UV 램프로 굳힙니다.
6. 앞면이 볼록하게 되도록 UV 레진을 붓고 약 1분 정도 UV 램프로 굳힙니다.
7. 작업대에서 6을 떼어냅니다. 뒷면에 UV 레진을 바르고 약 2분 정도 UV 램프로 굳힙니다.
8. 파츠 A와 파츠 B를 O링으로 연결합니다. 반대쪽도 같은 방법으로 만듭니다.

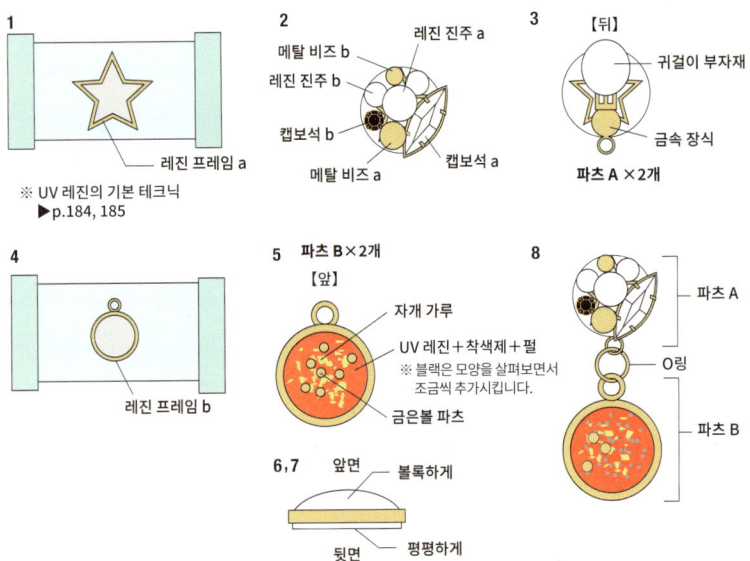

126, 127

SIZE: 모티브 지름 3.5 cm

재료

126
- 레진 진주 (구멍 없는 것·라운드·4mm·화이트) ─ 16개
- 아크릴 파츠 (원형·35mm·베이지) ─ 1개
- 펄 (골드) ─ 적당량
- 글리터 (골드) ─ 적당량
- 머리끈 금속 부자재 (원판형·13mm·골드) – 1개
- UV 레진 ─ 적당량

127
- 레진 진주 (구멍 없는 것·라운드·4mm·화이트) ─ 16개
- 아크릴 파츠 (원형·35mm·베이지) ─ 1개
- 펄 (실버) ─ 적당량
- 글리터 (실버) ─ 적당량
- 머리끈 금속 부자재 (원판형·13mm·골드) – 1개
- UV 레진 ─ 적당량

〔사용하는 도구〕
이쑤시개 / 작업대 / UV 램프

※ 그림은 126 작품 설명. 127 작품도 같은 방법으로 만듭니다.

1. 작업대에 아크릴 파츠를 고정하여 붙입니다.
2. 펄과 글리터를 섞은 UV 레진을 아크릴 파츠에 높이의 절반까지 부어 넣고, 작업대 통째로 UV 램프에 넣어 약 2분 정도 굳힙니다.
3. 2에 UV 레진을 아크릴 파츠의 높이까지 가득 부어 넣고, 레진 진주를 올린 후 약 1분 정도 UV 램프로 굳힙니다.
4. 작업대에서 3을 떼어냅니다. 뒷면에 UV 레진을 발라 머리끈 금속 부자재의 판 부분에 붙이고 약 1분 정도 UV 램프로 굳힙니다.

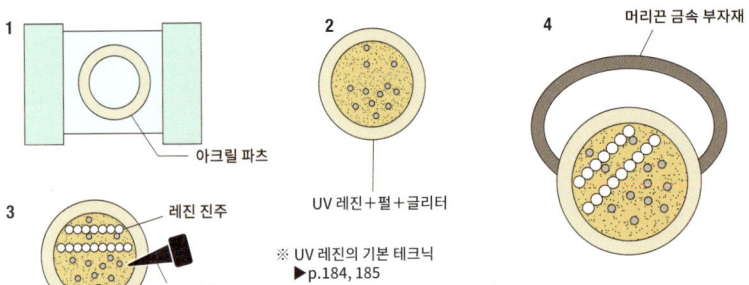

128~130

SIZE: 세로4×가로1.2cm

※ 그림은 128 작품 설명. 129, 130 작품도 같은 방법으로 만듭니다.

1. 파츠 A를 만듭니다. 작업대 위에 9자 나사못과 레진 프레임을 겹쳐지게 붙입니다.
2. 펄을 섞은 UV 레진을 레진 프레임의 절반 높이까지 붓고 홀로그램을 얹어 약 2분 정도 UV 램프로 굳힙니다.
3. 앞면이 볼록하게 되도록 UV 레진을 부어 넣고 UV 램프로 약 2분 정도 굳힙니다. 굳은 후 작업대에서 떼어냅니다.
4. 파츠 B를 만듭니다. T핀에 샤이니 진주 비즈를 끼운 후 끝부분을 구자말이 하여 둥글게 고리를 만듭니다.
5. 파츠 A와 파츠 B를 연결합니다. 파츠 A의 뒷면에 UV 레진을 바르고 귀걸이 귀찌를 붙여 약 1분 정도 UV 램프로 굳힙니다. 반대쪽 귀걸이도 같은 방법으로 만듭니다.

재료

128
- 샤이니 진주 비즈 (라운드·12㎜·실버) — 2개
- 펄 (핑크) — 적당량
- 홀로그램 (라운드·핑크 계열) — 적당량
- 레진 프레임 (직사각형·20㎜×7㎜·로듐) - 2개
- T핀 (0.7×20㎜·로듐) — 2개
- 9자 나사못 (8×4㎜·로듐) — 2개
- 귀걸이 귀찌 (원판형·3㎜·로듐) — 1세트
- UV 레진 — 적당량

129
- 샤이니 진주 비즈 (라운드·12㎜·블랙) — 2개
- 펄 (퍼플) — 적당량
- 홀로그램 (라운드·퍼플 계열) — 적당량
- 레진 프레임 (직사각형·20㎜×7㎜·로듐) - 2개
- T핀 (0.7×20㎜·로듐) — 2개
- 9자 나사못 (8×4㎜·로듐) — 2개
- 귀걸이 귀찌 (원판형·3㎜·로듐) — 1세트
- UV 레진 — 적당량

130
- 샤이니 진주 비즈 (라운드·12㎜·화이트) · 2개
- 펄 (오로라) — 적당량
- 홀로그램 (라운드·파스텔 믹스) — 적당량
- 레진 프레임 (직사각형·20㎜×7㎜·로듐) - 2개
- T핀 (0.7×20㎜·로듐) — 2개
- 9자 나사못 (8×4㎜·로듐) — 2개
- 귀걸이 귀찌 (원판형·3㎜·로듐) — 1세트
- UV 레진 — 적당량

〔사용하는 도구〕
기본 도구 (p.168) / 이쑤시개 / 작업대 / UV 램프

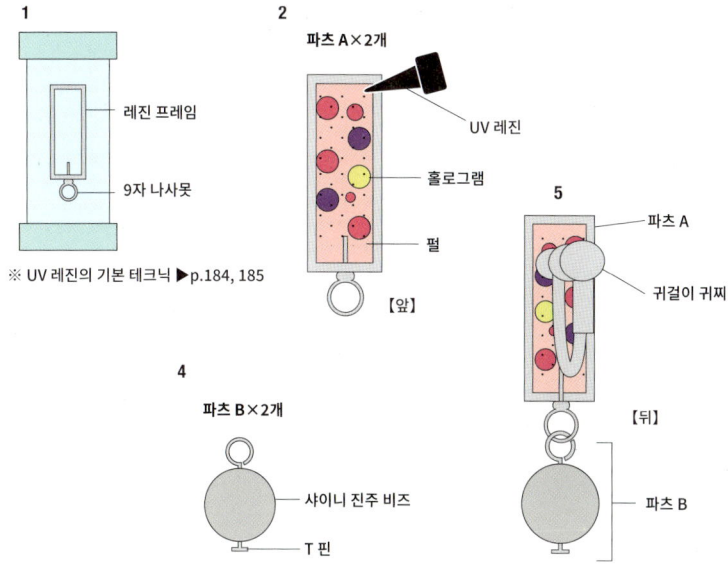

131~133

SIZE: 모티브 세로1×가로1.2cm

※ 그림은 133 작품 설명. 131, 132 작품도 같은 방법으로 만듭니다.

1. 파츠 A를 만듭니다. 작업대에 메탈 링 a를 고정하여 붙입니다.
2. 앞면이 볼록하게 되도록 UV 레진을 부어 넣고, 작업대 통째로 UV 램프에 넣어 약 6분 정도 굳힙니다. 다 굳으면 작업대에서 떼어냅니다.
3. 파츠 B를 만듭니다. 1과 같은 방법으로 작업대에 메탈 링 b를 고정하여 붙입니다. 앞면이 볼록하게 되도록 UV 레진을 부어 넣고 자개 조각을 이쑤시개를 사용하여 얹어 넣은 후 전체적으로 골고루 펼쳐 배치합니다.
4. 5~7분 정도 UV 램프로 굳힙니다. 다 굳으면 작업대에서 떼어냅니다.
5. 파츠 A와 파츠 B의 뒷면에 UV 레진을 칠한 후 약 5분 정도 UV 램프에 굳힙니다.
6. 그림과 같이, 파츠 A와 파츠 B를 겹쳐 UV 레진을 위에서 바르고 약 5분 정도 UV 램프로 굳힙니다.
7. 6의 뒷면에 UV 레진을 바르고 반지대를 붙입니다. 약 2분 정도 UV 램프로 굳힙니다.

재료

131
- 자개 조각 (블루, 그린) — 각 적당량
- 메탈 링 a (라운드·4㎜·골드) — 1개
- 메탈 링 b (라운드·9㎜·골드) — 1개
- 반지대 (원판형·5㎜·골드) — 1개
- UV 레진 — 적당량

132
- 자개 조각 (화이트, 옐로우) — 각 적당량
- 메탈 링 a (라운드·4㎜·골드) — 1개
- 메탈 링 b (라운드·9㎜·골드) — 1개
- 반지대 (원판형·5㎜·골드) — 1개
- UV 레진 — 적당량

133
- 자개 조각 (핑크, 퍼플) — 각 적당량
- 메탈 링 a (라운드·4㎜·골드) — 1개
- 메탈 링 b (라운드·9㎜·골드) — 1개
- 반지대 (원판형·5㎜·골드) — 1개
- UV 레진 — 적당량

〔사용하는 도구〕
이쑤시개 / 작업대 / UV 램프

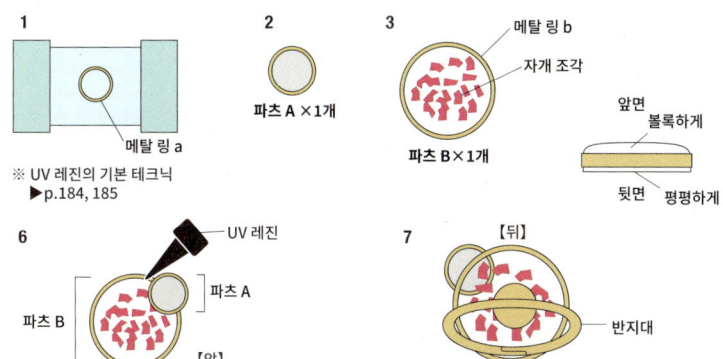

PART 3   from **134** to **209**

볼드 액세서리

IMPACT ACCESSORIES

여배우급 볼드 액세서리로
지루한 코디에 포인트를!
내 마음대로 고른 아이템으로
평소 분위기를 바꿔볼까요?

136   CLOSE-UP p.060

휴일에 입는 편안한 옷차림에
크고 가벼운 귀걸이로
여성스러움을 더해 주세요.

134 HOW TO MAKE p.070

굵은 사각 비즈로
고급스러운 분위기를.

135 HOW TO MAKE p.070

투명 구슬 비즈라면
큰 사이즈라도 페미닌하게.

136 HOW TO MAKE p.070

큰 후프 귀걸이도
투명한 비즈로 가볍게.

137 HOW TO MAKE p.070

매트 컬러 x 화이트 진주는
엘레강스한 조합!

138 HOW TO MAKE p.071

가늘고 긴 아크릴 파츠로
프린지를 만들 수 있어요!

139 HOW TO MAKE p.071

구슬 비즈로 만든 약간
색다른 프린지

152
여러 가지 모양의 큰 파츠도 색상을 통일하면 스타일리시하게 정리할 수 있습니다.

164 HOW TO MAKE p.080

165 HOW TO MAKE p.080

흔들리는 커다란 태슬은 레이온 실로 풍성하게

투명 x 실버로 큼지막하지만 노블하게.

158 HOW TO MAKE p.078

154 HOW TO MAKE p.074

152 HOW TO MAKE p.076

160 HOW TO MAKE p.079

156 HOW TO MAKE p.077

162 HOW TO MAKE p.077

원이나 사각형으로 만드는 오각형은 좌우대칭으로 파츠를 배치합니다.

진주 꽃에 빅 사이즈 스와로브스키 크리스탈로 볼륨 UP!

꽃송이처럼 보이는 것은 O링으로 연결한 9개의 유리 비즈

200 HOW TO MAKE p.092

204 HOW TO MAKE p.093

207 HOW TO MAKE p.093

201 HOW TO MAKE p.087

메탈 링은 분리가 가능하므로 2way로!

202 HOW TO MAKE p.093

205 HOW TO MAKE p.092

208 HOW TO MAKE p.089

정사각형과 직사각형 기하학 디자인의 아티스틱 귀걸이

203 HOW TO MAKE p.093

206 HOW TO MAKE p.090

209 HOW TO MAKE p.091

볼드 액세서리 069

134, 135

SIZE: 손목 둘레 17.5cm

재료

1 우레탄 줄에 고정볼을 넣어 한쪽 끝에서 눌러 고정시키고 여분은 자릅니다.
반대편에서 구멍 지프를 끼워 고정볼을 넣은 후 닫습니다.

※ 구멍 지프 사용법 ▶ P.178 ⑥
우레탄 줄의 두께는 굵기 때문에 고정볼에 되감아 빼지지 않아도 됩니다.

2 우레탄 줄에 비즈 종류를 통과시켜 끼웁니다. 마지막에 구멍지프, 고정볼 순서로 끼운 후 **1**과 같은 방법으로 고정볼을 고정시키고 남는 우레탄 줄은 자른 후 구멍 지프를 닫습니다.

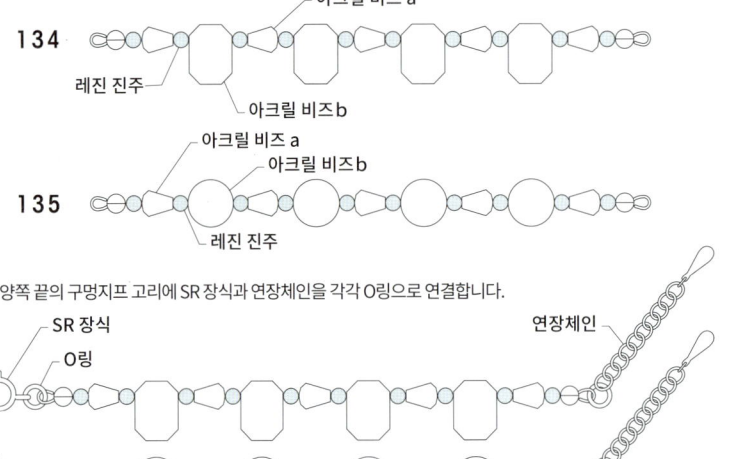

3 양쪽 끝의 구멍지프 고리에 SR 장식과 연장체인을 각각 O링으로 연결합니다.

134
레진 진주 (라운드·6㎜·로듐) ─── 10개
아크릴 비즈a (10×7㎜·크리스탈) ─── 5개
아크릴 비즈b (16×13㎜·크리스탈) ─── 4개
SR 장식 (로듐) ─── 1개
구멍지프 (로듐) ─── 2개
고정볼 (로듐) ─── 2개
O링 (0.8×4㎜·로듐) ─── 2개
연장체인 (로듐) ─── 1개
우레탄 줄 (0.8㎜·투명) ─── 20㎝×1개

135
레진 진주 (라운드·6㎜·로듐) ─── 10개
아크릴 비즈a (10×7㎜·크리스탈) ─── 5개
아크릴 비즈b (라운드·12㎜·크리스탈) ─── 4개
SR 장식 (로듐) ─── 1개
구멍지프 (로듐) ─── 2개
고정볼 (로듐) ─── 2개
O링 (0.8×4㎜·로듐) ─── 2개
연장체인 (로듐) ─── 1개
우레탄 줄 (0.8㎜·투명) ─── 20㎝×1개

[사용하는 도구]
기본 도구 (P.168)

136, 137

SIZE: 136 세로 5.5×가로 4cm   137 세로 5×가로 3cm

재료

1 AW를 반으로 접어 이중으로 만듭니다.

2 비즈를 통과시켜 끼우고, 와이어를 맞춰 꼰 후, 와이어 루핑을 합니다.

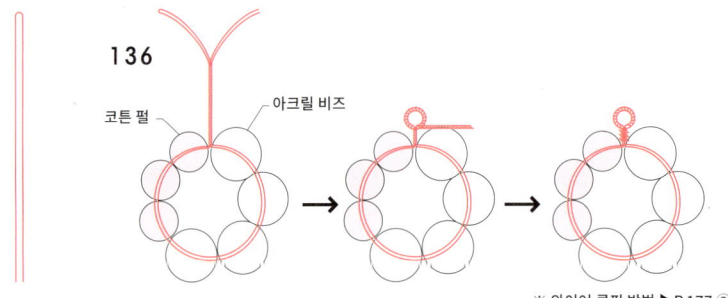

※ 와이어 루핑 방법 ▶ P.177 ③

3 귀걸이 포스트를 O링으로 연결합니다.
반대쪽 귀걸이도 같은 방법으로 만듭니다.

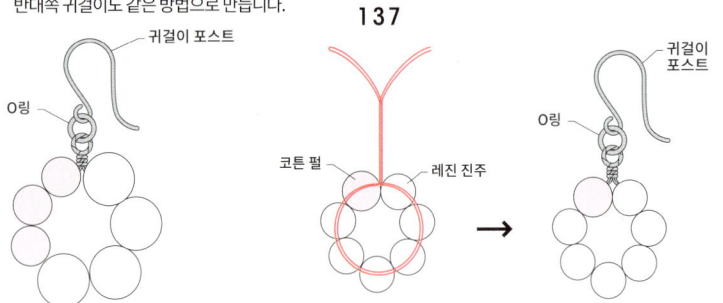

※ p.061의 모델은 **136**의 귀걸이 포스트를 귀찌로 바꿔 착용한 모습입니다.

136
코튼펄 (라운드·12㎜·화이트) ─── 6개
아크릴 비즈 (라운드·14㎜·크리스탈) ─── 8개
O링 (0.8×6㎜·로듐) ─── 2개
귀걸이 포스트 (후크형·실버) ─── 1세트
AW [아티스틱 와이어]
 (#30·Non-Tarnish 실버) ─── 30㎝×2개

137
코튼펄 (라운드·12㎜·화이트) ─── 2개
레진 진주 (라운드·10㎜·매트 그레이) ─── 12개
O링 (0.8×6㎜·로듐) ─── 2개
귀걸이 포스트 (후크형·실버) ─── 1세트
AW [아티스틱 와이어]
 (#30·Non-Tarnish 실버) ─── 30㎝×2개

[사용하는 도구]
기본 도구 (P.168)

138,139

SIZE: 138 세로5.5×가로2.5cm 139 세로8.5×가로2.5cm

1 9핀과 T핀에 비즈를 끼우고 끝을 둥글게 9자말이를 합니다.

2 그림과 같이 O링으로 연결합니다. 반대쪽도 같은 방법으로 만듭니다.

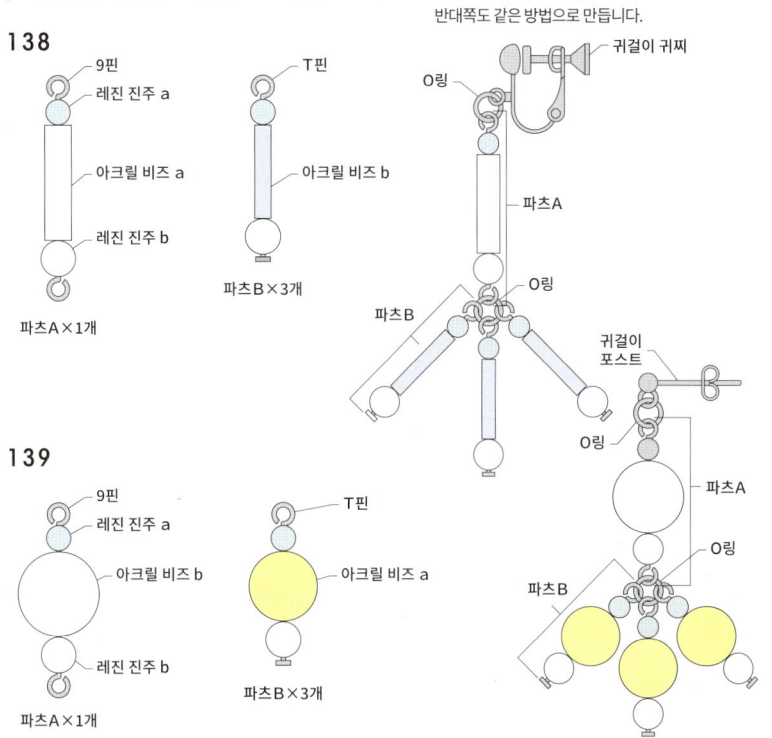

재료

138
레진 진주a (라운드·4㎜·실버) ─── 8개
레진 진주b (라운드·6㎜·실버) ─── 8개
아크릴 비즈a
 (막대튜브·20×4㎜·크리스탈) ── 2개
아크릴 비즈b
 (6각 막대·26×6㎜·크리스탈) ── 6개
O링 (0.8×4㎜·로듐) ─── 4개
T핀 (0.7×45㎜·로듐) ─── 6개
9핀 (0.6×65㎜·로듐) ─── 2개
귀걸이 귀찌 (고리 나사형·로듐) ── 1세트

139
아크릴 비즈a (라운드·10㎜·크리스탈)
 ─── 6개
아크릴 비즈b (라운드·12㎜·크리스탈)
 ─── 2개
레진 진주a (라운드·4㎜·실버) ─── 8개
레진 진주b (라운드·6㎜·실버) ─── 8개
O링 (0.8×4㎜·로듐) ─── 4개
T핀 (0.7×45㎜·로듐) ─── 6개
9핀 (0.6×65㎜·로듐) ─── 2개
귀걸이 포스트 (볼고리형·로듐)
 ─── 1세트

〔사용하는 도구〕
기본 도구 (P.168)

 # 142,143

SIZE: 142 목둘레46cm 143 모티브 2.5cm

142

1 페이크 퍼의 뒷면에 원단 전용 접착제를 바르고 2.5cm를 반으로 접습니다. 몇 군데 빨래집게로 집어 말립니다.

2 1의 양 끝을 송곳으로 뚫고 O링a를 연결합니다.

3 O링으로 체인을 연결합니다. 체인 끝에 클래습을 연결합니다.

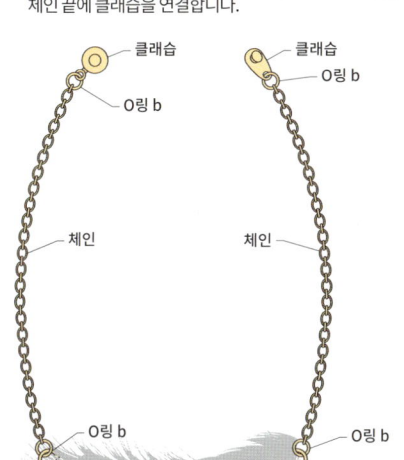

143

1 밍크 퍼에 달린 링은 니퍼로 잘라 제거합니다.

2 반지대 금속장식에 접착제를 발라 밍크 퍼의 뒷면에 붙입니다. 반지를 눕히지 않고 말립니다.

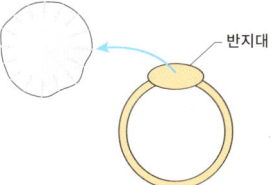

재료

142
페이크 퍼 (2.5×15cm·그레이) ─── 1개
O링a (0.8×6㎜·골드) ─── 2개
O링b (0.7×4㎜·골드) ─── 4개
체인 (골드) ─── 14cm×2개
배꼽장식 클래습 (골드) ─── 1세트

143
밍크 퍼 (고리형·지름25㎜·그레이) ─ 1개
반지대 (평판형·골드) ─── 1개

〔사용하는 도구〕
기본 도구 (P.168) / 접착제 / 원단용 접착제 / 빨래 집게 / 스티로폼

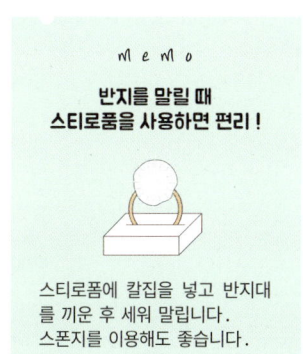

memo
반지를 말릴 때 스티로폼을 사용하면 편리!

스티로폼에 칼집을 넣고 반지대를 끼운 후 세워 말립니다. 스폰지를 이용해도 좋습니다.

140, 141

SIZE: 목둘레 45cm

재료

140
- 스와로브스키 (#5810·3mm·화이트) ——— 5개
- 우드 비즈 (각 막대형·16×8mm·브라운) ——— 1개
- 금속장식a (각진 형태·5mm·골드) ——— 1개
- 금속장식b (스퀘어 입체형· 13×15×15mm·골드) ——— 1개
- 금속장식c (각 파이프형·3×8mm·골드) ——— 1개
- 금속장식d (삼각·12×5mm·골드) ——— 1개
- 금속장식e (고드름형·13×4mm·골드) ——— 1개
- 유리 돔 (관통형 구멍·18mm) ——— 1개
- O링 (0.6×3mm·골드) ——— 3개
- 구멍지프 (골드) ——— 2개
- 고정볼 (골드) ——— 2개
- SR 장식 (골드) ——— 1개
- 체인a (골드) ——— 40.5cm×1개
- 체인b (골드) ——— 5cm×1개

141
- 스와로브스키 (#5810·3mm·화이트) ——— 5개
- 우드 비즈 (각 막대형·16×8mm·화이트우드) ——— 1개
- 금속장식a (각진 형태·5mm·로듐) ——— 1개
- 금속장식b (스퀘어 입체형· 13×15×15mm·로듐) ——— 1개
- 금속장식c (각 파이프형·3×8mm·로듐) ——— 1개
- 금속장식d (삼각·12×5mm·로듐) ——— 1개
- 금속장식e (고드름형·13×4mm·로듐) ——— 1개
- 유리 돔 (관통형 구멍·18mm) ——— 1개
- O링 (0.6×3mm·로듐) ——— 3개
- 구멍지프 (로듐) ——— 2개
- 고정볼 (로듐) ——— 2개
- SR 장식 (로듐) ——— 1개
- 체인a (로듐) ——— 40.5cm×1개
- 체인b (로듐) ——— 5cm×1개

[사용하는 도구]
기본 도구 (P.168)

1 체인a의 한쪽에 고정볼을 끼우고 반대쪽에서 구멍지프를 끼워 고정볼을 넣고 닫습니다.

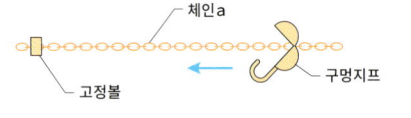

※ 구멍지프 사용법 ▶P.178 ⑥
체인의 두께는 굵기 때문에 고정볼에 되감아 빼지 않아도 됩니다.

2 체인a에 파츠와 비즈를 끼우고 체인a의 끝을 1과 같은 방법으로 구멍지프와 고정볼로 마무리합니다.

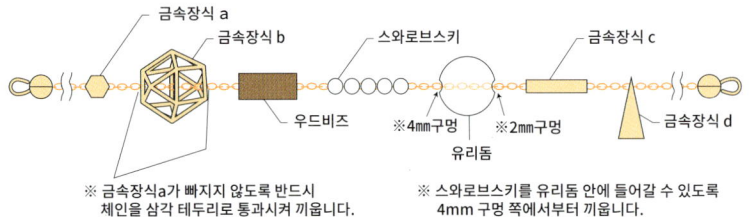

※ 금속장식a가 빠지지 않도록 반드시 체인을 삼각 테두리로 통과시켜 끼웁니다.

※ 스와로브스키를 유리돔 안에 들어갈 수 있도록 4mm 구멍 쪽에서부터 끼웁니다.

3 구멍지프의 하나는 SR장식, 다른 하나는 체인b를 각각 O링으로 연결합니다.
체인b의 끝에는 금속장식e를 O링으로 연결합니다.

※ 그림은 140 작품 설명. 141도 같은 방법으로 만듭니다.

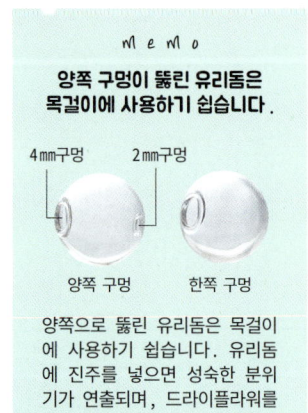

memo
양쪽 구멍이 뚫린 유리돔은 목걸이에 사용하기 쉽습니다.

4mm구멍 2mm구멍
양쪽 구멍   한쪽 구멍

양쪽으로 뚫린 유리돔은 목걸이에 사용하기 쉽습니다. 유리돔에 진주를 넣으면 성숙한 분위기가 연출되며, 드라이플라워를 채워 넣으면 소녀다운 분위기로 만들 수 있습니다.

144, 145

SIZE: 손목 둘레 18cm

재료

144
아크릴 비즈 (링·24㎜·거북이 무늬) ── 2개
우드 비즈 (사각·10×4㎜·오렌지 우드) ── 3개
O링 (0.7×4㎜·골드) ── 2개
C링 (0.7×6×8㎜·골드) ── 4개
T핀 (0.8×26㎜·골드) ── 3개
배꼽장식 클래습 (골드) ── 1세트
체인 (골드) ── 15.5㎝×1개

145
아크릴 비즈 (링·24㎜·대리석 무늬) ── 2개
우드 비즈 (사각형·10×4㎜·화이트우드) ── 3개
O링 (0.7×4㎜·로듐) ── 2개
C링 (0.7×6×8㎜·로듐) ── 4개
T핀 (0.8×26㎜·로듐) ── 3개
배꼽장식 클래습 (로듐) ── 1세트
체인 (로듐) ── 15.5㎝×1개

〔사용하는 도구〕
기본 도구 (P.168)

1 체인 양 끝에서부터 3.5cm 떨어진 칸의 체인에 아크릴 비즈를 겹치게 C링으로 연결합니다.

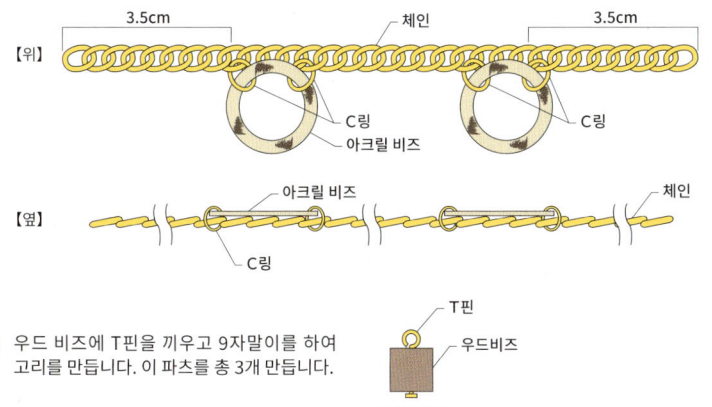

2 우드 비즈에 T핀을 끼우고 9자말이를 하여 고리를 만듭니다. 이 파츠를 총 3개 만듭니다.

3 체인에 파츠들을 연결하고, 체인의 양 끝에 클래습을 O링으로 연결합니다.

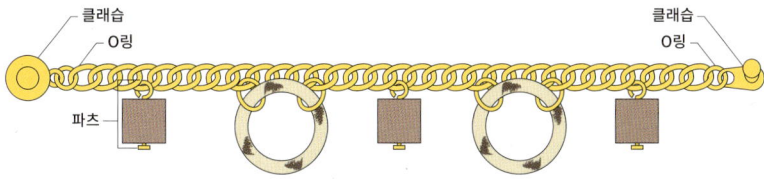

※ 그림은 144 작품 설명. 145도 같은 방법으로 만듭니다.

146, 147

SIZE: 세로 8 × 가로 1.5 cm

재료

146
우드 펄 (직사각형·12㎜×8㎜·화이트) ── 2개
케시 진주 (라운드·3㎜·핑크) ── 20개
금속장식 (라운드 고리형·6㎜·골드) ── 2개
바이어스 실크 리본 (폭 14㎜·그레이 핑크) ── 12㎝×4개
O링 (0.6×3㎜·골드) ── 2개
고정캡 (3㎜·골드) ── 2개
귀걸이 포스트 (원판형·골드) ── 1세트
AW [아티스틱 와이어] (#24·골드) ── 12㎝×2개

147
우드 펄 (직사각형·12㎜×8㎜·화이트) ── 2개
케시 진주 (라운드·3㎜·그레이) ── 20개
금속장식 (라운드 고리형·6㎜·골드) ── 2개
바이어스 실크 리본 (폭 14㎜·옐로우 브라운) ── 12㎝×4개
O링 (0.6×3㎜·골드) ── 2개
고정캡 (3㎜·골드) ── 2개
귀걸이 포스트 (원판형·골드) ── 1세트
AW [아티스틱 와이어] (#24·골드) ── 12㎝×2개

〔사용하는 도구〕
기본 도구 (P.168) / 접착제

1 AW에 케시 진주 10개를 끼웁니다.

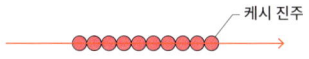

2 1의 와이어를 우드 펄의 한쪽 구멍에 끼우고 진주가 끝나는 다른 한쪽 구멍 부분에서 와이어를 평집게로 팽팽해질 때까지 당겨 비틉니다. 와이어를 3mm 잘라 남기고, 남은 부분을 우드 펄 구멍 속으로 넣어 정리합니다.

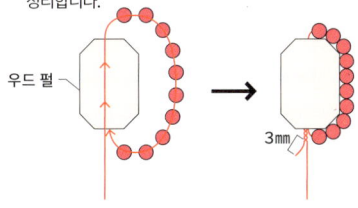

3 우드 펄에 케시 진주를 접착제로 붙여 고정합니다. 뒷면에 금속장식과 귀걸이 포스트를 접착제로 붙입니다.

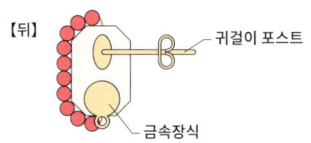

4 바이어스 실크 리본을 자르고 반으로 접어 1cm 비슷히 엇갈리게 포갭니다. 겹쳐 접은 부분에 고정캡을 끼우고 평집게로 누릅니다.

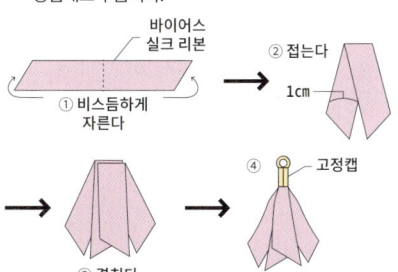

※ 고정캡 사용 방법 ▶p.179 ⑦

5 금속장식의 고리에 O링으로 연결합니다. 반대쪽 파츠는 좌우대칭으로 만듭니다.

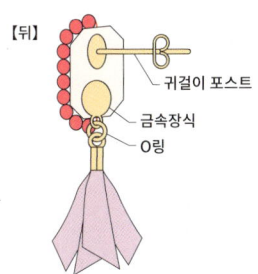

※ 그림은 146 작품 설명. 147도 같은 방법으로 만듭니다.

148, 149

SIZE: 세로 3.5 × 가로 2 cm

1 코튼펄을 T핀에 끼운 후, 구자말이를 하여 고리를 만듭니다.

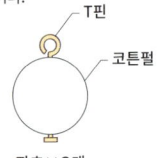

2 금속장식a에 T핀 파츠들을 O링으로 연결합니다.

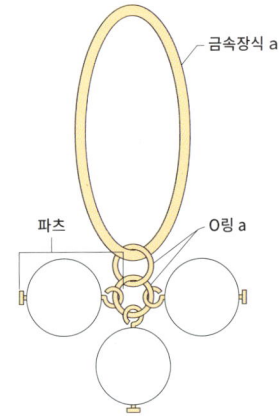

3 금속장식a와 귀걸이 포스트를 O링으로 연결합니다. 반대쪽 귀걸이도 같은 방법으로 만듭니다.

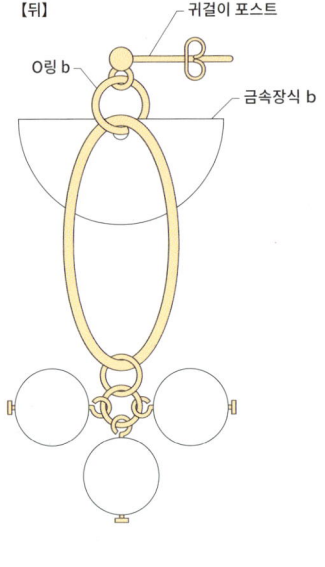

※ 그림은 148작품 설명. 149도 같은 방법으로 만듭니다.

재료

148
코튼펄 (라운드·6㎜·키스카) ─ 6개
금속장식a (타원·25×11㎜·골드) ─ 2개
금속장식b (플레이트·10.5×21㎜·골드) ─ 2개
T핀 (0.6×20㎜·골드) ─ 6개
O링a (0.7×4㎜·골드) ─ 4개
O링b (0.7×5㎜·골드) ─ 2개
귀걸이 포스트 (볼고리형·골드) ─ 1세트

149
코튼펄 (라운드·6㎜·키스카) ─ 6개
금속장식b (타원·25×11㎜·로듐) ─ 2개
금속장식a (플레이트·10.5×21㎜·로듐) ─ 2개
O링a (0.7×4㎜·로듐) ─ 4개
O링b (0.7×5㎜·로듐) ─ 2개
T핀 (0.6×20㎜·로듐) ─ 6개
귀걸이 포스트 (볼고리형·로듐) ─ 1세트

〔사용하는 도구〕
기본 도구 (P.168)

 # 154, 155

SIZE: 손목 둘레 19 cm

1 나일론 코팅 와이어에 고정볼을 끼운 후, 되돌아 고정볼에 통과시킨 후 집게로 누릅니다. 접착제를 사용하여 붙인 후 남은 와이어를 자릅니다.
반대편에서 구멍지프를 끼워 고정볼을 넣고 닫습니다.

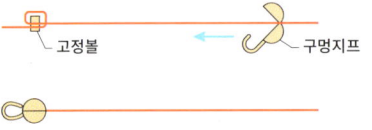

※ 구멍지프 사용방법 ▶ p.178 ⑥

2 나일론 코팅 와이어에 비즈 종류를 끼웁니다.
마지막으로 구멍지프, 고정볼 순서로 끼우고 고정볼을 1과 같은 방법으로 고정합니다.
나일론 코팅 와이어의 남은 부분을 자르고 구멍지프를 닫아 마무리합니다.

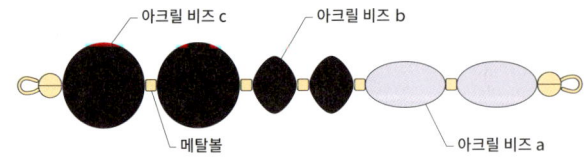

3 양쪽 끝 구멍지프 고리에 토글바를 O링으로 연결합니다.

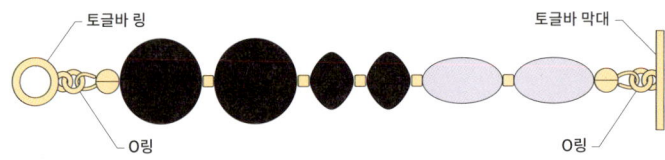

※ 그림은 154 작품 설명. 155 작품도 같은 방법으로 만듭니다.

재료

154
메탈볼 (론델·2.5㎜·골드) ─ 5개
아크릴 비즈a (평판 타원형·30×16㎜·매트 그레이) ─ 2개
아크릴 비즈b (변형·16×30㎜·매트 블랙) ─ 2개
아크릴 비즈c (평판 원형·30㎜·매트 블랙) ─ 2개
토글바 (골드) ─ 1세트
O링 (0.6×3㎜·골드) ─ 2개
고정볼 (골드) ─ 2개
구멍지프 (골드) ─ 2개
나일론 코팅 와이어 (0.38㎜·화이트) ─ 약 22㎝×1개

155
메탈볼 (론델·2.5㎜·매트 골드) ─ 5개
아크릴 비즈a (평판 타원형·30×16㎜·매트 라이트 블루) ─ 2개
아크릴 비즈b (변형·16×30㎜·매트 민트) ─ 2개
아크릴 비즈c (평판 원형·30㎜·매트 라이트 블루) ─ 2개
토글바 (앤틱 골드) ─ 1세트
O링 (0.6×3㎜·앤틱 골드) ─ 2개
고정볼 (앤틱 골드) ─ 2개
구멍지프 (앤틱 골드) ─ 2개
나일론 코팅 와이어 (0.38㎜·화이트) ─ 약 22㎝×1개

〔사용하는 도구〕
기본 도구 (P.168)

150, 151

SIZE: 목둘레 48cm

재료

150

체코 진주 (라운드·6㎜·브라운 골드) ——— 4개
천연석a (동전모양·16㎜·오닉스) ——— 2개
플라스틱 비즈a (둥근 구슬형·12㎜·블루) ——— 2개
플라스틱 비즈b (콩 모양·17×12㎜·레드) ——— 2개
플라스틱 비즈c (라운드·12㎜·라이트 블루) ——— 2개
금속장식a (원통형 파이프·2×30㎜·블랙) ——— 1개
금속장식b (플레이트·6×5㎜·매트 골드) ——— 1개
O링 (0.6×3㎜·골드) ——— 5개
구멍지프 (3㎜·골드) ——— 2개
고정볼 (골드) ——— 2개
SR장식 (골드) ——— 1개
체인a (골드) ——— 14.5㎝×2개
체인b (골드) ——— 5㎝×1개
나일론 코팅 와이어 (0.38㎜·실버)
 ——— 약20㎝×1개

151

플라스틱 진주
  (라운드·6㎜·화이트) ——— 4개
천연석a
  (동전모양·16㎜·로즈쿼츠) ——— 2개
천연석b
  (동전모양·10㎜·터키석) ——— 2개
플라스틱 비즈a
  (둥근 구슬형·12㎜·화이트) ——— 2개
플라스틱 비즈b
  (콩 모양·17×12㎜·라이트 블루) ——— 2개
금속장식a
  (원통형 파이프·2×30㎜·화이트) ——— 1개
금속장식b
  (플레이트·6×5㎜·매트 실버) ——— 1개
O링 (0.6×3㎜·로듐) ——— 5개
구멍지프 (3㎜·로듐) ——— 2개
고정볼 (로듐) ——— 2개
SR 장식 (로듐) ——— 1개
체인a (로듐) ——— 14.5㎝×2개
체인b (로듐) ——— 5㎝×1개
나일론 코팅 와이어 (0.38㎜·실버)
 ——— 약20㎝×1개

〔사용하는 도구〕
기본 도구 (P.168)

---

1 나일론 코팅 와이어에 고정볼을 끼운 후, 되돌아 고정볼에 통과시킨 후 집게로 누릅니다.
남은 와이어를 자르고 반대편에서 구멍지프를 끼워 고정볼을 넣고 닫습니다.

※ 구멍지프 사용방법 ▶p.178 ⑥

2 나일론 코팅 와이어에 비즈 종류를 끼웁니다. 마지막으로 구멍지프, 고정볼 순서로 끼우고 고정볼을 1과 같은 방법으로 고정합니다. 나일론 코팅 와이어의 남은 부분을 자르고 구멍지프를 닫아 마무리합니다.

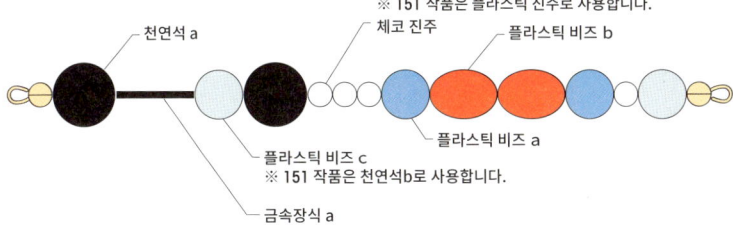

※ 151 작품은 플라스틱 진주로 사용합니다.
※ 151 작품은 천연석b로 사용합니다.

3 2개의 체인 양 끝과 구멍지프의 고리를 O링으로 연결합니다. 체인a에 O링으로 각각 SR장식과 체인b를 연결합니다. 체인b의 끝부분에는 금속장식b를 O링으로 연결합니다.

※ 체인에 O링을 끼우기 어려운 경우에는 송곳으로 체인의 구멍을 조금 넓힙니다.
※ 체인 구멍 넓히는 방법 ▶p.181 ⑬

※ 그림은 150 작품 설명. 151작품은 파츠를 바꿔 같은 방법으로 만듭니다.

152, 153

SIZE: 목둘레 67cm

재료

152

- 레진 진주 a (라운드·4mm·매트 화이트) ———— 1개
- 레진 진주 b (라운드·6mm·매트 화이트) ———— 14개
- 레진 진주 c (라운드·8mm·매트 화이트) ———— 3개
- 레진 진주 d (라운드·10mm·매트 화이트) ———— 3개
- 아크릴 비즈 a (평판 타원형·30×16mm·매트 오프 화이트) ———— 2개
- 아크릴 비즈 b (큐브형·16mm·오프 화이트) ———— 3개
- 우드 비즈 a (반원형·20×8mm·화이트) ———— 2개
- 우드 비즈 b (사각 기둥·4×10mm·화이트) ———— 4개
- O링 (0.7×4mm·매트실버) ———— 4개
- T핀 (0.6×20mm·매트실버) ———— 1개
- 고정볼 (매트실버) ———— 2개
- 구멍지프 (매트실버) ———— 2개
- 메탈 스페이서 (0.3×3mm·로듐) ———— 1개
- SR 장식 (매트실버) ———— 1개
- 체인 a (매트실버) ———— 18.3cm×2개
- 체인 b (매트실버) ———— 6cm×1개
- 나일론 코팅 와이어 (0.38mm·화이트) ———— 40cm×1개

153

- 아크릴 비즈 a (평판 원형·30mm·매트 레드) ———— 2개
- 아크릴 비즈 b (라운드·12mm·매트 레드) ———— 3개
- 아크릴 비즈 c (평판 타원형·30×16mm·매트 레드) ———— 3개
- 아크릴 비즈 d (호박 모양·16mm·매트 레드) ———— 2개
- 아크릴 비즈 e (트위스트·23×11mm·매트 레드) ———— 3개
- 우드 비즈 (각막대형·4×10mm·레드) ———— 2개
- O링 (0.7×4mm·매트골드) ———— 4개
- T핀 (0.6×20mm·매트 블랙) ———— 1개
- 고정볼 (매트골드) ———— 2개
- 구멍지프 (매트골드) ———— 2개
- 메탈 스페이서 (0.3×3mm·골드) ———— 1개
- SR 장식 (매트 블랙) ———— 1개
- 체인 a (매트 블랙) ———— 18.3cm×2개
- 체인 b (매트 블랙) ———— 6cm×1개
- 나일론 코팅 와이어 (0.38mm·화이트) ———— 40cm×1개

〔사용하는 도구〕
기본 도구 (P.168) / 접착제

1 나일론 코팅 와이어에 고정볼을 끼워 되돌아 고정볼에 통과시킨 후 집게로 누릅니다. 접착제를 사용하여 붙인 후 남은 와이어를 자릅니다. 반대편에서 구멍지프를 끼워 고정볼을 넣고 닫습니다.
※ 구멍지프 사용방법 ▶ p.178 ⑥

2 나일론 코팅 와이어에 비즈를 통과시켜 끼웁니다. 마지막에 구멍지프, 고정볼 순서로 끼운 후 1과 같은 방법으로 고정볼을 고정시키고 남는 나이론 코팅 와이어는 자른 후 구멍 지프를 닫습니다.

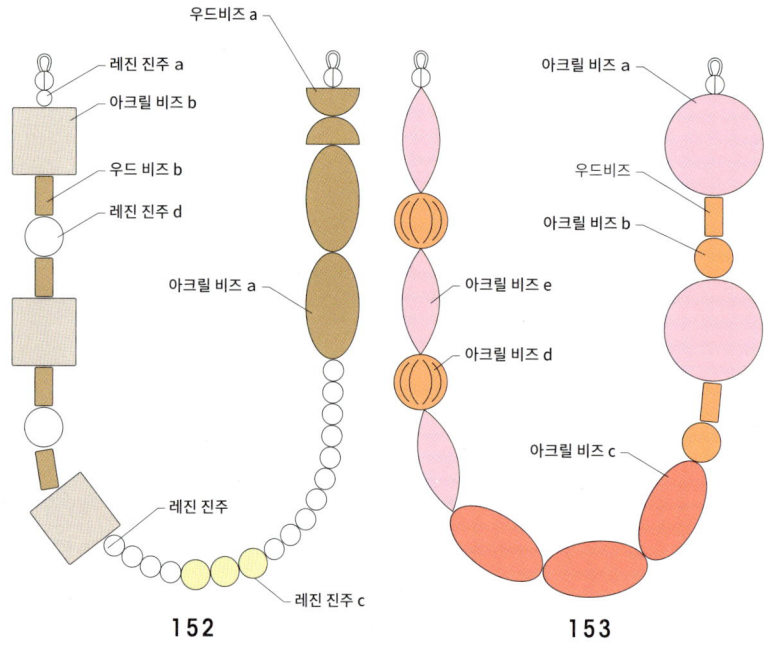

3 체인a 2개의 양 끝에 구멍지프의 고리를 O링으로 연결합니다. 체인a에 O링으로 각각 SR장식과 체인 b를 연결합니다. 체인b의 끝부분은 비즈에 T핀을 끼워 구자말이를 한 후 O링으로 연결합니다.

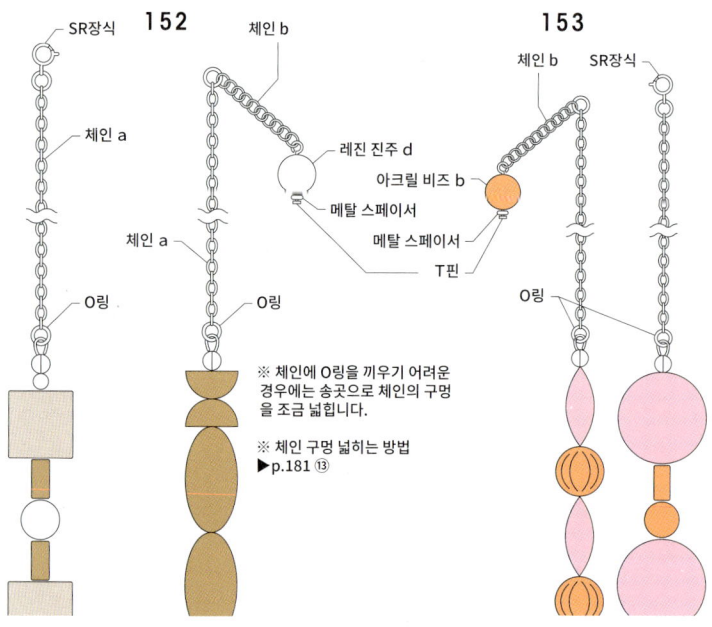

※ 체인에 O링을 끼우기 어려운 경우에는 송곳으로 체인의 구멍을 조금 넓힙니다.
※ 체인 구멍 넓히는 방법 ▶ p.181 ⑬

156, 157

SIZE: 세로 5 × 가로 3cm

1. AW를 끝에서부터 2.5cm 되는 지점에서 둥글게 말아 고정 지점을 만듭니다. 반대 방향에서 파츠를 끼웁니다.

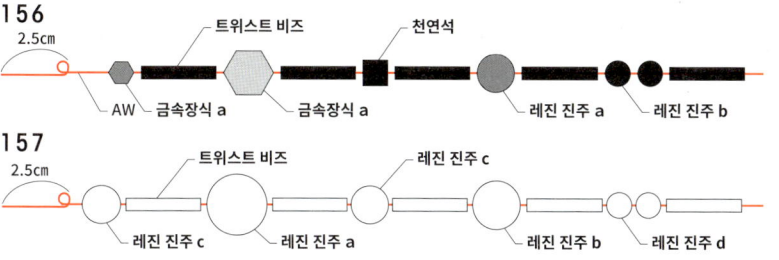

2. AW를 오각형 형태로 살짝 잡은 후, 후프 모양으로 만들고 구자말이를 합니다.
   ※ 구자말이 방법 ▶p.177 ③

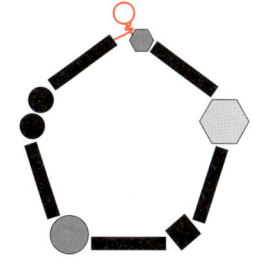

3. 귀걸이 훅의 고리 부분을 열어 AW로 만든 고리를 끼워 연결합니다. 반대쪽 귀걸이는 좌우대칭이 되도록 만듭니다.

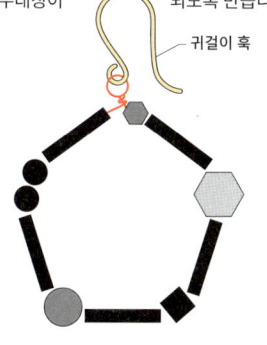

※ 그림은 156작품 설명. 157작품은 파츠를 바꿔 같은 방법으로 만듭니다.

재료

156
- 레진 진주a (라운드·6mm·매트 그레이) — 2개
- 레진 진주b (라운드·4mm·매트 블랙) — 4개
- 천연석 (큐브·4mm·매트 블랙) — 2개
- 트위스트 비즈 (2×12mm·매트 블랙) — 10개
- 금속장식a (육각형·4mm·매트 실버) — 2개
- 금속장식b (변형·8mm·로듐) — 2개
- 귀걸이 포스트 (후크형·골드) — 1세트
- AW [아티스틱 와이어]
  (#24·Non-Tarnish 브라스) — 15cm×2개

157
- 레진 진주a (라운드·10mm·매트 화이트) — 2개
- 레진 진주b (라운드·8mm·매트 화이트) — 2개
- 레진 진주c (라운드·6mm·매트 화이트) — 4개
- 레진 진주d (라운드·4mm·매트 화이트) — 4개
- 트위스트 비즈 (2×12mm·매트화이트) — 10개
- 귀걸이 포스트 (후크형·매트실버) — 1세트
- AW [아티스틱 와이어]
  (#24·Non-Tarnish실버) — 15cm×2개

〔사용하는 도구〕
기본 도구 (P.168)

162, 163

SIZE: 세로 3.5 × 가로 1.5cm

1. 스와로브스키를 스톤캡에 올려 끼웁니다.

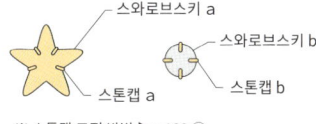
※ 스톤캡 고정 방법 ▶p.180 ⑪

2. 스톤 비즈에 T핀을 끼운 후, 구자말이를 하여 파츠를 만듭니다.

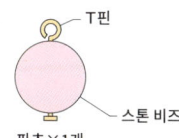
파츠×1개

3. 와셔(washer)에 비즈들을 접착제로 붙입니다.

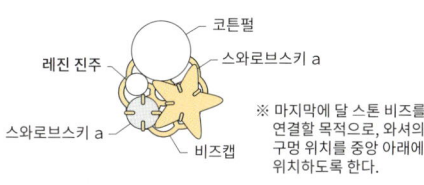
※ 마지막에 달 스톤 비즈를 연결할 목적으로, 와셔의 구멍 위치를 중앙 아래에 위치하도록 한다.

4. 접착제가 마른 후, UV레진으로 틈새를 채워 2분 정도 UV램프로 굳힙니다.

5. 2에서 만든 T핀 파츠를 와셔에 O링으로 연결합니다.

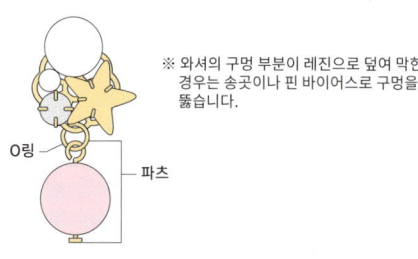
※ 와셔의 구멍 부분이 레진으로 덮여 막힌 경우는 송곳이나 핀 바이어스로 구멍을 뚫습니다.

6. 5의 뒷면에 UV레진을 바른 후, 와셔에 귀걸이 포스트를 붙여 2분 정도 UV램프로 굳힙니다.

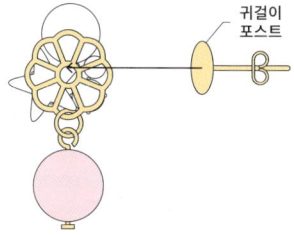

※ 그림은 162 작품 설명. 163도 같은 방법으로 만듭니다.

재료

162
- 스와로브스키a (#4745·10mm·크리스탈) · 2개
- 스와로브스키b (#1088·6mm·
  크리스탈 파우더 그레이) — 2개
- 코튼펄 (반구멍·라운드·8mm·화이트) — 2개
- 레진 진주 (반구멍·라운드·4mm·화이트) 2개
- 스톤 비즈 (16mm·핑크) — 2개
- 스톤캡a (#4745용·10mm·골드) — 2개
- 스톤캡b (#1088용·6mm·골드) — 2개
- 판형 금속 장식 (와셔) (12mm·골드) — 2개
- O링 (3mm·골드) — 2개
- T핀 (26mm·골드) — 2개
- 귀걸이 포스트 (원판형6mm·골드) — 1세트
- UV레진 — 적당량

163
- 스와로브스키a (#4745·10mm·크리스탈) · 2개
- 스와로브스키b (#1088·6mm·
  크리스탈 파우더 그레이) — 2개
- 코튼펄 (반구멍·라운드·8mm·화이트) — 2개
- 레진 진주 (반구멍·라운드·4mm·화이트) 2개
- 스톤 비즈 (16mm·퍼플) — 2개
- 스톤캡a (#4745용·10mm·골드) — 2개
- 스톤캡b (#1088용·6mm·골드) — 2개
- 판형 금속 장식 (와셔) (12mm·골드) — 2개
- O링 (3mm·골드) — 2개
- T핀 (26mm·골드) — 2개
- 귀걸이 포스트 (원판형6mm·골드) — 1세트
- UV레진 — 적당량

〔사용하는 도구〕
기본 도구 (P.168) / 접착제 / 이쑤시개 /
UV램프

158, 159

SIZE: 세로6×가로2.3cm

재료

158
레진 진주a (라운드·4㎜·실버) ─── 14개
레진 진주b (라운드·6㎜·실버) ─── 2개
아크릴 비즈a (물방울·4㎜·크리스탈) ─── 약64개
아크릴 비즈b (주판알·13×10㎜·크리스탈) ─── 2개
아크릴 비즈c (주판알·20×16㎜·크리스탈) ─── 2개
유리 비즈 (버튼 컷·4㎜·투명) ─── 8개
O링 (0.8×4㎜·로듐) ─── 2개
T핀 (0.7×45㎜·로듐) ─── 2개
고정볼 (로듐) ─── 2개
귀걸이 포스트 (벌집판 부착형·15㎜·로듐) ─── 1세트
낚싯줄 (1호·투명) ─── 적당량

159
레진 진주a (라운드·4㎜·골드) ─── 14개
레진 진주b (라운드·6㎜·골드) ─── 2개
아크릴 비즈a (물방울·4㎜·그린) ─── 약64개
아크릴 비즈b (주판알·13×10㎜·그린) · 2개
아크릴 비즈c (주판알·20×16㎜·그린) · 2개
유리 비즈 (버튼 컷·4㎜·그린) ─── 8개
O링 (0.8×4㎜·골드) ─── 2개
T핀 (0.7×45㎜·골드) ─── 2개
고정볼 (골드) ─── 2개
귀걸이 포스트 (벌집판 부착형·15㎜·골드) ─── 1세트
낚싯줄 (1호·투명) ─── 적당량

〔사용하는 도구〕
기본 도구 (P.168) / 바늘 / 가위

---

1 낚싯줄에 고정볼을 끼우고 평집게로 눌러 매듭 역할을 하게 합니다. 바늘을 낚싯줄에 꿰어 벌집판 금속장식 뒷면 중심으로 통과시켜 빼냅니다.

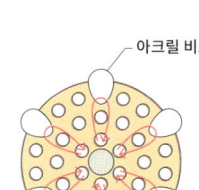
벌집판
고정볼

2 계속해서 그림과 같이 비즈 종류를 끼웁니다. 모두 끼운 후 낚싯줄로 고정 매듭을 짓습니다.
※ 고정 매듭 ▶p.186 ㉟

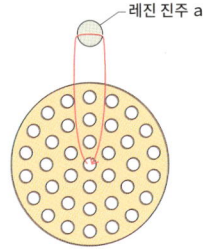
레진 진주 a
중심 구멍으로 통과시킵니다.

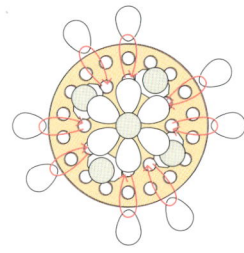
아크릴 비즈 a
1열의 구멍에 모두 끼웁니다.

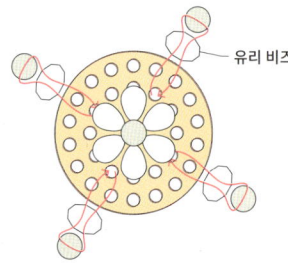
유리 비즈
2열의 구멍에 2칸씩 건너 띄어 끼웁니다.

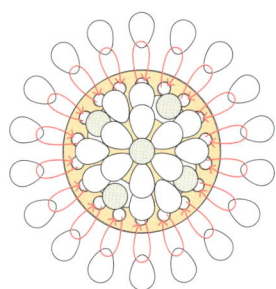
2열의 구멍 사이를 채우듯 끼웁니다.

3열의 구멍에 모두 끼웁니다.

3 아크릴 비즈a의 구멍에 O링을 끼웁니다. 귀걸이 벌집판 뒷면 고정캡을 붙인 후, 고정캡의 발을 눌러 눕혀 고정시킵니다.

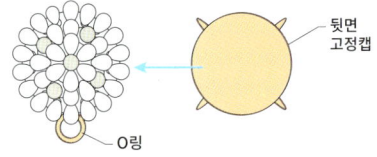
뒷면 고정캡
O링
※ 벌집판 고정방법 ▶p.180 ⑩

4 비즈들을 T핀에 끼운 후, 구자말이를 하여 파츠를 만듭니다.

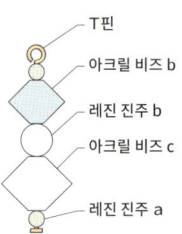
T핀
아크릴 비즈 b
레진 진주 b
아크릴 비즈 c
레진 진주 a

5 3에서 붙인 O링에 파츠를 연결합니다. 반대쪽 귀걸이도 같은 방법으로 만듭니다.

※ 그림은 158 작품 설명. 159 작품도 같은 방법으로 만듭니다.

벌집판 줄의 순서 세는 법

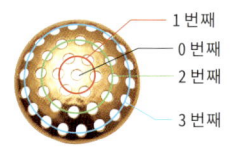
1 번째
0 번째
2 번째
3 번째

이 책에서는 벌집판 중심 구멍을 0번째, 바깥쪽으로 첫 번째, 두 번째 순서로 세고 있습니다.

160, 161

SIZE: 세로 4 × 가로 2.5cm

재료

160
- 레진 진주 a (라운드·4mm·실버) ———— 8개
- 레진 진주 b (라운드·8mm·실버) ———— 2개
- 아크릴 비즈 a (물방울·4mm·크리스탈)
  ———————————————— 약 48개
- 아크릴 비즈 b (버튼 컷·18×12mm·투명)
  ———————————————————— 2개
- 유리 비즈 (버튼 컷·4mm·투명) ———— 4개
- 체코 비즈 (물방울·6×9mm·크리스탈) — 4개
- O링 (0.8×4mm·로듐) ———————— 2개
- T핀 (0.7×45mm·로듐) ———————— 2개
- 고정볼 (골드) ——————————— 2개
- 귀걸이 포스트 (벌집판 부착형·15mm·로듐)
  ———————————————————— 1세트
- 낚싯줄 (1호·투명) ——————— 적당량

161
- 레진 진주 a (라운드·4mm·골드) ———— 8개
- 레진 진주 b (라운드·6mm·골드) ———— 2개
- 아크릴 비즈 a (물방울·4mm·그린) — 약 48개
- 아크릴 비즈 b (버튼 컷·18×12mm·그린)
  ———————————————————— 2개
- 유리 비즈 (버튼 컷·4mm·그린) ———— 4개
- 체코 비즈 (물방울·6×9mm·그린) ——— 4개
- O링 (0.8×4mm·골드) ———————— 2개
- T핀 (0.7×45mm·골드) ———————— 2개
- 고정볼 (골드) ——————————— 2개
- 귀걸이 포스트 (벌집판 부착형·15mm·골드)
  ———————————————————— 1세트
- 낚싯줄 (1호·투명) ——————— 적당량

〔사용하는 도구〕
기본 도구 (P.168) / 바늘 / 가위

---

1 낚싯줄에 고정볼을 끼우고 평집게로 눌러 매듭 역할을 하게 합니다.
바늘을 낚싯줄에 꿰어 벌집판 금속장식 뒷면 중심으로 통과시켜 빼냅니다.

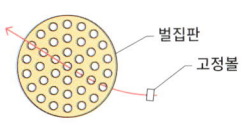

2 계속해서 그림과 같이 비즈 종류를 끼웁니다. 모두 끼운 후 낚싯줄로 고정 매듭을 짓습니다.
※ 고정 매듭 ▶ p.186 ㉟

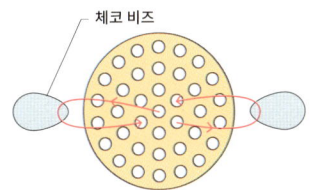
중심에서 꺼내 2열의 구멍에 끼워 넣습니다.

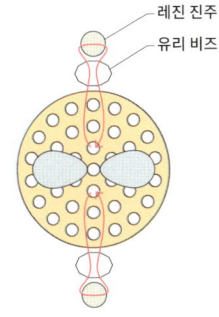
2열의 구멍에 끼워 넣습니다.

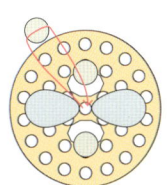
중심 구멍으로 통과시킵니다.

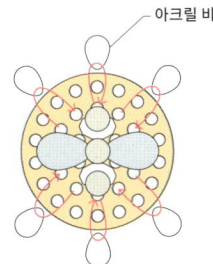
주위를 꽉 채우듯이 2열의 구멍으로 통과시킵니다.

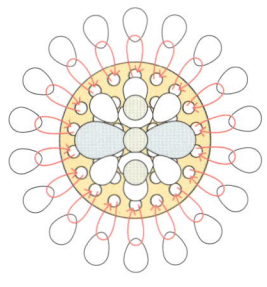
3열의 구멍에 모두 끼웁니다.

3 벌집판의 구멍에 O링을 끼웁니다.
귀걸이 벌집판 뒷면 고정캡을 붙인 후, 고정캡의 발을 눌러 눕혀 고정시킵니다.

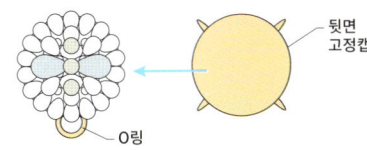
※ 벌집판 고정방법 ▶ p.180 ⑩

4 비즈들을 T핀에 끼운 후, 구자말이 하여 파츠를 만듭니다.

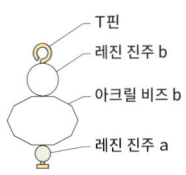

5 3에서 붙인 O링에 파츠를 연결합니다.
반대쪽 귀걸이도 같은 방법으로 만듭니다.

※ 그림은 160 작품 설명. 161도 같은 방법으로 만듭니다.

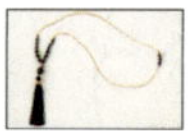

164, 165

SIZE: 목둘레 70cm

재료

164
체코 비즈a (다면 컷·14mm·블랙) ── 1개
체코 비즈b (다면 컷·8mm·블랙) ── 6개
체코 비즈c (다면 컷·6mm·블랙) ── 9개
메탈 비즈a (라운드·3mm·신주 버니쉬)
──────── 7개
메탈 비즈b (조리개용 구슬·5mm·신주 버니쉬)
──────── 1개
메탈 비즈c (라운드·2.5mm·신주 버니쉬)
──────── 14개
레이온 실 (2mm·블랙)
──────── 900cm×1개
스테인리스 코드 (피아노줄/목걸이용 와이어)
(0.8mm·앤틱 골드)
──────── 110cm×1개, 25cm×1개

165
체코 비즈a (다면 컷·14mm·핑크) ── 1개
체코 비즈b (다면 컷·8mm·핑크) ── 6개
체코 비즈c (다면 컷·6mm·핑크) ── 9개
메탈 비즈a (라운드·3mm·신주 버니쉬)
──────── 7개
메탈 비즈b (조리개용 구슬·5mm·신주 버니쉬)
──────── 1개
메탈 비즈c (라운드·2.5mm·신주 버니쉬)
──────── 14개
레이온 실 (2mm·핑크)
──────── 900cm×1개
스테인리스 코드 (피아노줄/목걸이용 와이어)
(0.8mm·앤틱골드)
──────── 110cm×1개, 25cm×1개

〔사용하는 도구〕
기본 도구 (P.168) / 두꺼운 종이

1 그림과 같이 비즈들을 스테인리스 코드에 끼운 후 고정 매듭으로 묶습니다.
※ 고정 매듭 ▶ p.186 ㉟

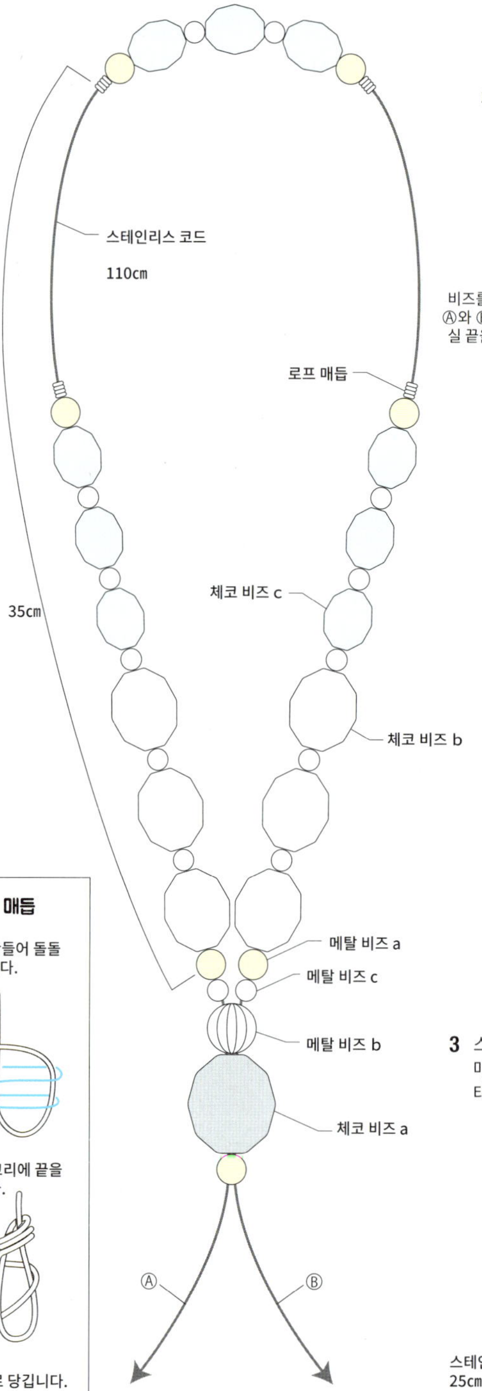

2 태슬을 만듭니다.
레이온 실을 45회 감습니다.

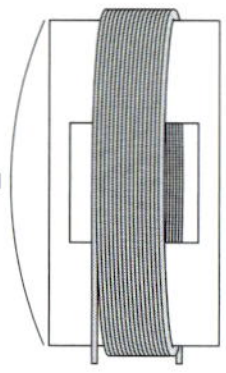

비즈를 끼운 **1**의 스테인리스 코드 Ⓐ와 Ⓑ를 사용해 실 중앙에 묶습니다. 실 끝을 자르고 종이를 빼냅니다.

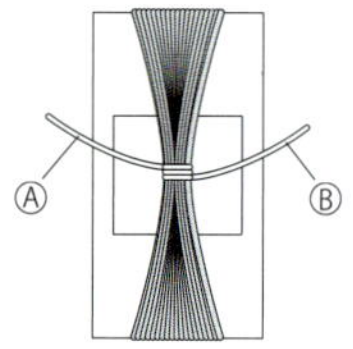

반으로 접습니다.

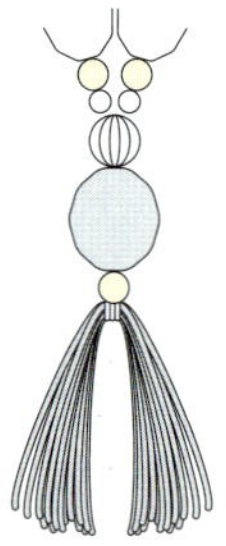

3 스테인리스 코드로 정리 매듭을 짓습니다. 태슬 실 끝을 잘 맞춥니다.

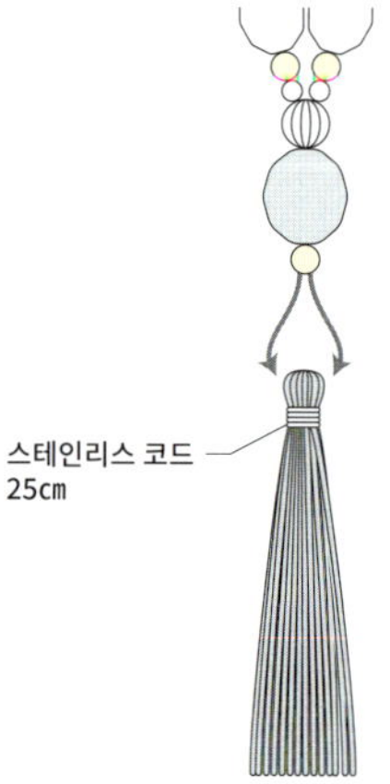

※ 태슬 만드는 방법 ▶ p.182 ⑱

로프 매듭
① 고리를 만들어 돌돌 휘감습니다.
② 아래의 고리에 끝을 끼웁니다.
③ 위아래로 당깁니다.

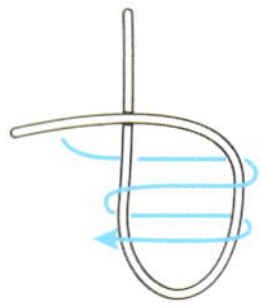

※ 그림은 164 작품 설명. 165도 같은 방법으로 만듭니다.

---

memo

로프 매듭은 비즈를 고정할 수 있습니다.

로프 매듭

로프 매듭을 하면 끈에 끼운 비즈를 원하는 위치에 고정할 수 있습니다. 코드에 비즈를 원 포인트로 사용하는 것과 같이 고난이도 응용을 시도해보세요.

166, 178

SIZE: 세로 6 × 가로 1.5 cm

재료

1 T핀에 비즈를 끼우고 끝을 둥글게 구자말이를 합니다.

2 귀걸이 훅을 O링으로 연결합니다. 반대쪽 귀걸이도 같은 방법으로 만듭니다.

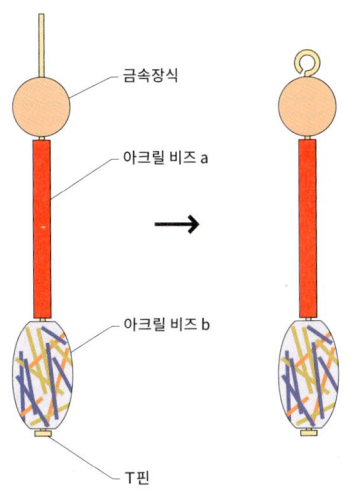
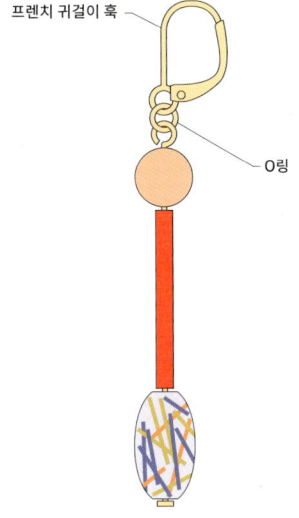

166
- 아크릴 비즈a (원통형 파이프·30㎜·레드) ——— 2개
- 아크릴 비즈b (배럴·20×10㎜·글리터 젤) ——— 2개
- 금속장식 (라운드·10㎜·골드) ——— 2개
- O링 (0.8㎜·골드) ——— 2개
- T핀 (0.7×75㎜·골드) ——— 2개
- 귀걸이 포스트 (프렌치 클립형·골드) ——— 1세트

178
- 아크릴 비즈a (원통형 파이프·30㎜·블랙) ——— 2개
- 아크릴 비즈b (배럴·20×10㎜·글리터 젤) ——— 2개
- 금속장식 (라운드·10㎜·골드) ——— 2개
- O링 (0.8㎜·실버) ——— 2개
- T핀 (0.7×75㎜·실버) ——— 2개
- 귀걸이 훅 (프렌치 클립형·실버) ——— 1세트

〔사용하는 도구〕
기본 도구 (P.168)

※ 그림은 166 작품 설명. 178도 같은 방법으로 만듭니다.

 # 167, 179

SIZE: 세로 8 × 가로 5 cm

재료

1 디자인핀, T핀에 각각의 비즈, 금속장식을 끼웁니다. 9자말이 집게로 끝을 둥글게 말고, O링으로 파츠를 만들어 정리합니다.

2 체인의 구멍을 송곳으로 넓혀 O링c로 밍크 퍼와 연결합니다.

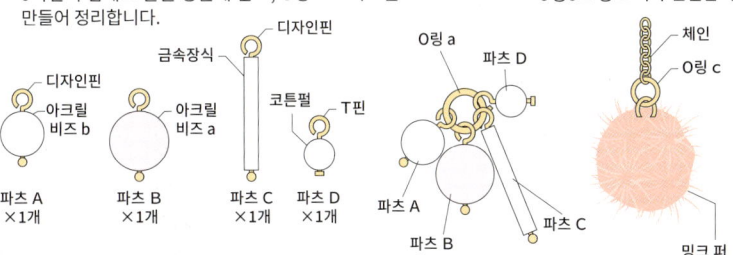

3 2와 파츠를 O링b로 연결합니다.

4 귀걸이 훅을 O링c로 연결합니다. 반대쪽 귀걸이도 같은 방법으로 만듭니다.

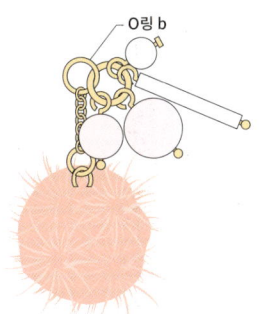
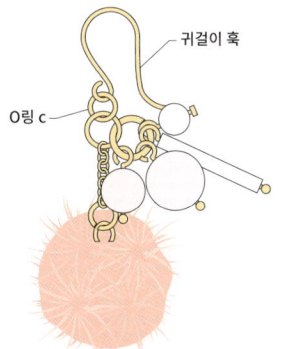

167
- 밍크 퍼 (고리형·지름 50㎜·핑크) ——— 2개
- 아크릴 진주a (12㎜·투명) ——— 2개
- 아크릴 진주b (10㎜·투명) ——— 2개
- 코튼펄 (라운드·6㎜·화이트) ——— 2개
- 금속장식 (원통형 파이프·2×15㎜·골드) ——— 2개
- O링a (0.7×5㎜·골드) ——— 2개
- O링b (0.7×4㎜·골드) ——— 2개
- O링c (0.6×3㎜·골드) ——— 4개
- 디자인 핀 (라운드·0.6×30㎜·골드) ——— 6개
- T핀 (0.6×20㎜·골드) ——— 2개
- 체인 (골드) ——— 2.5㎝×2개
- 귀걸이 포스트 (후크형·골드) ——— 1세트

179
- 밍크 퍼 (고리형·지름 50㎜·그레이) ——— 2개
- 아크릴 진주a (12㎜·투명) ——— 2개
- 아크릴 진주b (10㎜·투명) ——— 2개
- 코튼펄 (라운드·6㎜·화이트) ——— 2개
- 금속장식 (원통형 파이프·2×15㎜·골드) ——— 2개
- O링a (0.7×5㎜·골드) ——— 2개
- O링b (0.7×4㎜·골드) ——— 2개
- O링c (0.6×3㎜·골드) ——— 4개
- 디자인 핀 (라운드·0.6×30㎜·골드) ——— 6개
- T핀 (0.6×20㎜·골드) ——— 2개
- 체인 (골드) ——— 2.5㎝×2개
- 귀걸이 포스트 (후크형·골드) ——— 1세트

〔사용하는 도구〕
기본 도구 (P.168)

※ 그림은 167 작품 설명. 179도 같은 방법으로 만듭니다.

168, 180

SIZE: 세로 4 × 가로 2.5cm

재료

1 100cm의 비즈 스티치 실로 엮어 모티브를 만듭니다. 다 엮은 후 고정 매듭을 짓습니다.

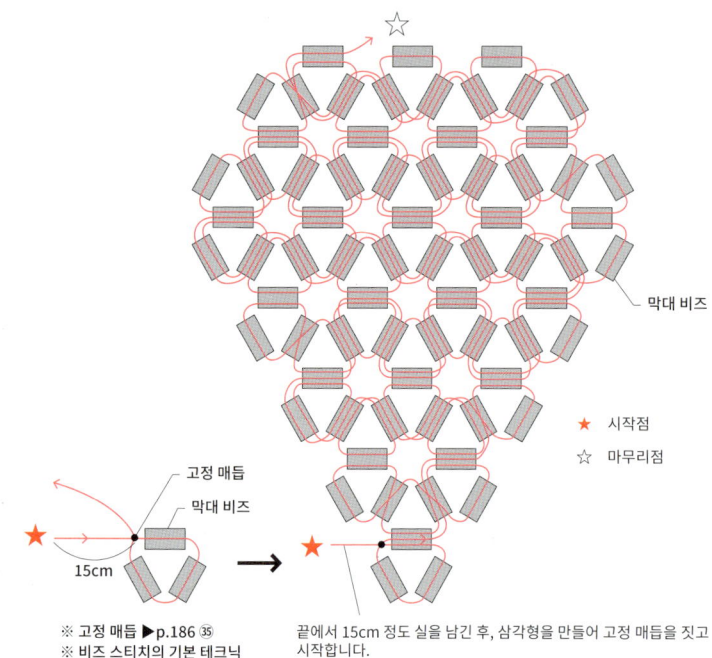

168

스와로브스키 a (#4320·10×5mm·
블랙 다이아몬드) ——— 2개
스와로브스키 b (#4320·8×4mm·
블랙 다이아몬드) ——— 2개
스와로브스키 c (#5810·6mm·플래티넘)
——— 2개
스와로브스키 d (#5810·5mm·벨벳 브라운)
——— 2개
스와로브스키 e (#1088·SS29·
라이트 콜로라도 토파즈 쉬머) ——— 2개
막대 비즈 (3mm·블랙) ——— 140개
큐빅 차톤 (라운드·3mm·크리스탈) ——— 2개
스톤캡 a (#4320용·10×5mm·골드) ——— 2개
스톤캡 b (#4320용·8×4mm·골드) ——— 2개
스톤캡 c (#1088용·SS29·골드) ——— 2개
귀걸이 포스트 (벌집판 부착형·10mm·골드)
——— 1세트
비즈 스티치 실 (#20·블랙)
——— 100cm×2개
낚싯줄 (3호·투명)
——— 30cm×2개, 50cm×2개

2 벌집판 귀걸이 포스트에 1에서 만든 모티브를 30cm 길이의 낚싯줄로 달아 연결합니다.

3 스와로브스키 a, b, e를 스톤캡에 각각 고정합니다.
※ 스톤캡 고정방법 ▶p.180 ⑪

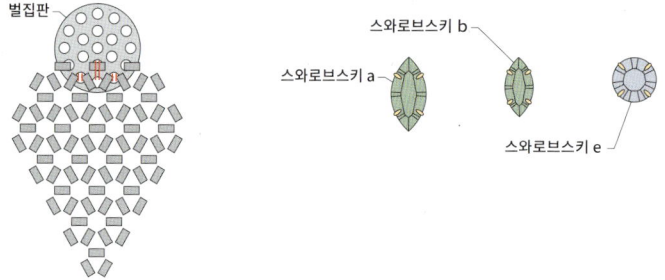

180

스와로브스키 a (#4320·10×5mm·스칼렛)
——— 2개
스와로브스키 b (#4320·8×4mm·스칼렛)
——— 2개
스와로브스키 c (#5810·6mm·보르도) — 2개
스와로브스키 d (#5810·5mm·벨벳 브라운)
——— 2개
스와로브스키 e (#1088·SS29·골드 파티나)
——— 2개
막대 비즈 (3mm·브론즈) ——— 140개
큐빅 차톤 (라운드·3mm·크리스탈) ——— 2개
스톤캡 a (#4320용·10×5mm·골드) ——— 2개
스톤캡 b (#4320용·8×4mm·골드) ——— 2개
스톤캡 c (#1088용·SS29·골드) ——— 2개
귀걸이 포스트 (벌집판 부착형·10mm·골드)
——— 1세트
비즈 스티치 실 (#20·골드)
——— 100cm×2개
낚싯줄 (3호·투명)
——— 30cm×2개, 50cm×2개

[사용하는 도구]
기본 도구 (P.168) / 스티치 바늘 / 가위

4 약 50cm 길이의 낚싯줄로 2의 위에 나머지 비즈들을 달아 고정합니다. 귀걸이 벌집판 뒷면 고정캡을 붙인 후, 고정캡의 발을 눌러 눕혀 고정시킵니다. 반대쪽 귀걸이는 좌우대칭으로 만듭니다.
※ 벌집판 고정방법 ▶p.180 ⑩

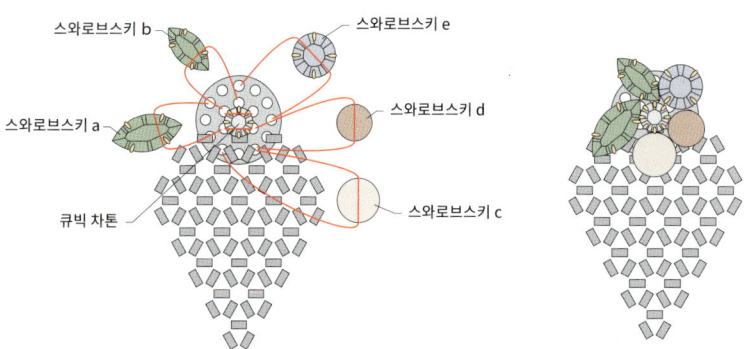

※ 그림은 168 작품 설명. 180 작품도 같은 방법으로 만듭니다.

169, 181

SIZE: 모티브 세로2×가로1.5cm

1 비즈를 디자인핀에 끼워 끝을 둥글게 구자말이를 하여 파츠를 만듭니다.

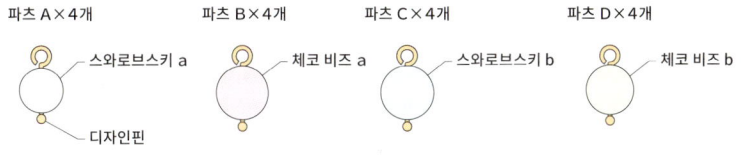

※181 작품은 스와로브스키c로 만듭니다.   ※181 작품은 캔디 쿼츠로 만듭니다.

2 O링으로 파츠를 정리합니다.   **3** 반지대에 O링으로 파츠를 연결합니다.

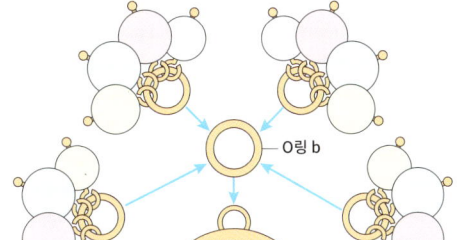

※ 그림은 169 작품 설명. 181 작품은 파츠를 바꿔 같은 방법으로 만듭니다.

재료

169
스와로브스키a (#5810·5㎜·
　펄레센트(pearlescent) 화이트) —— 4개
스와로브스키b (#5810·6㎜·
　펄레센트(pearlescent) 화이트) —— 4개
체코 비즈a (라운드·6㎜·샴페인 래스터)
　—— 4개
체코 비즈b (라운드·4㎜·샴페인 래스터)
　—— 4개
O링a (0.8×4㎜·골드) —————— 4개
O링b (0.8×4.5㎜·골드) ———— 1개
디자인 핀 (0.6×30㎜·골드) ——— 16개
반지대 (고리형·골드) ——————— 1개

181
스와로브스키a (#5810·4㎜·
　펄레센트(pearlescent) 화이트) —— 4개
스와로브스키b (#5810·6㎜·
　펄레센트(pearlescent) 화이트) —— 4개
스와로브스키c (#5810·5㎜·
　펄레센트(pearlescent) 화이트) —— 4개
캔디 쿼츠 (라운드·6㎜·피치 민트) — 4개
O링a (0.8×4㎜·골드) —————— 4개
O링b (0.8×4.5㎜·골드) ———— 1개
디자인 핀 (0.6×30㎜·골드) ——— 16개
반지대 (고리형·골드) ——————— 1개

[사용하는 도구]
기본 도구 (P.168)

170, 182

SIZE: 세로8.5×가로3cm

1 귀걸이 포스트를 단추 뒷면 윗부분에 접착제로 붙입니다.

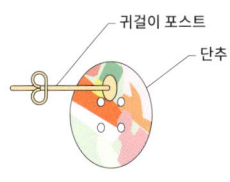

2 유리 비즈→아크릴 비즈b 순서로 T핀에 끼운 후 끝을 둥글게 구자말이 합니다.

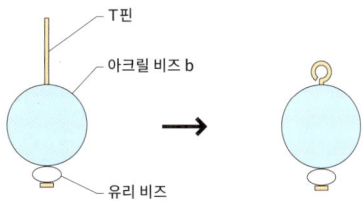

3 아크릴 비즈a를 9핀에 끼우고 끝을 둥글게 구자말이를 합니다.

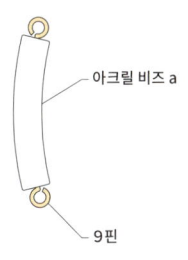

4 순서대로 연결한 후, 귀걸이 클러치에 O링으로 연결합니다. 반대쪽도 같은 방법으로 만듭니다.

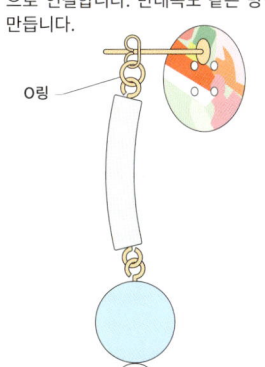

※ 그림은 170 작품 설명. 182도 같은 방법으로 만듭니다.

재료

170
아크릴 비즈a (튜브 곡선형·35㎜·화이트)
　—————————————————— 2개
아크릴 비즈b (라운드·16㎜·블루)
　—————————————————— 2개
유리 비즈 (0.3×0.4㎜·화이트)
　—————————————————— 2개
단추 (라운드·25㎜·마블) ————— 2개
O링 (0.8×6㎜·골드) ——————— 2개
9핀 (0.7×51㎜·골드) —————— 2개
T핀 (0.7×30㎜·골드) —————— 2개
귀걸이 포스트 (원판형·8㎜·골드)
　————————————————— 1세트

182
아크릴 비즈a (튜브 곡선형·35㎜·화이트)
　—————————————————— 2개
아크릴 비즈b (라운드·16㎜·문 비치) — 2개
유리 비즈 (0.3×0.4㎜·화이트)
　—————————————————— 2개
단추 (라운드·25㎜·마블) ————— 2개
O링 (0.8×6㎜·골드) ——————— 2개
9핀 (0.7×51㎜·골드) —————— 2개
T핀 (0.7×30㎜·골드) —————— 2개
귀걸이 포스트 (원판형·8㎜·골드)
　————————————————— 1세트

[사용하는 도구]
기본 도구 (P.168) / 접착제

171, 183

SIZE: 손가락 둘레 5cm

1 70cm의 낚싯줄로 그림과 같이 엮습니다.　★=시작점 (낚시줄 70cm의 중심)

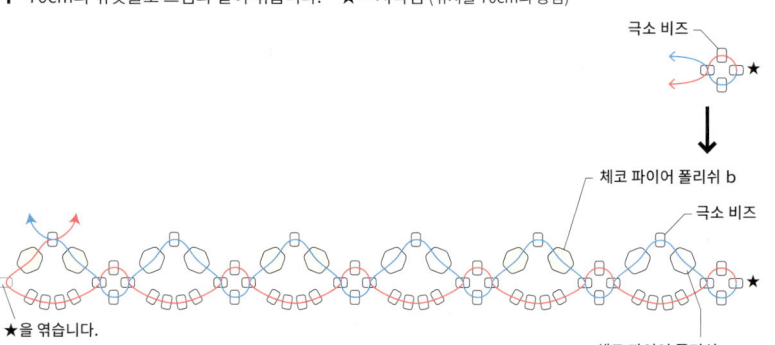

★을 엮습니다.

2 1의 비즈를 함께 엮어 낚싯줄로 고정 매듭을 짓습니다.

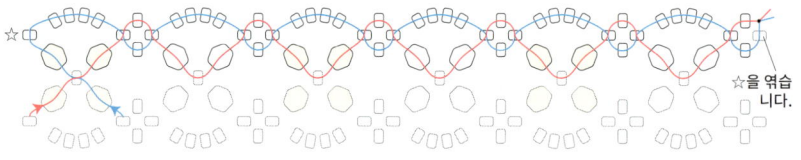

☆을 엮습니다.

※ 고정 매듭 ▶p.186 ㉟

※ 그림은 171 작품 설명. 183도 같은 방법으로 만듭니다.

재료

171
극소 비즈 (아이보리) ─── 102개
체코 파이어 폴리쉬 a (4㎜·오팔그린)
　─── 12개
체코 파이어 폴리쉬 b
　(4㎜·크리솔라이트 AB) ─── 12개
낚싯줄 (3호·투명) ─── 70㎝×1개

183
극소 비즈 (진주) ─── 102개
체코 파이어 폴리쉬 a (4㎜·샴페인 래스터)
　─── 12개
체코 파이어 폴리쉬 b (4㎜·라이트 로즈 AB)
　─── 12개
낚싯줄 (3호·투명) ─── 70㎝×1개

〔사용하는 도구〕
가위

173, 185

SIZE: 세로 11×가로 6cm

1 퍼와 금속장식을 O링으로 연결합니다.

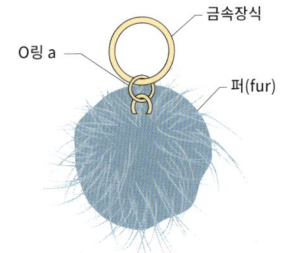

2 1의 O링a에 디자인 핀 윗부분을 둥글게 말아 연결합니다.

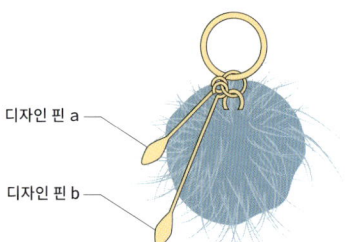

3 귀찌를 금속장식과 O링b로 연결합니다. 반대쪽 귀걸이도 같은 방법으로 만듭니다.

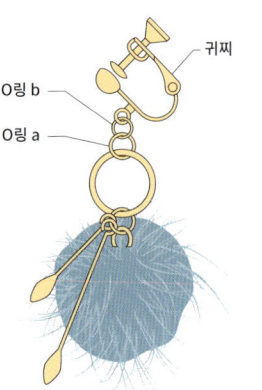

※ 그림은 173 작품 설명. 185도 같은 방법으로 만듭니다.

재료

173
퍼 (fur) (고리형·지름 6cm·그레이) ─ 2개
금속장식 (링·2.5㎜·골드) ─── 2개
디자인 핀 a
　(작살 모양(spear)·0.7×36㎜·골드) - 2개
디자인 핀 b
　(작살 모양(spear)·0.7×51㎜·골드) - 2개
O링 a (1×6㎜·골드) ─── 4개
O링 b (0.7×4㎜·골드) ─── 2개
귀걸이 귀찌 (고리 나사형·골드) ─── 1세트

185
화이트
퍼 (fur) (고리형·지름 6cm·화이트)
　─── 2개
금속장식 (링·2.5㎜·골드) ─── 2개
디자인 핀 a
　(작살 모양(spear)·0.7×36㎜·골드) - 2개
디자인 핀 b
　(작살 모양(spear)·0.7×51㎜·골드) - 2개
O링 a (1×6㎜·골드) ─── 4개
O링 b (0.7×4㎜·골드) ─── 2개
귀걸이 귀찌 (고리 나사형·골드)
　─── 1세트

〔사용하는 도구〕
기본 도구 (P.168) / 접착제

172, 184

SIZE: 세로3×가로3cm

재료

172
- 스와로브스키 (#4320·14×10㎜· 캐리비안 블루오팔) ─ 2개
- 진주 (라운드·2㎜·화이트) ─ 24개
- 스팽글 (육각형·5㎜·실버) ─ 26개
- 트위스트 비즈 (2×6㎜·실버) ─ 16개
- 스톤캡 (#4320용·14×10㎜·실버) ─ 2개
- 귀걸이 귀찌 (원판형·8㎜·실버) ─ 1세트
- 펠트 (5×10㎝·그레이) ─ 2장
- 자수실 (25번사·그레이) ─ 적당량
- 접착심지 (5×10㎝) ─ 1장

184
- 스와로브스키 (#4320·14×10㎜·퍼시픽 오팔) ─ 2개
- 진주 (라운드·2㎜·화이트) ─ 24개
- 스팽글 (육각형·5㎜·골드) ─ 26개
- 트위스트 비즈 (2×6㎜·골드) ─ 16개
- 스톤캡 (#4320용·14×10㎜·골드) ─ 2개
- 귀걸이 귀찌 (원판형·8㎜·골드) ─ 1세트
- 펠트 (5×10㎝·베이지) ─ 2장
- 자수실 (25번사·베이지) ─ 적당량
- 접착심지 (5×10㎝) ─ 1장

〔사용하는 도구〕
기본 도구 (P.168) / 접착제 / 자수 바늘 / 가위 / 다리미

1 접착 심지를 펠트에 붙입니다.

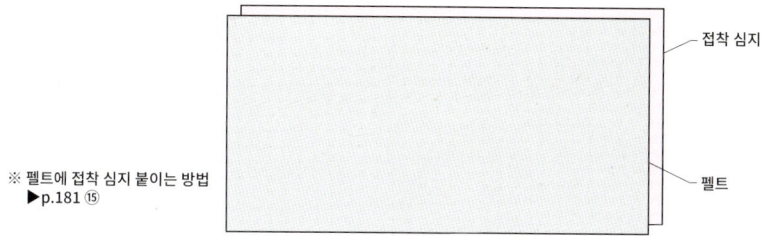

※ 펠트에 접착 심지 붙이는 방법 ▶p.181 ⑮

2 1의 펠트에 스톤캡 뒷면을 접착제로 붙입니다.

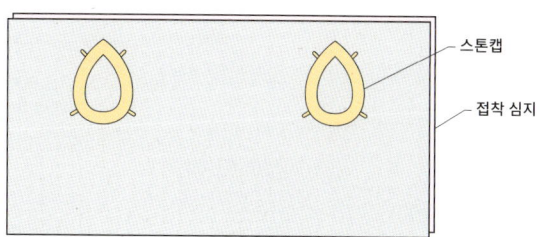

3 마르고 난 후, 펠트에 2의 스톤캡을 자수실 두 가닥으로 꿰맵니다.

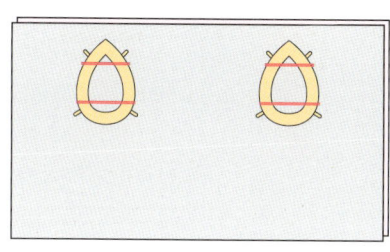

4 스톤캡에 스와로브스키를 끼우고 스톤캡의 발을 평집게로 눌러 닫아 고정시킵니다.

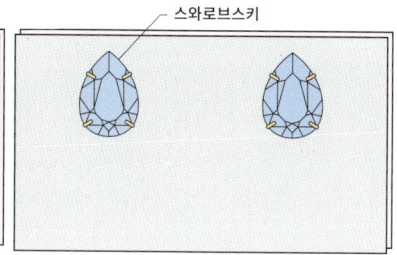

5 두 가닥의 자수 실로 수를 놓습니다. 트위스트 비즈, 진주, 스팽글 순서로 수를 놓습니다.

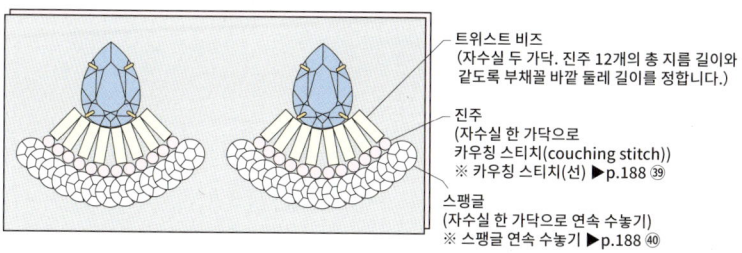

트위스트 비즈
(자수실 두 가닥. 진주 12개의 총 지름 길이와 같도록 부채꼴 바깥 둘레 길이를 정합니다.)

진주
(자수실 한 가닥으로 카우칭 스티치(couching stitch))
※ 카우칭 스티치(선) ▶p.188 ㊴

스팽글
(자수실 한 가닥으로 연속 수놓기)
※ 스팽글 연속 수놓기 ▶p.188 ㊵

6 테두리를 1mm 남기고 자릅니다.
1cm 둘레 여분을 준 접착 심지가 안 붙은 펠트를 자른 후, 접착제로 붙입니다.

7 마르고 나면 위의 테두리에 맞춰 나머지 부분을 잘라내고, 뒷면에 귀찌를 접착제로 붙입니다.

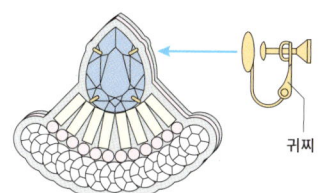

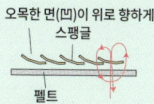
귀찌

※ 그림은 172 작품 설명. 184 작품도 같은 방법으로 만듭니다.

─ 〔 옆에서 본 모습 〕 ─

펠트   접착심

memo
스팽글로 꽃 모티브처럼

오목한 면(凹)이 위로 향하게
스팽글
펠트

육각형 모양 스팽글은 오목하게 들어간 면(凹)을 위로 향하게 하여 수놓는 경우가 많지만, 볼록한 면(凸)을 위로 향하게 하여 원을 그리듯 수를 놓으면 꽃잎처럼 마무리할 수 있습니다.

174, 186

SIZE: 손가락 둘레 3cm

재료

174
델리카 비즈 M (실버) ——— 89개
낚싯줄 (3호·투명)
——— 80cm×1개, 50cm×1개

186
델리카 비즈 M (골드) ——— 89개
낚싯줄 (3호·투명)
——— 80cm×1개, 50cm×1개

〔사용하는 도구〕
가위

1 80cm의 낚싯줄로 그림과 같이 엮습니다.
★=시작점(80cm 낚싯줄의 중심)

2 1의 비즈를 엮으면서 같은 낚싯줄로 더 엮은 후, 고정매듭을 짓습니다.

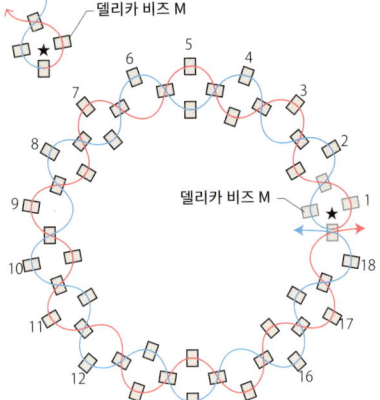
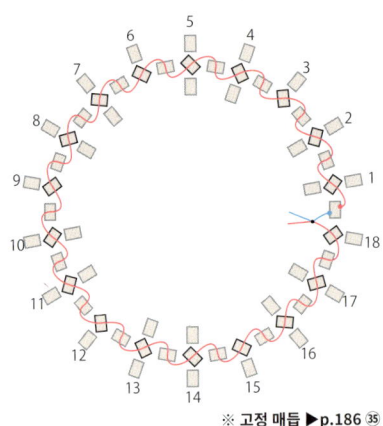

※ 고정 매듭 ▶p.186 ㉟

3 링 부분을 만듭니다. 1의 비즈를 엮으면서 새 낚싯줄로 그림과 같이 엮어 고정 매듭을 짓습니다. ★=시작점(50cm 낚싯줄의 중심)

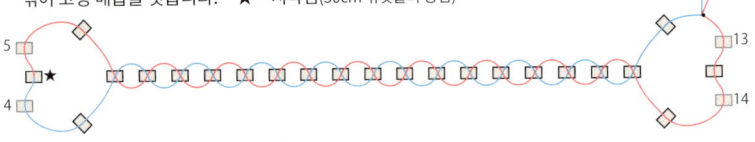

※ 그림은 174 작품 설명. 186 작품도 같은 방법으로 만듭니다.

memo
사이즈 조절이 가능하기에 어느 손가락에도 맞출 수 있어요!

링 부분도 비즈로 엮어 만들기 때문에 자신의 손가락 사이즈에 딱 맞는 반지를 만들 수 있습니다. 한 가지 색상으로 시크하게 만들지, 배색의 비즈를 더하여 취향대로 만들지 취향에 따라 결정해보세요.

175, 187

SIZE: 세로6×가로2cm

재료

175
아크릴 비즈 (2.5cm×1.2cm·퍼플)
——— 2개
유리 비즈 (0.3cm·골드) ——— 2개
T핀 (0.7×51㎜·골드) ——— 4개
귀걸이 포스트 (원판형·8㎜·골드)
——— 1세트
글리터 젤 (그린, 그레이) ——— 적당량
UV레진 ——— 적당량

187
아크릴 비즈 (2.5cm×1.2cm·블랙) ——— 2개
유리 비즈 (0.3cm·골드) ——— 2개
T핀 (0.7×51㎜·골드) ——— 4개
귀걸이 포스트 (원판형·8㎜·골드)
——— 1세트
글리터 젤 (레드, 블루) ——— 적당량
UV레진 ——— 적당량

〔사용하는 도구〕
기본 도구 (P.168) / 접착제 / 소프트 몰드 (라운드·지름1.5cm / 지름2cm) / 이쑤시개 / UV램프 / 핀 바이스 / 디자인 커터 칼

1 글리터 젤을 소프트 몰드에 각각 넣고, 레진을 섞어 5분 정도 UV램프로 굳힙니다.

2 소프트 몰드에서 빼내 디자인 커터로 이물질을 제거합니다. 굳은 후 핀 바이스로 구멍을 뚫습니다.

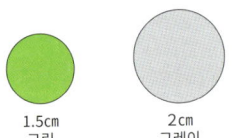
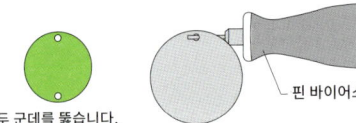

3 T핀 1개를 2cm로 잘라 레진 파츠를 연결합니다.

4 유리 비즈→아크릴 비즈 순서로 T핀에 끼웁니다. 끝을 구자말이하여 3의 레진 파츠와 연결합니다.

5 아크릴 비즈 뒷면에 귀걸이 포스트를 접착제로 붙입니다. 반대쪽 귀걸이도 같은 방법으로 만듭니다.

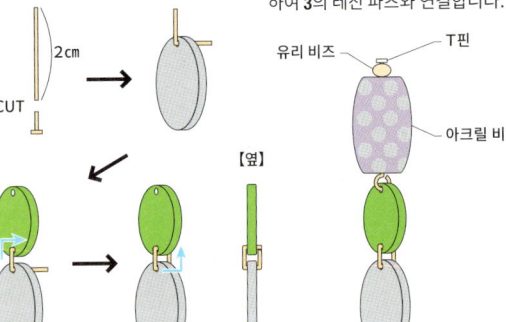
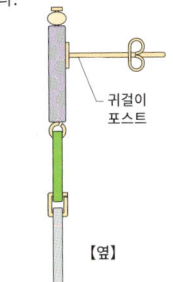

※ 그림은 175 작품 설명. 187도 같은 방법으로 만듭니다. ※ UV레진의 기본 테크닉 ▶p.184, 185

176, 188

SIZE : 세로 7.5 × 가로 3 cm

1 태슬을 2개 만듭니다.

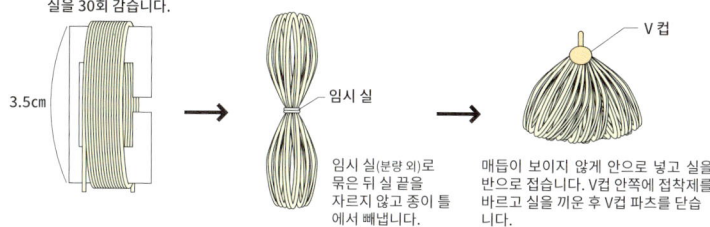

실을 30회 감습니다.
3.5cm
임시 실
V 컵

임시 실(분량 외)로 묶은 뒤 실 끝을 자르지 않고 종이 틀에서 빼냅니다.

매듭이 보이지 않게 안으로 넣고 실을 반으로 접습니다. V컵 안쪽에 접착제를 바르고 실을 끼운 후 V컵 파츠를 닫습니다.

2 체인과 태슬을 O링으로 연결합니다.

체인
O링

3 체인 중심에 또 하나의 태슬을 O링으로 연결하고, 귀걸이 포스트도 O링으로 연결합니다. 반대쪽 귀걸이도 같은 방법으로 만듭니다.

귀걸이 포스트
O링
V 컵
태슬

※ 그림은 176 작품 설명. 188도 같은 방법으로 만듭니다.　※ 태슬 만드는 방법 ▶ p.182 ⑱

재료

176

O링 (0.5×3.5㎜·양백(니켈 실버)) —— 6개
V컵 (2㎜·골드) —————————— 4개
체인 (골드) ————————— 5㎝×2개
귀걸이 포스트 (볼고리형·골드)
———————————————— 1세트
극세 니트실 (극세 털실·화이트)
————————————— 850㎝×1개

188

O링 (0.5×3.5㎜·양백(니켈 실버)) —— 6개
V컵 (2㎜·골드) —————————— 4개
체인 (골드) ————————— 5㎝×2개
귀걸이 포스트 (볼고리형·골드)
———————————————— 1세트
극세 니트실 (장식실 (fancy yarn)·
　　　　　퍼플 계열) —— 850㎝×1개

〔사용하는 도구〕
기본 도구 (P.168) / 두꺼운 종이 / 접착제

190, 201

SIZE : 세로 4.2 × 가로 1.3 cm

1 판형 금속 장식 뒷면의 가장 바깥쪽 구멍에서부터 낚싯줄의 양 끝을 빼낸 후, 한쪽 낚싯줄의 끝을 8cm 남기고 고정 매듭을 짓습니다.

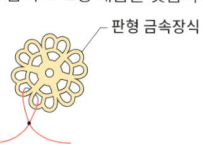
판형 금속장식

2 긴 쪽 낚싯줄에 스와로브스키와 코튼펄을 끼웁니다. 1에서 끼운 구멍의 맞은편 구멍으로 낚싯줄을 끼운 후 판형 금속 장식의 뒷면에서 고정 매듭을 짓습니다. 남은 낚싯줄은 자릅니다.

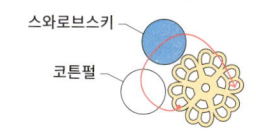
스와로브스키
코튼펄

3 틈새 사이에 캡보석의 각진 부분이 들어가도록 접착제로 붙입니다.

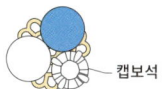
캡보석

4 판형 금속 장식의 뒷면에 귀걸이 포스트를 접착제로 붙입니다.

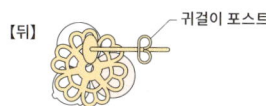
[뒤]
귀걸이 포스트

5 완전 건조 후, 메탈 파츠를 판형 금속 장식에 O링으로 연결합니다. 반대쪽 귀걸이는 좌우대칭으로 만듭니다.

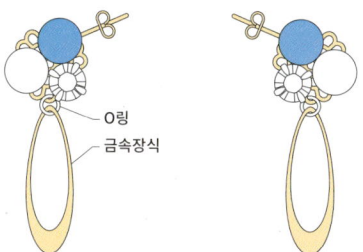
O링
금속장식

※ 그림은 190 작품 설명. 201작품도 같은 방법으로 만듭니다.

재료

190

스와로브스키 (#5810·6㎜·
　　이리데센트 다크블루) ——— 2개
코튼펄 (라운드·6㎜·화이트) ——— 2개
캡보석 (7㎜·크리스탈 / 로듐) ——— 2개
금속장식 (타원·30㎜×10㎜·3㎜·로듐) — 2개
판형 금속장식 (10㎜·로듐) ——— 2개
O링 (0.6×3㎜·로듐) ——————— 2개
귀걸이 포스트 (원판형·4㎜·로듐) — 1세트
낚싯줄 (2호·투명) —————— 30㎝×2개

201

스와로브스키 (#5810·6㎜·
　　이리데센트 램프블루) ——— 2개
코튼펄 (라운드·6㎜·화이트)
———————————————— 2개
캡보석 (7㎜·크리스탈 / 골드)
———————————————— 2개
금속장식 (타원·30㎜×10㎜·3㎜·골드)
———————————————— 2개
판형 금속장식 (10㎜·골드) ——— 2개
O링 (0.6×3㎜·골드) ——————— 2개
귀걸이 포스트 (원판형·4㎜·골드) — 1세트
낚싯줄 (2호·투명) —————— 30㎝×2개

〔사용하는 도구〕
기본 도구 (P.168) / 가위 / 접착제

177, 189

SIZE: 세로2×가로1.5cm

재료

177
- 시드 비즈a (퍼플) ——— 8개
- 시드 비즈b (화이트) ——— 10개
- 시드 비즈c (골드) ——— 14개
- 리넨 원단 (2.5×2.5cm·내추럴) ——— 2장
- 귀걸이 포스트 (벌집판 부착형·15mm·골드) ——— 1세트
- 레이스 (6mm폭·핑크) ——— 28cm×2개
- 바느질 실 ——— 적당량

189
- 시드 비즈b (화이트) ——— 10개
- 시드 비즈c (골드) ——— 22개
- 리넨 원단 (2.5×2.5cm·내추럴) ——— 2장
- 귀걸이 포스트 (벌집판 부착형·15mm·골드) ——— 1세트
- 리넨 실 (화이트) ——— 70cm×2개
- 바느질 실 ——— 적당량

〔사용하는 도구〕
바늘 / 두꺼운 종이 / 가위

1 벌집판 귀걸이 포스트에 리넨 원단을 얹어 비즈를 꿰매어 고정합니다.

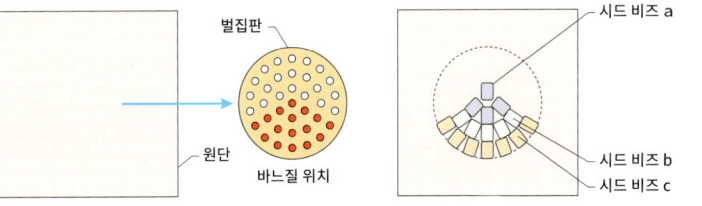

※189 작품은 시드 비즈a를 시드 비즈c로 바꾸어 만듭니다.

2 테두리 1cm 여분을 남겨 리넨 원단을 자르고 가장자리를 바느질하여 조입니다.
뒷면에서 꿰매 고정합니다.

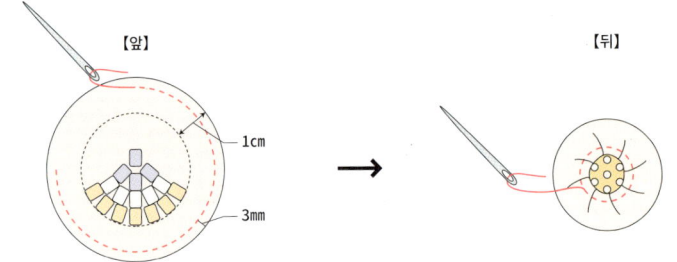

3 레이스를 3.5cm 너비의 두꺼운 종이틀에 4회 감아 태슬을 만듭니다.

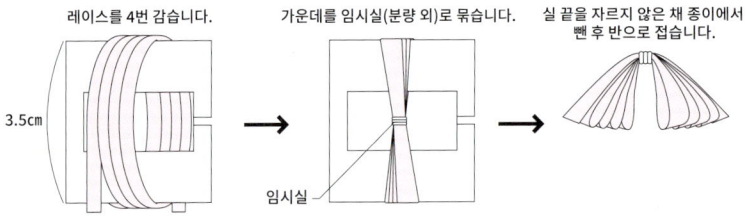

※189 작품은 레이스 대신 리넨 실로 20번 감습니다.
※ 태슬 만드는 방법 ▶p.182 ⑱

memo

벌집판 금속장식는 바늘의 내비게이션 역할

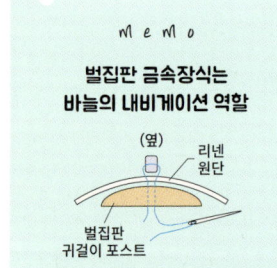

벌집판 금속장식의 구멍을 이용하여 수를 놓으면 예쁜 원을 그리거나 정확하게 좌우대칭이 맞는 위치에 비즈를 꿰맬 수 있습니다. 나선형 또는 줄무늬로 비즈를 엮는 등 벌집판 금속장식를 사용하여 디자인 패턴을 늘려봅시다.

4 벌집판 뒷면에 레이스를 2의 실로 바느질한 후, 귀걸이 포스트가 달린 벌집판 뒷면 고정캡을 끼워 고정합니다.

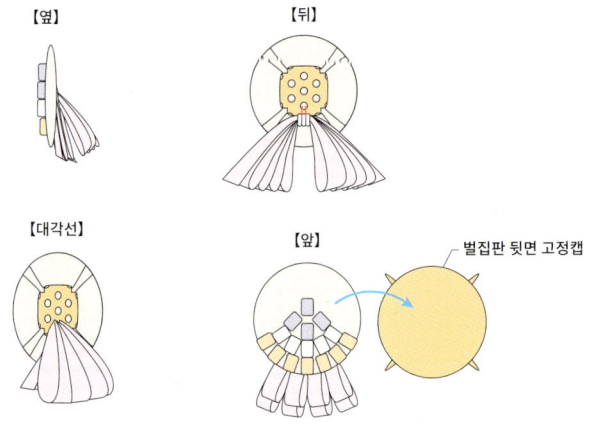

※ 벌집판 고정방법 ▶p.180 ⑩
※ 그림은 177 작품 설명. 189 작품은 파츠를 바꿔 같은 방법으로 만듭니다.

191, 208

SIZE : 세로 5 × 가로 1.5 cm

재료

1 벌집판 귀걸이 포스트에 리넨 원단을 얹어 비즈를 꿰매어 고정합니다.

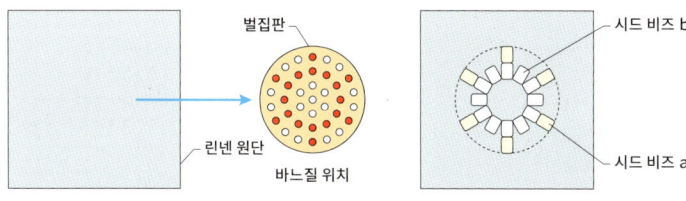

2 테두리 1cm 여분을 남겨 리넨 원단을 자르고 가장자리를 바느질하여 조입니다. 뒷면에서 꿰매 고정합니다 (p.088의 **2** 참조). 귀걸이 포스트가 달린 벌집판 뒷면 고정캡을 끼운 다음 고정캡의 발을 눌러 눕혀 고정시킵니다. ※ 벌집판 고정방법 ▶p.180 ⑩

3 태슬을 만듭니다.
3가지 색상의 아크릴 실 1/4묶음을 각각 집어 가지런히 모아줍니다.

4 비즈에 태슬을 연결합니다. 반대쪽 귀걸이도 같은 방법으로 만듭니다.

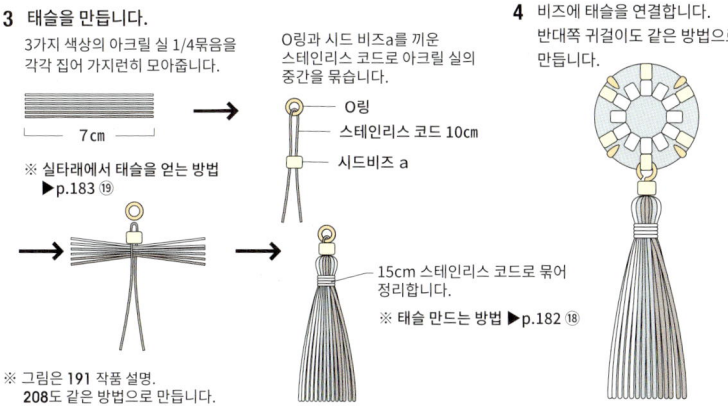

※ 실타래에서 태슬을 얻는 방법 ▶p.183 ⑲

※ 태슬 만드는 방법 ▶p.182 ⑱

※ 그림은 191 작품 설명. 208도 같은 방법으로 만듭니다.

191

시드 비즈a (골드) ——————— 14개
시드 비즈b (화이트) —————— 24개
O링 (0.5×3.5mm·골드) ———— 2개
귀걸이 포스트 (벌집판 부착형·13mm·골드)
——————————————————— 1세트
리넨 원단 (2.5×2.5cm·페일 블루)
——————————————————— 2장
스테인리스 코드 (0.6mm·앤틱골드)
—————————— 10cm×2개, 15cm×2개
아크릴 실 (블루, 그레이, 화이트)
—————————— 7cm×1/4묶음×2개
바느질 실 ——————————————— 적당량

208

시드 비즈a (골드) ——————— 14개
시드 비즈b (화이트) —————— 24개
O링 (0.5×3.5mm·골드) ———— 2개
귀걸이 포스트 (벌집판 부착형·13mm골드)
——————————————————— 1세트
리넨 원단 (2.5×2.5cm·페일 그린)
——————————————————— 2장
스테인리스 코드 (0.6mm·앤틱골드)
—————————— 10cm×2개, 15cm×2개
아크릴 실 (그린, 그레이, 화이트)
—————————— 각 7cm×1/4묶음×2개
바느질 실 ——————————————— 적당량

〔사용하는 도구〕
기본 도구 (P.168) / 가위

192, 193

SIZE : 세로 4.5 × 가로 2 cm

재료

1 스와로브스키a를 스톤캡에 고정합니다.

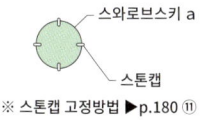

※ 스톤캡 고정방법 ▶p.180 ⑪

2 스와로브스키b에 O링을 연결합니다.

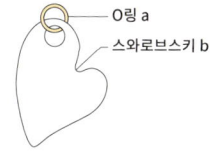

3 판형 금속 장식에 스와로브스키와 캡큐빅을 접착제로 붙인 후 말립니다.

※ 2에서 만든 파츠를 마지막에 연결해야 하기 때문에 판형 금속 장식의 구멍을 중앙 아래로 위치하게 합니다.

4 UV 레진으로 틈을 채우고 UV 램프로 2분 정도 굳힙니다.

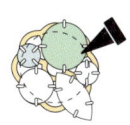

5 2에서 만든 파츠를 판형 금속 장식에 O링b로 연결합니다.

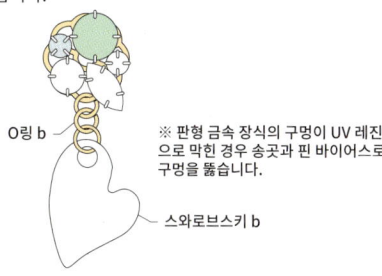

※ 판형 금속 장식의 구멍이 UV 레진으로 막힌 경우 송곳과 핀 바이어스로 구멍을 뚫습니다.

6 5의 뒷면에 UV레진을 발라 귀걸이 포스트를 붙인 후 UV램프로 2분 정도 굳힙니다. 반대쪽 귀걸이도 좌우대칭으로 만듭니다.

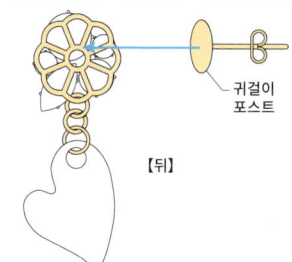

【뒤】

※ 그림은 192 작품 설명. 193도 같은 방법으로 만듭니다.

192

스와로브스키a (#1088·8mm·퍼시픽 오팔)
——————————————————— 2개
스와로브스키b
(#6261·27mm·크리스탈AB) —— 2개
캡큐빅a (6mm·화이트오팔) ——— 2개
캡큐빅b (4mm·화이트오팔) ——— 2개
캡큐빅c (4mm·크리스탈AB) —— 2개
캡큐빅d (마르키즈·10×5mm·크리스탈) - 2개
스톤캡 (#1088용·8mm·골드) —— 2개
판형 금속장식 (와셔) (12mm·골드) — 2개
O링a (6mm·골드) ———————— 2개
O링b (3mm·골드) ———————— 4개
귀걸이 포스트 (원판형·8mm·골드) - 1세트
UV레진 ———————————————— 적당량

193

스와로브스키a (#1088·8mm·블랙 다이아몬드)
——————————————————— 2개
스와로브스키b
(#6261·27mm·제트(Jet)) ——— 2개
캡큐빅a (6mm·블랙) ——————— 2개
캡큐빅b (4mm·블랙) ——————— 2개
캡큐빅c (4mm·크리스탈AB) —— 2개
캡큐빅d (마르키즈·10×5mm·크리스탈) - 2개
스톤캡 (#1088용·8mm·골드) —— 2개
판형 금속장식 (와셔) (12mm·골드) — 2개
O링a (6mm·골드) ———————— 2개
O링b (3mm·골드) ———————— 4개
귀걸이 포스트 (원판형·8mm·골드) - 1세트
UV레진 ———————————————— 적당량

〔사용하는 도구〕
기본 도구 (P.168) / 이쑤시개/ UV램프 / 접착제

194, 206

SIZE : 세로 2.2 × 가로 2.2 cm

재료

194
스와로브스키 a (#4527·14×10㎜·
　크리스탈 골든 섀도우) ──── 2개
스와로브스키 b (#1088·4㎜·퍼시픽 오팔)
　──────────────── 2개
스와로브스키 c (#4527·8×6㎜·크리스탈)
　──────────────── 2개
스톤캡 a (#4527용·14×10㎜·
　크리스탈 골든 섀도우) ──── 2개
스톤캡 b (#1088용·4㎜·골드) ── 2개
스톤캡 c (#4527용·8×6㎜·골드) ── 2개
줄란 (정사각형·2×2㎜크리스탈) – 4칸×2개
판형 금속장식 (16×16㎜·골드) ── 2개
귀걸이 귀찌 (원판형·8㎜·골드) ── 1세트

206
스와로브스키 a
　(#4527·14×10㎜·에리나이트) ── 2개
스와로브스키 b (#1088·4㎜·라이트 토파즈)
　──────────────── 2개
스와로브스키 c (#4527·8×6㎜·크리스탈)
　──────────────── 2개
스톤캡 a (#4527용·14×10㎜·
　크리스탈 골든 섀도우) ──── 2개
스톤캡 b (#1088용·4㎜·골드) ── 2개
스톤캡 c (#4527용·8×6㎜·골드) ── 2개
줄란 (정사각형·2×2㎜크리스탈) – 4칸×2개
판형 금속장식 (16×16㎜·골드) ── 2개
귀걸이 귀찌 (원판형·8㎜·골드) ── 1세트

〔사용하는 도구〕
기본 도구 (P.168) / 접착제

1 스와로브스키를 스톤캡에 고정합니다.

※ 스톤캡 고정방법 ▶ p.180 ⑪

2 판형 금속 장식에 접착제를 발라 1의 파츠들을 붙입니다. 빈 공간에 줄란을 접착제로 붙입니다.

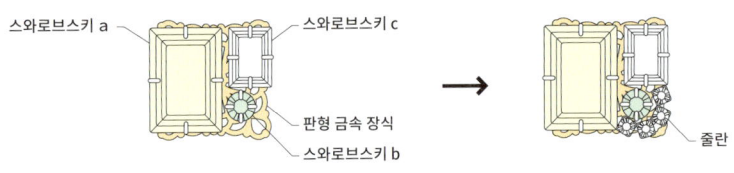

3 판형 금속 장식의 뒷면에 귀찌를 접착제로 붙입니다. 반대쪽 귀걸이도 좌우대칭으로 만듭니다.

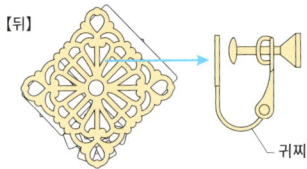

※ 그림은 194 작품 설명. 206도 같은 방법으로 만듭니다.

195, 196

SIZE : 세로 8 × 가로 1.2 cm

재료

195
코튼펄 (라운드·8㎜·베이지) ──── 2개
우드 비즈 (직사각형·13×19㎜·다크 블루)
　──────────────── 2개
O링 (8㎜·골드) ──────── 2개
T핀 a (0.7×30㎜·골드) ───── 2개
T핀 b (0.7×20㎜·골드) ───── 2개
스테인리스 코드 (0.6㎜·앤틱골드)
　─────────────── 15㎝×2개
실크 실 (블루, 그린) ──── 120㎝×2개
귀걸이 귀찌 (원판형·8㎜·골드)
　──────────────── 1세트

196
코튼펄 (라운드·8㎜·키스카) ──── 2개
우드 비즈 (직사각형·13×19㎜·골드) – 2개
O링 (8㎜·골드) ──────── 2개
T핀 a (0.7×30㎜·골드) ───── 2개
T핀 b (0.7×20㎜·골드) ───── 2개
스테인리스 코드 (0.6㎜·앤틱 골드)
　─────────────── 15㎝×2개
실크 실 (화이트, 골드)
　────────────── 120㎝×2개
귀걸이 귀찌 (원판형·8㎜·골드)
　──────────────── 1세트

〔사용하는 도구〕
기본 도구 (P.168) / 접착제 / 두꺼운 종이 / 가위

1 코튼펄과 우드 비즈에 T핀을 끼운 후 끝을 둥글게 구자말이를 합니다.

2 태슬을 만듭니다.
실크 실 2가지를 5번씩 종이틀에 감습니다.

3 2의 O링에 모든 파츠들을 연결합니다. 우드 비즈에 귀찌를 접착제로 붙입니다. 반대쪽 귀걸이도 같은 방법으로 만듭니다.

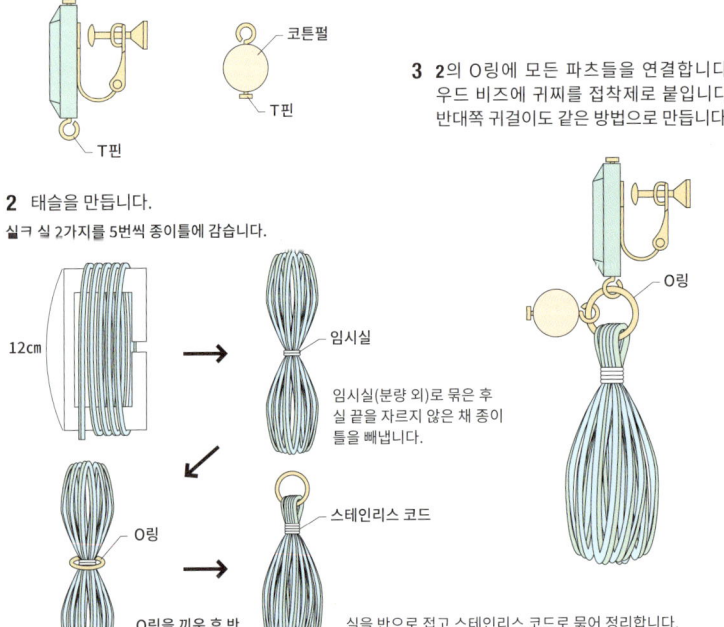

※ 그림은 195 작품 설명. 196도 같은 방법으로 만듭니다.
※ 태슬 만드는 방법 ▶ p.182 ⑱

197, 209

SIZE: 세로 6.5 × 가로 3cm

재료

197
트위스트 비즈a (2×6㎜·골드) ——— 8개
트위스트 비즈b (2×6㎜·실버) ——— 34개
삼각 시드비즈a (2.5㎜·실버) ——— 8개
삼각 시드비즈b (2.5㎜·골드) ——— 28개
우드 비즈a (평면 사각형·10×10㎜·브라운) ——— 2개
우드 비즈b (후프·25㎜·브라운) ——— 2개
델리카 비즈 M (터키석) ——— 40개
O링 (0.7×3.5㎜·골드) ——— 2개
C링 (10×8㎜·골드) ——— 2개
귀걸이 귀찌 (큐빅·고리 나사형·골드) ——— 1세트
펠트 (다크 블루) ——— 4×8㎝×2장
자수실 (25번사·다크 블루) ——— 100㎝×2개
접착심지 ——— 4×8㎝×1장

209
트위스트 비즈a (2×6㎜·골드) ——— 8개
트위스트 비즈b (2×6㎜·실버) ——— 34개
삼각 시드비즈a (2×5㎜·실버) ——— 8개
삼각 시드비즈b (2×5㎜·골드) ——— 28개
우드 비즈a (평면 사각형·10×10㎜·브라운) ——— 2개
우드 비즈b (후프·25㎜·브라운) ——— 2개
델리카 비즈 M (아이보리) ——— 40개
O링 (0.7×3.5㎜·골드) ——— 2개
C링 (10×8㎜·골드) ——— 2개
귀걸이 귀찌 (큐빅·고리 나사형·골드) ——— 1세트
펠트 (머스터드 옐로우) ——— 4×8㎝×2장
자수실 (25번사·머스터드 옐로우) ——— 100㎝×2개
접착심지 ——— 4×8㎝×1장

〔사용하는 도구〕
기본 도구 (P.168) / 자수 바늘 / 접착제 / 초크 펜슬 / 가위 / 다리미

1 펠트에 접착 심지를 붙입니다.

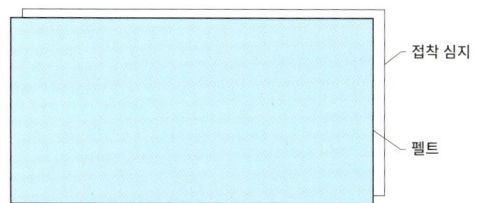

2 초크 펜으로 22cm 정사각형을 그립니다.

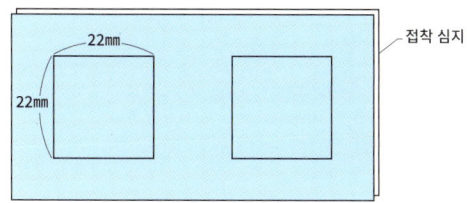

3 두 가닥의 자수실로 그림과 같이 수를 놓습니다.

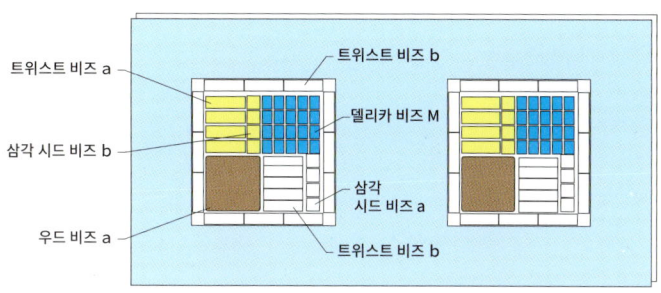

※ 우드 비즈a의 뒷면에 접착제로 펠트를 붙인 후, 수를 놓습니다.

※ 비즈 자수의 기본 테크닉 ▶ p.187, 188

4 1~2cm 가장자리를 남기고 자릅니다.

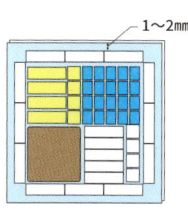

5 접착 심지 안붙인 펠트의 가장자리를 1cm 크게 자르고 **4**를 붙입니다. 접착제가 완전히 마르면 윗부분에 맞춰 자릅니다.

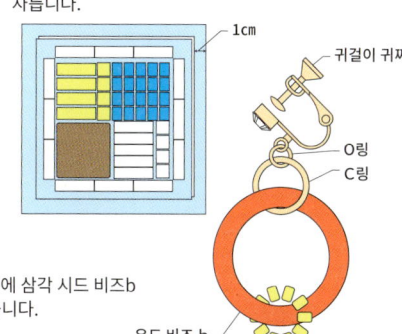

6 두 가닥의 자수실로 **5**의 모티브의 각 부분에 삼각 시드 비즈b 10개를 우드 비즈b를 끼우며 루프를 만듭니다. 실은 두 바퀴 돌립니다.

7 O링과 C링을 귀걸이 귀찌에 연결합니다.

※ 그림은 **197** 작품 설명. **209** 작품도 같은 방법으로 만듭니다.

[옆에서 본 모습]

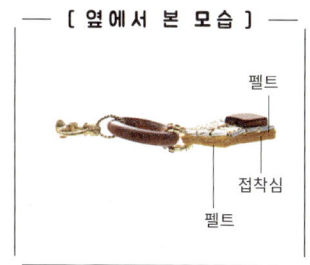

198, 199

SIZE: 손목 둘레 18cm

재료

198
우드 비즈a (동전 모양·26㎜·골드) ── 1개
우드 비즈b (평면 원형·15㎜·누드 핑크)
──────────────── 2개
우드 비즈c (평면 원형·15㎜·화이트)
──────────────── 2개
O링 (0.7×4㎜·골드) ──────── 10개
9핀 (0.7×40㎜·골드) ───────── 5개
체인 (골드) ──────────── 2칸×4개
배꼽장식 클래습 (골드) ──────── 1세트

199
우드 비즈a (동전 모양·26㎜·실버) ── 1개
우드 비즈b (평면 원형·15㎜·화이트) ─ 4개
O링 (0.7×4㎜·실버) ──────── 10개
9핀 (0.7×40㎜·실버) ───────── 5개
체인 (실버) ──────────── 2칸×4개
배꼽장식 클래습 (실버) ──────── 1세트

〔사용하는 도구〕
기본 도구 (P.168)

1. 우드 비즈에 9핀을 끼우고 끝을 둥글게 구자말이합니다.

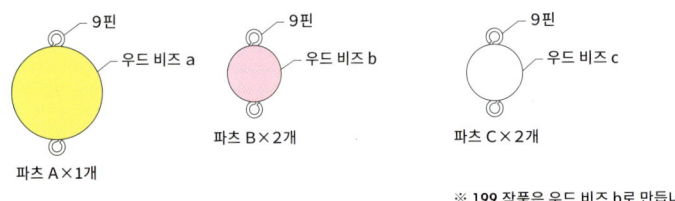

※ 199 작품은 우드 비즈 b로 만듭니다.

2. 체인 4개와 O링으로 그림과 같이 연결합니다.

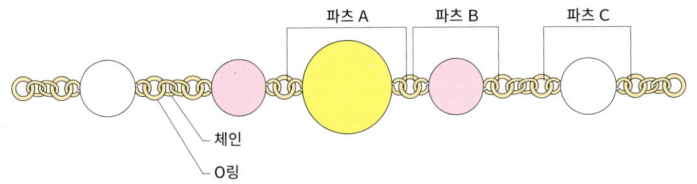

3. 양쪽 끝부분은 클래습을 O링으로 각각 연결합니다.

※ 그림은 198 작품 설명. 199 작품은 파츠를 바꿔 같은 방법으로 만듭니다.

 ## 200, 205

SIZE: 세로 4.2×가로 3cm

재료

200
아크릴 비즈 (카보숑·18㎜·코랄 오렌지MB)
──────────────── 2개
금속장식a (반원 플레이트·21×10.5㎜·골드)
──────────────── 2개
금속장식b (후프·30㎜·골드)
──────────────── 2개
귀걸이 귀찌 (원판 나사형·5㎜·골드)
──────────────── 1세트

205
아크릴 비즈 (카보숑·18㎜·Lt.그레이MB)
──────────────── 2개
금속장식a (반원 플레이트·21×10.5㎜·골드)
──────────────── 2개
금속장식b (후프·30㎜·골드)
──────────────── 2개
귀걸이 귀찌 (원판 나사형·골드)
──────────────── 1세트

〔사용하는 도구〕
기본 도구 (P.168) / 접착제

1. 아크릴 비즈의 뒷면에 메탈 플레이트를 접착제로 붙입니다.

2. 귀걸이 귀찌를 접착제로 붙입니다.

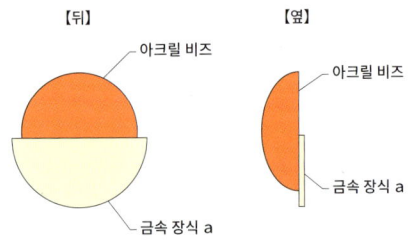

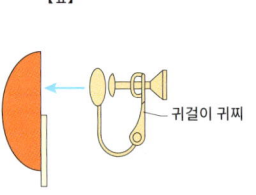

3. 귀걸이 귀찌에 금속 장식b를 걸어 완성합니다. 반대쪽 귀걸이도 같은 방법으로 만듭니다.

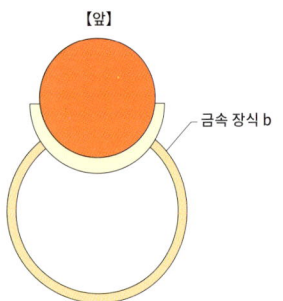

※ 그림은 200 작품 설명. 205 작품도 같은 방법으로 만듭니다.

202, 204

SIZE: 세로 4 × 가로 2cm

1 스와로브스키를 스톤캡에 고정합니다.

※ 스톤캡 고정방법 ▶p.180 ⑪

2 판형 금속 장식의 뒷면 가장 바깥쪽 구멍으로 낚싯줄 양 끝을 꺼냅니다. 한쪽 낚싯줄을 8cm 남기고 뒤에서 묶습니다.

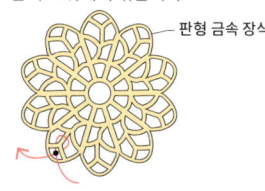

3 긴 쪽의 낚싯줄에 코튼펄 7개를 끼웁니다. 낚싯줄을 시작 부분 코튼펄 2개를 다시 통과하여 뒤로 뺍니다.

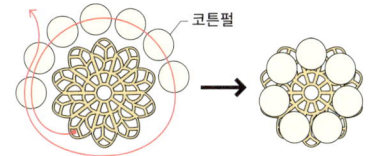

4 낚싯줄을 앞으로 빼내 코튼펄 사이를 낚싯줄로 판형 금속 장식에 고정합니다. 낚싯줄은 뒤로 묶고 여분은 자릅니다.

5 중심에 스와로브스키 a를 붙인 후, 판형 금속 장식에 스와로브스키 b를 O링으로 연결합니다.

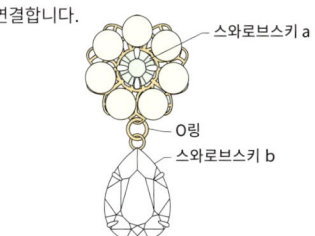

6 귀걸이 포스트를 금속 장식의 뒤에 접착제로 붙입니다. 반대쪽도 같은 방법으로 만듭니다.

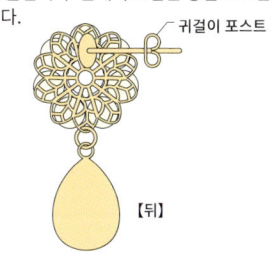

※ 그림은 202 작품 설명. 204 작품도 같은 방법으로 만듭니다.

재료

202
- 스와로브스키 a (#1088·8mm· 크리스탈 아이보리 크림) ─ 2개
- 스와로브스키 b (#4320·18×13mm· 크리스탈 다크 그레이) ─ 2개
- 코튼펄 (양구멍·6mm·키스카) ─ 14개
- 스톤캡 a (#1088용·8mm·골드) ─ 2개
- 스톤캡 b (#4320용·고리형·18×13mm·골드) - 2개
- 판형 금속장식 (20mm·골드) ─ 2개
- O링 (0.6×3mm·골드) ─ 2개
- 귀걸이 포스트 (원판형·8mm·골드) ─ 1세트
- 낚싯줄 (2호·투명) ─ 40cm×2개

204
- 스와로브스키 a (#1088·8mm· 크리스탈 아이보리 크림) ─ 2개
- 스와로브스키 b (#4320·18×13mm· 크리스탈 다크 그레이) ─ 2개
- 코튼펄 (양구멍·6mm·화이트) ─ 14개
- 스톤캡 a (#1088용·8mm·골드) ─ 2개
- 스톤캡 b (#4320용·고리형·18×13mm·골드) - 2개
- 판형 금속장식 (20mm·골드) ─ 2개
- O링 (0.6×3mm·골드) ─ 2개
- 귀걸이 포스트 (원판형·8mm·골드) ─ 1세트
- 낚싯줄 (2호·투명) ─ 40cm×2개

〔사용하는 도구〕
기본 도구 (P.168) / 접착제 / 가위

203, 207

SIZE: 세로 6 × 가로 1cm

1 아크릴 파츠에 귀걸이 귀찌를 접착제로 붙입니다.

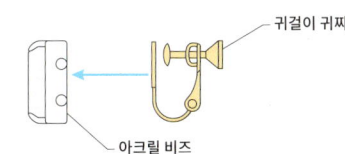

2 유리 비즈 a에 C링을 통과시킵니다.

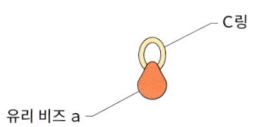

3 9핀에 유리 비즈 b를 끼우고 끝을 둥글게 구자말이를 하여 고리를 만듭니다. C링 3개를 고리에 걸어 연결합니다. 귀걸이 귀찌를 붙입니다.

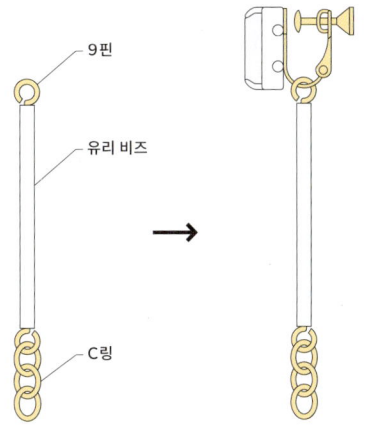

4 9핀과 C링에 **2**의 유리 비즈 a를 연결합니다. 반대쪽 귀걸이도 같은 방법으로 만듭니다.

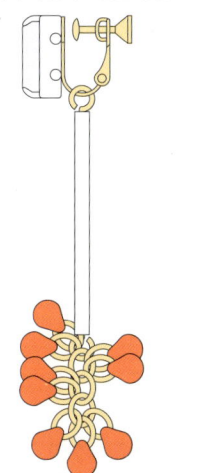

※ 그림은 203 작품 설명. 207 작품도 같은 방법으로 만듭니다.

재료

203
- 아크릴 비즈 (팔각형 캡보석·14×10mm·프로스트 화이트) ─ 2개
- 유리 비즈 a (물방울·3mm·레드) ─ 18개
- 유리 비즈 b (막대형·30mm·화이트) ─ 2개
- 9핀 (0.7×50mm·골드) ─ 2개
- C링 (0.6×3×4mm·골드) ─ 24개
- 귀걸이 귀찌 (원판 나사형·8mm·골드) ─ 1세트

207
- 아크릴 비즈 (팔각형 캡보석·14×10mm·프로스트 화이트) ─ 2개
- 유리 비즈 a (물방울·3mm·옐로우) ─ 18개
- 유리 비즈 b (막대형·30mm·화이트) ─ 2개
- 9핀 (0.7×50mm·골드) ─ 2개
- C링 (0.6×3×4mm·골드) ─ 24개
- 귀걸이 귀찌 (원판 나사형·8mm·골드) ─ 1세트

〔사용하는 도구〕
기본 도구 (P.168) / 접착제

PART 4　from 210 to 255

보태니컬 액세서리

BOTANICAL ACCESSORIES

생각보다 꽃의 형태는 자유롭고 다양합니다.
자연의 생명력을 내 편으로
여성의 사랑스러움을 이끌어내는 액세서리.

FLOWER ACCESSORIES (1)

조화 · 드라이 플라워
액세서리

자연스러운 분위기를 좋아한다면
조화와 드라이 플라워를 사용한
부드러운 액세서리를 도전해보자!

095 보태니컬 액세서리

FLOWER ACCESSORIES (2)
점토로 만드는
플라워 액세서리

자유롭게 색칠한 수지 점토와 석분 점토 꽃.
약간 데포르메 된 것이 귀여워 보여요!

FLOWER ACCESSORIES (3)

플라워 파츠 액세서리

컬러 종류도 풍부한 메탈 꽃과 잎.
코디에 잘 어울리게 꽃을 피워요.

242 241
HOW TO MAKE
p.116

210~212

SIZE : 세로 5.5 × 가로 3.8㎝

재료

210
레진 진주 (반구멍·4㎜·화이트) ——— 5개
금속 장식 (잎 모양·13×24㎜·골드) ——— 1개
조화 (수국·핑크) ——— 5개
O링 (0.7×4㎜·골드) ——— 1개
브로치 금속 장식 (6장 꽃잎 모양·30㎜·골드)
——— 1개
UV레진 ——— 적당량

211
레진 진주 (반구멍·4㎜·화이트) ——— 5개
금속 장식 (잎 모양·13×24㎜·골드)
——— 1개
조화 (수국·옐로우) ——— 5개
O링 (0.7×4㎜·골드) ——— 1개
브로치 금속 장식 (6장 꽃잎 모양·30㎜·골드)
——— 1개
UV레진 ——— 적당량

212
레진 진주 (반구멍·4㎜·화이트) ——— 5개
금속 장식 (잎 모양·13×24㎜·골드)
——— 1개
조화 (수국·블루) ——— 5개
O링 (0.7×4㎜·골드) ——— 1개
브로치 금속 장식 (6장 꽃잎 모양·30㎜·골드)
——— 1개
UV레진 ——— 적당량

〔사용하는 도구〕
기본 도구 (p.168) / 작업판 / UV램프 /
클리어 화일 / 마스킹 테이프 / 붓 / 이쑤시개

※ UV 레진의 기본 테크닉 ▶ p.184,185
※ 사진은 212 작품 설명.
210, 211 작품도 같은 방법으로 만듭니다.

1. 조화를 작게 자른 클리어 파일 위에 올려놓고, 앞면 전체에 UV 레진을 붓으로 바릅니다. 조화 중심 부분에 레진 진주를 이쑤시개를 이용하여 얹어 올립니다. 클리어 파일과 함께 통째로 UV 램프에 넣어 2분 정도 굳힙니다. 이것을 총 5개 만듭니다.

↓

2. 브로치 금속 부자재의 앞면을 아래로 향하게 작업판에 놓습니다. UV 레진을 이쑤시개로 바릅니다. 이때 금속 장식을 연결할 구멍을 막지 않도록 마스킹 테이프로 붙입니다. UV 램프로 2분 정도 굳힙니다.

↓

3. 2를 작업판에서 떼어내고, 앞면 전체에 UV레진을 붓으로 얇게 발라 1의 조화를 4개 배치하여 UV 램프로 2분 정도 굳힙니다. 브로치 금속 장식과 꽃 사이에 붓으로 UV 레진을 발라 뒷면을 1분 정도 UV 램프로 굳힙니다.

4. 남은 나머지 조화 뒷면에 이쑤시개로 UV 레진을 발라 3의 중심에 붙이고 UV 램프로 2분 정도 굳힙니다. 앞면에 UV 레진을 붓으로 바르고 30초 정도 UV 램프로 굳힙니다.

↓

5. 마무리 작업으로, 브로치 금속 장식과 꽃 사이를 붓으로 UV 레진을 바른 후 앞면을 UV 램프로 2분 정도 굳힙니다.

↓

6. 2에서 붙인 마스킹 테이프를 떼어내고 금속 장식을 O링으로 연결합니다.

213~215

SIZE: 세로 3.8 × 가로 2.4cm

재료

213
레진 진주 (반구멍·4㎜·화이트) ─ 8개
드라이 플라워 (스타 플라워·핑크)
─ 10개
프레임 파츠 (타원형·38×24㎜·골드) ─ 2개
O링 a (0.7×5㎜·골드) ─ 2개
O링 b (0.7×4㎜·골드) ─ 2개
귀걸이 귀찌 (나사형·골드) ─ 1세트
UV레진 ─ 적당량

214
레진 진주 (반구멍·4㎜·화이트) ─ 8개
드라이 플라워 (스타 플라워·옐로우)
─ 10개
프레임 파츠 (타원형·38×24㎜·골드) ─ 2개
O링 a (0.7×5㎜·골드) ─ 2개
O링 b (0.7×4㎜·골드) ─ 2개
귀걸이 귀찌 (나사형·골드) ─ 1세트
UV레진 ─ 적당량

215
레진 진주 (반구멍·4㎜·화이트) ─ 8개
드라이 플라워 (스타 플라워·블루)
─ 10개
프레임 파츠 (타원형·38×24㎜·골드)
─ 2개
O링 a (0.7×5㎜·골드) ─ 2개
O링 b (0.7×4㎜·골드) ─ 2개
귀걸이 귀찌 (나사형·골드) ─ 1세트
UV레진 ─ 적당량

(사용하는 도구)
기본 도구 (p.168) / 작업판 / UV램프 /
클리어 화일 / 붓 / 이쑤시개

※ UV레진의 기본 테크닉 ▶ p.184, 185
※ 사진은 214 작품 설명.
 213, 215 작품도 같은 방법으로 만듭니다.

1

드라이 플라워를 작게 자른 클리어 화일 위에 얹어 놓고 앞면 전체에 UV 레진을 붓으로 얇게 바릅니다. 클리어 화일 통째로 UV 램프에 넣어 2분 정도 굳힙니다.

↓

2 프레임 파츠 / UV 레진

작업판에 프레임 파츠를 붙입니다. 파츠 안쪽 아래 가장자리에 UV 레진을 5mm 바릅니다.

↓

3

2의 위에 1의 꽃을 5개 배치하고 클리어 파일 통째로 UV 램프에 넣어 2분 정도 굳힙니다. 1의 꽃 앞면 전체와 틈새 부분에 UV 레진을 발라 UV 램프로 2분 정도 굳힙니다.

4 레진 진주

프레임 파츠의 윗부분 절반 전체에 UV 레진을 바르고 레진 진주 4개를 얹은 후, UV 램프로 2분 정도 굳힙니다. 진주 위로 전체 UV 레진을 바르고 UV 램프로 30초 정도 굳힙니다.

↓

5

4를 작업판에서 떼어낸 후, 뒷면 전체에 UV 레진을 바르고 UV 램프로 2분 정도 굳힙니다.

↓

6 귀걸이 귀찌 / O링 a / O링 b

귀걸이 귀찌와 5를 O링 a와 O링 b로 연결합니다. 반대쪽 귀걸이도 같은 방법으로 만듭니다.

216, 217

SIZE: 모티브 세로 2.5×가로 2.5cm

재료

216
드라이 플라워a (꽃잎·화이트) ——— 2개
드라이 플라워b (비올라·퍼플) ——— 1개
O링a (0.6×5㎜·골드) ——————— 1개
O링b (0.6×3㎜·골드) ——————— 2개
SR장식 (골드) ——————————— 1개
연장 체인 (골드) ————————— 1개
체인 (골드) ———————— 40㎝×1개
UV레진 ——————————————— 적당량

217
드라이 플라워a (꽃잎·옐로우) ——— 2개
드라이 플라워b (비올라·옐로우) —— 1개
O링a (0.6×5㎜·골드) ——————— 1개
O링b (0.6×3㎜·골드) ——————— 2개
SR장식 (골드) ——————————— 1개
연장 체인 (골드) ————————— 1개
체인 (골드) ———————— 40㎝×1개
UV레진 ——————————————— 적당량

〔사용하는 도구〕
기본 도구 (p.168) / 붓 / 클리어 화일 /
핀 바이스 / UV램프

1 드라이 플라워a, b를 클리어 파일에 올린 후, 앞면 전체를 붓으로 UV 레진을 조금씩 두 번에 나누어 바릅니다. UV 램프로 2분 정도 굳힙니다. 뒷면도 같은 방법으로 바른 후 2분 정도 UV 램프로 굳힙니다.

2 1을 핀 바이스로 구멍을 뚫어 O링a로 연결합니다.

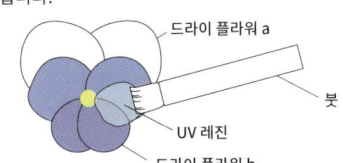
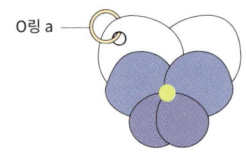

3 2의 O링에 체인을 끼웁니다. SR 장식과 연장 체인을 O링b로 체인 끝에 각각 연결합니다.

※ 그림은 216 작품 설명. 217 작품도 같은 방법으로 만듭니다.
※ UV 레진의 기본 테크닉 ▶p.184, 185

 # 218, 219

SIZE: 세로 2.5×가로 3cm

재료

218
아크릴 진주 (라운드·4㎜·내추럴)
——————————————————— 18개
코튼펄 (라운드·12㎜·골드 크림화이트)
——————————————————— 2개
조화a (민들레·15㎜·민트) ————— 2개
조화b (카네이션·15㎜·오프 화이트)
——————————————————— 2개
귀걸이 포스트 (벌집판 부착형·10㎜·골드)
——————————————————— 1세트
낚싯줄 (2호·투명) ———— 40㎝×2개

219
아크릴 진주 (라운드·4㎜·허니 골드)
——————————————————— 18개
코튼펄 (라운드·12㎜·골드 크림화이트)
——————————————————— 2개
조화a (민들레·15㎜·살몬 핑크) —— 2개
조화b (카네이션·15㎜·스모크 퍼플)
——————————————————— 2개
귀걸이 포스트 (벌집판 부착형·10㎜·골드)
——————————————————— 1세트
낚싯줄 (2호·투명) ———— 40㎝×2개

〔사용하는 도구〕
기본 도구 (p.168) / 가위

1 일러스트 그림과 같이, 조화a와 조화b의 줄기 부분 와이어를 귀걸이 포스트의 벌집판에 꽂아 넣습니다. 뒷면에서 와이어를 평집게로 꼬운 후, 벌집판 금속 받침대에 들어가는 길이로 자릅니다.

2 그림과 같이 벌집판에 낚싯줄을 끼워 뒤에서 고정 매듭을 한 후 긴 쪽의 낚싯줄로 와이어를 고정합니다.

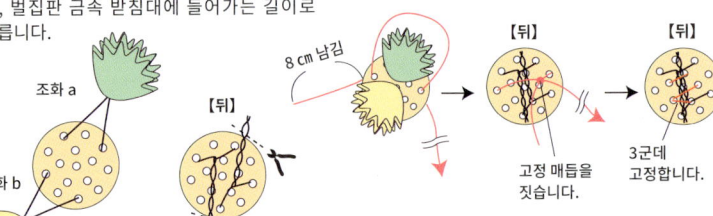

※ 고정 매듭 ▶p.186 ㉟

3 ★에서 낚싯줄을 앞으로 빼냅니다. 코튼펄에 낚싯줄을 2번 끼워 벌집판에 고정합니다.

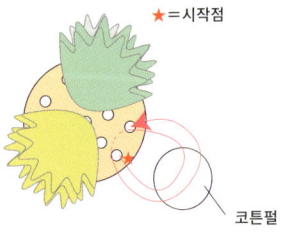

4 ★에서 낚싯줄을 앞으로 빼내어 아크릴 진주를 끼웁니다. 뒷면에 남겨놓은 낚싯줄과 고정 매듭을 짓고 여분의 낚싯줄은 자릅니다.

5 벌집판을 귀걸이 포스트 본체에 끼워 세팅하고 평집게를 사용하여 4발 물림을 기울여 물리게 하여 고정합니다. 반대쪽 귀걸이는 좌우대칭이 되도록 만듭니다.

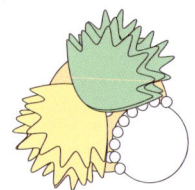

※ 벌집판 고정방법 ▶p.180 ⑩
※ 그림은 218 작품 설명. 219 작품도 같은 방법으로 만듭니다.

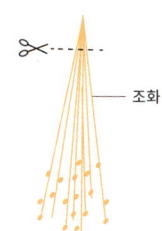

220, 221

SIZE: 길이 7.5cm

재료

220
독일제 비즈 (튜브·13×9㎜·투명) ── 2개
조화 (안개꽃·화이트) ── 적당량
9핀 (0.7×40㎜·골드) ── 2개
고정캡 (2㎜용·골드) ── 2개
귀걸이 귀찌 (나사형·골드) ── 1세트

221
독일제 비즈 (튜브·13×9㎜·투명) ── 2개
조화 (안개꽃·골드) ── 적당량
9핀 (0.7×40㎜·골드) ── 2개
고정캡 (2㎜용·골드) ── 2개
귀걸이 귀찌 (나사형·골드) ── 1세트

[사용하는 도구]
기본 도구 (p.168) / 가위

1 조화를 2등분 하여 한 다발로 묶어 가위로 자릅니다.

2 1을 고정캡으로 고정합니다.

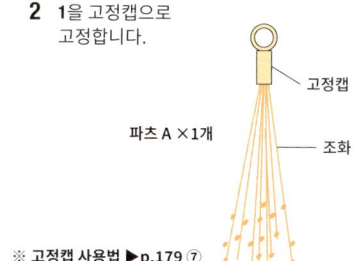

※ 고정캡 사용법 ▶p.179 ⑦

3 9핀에 독일제 비즈를 끼워 9핀의 끝을 구부말이 집게로 둥글게 만듭니다.

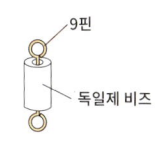

4 파츠A와 파츠B를 연결한 후, 귀찌와 연결합니다.
1에서 2등분 하고 남은 조화를 사용하여 똑같은 것을 하나 더 만듭니다.

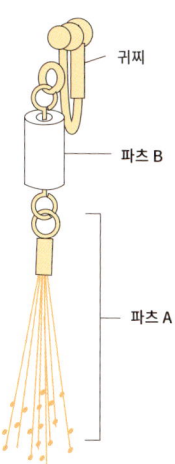

※ 그림은 221 작품 설명. 220 작품도 같은 방법으로 만듭니다.

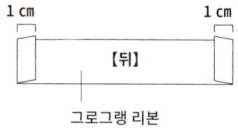

222, 223

SIZE: 세로5 × 가로10cm

재료

222
조화a (수국·40㎜·퍼플) ── 12장
조화b (수국·40㎜·핑크) ── 12장
메탈 링 (라운드·12㎜·골드) ── 1개
O링 (1×6㎜·골드) ── 2개
자동 머리핀 부자재 (80㎜·골드) ── 1개
체인 (골드) ── 2㎝×1개
그로그랭 리본 (1㎝ 폭·화이트)
── 9.5㎝×1개

223
조화a (수국·40㎜·블루) ── 8장
조화b (수국·40㎜·연핑크) ── 8장
조화c (수국·40㎜·옐로우) ── 8장
메탈 링 (라운드·12㎜·골드) ── 1개
O링 (1×6㎜·골드) ── 2개
자동 머리핀 부자재 (80㎜·골드) ── 1개
체인 (골드) ── 2㎝×1개
그로그랭 리본 (1㎝ 폭·화이트)
── 9.5㎝×1개

[사용하는 도구]
기본 도구 (p.168) / 접착제

1 그로그랭 리본의 양 끝을 1cm 접어 접착제로 붙입니다.

2 조화의 뒷면에 접착제를 발라 그로그랭 리본 앞면에 붙입니다.

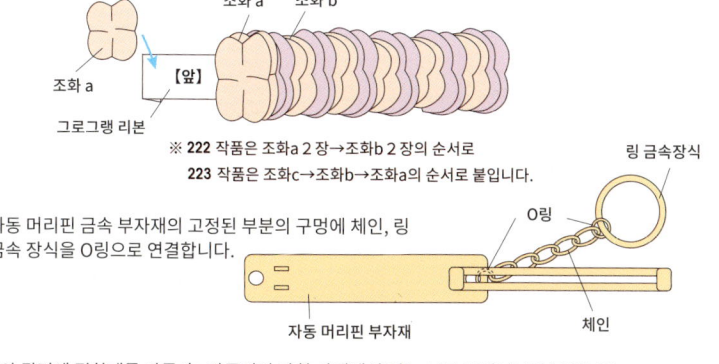

※ 222 작품은 조화a 2장→조화b 2장의 순서로
223 작품은 조화c→조화b→조화a의 순서로 붙입니다.

3 자동 머리핀 금속 부자재의 고정된 부분의 구멍에 체인, 링 금속 장식을 O링으로 연결합니다.

4 2의 뒷면에 접착제를 바른 후, 자동핀이 닫힌 상태에서 여는 부분 끝에서부터 붙입니다.

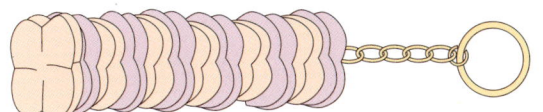

※ 그림은 223 작품 설명. 222 작품도 같은 방법으로 만듭니다.

224, 225

SIZE: 세로 4 × 가로 2 cm

재료

224
코튼펄 (물방울 형·12㎜·골드 크림화이트) — 2개
천연석 (라운드·4㎜·터키석) — 2개
극소 비즈 (골드) — 20개
9핀 (0.5×12㎜·골드) — 4개
T핀 (0.5×30㎜·골드) — 2개
귀걸이 훅 (후크·골드) — 1세트
AW[아티스틱 와이어] (#28·골드) — 10㎝×2개
석분 점토 — 적당량
아크릴 물감 (파스텔 핑크 / 블랙)
— 각 적당량

물감 분량의 기준
파스텔 핑크 (동전 크기) + 블랙 (이쑤시개로 1번 찍어 묻힌 양)

225
코튼펄 (물방울 형·12㎜·골드 크림화이트) — 2개
스와로브스키 (#5328·4㎜·푸시아) — 2개
극소비즈 (골드) — 20개
9핀 (0.5×12㎜·골드) — 4개
T핀 (0.5×30㎜·골드) — 2개
귀걸이 훅 (후크·골드) — 1세트
AW[아티스틱 와이어] (#28·골드)
— 10㎝×2개
석분 점토 — 적당량
아크릴 물감 (스카이블루 / 화이트 / 블랙)
— 각 적당량

물감 분량의 기준
스카이 블루 (동전 크기) + 화이트 (이쑤시개로 3번 찍어 묻힌 양) + 블랙 (이쑤시개로 1번 묻힌 양)

[사용하는 도구]
기본 도구 (p.168) / 꼬지 / 이쑤시개 / 점토판 / 점토 헤라 / 밀대 / 마스킹 테이프 / 쿠킹 시트 / 자 / 연필 / 붓 / 커터 칼 / 가위 / 접착제 / 사포 (#400) / 무광 니스

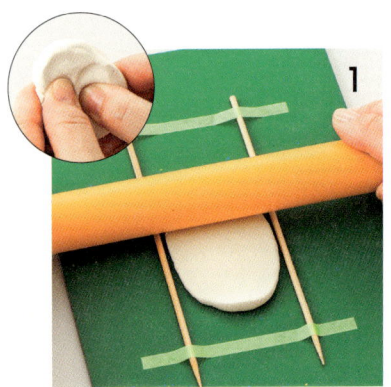

1
석분 점토를 적당량 떼어내어 잘 반죽합니다. 점토판에 꼬지 2개를 마스킹 테이프로 고정하고 사이에 점토를 놓고 밀대로 밀어 폅니다.
※ 실제로는 점토판에 쿠킹 시트를 깔고 작업합니다.

↓

2
1의 위에 도안을 놓습니다. 커터 칼로 도안을 따라 점토를 자른 후, 커터 날을 이용하여 빼냅니다.

↓

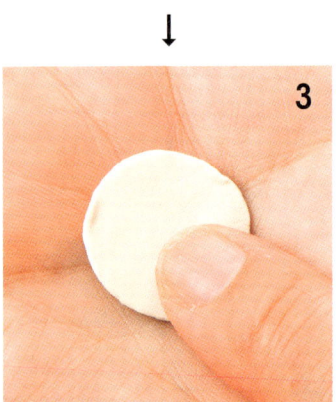

3
2를 손에 놓고 주위를 손가락 끝으로 가볍게 쓰다듬어 윤곽을 부드럽게 만듭니다. 중심으로 손가락을 눌러 살짝 오므라지게 합니다.

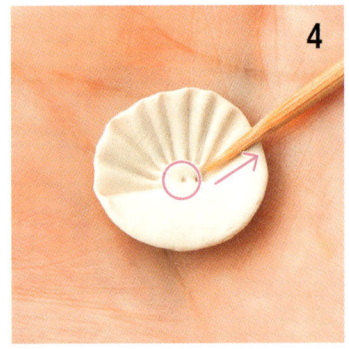

4
꼬지로 중심에 표시를 합니다. 꼬지를 뉘어 잡고 중심에서 바깥쪽으로 당기듯이 시계 방향으로 한 바퀴 주름을 만듭니다.

↓

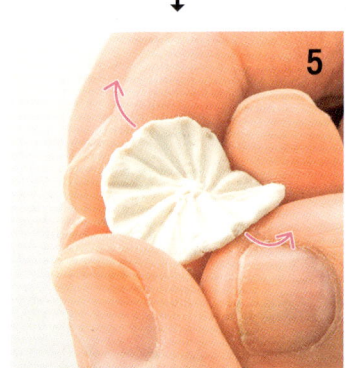

5
손으로 위를 향해 꽃잎을 일으키는 듯한 움직임을 만듭니다. 같은 것을 또 하나 더 만들고 하루 동안 완전히 말립니다.

↓

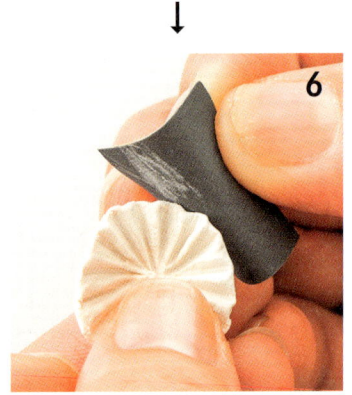

6
5의 주위를 가볍게 사포질하여 매끈하게 만듭니다.

실물 크기 도안

+ 중심

※ 물감 분량의 기준 ▶ p.185 ㉛
※ 사진은 224작품 설명. 225작품은 파츠를 교체하여 같은 방법으로 만듭니다.

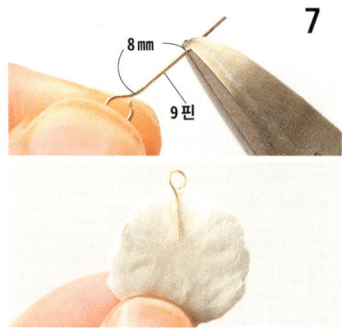

7

9핀을 니퍼로 잘라 8mm로 2개 만들고, 앞 부분에 접착제를 발라 6의 뒷면에 서로 마주 보는 위치에 붙입니다.

10

9가 마르면 전체적으로 무광 니스를 붓으로 듬뿍 바르고 반나절 정도 매달아 말립니다.

13

10의 중심에 접착제로 12를 붙입니다. 그리고 천연석의 접착면에 접착제를 발라 중심에 붙입니다.
(※225 작품은 스와로브스키로 바꾸어 만듭니다)

8

9핀을 위아래로 붙였으면 3mm 크기의 석분 점토를 위에 올리고 점토 헤라로 경계선이 보이지 않도록 펴 바릅니다. 같은 것을 한 개 더 만들고 하루 동안 말립니다.

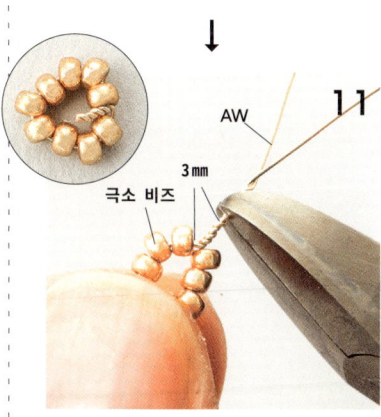

11

4cm AW에 비즈 9개를 끼워 원을 만든 후 평평하게 꼬아줍니다. 3mm 남기고 자릅니다. 평집게로 꼬아진 AW를 안쪽으로 접어 구부립니다.

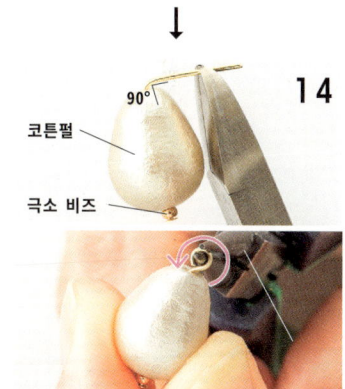

14

T핀에 극소 비즈와 코튼펄을 끼우고 평집게로 T핀을 90도로 구부립니다. 8mm 남기고 자르고 구자말이 집게를 사용해 끝을 둥글게 고리를 만듭니다.

9

아크릴 물감 파스텔 핑크 (※225 작품은 스카이 블루와 소량의 화이트)에 블랙을 조금 넣어 잘 섞습니다.
9핀을 들고 앞 뒷면에 색을 칠합니다.
9핀에 낚싯줄을 걸어 매달아 말립니다.

12

11에 연필 끝을 넣어 둥글게 모양을 잡습니다. 같은 것을 하나 더 만듭니다.

15

13의 9핀에 귀걸이 훅과 14를 각각 연결합니다. 반대쪽 귀걸이도 같은 방법으로 만듭니다.

226~228

SIZE: 세로 5.5 × 가로 6 cm

실물 크기 도안

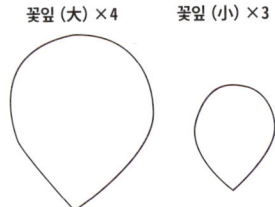

꽃잎(大)×4 꽃잎(小)×3

※ 물감 분량의 기준 ▶ p.185 ㉛
※ 사진은 227 작품 설명. 226, 228 작품도 같은 방법으로 만듭니다.

1
석분 점토를 적당량 떼어내어 잘 반죽합니다. 점토판에 꼬지 2개를 마스킹 테이프로 고정합니다. 사이에서 점토를 밀대로 늘린 후, 도안을 얹고 커터 칼로 자릅니다.
※ 실제로는 점토판 위에 쿠킹 시트를 깔고 작업합니다.

↓

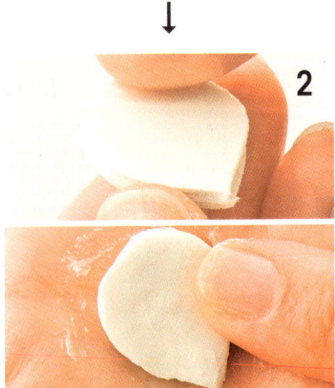

2
1을 손에 쥐고, 약간의 물을 손가락 끝에 묻혀 모서리를 손끝으로 가볍게 문질러 윤곽을 매끈하게 만듭니다. 손바닥에 얹어 꽃잎의 윤곽 부분을 살짝 누릅니다.

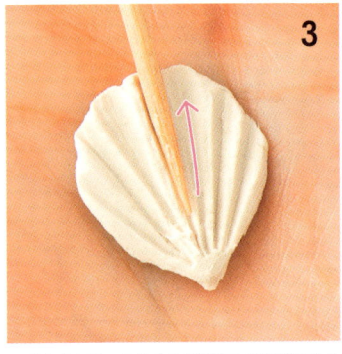

3
꼬지를 뉘여 잡고 중심에서 바깥쪽으로 당기듯이 주름을 잡습니다.
꽃잎(小)도 1~2의 순서로 같은 방법으로 만듭니다.

↓

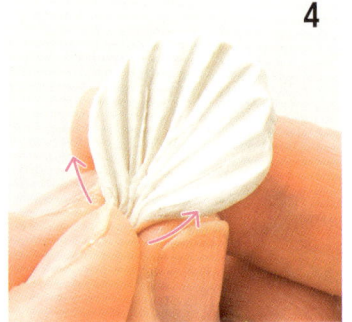

4
꽃잎(大)의 중심 쪽을 살짝 집어 입체적으로 만듭니다. 다른 꽃잎들 역시 손끝으로 살짝 집어 똑같이 만들고 하루 동안 완전하게 말립니다.

↓

5
완전히 마른 꽃잎(大)·(小)에 살짝 사포질을 하여 주위를 매끈하게 만듭니다.

재료

226

스와로브스키 (#4470·10㎜·에어 블루오팔) ─ 1개
줄란 (3㎜·투명·골드) ──────── 10칸
스톤캡 (#4470용·10㎜·골드) ──── 1개
브로치 금속 장식 (33㎜·로듐) ──── 1개
석분 점토 ─────────────── 적당량
아크릴 물감 (코발트 블루 / 화이트 / 블랙 / 올리브 그린) ───────── 각 적당량

물감 분량의 기준
[A] 코발트 블루 (동전 크기)
　+ 화이트 (이쑤시개로 1번 찍어 묻힌 양)
　+ 블랙 (이쑤시개로 1번 찍어 묻힌 양)
[B] A와 같음
[C] 화이트 (동전 크기)
　+ 블랙 (이쑤시개로 3번 찍어 묻힌 양)
[D] 올리브 그린 (동전 크기)
　+ 화이트 (이쑤시개로 2번 찍어 묻힌 양)

227

스와로브스키 (#4470·10㎜·스칼렛) ── 1개
줄란 (3㎜·투명·골드) ──────── 13칸
스톤캡 (#4470용·10㎜·골드) ──── 1개
브로치 금속 장식 (판형·33㎜·로듐) ─ 1개
석분 점토 ─────────────── 적당량
아크릴 물감 (스칼렛 / 화이트 / 퍼머넌트 옐로우 딥 / 블랙 / 올리브그린) ── 각 적당량

물감 분량의 기준
[A] 스칼렛 (동전 크기) + 퍼머넌트 옐로우 딥 (이쑤시개 5번 찍어 묻힌 양)
　+ 화이트 (이쑤시개로 5번 찍어 묻힌 양)
　+ 블랙 (이쑤시개로 1번 찍어 묻힌 양)
[B] 스칼렛 (동전 크기)
　+ 화이트 (이쑤시개로 5번 찍어 묻힌 양)
　+ 블랙 (이쑤시개로 1번 찍어 묻힌 양)
[C] 퍼머넌트 옐로우 딥 (동전 크기)
　+ 스칼렛 (이쑤시개로 5번 찍어 묻힌 양)
　+ 화이트 (이쑤시개로 3번 찍어 묻힌 양)
[D] 올리브 그린 (동전 크기)
　+ 화이트 (이쑤시개로 2번 찍어 묻힌 양)

228

스와로브스키 (#4470·10㎜·화이트) ── 1개
줄란 (3㎜·투명·골드) ──────── 13칸
스톤캡 (#4470용·10㎜·골드) ──── 1개
브로치 금속 장식 (판형·33㎜·로듐) ─ 1개
석분 점토 ─────────────── 적당량
아크릴 물감 (파스텔핑크 / 화이트 / 블랙 / 바이올렛 / 코발트 블루 / 아이보리 옐로우 / 올리브 그린) ────────────── 각 적당량

물감 분량의 기준
[A] 파스텔 핑크 (동전 크기)
　+ 화이트 (이쑤시개로 5번 찍어 묻힌 양)
　+ 블랙 (이쑤시개로 1번 찍어 묻힌 양)
[B] 바이올렛 (동전 크기)
　+ 코발트 블루 (이쑤시개로 3번 찍어 묻힌 양)
　+ 화이트 (이쑤시개로 3번 찍어 묻힌 양)
[C] 아이보리 옐로우 (동전 크기)
　+ 화이트 (이쑤시개로 3번 찍어 묻힌 양)
[D] 올리브 그린 (동전 크기)
　+ 화이트 (이쑤시개로 2번 찍어 묻힌 양)

[사용하는 도구]
기본 도구 (p.168) / 꼬지 / 이쑤시개 / 점토판 / 점토 헤라 / 밀대 / 마스킹 테이프 / 쿠킹 시트 / 클리어 화일 / 자 / 붓 / 커터 칼 / 가위 / 접착제 / 사포 (#400) / 유광 니스

6

꼬지로 받칩니다

아크릴 물감 [A]를 잘 섞어 클리어 파일 위에 놓은 꽃잎 (大) 4장의 앞면에 붓으로 바릅니다. 완전히 마르면 뒷면도 바릅니다. 꽃잎(小)에도 물감 [B], [C], [D]를 1장씩 똑같이 칠합니다.

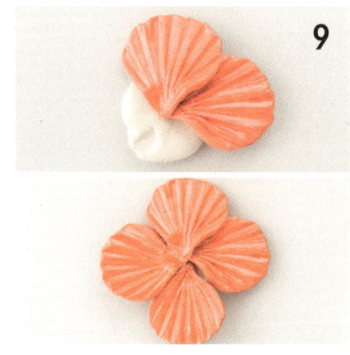

9

8에 꽃잎 (大)을 꽃잎끼리 약간씩 겹치도록 올리고 가볍게 눌러 받침대 점토에 고정하여 완전하게 마릅니다.

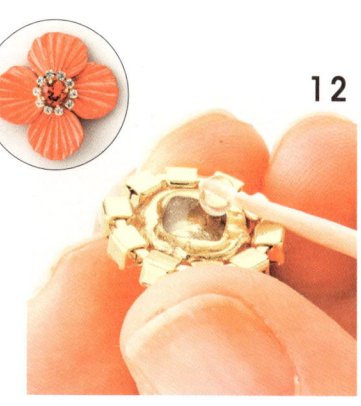

12

11의 뒷면에 이쑤시개로 접착제를 바르고 9의 꽃 중심에 붙입니다.

↓

7

6이 마르면 클리어 파일 위에 놓고 앞면에 유광 니스를 듬뿍 바르고 반나절 정도 말립니다. 앞면이 마르면 뒷면에도 바르고 말립니다.

↓

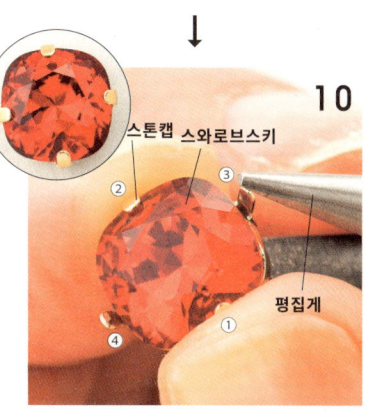

10

스톤캡 스와로브스키

평집게

스와로브스키를 스톤캡에 올려 끼우고 평집게로 대각선 방향으로 ①~④순서로 4발 물림을 기울여서 물리게 합니다.
※ 스톤캡 고정방법 ▶ p.180 ⑪

↓

13

브로치 금속장식

꽃잎 (小)

브로치 금속 장식의 판에 접착제를 발라 꽃잎 (小)의 B, C, D를 조금씩 겹치도록 붙입니다.

↓

8

소량의 점토를 반죽하여 지름 1cm 받침대를 만들고 앞면에 이쑤시개로 접착제를 바릅니다.

11

줄란

10의 주위를 이쑤시개로 접착제를 바릅니다. 클리어 화일 위에 놓은 후 줄란을 붙입니다.

14

꽃잎 (大)

브로치 금속 장식의 판에 접착제를 바르고 꽃잎 (大)을 붙입니다. 꽃잎 (小)에 니퍼로 한 칸씩 자른 줄란을 접착제로 붙입니다.

229, 230

SIZE: 세로 3.5 × 가로 5 cm

재료

229
체코 파이어 폴리쉬 (5㎜·오로라) ─── 6개
극소 비즈 (골드) ─── 약 30개
9핀 (0.5×12㎜·골드) ─── 2개
T핀 (0.5×14㎜·골드) ─── 6개
머리핀 금속 부자재 (프레임·30㎜·골드) ─ 1개
수지 점토 (MODENA : 화이트 / 블루 / 그린)
─── 각 적당량
아크릴 물감 (터너 아크릴 과슈 : 로즈 / 바이올렛 /
파스텔핑크 / 블랙) ─── 각 적당량

점토+물감 분량의 기준
[A] 화이트 5g + 로즈 (동전 크기) + 바이올렛
    (이쑤시개로 2번 찍어 묻힌 양)
[B] 그린 5g + 블랙 (이쑤시개로 2번 찍어 묻힌 양)
[C] 화이트 5g + 파스텔핑크
    (이쑤시개로 2번 찍어 묻힌 양)
[D] 블루 5g + 로즈 (동전 크기)

230
체코 파이어 폴리쉬 (5㎜·오로라) ─── 6개
극소 비즈 (골드) ─── 약 30개
9핀 (0.5×12㎜·골드) ─── 2개
T핀 (0.5×14㎜·골드) ─── 6개
머리핀 금속 부자재 (프레임·30㎜·골드) ─ 1개
수지 점토 (MODENA : 화이트 / 그린)
─── 각 적당량
아크릴 물감 (터너 아크릴 과슈 : 레몬 옐로우 / 청록색
(Viridian) / 스카이블루 / 파스텔 에메랄드 / 블랙)
─── 각 적당량

점토+물감 분량의 기준
[A] 화이트 5g + 파스텔 에메랄드
    (이쑤시개로 2번 찍어 묻힌 양)
    + 스카이 블루 (이쑤시개로 2번 찍어 묻힌 양)
[B] 그린 5g + 블랙 (이쑤시개로 2번 찍어 묻힌 양)
[C] 화이트 5g + 레몬 옐로우
    (이쑤시개로 2번 찍어 묻힌 양)
    + 블랙 (이쑤시개로 1번 찍어 묻힌 양)
[D] 화이트 5g + 청록색 (Viridian) (동전 크기)
    + 블랙 (이쑤시개로 2번 찍어 묻힌 양)

[사용하는 도구]
기본 도구 (p.168) / 바늘 / 이쑤시개 / 꼬지 /
점토판 / 쿠킹 시트 / 밀대 / 마스킹 테이프 /
셀로판 테이프 / 클리어 화일 / 커터 칼 / 가위 /
접착제

※ 물감 분량의 기준 ▶ p.185 ㉛
※ 사진은 229작품 설명.
 230작품도 같은 방법으로 만듭니다.

재단틀 만드는 방법

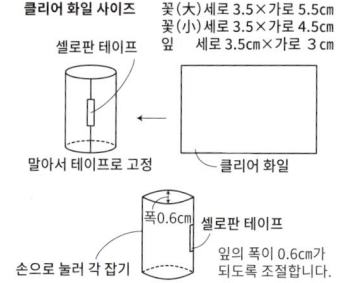

클리어 화일 사이즈
꽃(大) 세로 3.5 × 가로 5.5cm
꽃(小) 세로 3.5 × 가로 4.5cm
잎 세로 3.5cm × 가로 3cm

잎의 폭이 0.6cm가
되도록 조절합니다.

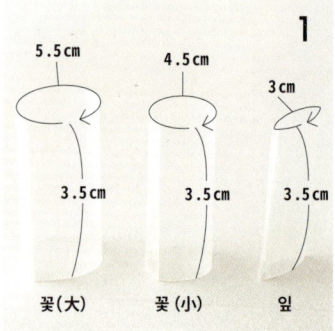

1. 클리어 화일로 재단틀을 만듭니다. 지정된 사이즈로 자른 클리어 화일을 둥글게 말아 맞댄 부분에 셀로판 테이프로 고정합니다. 잎 재단틀은 통 부분을 손가락으로 눌러 만듭니다.

↓

2. 점토판에 쿠킹 시트를 깔고 꼬지 2개를 고정합니다. 잘 반죽한 수지 점토를 놓고 밀대로 밉니다. 재단틀로 꽃 (小) 을 2장 찍어 뽑아냅니다.

↓

3. 꼬지를 세워 들어 꽃 (小) 1개에는 8개의 홈을, 또 하나의 꽃은 7개의 홈을 꼬지의 옆면을 이용하여 중심을 향해 밀어 넣어 만듭니다.

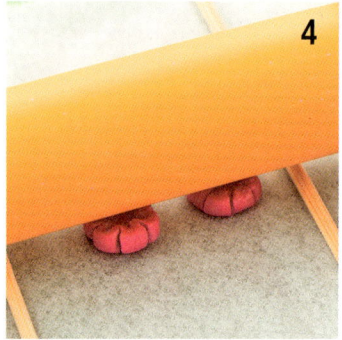

4. 3에서 만든 점토를 수정하기 위해 밀대로 밀어 평평하게 만듭니다. 하루 동안 완전히 말립니다.

↓

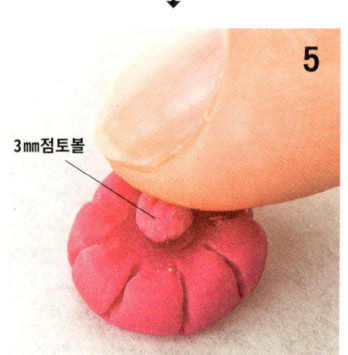

5. 지름 3mm의 점토볼을 만들어 손가락으로 살짝 누릅니다. 꽃 (小) 중심에 접착제를 발라 3mm 점토볼을 붙입니다.

↓

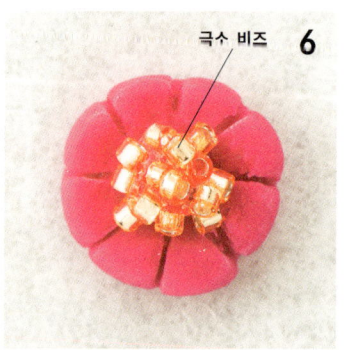

6. 5의 3mm 점토볼 위에 접착제를 발라 약 15개의 극소 비즈를 뿌리듯이 자유자재로 붙입니다. 하루 동안 완전히 말립니다. 또 하나의 꽃 (小) 역시 같은 방법으로 만듭니다.

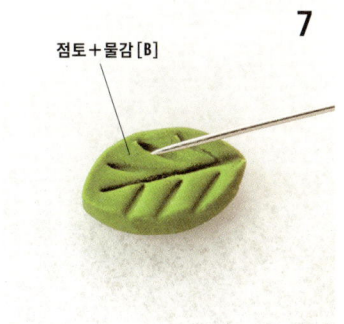

잎을 만듭니다. 수지 점토를 반죽하여 밀대로 밀어 재단틀로 잎을 뽑아냅니다. 바늘을 눕혀 위에서 밀어 넣듯이 눌러 잎의 선을 만듭니다.

↓

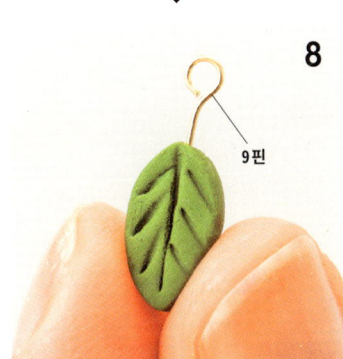

9핀 끝부분에 접착제를 바르고 잎 아랫부분에 꽂아 넣습니다. 점토와 접착제를 하루 동안 완전히 말립니다. 이것을 총 2개를 만듭니다.

↓

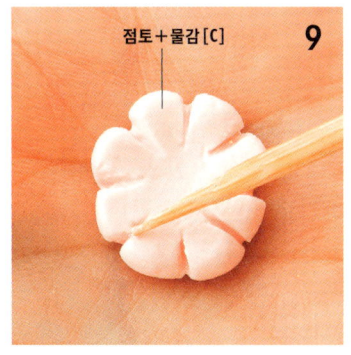

꽃 (大) A를 만듭니다. 2와 마찬가지로 수지 점포를 반죽하고 밀대로 밀어 재단틀로 찍어냅니다. 꼬지를 비스듬히 잡고 중심 쪽을 향해 8개의 홈을 만듭니다. 점토+물감 [D]로 하나 더 만듭니다.

꽃잎 안쪽에 꼬지를 기울여 눕혀 선을 긋습니다. 손가락 끝에 물을 조금 묻혀 점토에 발라 볼록한 부분을 매끈하게 만듭니다.

↓

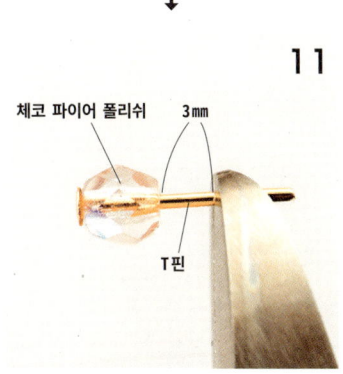

T핀에 체코 파이어 폴리쉬를 끼워 3mm 남기고 니퍼로 자릅니다. 같은 것을 총 6개 만듭니다.

↓

11의 끝부분에 접착제를 이쑤시개로 붙입니다.

꽃 (大)A의 중심에 12를 3개 꽂아 넣습니다. 하루 동안 완전히 말립니다.

↓

머리핀 금속 부자재에 접착제를 발라 8의 9핀을 붙입니다.

↓

밸런스를 보면서 머리핀 금속 부자재에 모든 파츠들을 접착제로 붙입니다.

231, 232

SIZE: 목둘레 47cm

재료

231
체코 파이어 폴리쉬 (5㎜·화이트) ──── 8개
캡보석 (물방울 형·8×6㎜·오팔 화이트) ── 1개
극소 비즈 (골드) ──── 약18개
금속 장식 (꽃·14㎜·골드) ──── 1개
판형 금속 장식 (25㎜·골드) ──── 1개
비즈캡 (8㎜·골드) ──── 1개
O링 (0.7×4㎜·골드) ──── 13개
9핀 (0.5×12㎜·골드) ──── 4개
T핀 (0.5×14㎜·골드) ──── 7개
SR장식 (골드) ──── 1개
연장 체인 (골드) ──── 1개
AW[아티스틱 와이어] (#30·골드) ── 10㎝×1개
체인 (골드) ──── 20㎝×2개
수지 점토 (MODENA·화이트) ──── 적당량
아크릴 물감 (터너 아크릴 과슈 : 스칼렛 / 골드 라이트 / 퍼머넌트 옐로우 딥 / 블랙) ── 각 적당량

점토+물감 분량의 기준
[A] 화이트 5g + 스칼렛 (이쑤시개로 4번 찍어 묻힌 양) + 블랙 (이쑤시개로 1번 찍어 묻힌 양)
[B] 화이트 5g + 골드 라이트
　(이쑤시개로 2번 찍어 묻힌 양)
　+ 퍼머넌트 옐로우 딥
　(이쑤시개로 1번 찍어 묻힌 양)
[C] 화이트 5g + 블랙
　(이쑤시개로 3번 찍어 묻힌 양)

232
체코 파이어 폴리쉬 (5㎜·화이트) ──── 8개
캡보석 (물방울 형·8×6㎜·오팔 핑크) ── 1개
극소 비즈 (골드) ──── 약18개
금속 장식 (꽃·14㎜·골드) ──── 1개
판형 금속 장식 (25㎜·골드) ──── 1개
비즈캡 (8㎜·골드) ──── 1개
O링 (0.7×4㎜·골드) ──── 13개
9핀 (0.5×12㎜·골드) ──── 4개
T핀 (0.5×14㎜·골드) ──── 7개
SR장식 (골드) ──── 1개
연장 체인 (골드) ──── 1개
AW[아티스틱 와이어] (#30·골드) ── 10㎝×1개
체인 (골드) ──── 20㎝×2개
수지 점토 (MODENA·화이트) ──── 적당량
아크릴 물감 (터너 아크릴 과슈 : 코발트 블루 / 세루리안 블루 / 로즈 / 블랙) ── 각 적당량

점토+물감 분량의 기준
[A] 화이트 5g + 코발트 블루 (500원 동전 크기)
　+ 블랙 (이쑤시개로 1번 찍어 묻힌 양)
[B] 화이트 5g + 세루리안 블루
　(이쑤시개로 1번 찍어 묻힌 양)
　+ 블랙 (이쑤시개로 1번 찍어 묻힌 양)
[C] 화이트 5g + 로즈
　(이쑤시개로 1번 찍어 묻힌 양)
　+ 블랙 (이쑤시개로 1번 찍어 묻힌 양)

〔사용하는 도구〕
기본 도구 (p.168) / 바늘 / 이쑤시개 / 꼬지 / 점토판 / 점토 헤라 / 밀대 / 마스킹 테이프 / 셀로판 테이프 / 쿠킹 시트 / 클리어 화일 / 자 / 가위 / 접착제

※ 물감 분량의 기준 ▶ p.185 ㉛
※ 사진은 232 작품 설명.
　231 작품도 같은 방법으로 만듭니다.

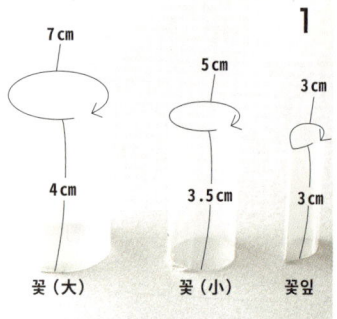

1

p.108을 참고하여 클리어 화일로 재단틀을 만듭니다. 지정한 사이즈로 자른 클리어 화일을 둥글게 말아 맞댄 부분을 셀로판 테이프로 붙여 고정합니다. 꽃잎용 재단틀은 이음새를 손으로 눌러 뾰족하게 만듭니다.

2

꽃 (大) 를 만듭니다. p.104의 1～2를 참고하여 점토판에 쿠킹 시트를 깔고 꼬지 2개를 고정하여 수지 점토를 밀대로 밀어 재단틀로 뽑습니다. 꼬지를 비즈들이 잡고 바깥쪽으로 당기듯이 움직여 8개의 홈을 만들고 그 사이에 선을 긋습니다.

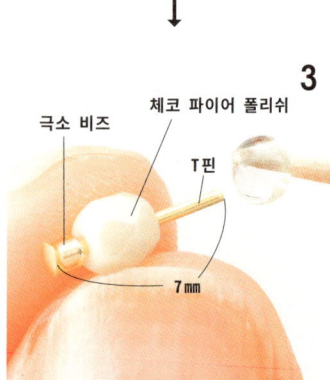

3

T핀을 니퍼로 7㎜ 잘라 극소 비즈와 체코 파이어 폴리쉬를 끼웁니다. 이것을 총 7개 만들고 끝부분엔 접착제를 이쑤시개로 바릅니다.

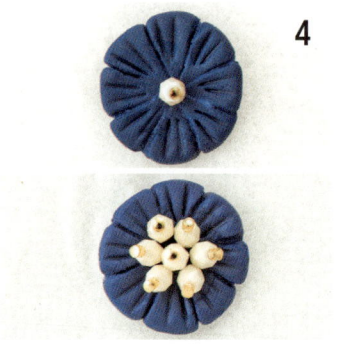

4

꽃 (大) 의 중심에 3의 T핀을 꽂습니다. 주위로 남은 6개를 꽂고 하루 종일 완전히 말립니다.

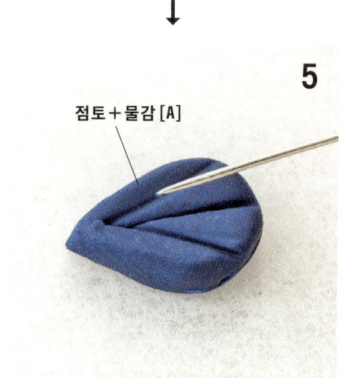

5

꽃잎을 만듭니다. 꽃 (大) 과 같은 수지 점토로 꽃잎을 만들고 손가락 끝으로 표면을 매끈하게 만듭니다. 바늘을 눕혀 잡고 위에서부터 누르듯이 선을 긋습니다.

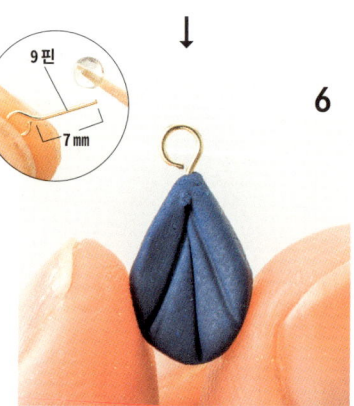

6

9핀을 7㎜ 남기고 자른 뒤 끝부분을 접착제를 이쑤시개로 묻혀 5의 꽃잎에 끼워 넣습니다. 이것을 총 3개를 만듭니다.

7

9핀

7mm 길이로 자른 9핀에 접착제를 묻혀 **6**의 꽃잎 1장 반대편에 직각으로 꽂은 후 하루 동안 완전히 말립니다.

10

평집게로 집어 AW를 캡보석 밑부분을 향해 2번 꼬아 와이어 루핑을 합니다.
※ 와이어 루핑 방법 ▶ p.177 ③

13

비즈캡

하루 동안 완전히 말린 후 뒷면에 비즈캡을 접착제로 붙입니다.

↓

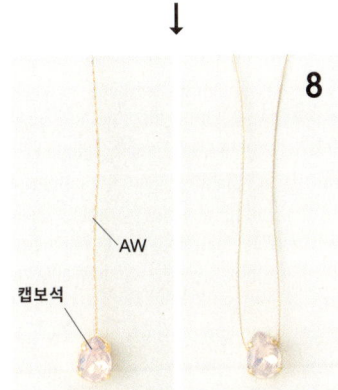

8

AW

캡보석

캡보석에 AW를 통과시켜 끼운 후 끝부분부터 꼬아 줍니다.

↓

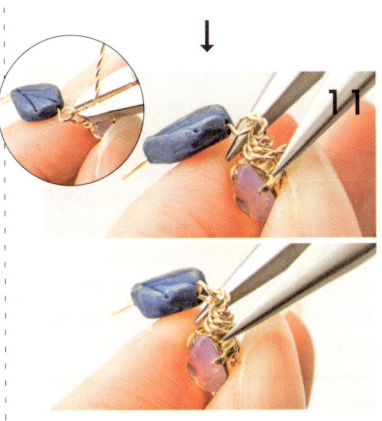

11

AW가 겹쳐지지 않게 감고 남은 AW를 니퍼로 자릅니다. 잘린 부분을 평집게로 눌러 마무리합니다.

↓

14

점토+물감[C]

극소 비즈

p.108의 **9**를 참고하여 꽃 (小)B를 만들고 바늘로 꽃잎 선을 그어 새깁니다. 꽃 중심에 지름 3mm 점토 볼을 붙인 후 약 12개의 극소 비즈를 p.108의 **6**과 같이 채우고 뒷면에 비즈캡을 접착제로 붙입니다.

↓

9

AW를 9자말이 집게로 1회 말아 **7**의 꽃잎 9핀에 끼웁니다.

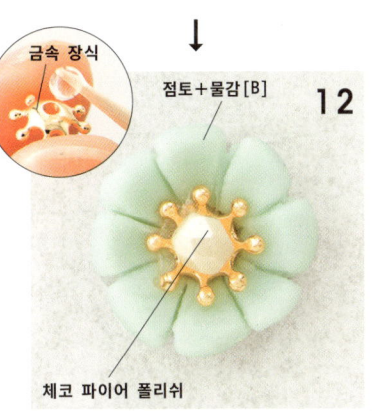

금속 장식

12

점토+물감[B]

체코 파이어 폴리쉬

p.109의 **9**를 참고하여 꽃 (小) A를 만듭니다. 금속 장식에 접착제를 발라 꽃 중심에 붙입니다. 그 위에는 체코 파이어 폴리쉬를 붙입니다.

15

체인
O링
꽃 (小) A
O링 3개
꽃 (大)
O링
비즈캡
판형 금속장식
꽃잎
꽃 (小) B

판형 금속 장식 중심에 꽃 (大)를 붙입니다.
사진과 같이 O링으로 파츠를 연결합니다. 체인의 양 끝에는 SR 장식과 연장 체인을 각각 O링으로 연결합니다.

111

233~235

SIZE: 모티브 세로2.5×가로2.5cm

재료

233
캡큐빅 지르코니아 (라운드·6㎜·화이트 오팔) ——— 2개
금속 장식 (12㎜·골드) ——— 2개
귀걸이 포스트 (라운드 접시형·8㎜·골드)
——— 1세트
진주 뒷클러치 (12㎜·화이트) ——— 2개
수지 점토 (MODENA·화이트) ——— 적당량
아크릴 물감 (아이보리 옐로우) ——— 적당량

점토+물감 분량의 기준
화이트 5g + 아이보리 옐로우 (이쑤시개로 1번 찍어 묻힌 양)

234
캡큐빅 지르코니아 (라운드·6㎜·제트) ——— 2개
금속 장식 (12㎜·골드) ——— 2개
귀걸이 포스트 (라운드 접시형·8㎜·골드)
——— 1세트
진주 뒷클러치 (12㎜·화이트) ——— 2개
수지 점토 (MODENA·화이트) ——— 적당량
아크릴 물감 (로즈 / 블랙) ——— 각 적당량

점토+물감 분량의 기준
화이트 5g + 로즈 (이쑤시개로 3번 찍어 묻힌 양)
+ 블랙 (이쑤시개로 1번 찍어 묻힌 양)

235
캡큐빅 지르코니아 (라운드·6㎜·몬타나) ——— 2개
금속 장식 (12㎜·골드) ——— 2개
귀걸이 포스트 (라운드 접시형·8㎜·골드)
——— 1세트
진주 뒷클러치 (12㎜·화이트) ——— 2개
수지 점토 (MODENA·화이트) ——— 적당량
아크릴 물감 (퍼머넌트 옐로우 / 블랙) – 각 적당량

점토+물감 분량의 기준
화이트 5g + 퍼머넌트 옐로우 (동전 크기)
+ 블랙 (이쑤시개로 1번 찍어 묻힌 양)

〔사용하는 도구〕
바늘 / 이쑤시개 / 꼬지 / 연필 / 점토판 / 밀대 /
마스킹 테이프 / 쿠킹 시트 / 클리어 화일 /
커터 칼 / 가위 / 접착제

1. 아크릴 물감을 이쑤시개로 묻혀 수지 점토 5g에 넣고 물감을 감싸듯이 잘 반죽합니다.

4. 손바닥 위에 3을 얹어 연필로 꽃 중심 부분을 눌러 4장의 꽃잎이 피어나듯 손으로 형태를 잡습니다.

↓

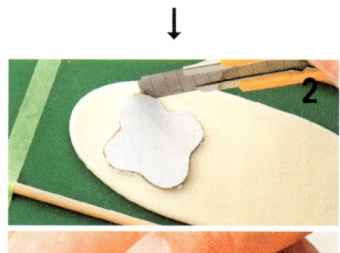

2. 점토판에 꼬지 2개를 고정하고 그사이에 점토를 놓고 밀대로 밀어서 펴줍니다. 도안을 따라 커터칼로 자릅니다. 손끝에 약간의 물을 묻혀 모서리를 매끈하게 만듭니다.
※ 실제로는 점토판에 쿠킹 시트를 깔고 작업합니다.

↓

금속 장식
캡큐빅 지르코니아

5. 금속 장식의 뒷면을 이쑤시개로 접착제를 바르고 꽃의 중심에 붙입니다. 그 위에 캡큐빅 지르코니아를 붙입니다.

↓

3. 2를 클리어 파일 위에 얹어 놓고 바늘을 뉘어 잡아 부드럽게 선을 긋습니다.

↓

귀걸이 포스트
진주 뒷클러치

6. 귀걸이 포스트의 원판에 접착제를 이쑤시개로 바르고 5의 뒷면에 끼워 넣으며 붙입니다. 진주 뒷클러치를 달아 완성합니다. 반대쪽 귀걸이도 같은 방법으로 만듭니다.

실물 크기 도안

※ 물감 분량의 기준 ▶ p.185 ㉛
※ 사진은 233 작품 설명.
234, 235 작품도 같은 방법으로 만듭니다.

238~240

SIZE: 세로 6.5 × 가로 3cm

재료

238
- 극소 비즈a (블랙) ——————— 22개
- 극소 비즈b (골드) ——————— 26개
- O링 (0.7×4mm·골드) ——————— 2개
- 9핀 (0.5×12mm·골드) ——————— 2개
- 귀걸이 포스트 (라운드 접시형·8mm·골드) — 1세트
- 미니 태슬 (30mm·민트그린) ——————— 2개
- AW[아티스틱 와이어] (#28·골드) — 5cm×2개
- 수지 점토 (MODENA·화이트) ——————— 적당량
- 아크릴 물감 (코발트 블루 / 블랙) — 각 적당량

점토+물감 분량의 기준
화이트 5g + 코발트 블루 (500원 동전 크기)
+ 블랙 (이쑤시개로 1번 찍어 묻힌 양)

239
- 극소 비즈a (블랙) ——————— 22개
- 극소 비즈b (골드) ——————— 26개
- O링 (0.7×4mm·골드) ——————— 2개
- 9핀 (0.5×12mm·골드) ——————— 2개
- 귀걸이 포스트 (라운드 접시형·8mm·골드) — 1세트
- 미니 태슬 (30mm·옐로우) ——————— 2개
- AW[아티스틱 와이어] (#28·골드) — 5cm×2개
- 수지 점토 (MODENA·화이트) ——————— 적당량
- 아크릴 물감 (블랙) ——————— 적당량

점토+물감 분량의 기준
화이트 5g + 블랙 (이쑤시개로 3번 찍어 묻힌 양)

240
- 극소 비즈a (블랙) ——————— 22개
- 극소 비즈b (골드) ——————— 26개
- O링 (0.7×4mm·골드) ——————— 2개
- 9핀 (0.5×12mm·골드) ——————— 2개
- 귀걸이 포스트 (라운드 접시형·8mm·골드) — 1세트
- 미니 태슬 (30mm·핑크) ——————— 2개
- AW[아티스틱 와이어] (#28·골드) — 5cm×2개
- 수지 점토 (MODENA·블랙) ——————— 적당량

[사용하는 도구]
기본 도구 (p.168) / 바늘 / 이쑤시개 / 꼬지 /
연필 / 점토판 / 밀대 / 마스킹 테이프 /
쿠킹 시트 / 셀로판 테이프 / 클리어 화일 / 자 /
가위 / 접착제

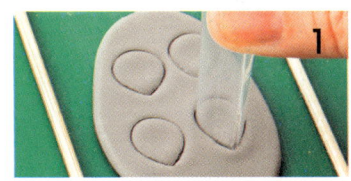

1
점토판에 꼬지 2개를 고정하고 물감을 섞어 반죽한 수지 점토를 사이에 놓고 밀대로 밀어 재단틀 (p.110의 1「꽃잎」과 같음)로 꽃잎 4장을 만듭니다. 꽃잎을 클리어 화일 위에 얹어 놓고 손가락 끝에 물을 묻혀 모서리를 매끈하게 만듭니다.
※ 실제로는 점토판에 쿠킹 시트를 깔고 작업합니다.
※ 240 작품은 물감을 섞지 않고 그대로 사용합니다.

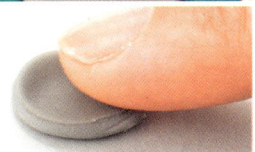

2
송곳을 뉘어 잡고 꽃잎의 중심을 향해 눌러 4개의 선을 긋습니다.

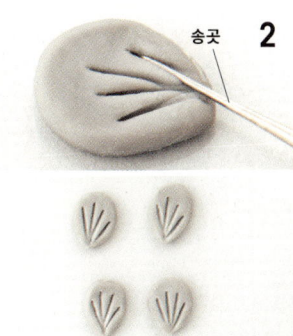

3
지름 5mm의 점토볼을 손으로 뚝떠 받침대를 만들어 놓습니다. 2의 꽃잎을 클리어 파일에서 떼어내고 꽃잎의 중심 부분을 받침대에 균등하게 올립니다.

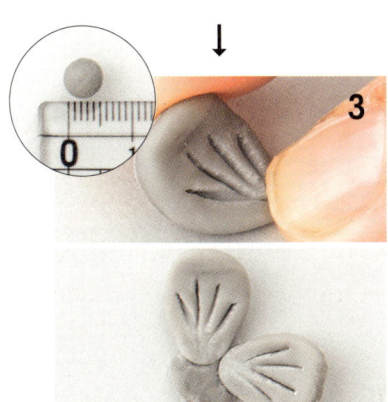

4
연필로 꽃 중심 부분을 눌러 고정합니다. 극소 비즈a를 AW에 11개 끼워 파츠를 만듭니다 (p.105 참고). 꽃의 중심 부분에 접착제로 붙입니다.

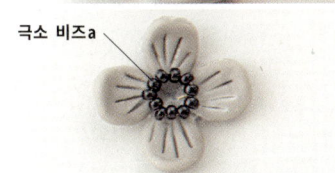

5
지름 3mm의 점토볼을 손으로 살짝 눌러 4의 비즈 안에 넣어 채웁니다. 수지 점토볼 위에 접착제를 이쑤시개로 바르고 극소 비즈b 13개를 바늘에 2~3개씩 끼워 붙입니다.

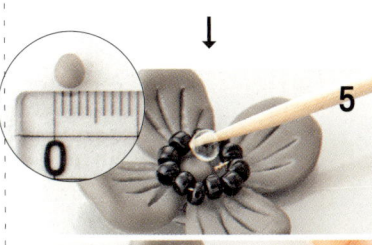

6
꽃잎 뒷면에 비스듬히 바늘로 구멍을 뚫어 놓습니다. 9핀을 7mm로 잘라 접착제를 바르고 구멍에 끼워 넣습니다. 점토를 반나절 정도 말린 후, 미니 태슬을 O링으로 연결합니다. 귀걸이 포스트를 접착제로 붙입니다. 반대쪽 귀걸이도 같은 방법으로 만듭니다.

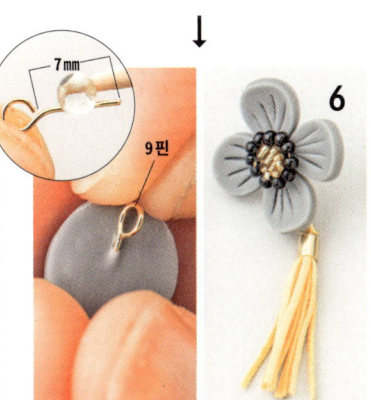

memo
클리어 파일 모형틀로 간단하고 예쁜 파츠 만들기!

클리어 파일로 모형틀을 만드는 방법은 자르는 부분이 깔끔하고 커터 칼로 자르는 것보다 간단하므로 같은 모양을 여러 개 만들 때 추천합니다. 같은 원리로 쿠키틀을 갖고 있다면, 활용하면 멋진 점토 작품을 만들 수 있습니다.

※ 물감 분량의 기준 ▶ p.185 ㉛
※ 사진은 239작품 설명.
238, 240작품도 같은 방법으로 만듭니다.

236, 237

SIZE: 세로4×가로8.5cm

재료

236

레진 진주 (구멍 없는 것·라운드·2㎜·화이트)
———————————————— 6개
체코 파이어 폴리쉬 (5㎜·투명) ———— 7개
극소 비즈 (투명) ————————————— 9개
금속 장식 (꽃·7㎜·골드) ——————— 2개
판형 금속 장식 (약20×18㎜·골드) —— 1개
비즈캡 (6㎜·골드) ——————————— 1개
T핀 (0.5×14㎜·골드) ——————————— 7개
자동 머리핀 부자재 (75㎜·골드)
———————————————————————— 1개
AW[아티스틱 와이어] (#30·Non-Tarnish Brass)
——— 10㎝×1개, 5㎝×2개, 4㎝×4개, 3㎝×2개
수지 점토 (MODENA·화이트) ———— 각 적당량
아크릴 물감 (터너 아크릴 과슈 : 골드 라이트 /
퍼머넌트 옐로우 딥 / 파스텔 핑크 / 레몬 옐로우 / 블랙)
———————————————————— 각 적당량

점토+물감 분량의 기준

[A] 화이트 5g
  + 골드 라이트 (이쑤시개로 3번 찍어 묻힌 양)
  + 퍼머넌트 옐로우 딥(이쑤시개로 1번 찍어 묻힌 양)
[B] 화이트 5g
  + 파스텔 핑크 (이쑤시개로 3번 찍어 묻힌 양)
  + 레몬 옐로우 (이쑤시개로 1번 찍어 묻힌 양)
[C] 화이트 5g
  + 레몬 옐로우 (이쑤시개로 3번 찍어 묻힌 양)
  + 블랙 (이쑤시개로 1번 찍어 묻힌 양)

237

레진 진주 (구멍 없는 것·라운드·2㎜·화이트)
———————————————— 6개
체코 파이어 폴리쉬 (5㎜·블랙) ———— 7개
극소 비즈 (투명) ————————————— 9개
금속 장식 (꽃·7㎜·골드) ——————— 2개
판형 금속 장식 (약20×18㎜·골드) —— 1개
비즈캡 (6㎜·골드) ——————————— 1개
T핀 (0.5×14㎜·골드) ——————————— 7개
자동 머리핀 부자재 (75㎜·골드)
———————————————————————— 1개
AW[아티스틱 와이어] (#30·Non-Tarnish Brass)
——— 10㎝×1개, 5㎝×2개, 4㎝×4개, 3㎝×2개
수지 점토 (MODENA·화이트 / 블랙)
———————————————————— 각 적당량
아크릴 물감 (터너 아크릴 과슈 : 로즈 / 블랙)
———————————————————— 각 적당량

점토+물감 분량의 기준

[A] 블랙 점토를 그대로 사용
[B] 화이트 5g + 코발트 블루 (500원 동전 크기)
  + 블랙 (이쑤시개로 1번 찍어 묻힌 양)
[C] 화이트 5g + 블랙(이쑤시개로 1번 찍어 묻힌 양)

(사용하는 도구)

기본 도구 (p.168) / 바늘 / 이쑤시개 / 꼬지 / 연필
/ 점토판 / 밀대 / 마스킹 테이프 / 쿠킹 시트 /
셀로판테이프 / 클리어 화일 / 자 / 가위 / 접착제

실물 크기 도안

※ 물감 분량의 기준 ▶ p.185 ㉛
▶ 사진은 237 작품 설명.
   236 작품도 같은 방법으로 만듭니다.

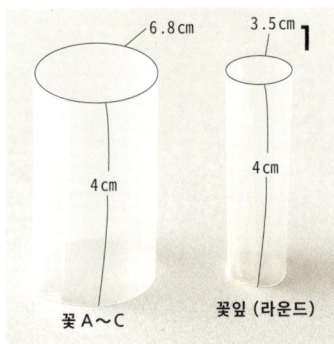

1 p.108을 참고하여 클리어 파일로 재단틀을 만듭니다. 지정된 사이즈로 자른 클리어 파일을 둥글게 말아 맞닿은 부분을 셀로판 테이프를 붙여 고정합니다.

↓

2 꽃A를 만듭니다. P.104의 1~2를 참고하여 수지 점토를 밀대로 눌러 재단틀로 뽑아냅니다. 꼬지를 세워 들고 중심 쪽으로 밀어 넣어 12개의 홈을 만듭니다.
※ 실제로는 점토판 위에 쿠킹 시트를 깔고 작업합니다.

↓

3 2에서 만든 점토를 수정하기 위해 밀대를 굴려 평평하게 만듭니다. 손가락 끝에 물을 조금 묻혀 점토 표면을 매끈하게 만듭니다.

4 이쑤시개 뒷부분 등에 물을 조금 묻혀 레진 진주를 찍어 붙여 3의 꽃 중앙에 밀어 넣습니다. 나머지 진주 5개를 주변에 눌러 밀어붙입니다.

↓

5 꽃B를 만듭니다. 수지 점토를 반죽하여 늘리고 도안을 따라 커터 칼로 자릅니다. 표면을 매끈하게 만든 후, 바늘을 기울이게 들고 부드럽게 선을 긋습니다.

↓

6 비즈캡의 뒷면에 접착제를 발라 꽃의 중심에 붙입니다. 손바닥 위에 올려놓고 5장의 꽃잎이 피어나는 모습처럼 손으로 세웁니다.

7
- 판형 금속장식
- 8mm점토볼
- 점토 + 물감 [A]

수지 점토를 반죽하여 늘린 후 재단틀로 꽃잎(원형)을 8장 뽑아내고 판형 금속 장식에 접착제를 발라 붙입니다. 지름 8mm의 점토볼을 만들어 중심에 붙입니다.

10

9을 8의 비즈캡 중심에 끼웁니다. 나머지 6개도 접착제를 발라 주위에 끼워 붙입니다.

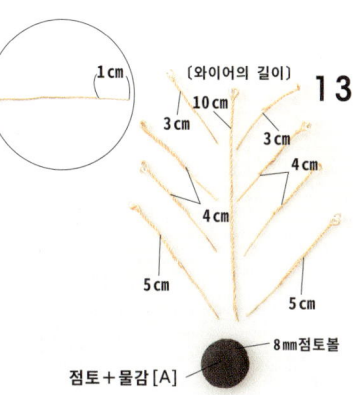

13
〔와이어의 길이〕
1cm, 10cm, 3cm, 3cm, 4cm, 4cm, 5cm, 5cm
8mm점토볼
점토 + 물감 [A]

마찬가지로 극소 비즈를 끼운 AW를 사진과 같이 늘어놓고, 1cm 남긴 부분을 10cm AW에 감아 가지를 만듭니다. 지름 8mm 점토볼을 살짝 눌러 10cm AW의 밑부분인 뿌리에 접착제를 붙여 끼워 넣습니다.

↓

8

점토볼에 접착제로 6의 꽃을 붙입니다. 비즈캡 위에서 연필로 꾹 누릅니다.

↓

11
- 금속 장식
- 점토 + 물감 [B]

꽃C를 만듭니다. 5와 같이 꽃을 만들고 꽃의 중심에 금속 장식을 붙입니다. 꽃D는 **점토+물감[C]**으로 똑같이 만듭니다.

↓

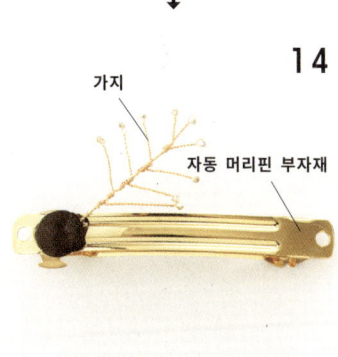

14
- 가지
- 자동 머리핀 부자재

점토볼에 접착제를 발라 자동 머리핀에 붙입니다.

↓

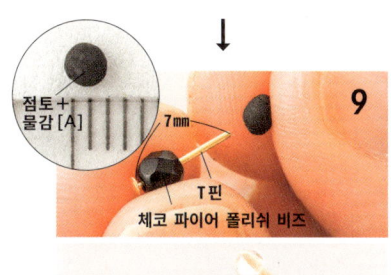

9
- 점토 + 물감 [A]
- 7mm
- T핀
- 체코 파이어 폴리쉬 비즈

지름 2mm 점토볼을 7개 만듭니다. 7mm 길이로 니퍼로 자른 T핀에 체코 파이어 폴리쉬와 점토볼을 끼웁니다. 이것을 총 7개 만들어 이쑤시개로 끝부분에 접착제를 바릅니다.

↓

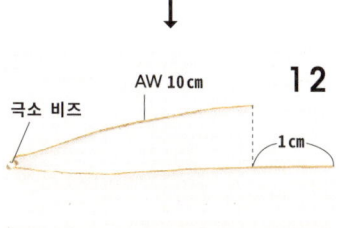

12
- 극소 비즈
- AW 10cm
- 1cm

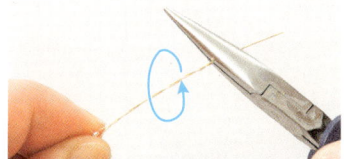

10cm AW에 극소 비즈를 끼우고 1cm만 남긴 채 반으로 접습니다. AW 2줄을 합쳐 평집게로 눌러 비즈를 잡고 아래쪽부터 단단히 꼬아줍니다.

↓

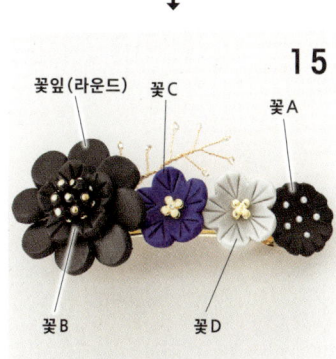

15
- 꽃잎 (라운드)
- 꽃 C
- 꽃 A
- 꽃 B
- 꽃 D

밸런스를 보면서 모든 파츠들을 자동 머리핀에 붙입니다.

241, 242

SIZE: 모티브 세로3×가로4.5cm

1 판형 금속 장식을 굵은 매직펜 등에 대고 뱅글과 같은 형태로 구부려 커브 형태로 만듭니다.

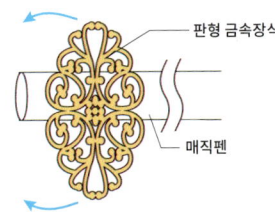

2 1을 뱅글의 중앙에 접착제로 붙입니다.

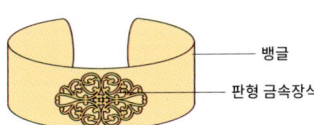

3 2가 완전히 마른 후, 판형 금속 장식 밖으로 튀어나오지 않을 만큼 주얼리 점토를 적당량 올립니다.

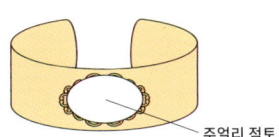

4 꽃, 잎, 스톤캡에 끼운 스와로브스키를 3에 넣어 메꿉니다. 파츠 사이에 점토가 보이는 부분은 레진 진주로 채워 넣습니다.

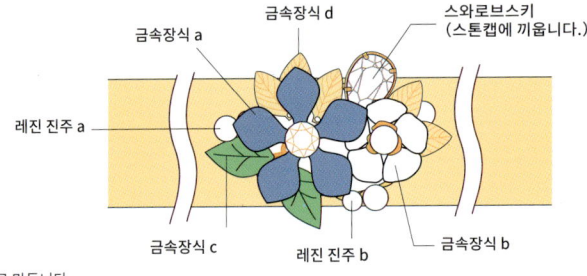

※ 그림은 241 작품 설명.
242 작품도 같은 방법으로 만듭니다.

재료

241, 242 공통

레진 진주a (구멍 없는 것·라운드·3㎜·화이트) —— 6개
레진 진주b (구멍 없는 것·라운드·4㎜·화이트) —— 3개
스톤캡 (#4320용·14×10㎜·골드) —— 1개
주얼리 점토 (화이트) —— 적당량

241

스와로브스키 (#4320·14×10㎜·투명) —— 1개
금속 장식a
　(보태니컬 플라워·약 2.5cm·네이비) – 1개
금속 장식b
　(보태니컬 플라워·약 1.8cm·화이트) – 1개
금속 장식c
　(떡잎·31×15㎜·라이트그린/골드) – 1개
금속 장식d (잎·7×15㎜·골드) —— 5개
판형 금속 장식 (타원·20×31㎜·골드) – 1개
판 뱅글 (25㎜·골드) —— 1개

242

스와로브스키
　(#4320·14×10㎜·빈티지 로즈) —— 1개
금속 장식a
　(보태니컬 플라워·약 2.5cm·페일핑크)
　—— 1개
금속 장식b
　(보태니컬 플라워·약 1.8cm·화이트)
　—— 1개
금속 장식c
　(떡잎·31×15㎜·라이트 그린/로듐)
　—— 1개
금속 장식d (잎 모양·7×15㎜·골드) —— 5개
판형 금속 장식 (타원·20×31㎜·로듐) – 1개
판 뱅글 (25㎜·로듐) —— 1개

(사용하는 도구)
기본 도구 (p.168) / 접착제 / 매직 펜

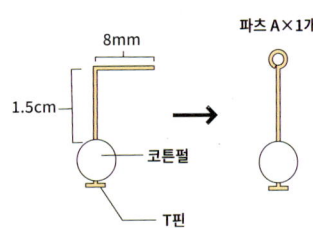

252

SIZE: 세로6×가로2cm

1 T핀에 코튼펄을 끼운 후, 코튼펄에서 1.5cm 위를 직각으로 접습니다. 접은 부분 8mm를 남기고 자릅니다. 자르고 남은 8mm 부분을 구자말이 집게로 둥글게 말아 고리를 만듭니다.

2 금속 장식a 위의 고리에 O링b와 O링c를 끼운 후, 귀찌와 연결합니다. 아래 고리에 파츠A와 금속 장식b를 O링a로 연결합니다. 반대쪽 귀걸이도 같은 방법으로 만듭니다.

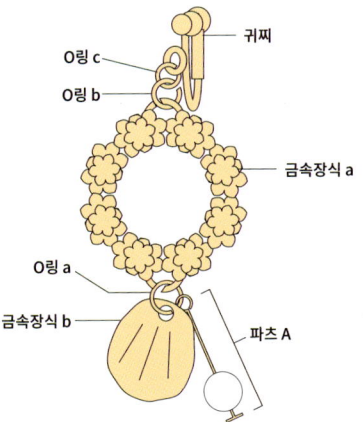

재료

252

코튼펄 (라운드·6㎜·골드 크림화이트)
　—— 2개
금속 장식a
　(플라워 리스·20×20㎜·매트 골드) – 2개
금속 장식b
　(보태니컬꽃잎·10×8.5㎜·매트 골드) – 2개
O링a (0.8×5㎜·골드) —— 2개
O링b (0.7×4㎜·골드) —— 2개
O링c (0.6×3㎜·골드) —— 2개
T핀 (0.6×30㎜·골드) —— 2개
귀찌 (나사형·골드) —— 1세트

(사용하는 도구)
기본 도구 (p.168)

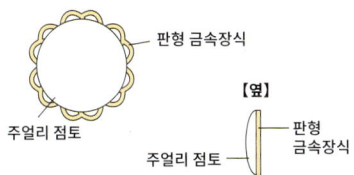

243, 244

SIZE: 모티브 세로 2.5 × 가로 2.5 cm

1 판형 금속 장식에 주얼리 점토를 얹습니다.

※ 펜던트 탑 부분이 앞으로 기울지 않도록 두께를 적당하게 조절하여 평평하게 마무리합니다.

2 ①~④의 순서로 파츠를 붙입니다. 주얼리 점토가 보이는 부분은 레진 진주로 채웁니다.

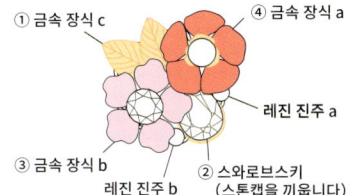

3 주얼리 점토가 마르기 전, 이쑤시개로 뒷면에 O링을 끼울 구멍(● 표시)을 뚫습니다.

4 3에 체인, 랍스터 장식, 연결 체인, 금속 장식을 O링으로 연결합니다.

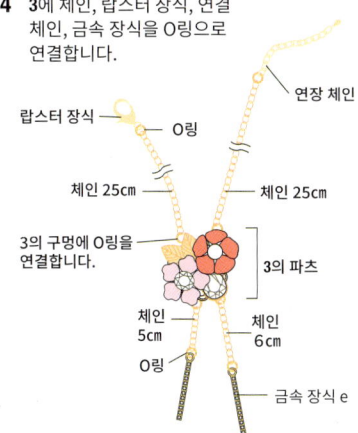

※ 그림은 244 작품 설명. 243 작품도 같은 방법으로 만듭니다.

재료

243, 244 공통

금속 장식 c (잎사귀·11×7mm·골드) ─── 2개
금속 장식 e (고리 막대형·12mm·투명) ─ 2개
스톤캡 (#4320용·8×6mm·골드) ─── 1개
O링 (0.7×3.5mm·골드) ─── 8개
판형금속장식 (6장꽃잎·15mm·골드) ─── 1개
연장 체인 (골드) ─── 1개
랍스터 장식 (골드) ─── 1개
체인 (골드) ─ 25cm×2개, 6cm×1개, 5cm×1개
주얼리 점토 (골드) ─── 적당량
레진진주a (구멍없는것·라운드·4mm·화이트) ─ 1개
레진진주b (구멍없는것·라운드·3mm·화이트) ─ 5개

243

스와로브스키 (#4320·8×6mm·Cry.파라다이스 샤인) ─── 1개
금속 장식 a (보태니컬 플라워·1.3mm·네이비) ─── 1개
금속 장식 b (보태니컬 플라워·1.1mm·화이트) ─── 1개

244

스와로브스키 (#4320·8×6mm·Cry.문라이트) ─── 1개
금속 장식 a (보태니컬 플라워·1.3mm·레드) ─── 1개
금속 장식 b (보태니컬플라워·1.1mm·페일 핑크) ─── 1개

〔사용하는 도구〕
기본 도구 (p.168) / 이쑤시개

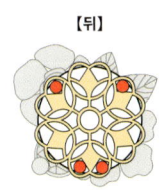

245, 246

SIZE: 세로 7 × 가로 3 cm

1 금속 장식 a의 뒷면에 금속 장식 c를 접착제로 붙입니다.

2 자른 체인과 파츠를 그림과 같이 O링으로 연결합니다.

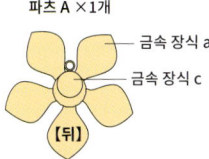

3 금속 장식에 O링을 연결합니다.

4 귀걸이 링에 모든 파츠를 끼우고 끝부분을 평집게로 5mm 정도 꺾습니다. 반대쪽 귀걸이는 좌우 대칭이 되도록 만듭니다.

※ 그림은 246 작품 설명. 245 작품도 같은 방법으로 만듭니다.

재료

245, 246 공통

코튼펄 (라운드·6mm·화이트) ─── 2개
스와로브스키 (플랫 론델·5mm·투명) ─ 2개
글래스 컷 비즈 (드롭·12×8mm·투명) ─ 2개
금속 장식 b (떡잎·15×31mm·그린) ─── 2개
금속 장식 c (고리 원판형·6mm·골드) ─ 2개
O링 (0.7×3.5mm·골드) ─── 10개
T핀 (0.6×20mm·골드) ─── 2개
귀걸이 링 (후프·골드) ─── 1세트
체인 (골드)
 ─ 1.5cm×2개, 3cm×2개, 4cm×2개, 5cm×2개

245

금속 장식 a (보태니컬 플라워·2.2mm·민트그린) ─── 2개

246

금속 장식 a (보태니컬 플라워·2.2mm·핑크) ─── 2개

〔사용하는 도구〕
기본 도구 (p.168) / 접착제

247~249

SIZE: 모티브 세로2.3×가로1.6cm

1 그림과 같이 금속 장식의 꽃 잎 사이에 낚싯줄을 걸어 O링으로 연결합니다.

2 반지대의 오목한 접시 모양 부분에 1을 접착제로 붙여 고정합니다.

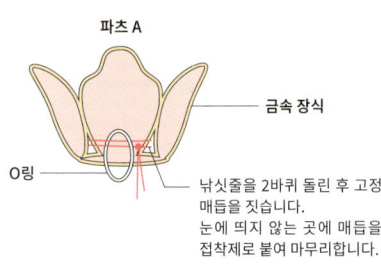

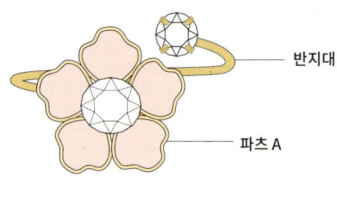

3 1의 O링에 파츠B를 연결합니다.

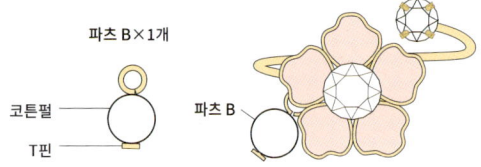

※ 그림은 249 작품 설명. 247, 248 작품도 같은 방법으로 만듭니다.

재료

247~249 공통
코튼펄 (라운드·8㎜·화이트) ─── 1개
낚싯줄 (3호·화이트) ─── 25㎝×1개

247
금속 장식 (보태니컬 플라워3·1.2㎜·옐로우)
─── 1개
O링 (0.8×4㎜·골드) ─── 1개
T핀 (0.6×20㎜·골드) ─── 1개
반지대 (라인스톤/컵 형·4㎜·골드)
─── 1개

248
금속 장식 (보태니컬 플라워3·1.2㎜·화이트)
─── 1개
O링 (0.8×4㎜·로듐) ─── 1개
T핀 (0.6×20㎜·로듐) ─── 1개
반지대 (라인스톤/컵 형·4㎜·로듐)
─── 1개

249
금속 장식 (보태니컬 플라워3·1.2㎜·핑크)
─── 1개
O링 (0.8×4㎜·골드) ─── 1개
T핀 (0.6×20㎜·골드) ─── 1개
반지대 (라인스톤/컵 형·4㎜·골드)
─── 1개

〔사용하는 도구〕
기본 도구 (p.168) / 접착제

250, 251

SIZE: 세로5.5×가로2cm

1 그림과 같이 판형 금속 장식에 낚싯줄을 끼웁니다.

2 낚싯줄을 중심에서 앞쪽으로 빼냅니다. 낚싯줄을 레진 진주에 2회 끼우고 판형 금속 장식에 고정합니다.

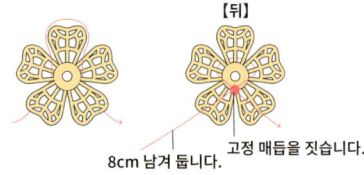

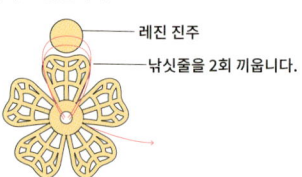

3 판형 금속 장식에 체코 비즈 b, a, 메탈 비즈를 한 바퀴씩 돌려 고정합니다. 낚싯줄을 뒤로 빼내 남겨두었던 8cm 낚싯줄과 2회 고정 매듭을 짓습니다.

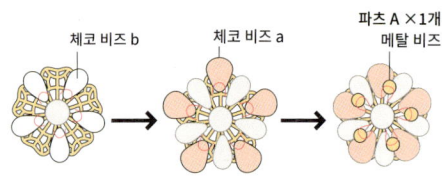

4 파츠A와 금속 장식을 O링으로 연결합니다.

5 귀걸이 포스트를 파츠A의 뒷면에 접착제로 붙입니다. 반대쪽 귀걸이도 같은 방법으로 만듭니다.

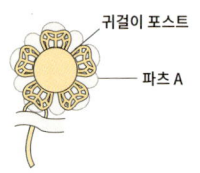

※ 그림은 251 작품 설명. 250 작품도 같은 방법으로 만듭니다.

재료

250, 251 공통
레진 진주 (라운드·8㎜·골드) ─── 2개
메탈 비즈 (라운드·2㎜·골드) ─── 10개
금속 장식 (웨이브·40㎜·골드) ─── 2개
O링 (0.6×3㎜·골드) ─── 2개
판형 금속 장식 (20㎜·골드) ─── 2개
귀걸이 포스트 (판형·9㎜·골드)
─── 1세트
낚싯줄 (2호·투명) ─── 50㎝×2개

250
체코 비즈a (꽃잎·5×7㎜·화이트 오팔)
─── 10개
체코 비즈b (물방울 형·4×6㎜·
Lt. 콜로라도 토파즈 래스터) ─── 10개

251
체코 비즈a (꽃잎·5×7㎜·핑크 오팔) – 10개
체코 비즈b (물방울형·4×6㎜·투명) – 10개

〔사용하는 도구〕
기본 도구 (p.168) / 접착제 / 가위

253~255

SIZE: 모티브 세로 3 × 가로 3 cm

1 그림과 같이 스웨이드 줄의 중심을 20cm 낚싯줄로 묶어 리본을 만듭니다.

2 1의 낚싯줄을 머리끈 금속 부자재의 벌집판 구멍에 끼워 뒷면에서 고정 매듭을 짓습니다. 남은 낚싯줄은 자릅니다.

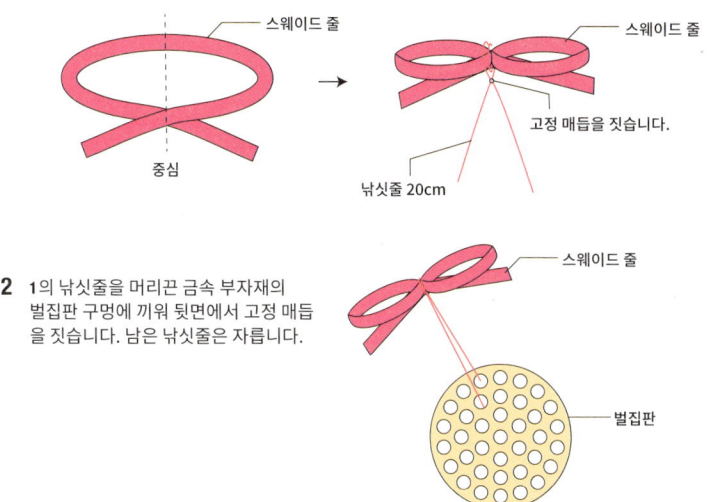

3 그림과 같이 벌집판에 파츠를 ①~⑤ 순서대로 40cm 낚싯줄로 고정합니다. 모두 고정한 후 뒤쪽에서 낚싯줄을 고정 매듭을 짓고 남은 낚싯줄은 자릅니다.

★ = 낚싯줄 시작점

※ 고정 매듭 ▶ p.186 ㉟

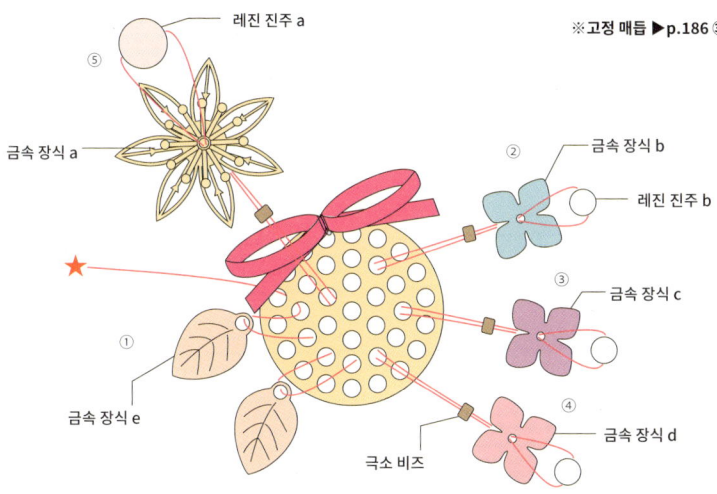

4 머리끈 금속 부자재 벌집판에 뒷면 금속 받침대를 끼우고, 4발 물림을 기울여 물리게 한 후 고정합니다.

【앞】 【뒤】

※ 벌집판 고정방법 ▶ p.180 ⑩
※ 그림은 255 작품 설명. 253, 254 작품도 같은 방법으로 만듭니다.

재료

253
레진 진주 a (라운드·6mm·내추럴) — 1개
레진 진주 b (라운드·3mm·내추럴) — 3개
극소 비즈 (토파즈) — 4개
금속 장식 a (꽃·28mm·매트 골드) — 1개
금속 장식 b (꽃·꽃잎 4장·15mm·블루) — 1개
금속 장식 c (꽃·꽃잎 4장·15mm·스카이 블루) — 1개
금속 장식 d (꽃·꽃잎 4장·15mm·오렌지) — 1개
금속 장식 e (잎·14×8mm·골드) — 2개
머리끈 금속 부자재
 (벌집판 부착형·17mm·신주 버니쉬) — 1개
스웨이드 줄 (3mm 폭·그린)
 — 10cm×1개
낚싯줄 (4호·그린)
 — 20cm×1개, 40cm×1개

254
레진 진주 a (라운드·6mm·골드) — 1개
레진 진주 b (라운드·3mm·내추럴) — 3개
극소 비즈 (토파즈) — 4개
금속 장식 a (꽃·28mm·매트 실버) — 1개
금속 장식 b (꽃·꽃잎 4장·15mm·퍼플) — 1개
금속 장식 c (꽃·꽃잎 4장·15mm·오렌지) — 1개
금속 장식 d (꽃·꽃잎 4장·15mm·옐로우) — 1개
금속 장식 e
 (잎 모양·14×8mm·로듐) — 2개
머리끈 금속 부자재
 (벌집판 부착형·17mm·신주 버니쉬) — 1개
스웨이드 줄 (3mm 폭·옐로우그린)
 — 10cm×1개
낚싯줄 (4호·옐로우그린)
 — 20cm×1개, 40cm×1개

255
레진 진주 a (라운드·6mm·핑크) — 1개
레진 진주 b (라운드·3mm·내추럴) — 3개
극소 비즈 (토파즈) — 4개
금속 장식 a (꽃·28mm·아이보리) — 1개
금속 장식 b (꽃·꽃잎 4장·15mm·스카이 블루) — 1개
금속 장식 c (꽃·꽃잎 4장·15mm·퍼플) — 1개
금속 장식 d (꽃·꽃잎 4장·15mm·핑크) — 1개
금속 장식 e (잎 모양·14×8mm·핑크 골드) — 2개
머리끈 금속 부자재
 (벌집판 부착형·17mm·신주 버니쉬) — 1개
스웨이드 줄 (3mm 폭·퍼플)
 — 10cm×1개
낚싯줄 (4호·퍼플)
 — 20cm×1개, 40cm×1개

【사용하는 도구】
기본 도구 (p.168) / 가위

PART5 from 256 to 305

골드 & 실버
액세서리

GOLD & SILVER ACCESSORIES

화려한 라인의 귀걸이와
굵은 체인 목걸이로
세련된 스타일을 연출할 수 있습니다.

260	257	
HOW TO MAKE p.128	HOW TO MAKE p.126	256
261	258	
HOW TO MAKE p.129	HOW TO MAKE p.127	HOW TO MAKE p.126
262	259	
HOW TO MAKE p.130	HOW TO MAKE p.128	

GOLD

몸에 걸치기만 해도
화사한 분위기가 나는
골드 액세서리.

파츠 질감을 살려
유행하는 액세서리를
만들어보세요.

267 HOW TO MAKE p.128	264 HOW TO MAKE p.126	263 HOW TO MAKE p.126
268 HOW TO MAKE p.129	265 HOW TO MAKE p.127	
269 HOW TO MAKE p.130	266 HOW TO MAKE p.128	

SILVER

골드와 같은 디자인이라도
실버로 바꾸면
섬세하고 스타일리시한 이미지로.

기분에 따라 바꿔 착용해보세요.

284
HOW TO MAKE
p.132

와이어에 끼운
비즈와 메탈 파이프로
프릴 모양으로!

279
HOW TO MAKE
p.129

280
HOW TO MAKE
p.131

삼각 파츠 3개가 흔들릴
때마다 방향이 바뀌면서
입체적으로!

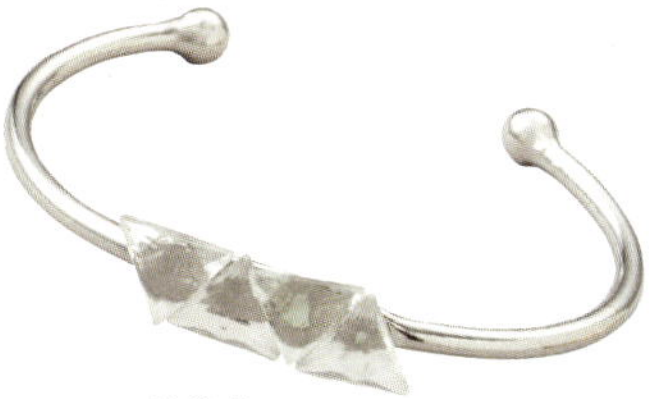

281
HOW TO MAKE
p.131

285
HOW TO MAKE
p.133

279
시계추 같이
움직이는 귀걸이로 귀에
장난감을 단 것처럼

스와로브스키 ×
지오메트릭한
금속 장식은
COOL!

286
HOW TO MAKE
p.133

약간 샤프하고 쿨
하게 만들고 싶다
면 망설이지 말고
실버로!

282
HOW TO MAKE
p.132

모양과 질감이 다른
세 종류의 비즈를
사용한 세 줄 팔찌

287
HOW TO MAKE
p.134

283
HOW TO MAKE
p.134

골드 & 실버 액세서리   123

SILVER

302
HOW TO MAKE
p.137

297
HOW TO MAKE
p.135

298
HOW TO MAKE
p.135

303
차가운 색상 계열의
셔츠 스타일은 실버 팔찌를
곁들이면 스마트한 이미지를
강렬하게 줍니다.

길고 뾰족한 디자인이
코디를 스타일리시하
게 마무리해 줍니다.

303
HOW TO MAKE
p.138

다이아몬드 모양 링에
아크릴 튜브와
메탈 비즈를 끼워서.

299
HOW TO MAKE
p.136

300
HOW TO MAKE
p.137

305
HOW TO MAKE
p.138

301
HOW TO MAKE
p.136

와이어로 하트를
본뜬 반지도 메탈 컬러
라면 너무 어려 보이지
만은 않아요.

304
HOW TO MAKE
p.139

피라미드형 두 개를
붙여 오리지널 파츠로
만듭니다.

SILVER

골드 & 실버 액세서리

256, 263

SIZE: 목둘레 44cm

1. 체인a의 양 끝을 O링으로 연결합니다.

2. 1에서 연결한 O링과 체인b를 C링으로 연결합니다.
   (체인에 C링이 끼워지지 않을 경우에는 송곳으로 체인 끝 구멍을 넓힙니다)
   ※ 체인 구멍 넓히는 방법 ▶p.181 ⑬

3. 체인b의 양 끝에 연장 체인과 SR장식을 각각 C링으로 연결합니다.

※ 그림은 256 작품 설명. 263 작품도 같은 방법으로 만듭니다.

재료

256
- O링 (0.6×5mm·골드) ——— 2개
- C링 (0.5×3.5×2.5mm·골드) ——— 4개
- SR 장식 (골드) ——— 1개
- 연장 체인 (골드) ——— 1개
- 체인a (10×100mm·골드) ——— 16cm×1개
- 체인b (0.2×10mm·골드) ——— 12cm×2개

263
- O링 (0.6×5mm·실버) ——— 2개
- C링 (0.5×3.5×2.5mm·실버) ——— 4개
- SR 장식 (실버) ——— 1개
- 연장 체인 (실버) ——— 1개
- 체인a (10×100mm·실버) ——— 16cm×1개
- 체인b (0.2×10mm·실버) ——— 12cm×2개

〔사용하는 도구〕
기본 도구 (p.168)

> **memo**
> **디자인 체인도 취향에 맞춰!**
>
> 체인a는 원래 링이 이중으로 된 디자인. 이 작품에서는 양 끝의 링 한 개를 니퍼로 잘라 떼어내 사용하였습니다. 시판하는 체인을 원하는 대로 변형하여 핸드메이드 작업을 해보세요!

257, 264

SIZE: 손목 둘레 17.5cm

줄란을 판 뱅글 끝에서부터 한 칸씩 접착제로 붙입니다.
줄란의 양 끝에 체인 연결 라인이 남아 있으면 니퍼로 잘라 제거합니다.

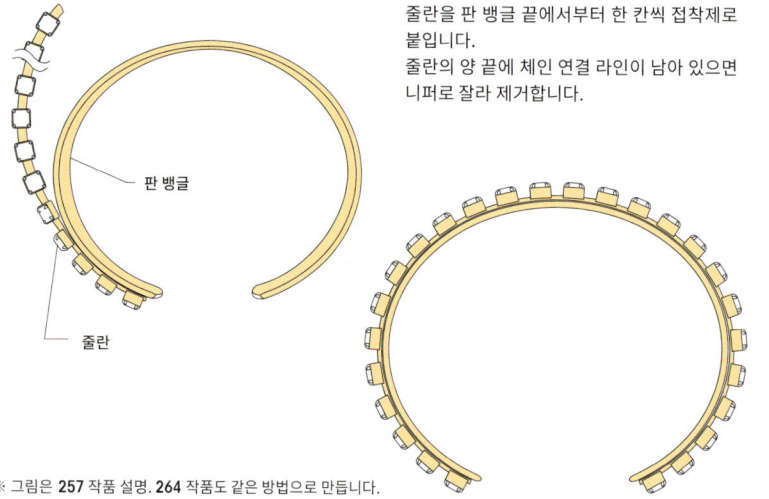

재료

257
- 줄란 (#130·폭4mm·크리스탈 로듐) ——— 약 26칸×1개
- 판 뱅글 (6mm·골드) ——— 1개

264
- 줄란 (#130·폭4mm·크리스탈 로듐) ——— 약 26칸×1개
- 판 뱅글 (6mm·로듐) ——— 1개

〔사용하는 도구〕
기본 도구 (p.168) / 접착제

※ 그림은 257 작품 설명. 264 작품도 같은 방법으로 만듭니다.

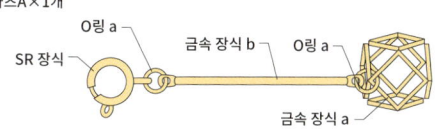

258, 265

SIZE: 손목 둘레 17㎝

재료

258
와이어 링 (고리형·25㎜·골드) ——— 1개
메탈 비즈a (라운드·3.5㎜·골드)
——————————————— 25개
메탈 비즈b (라운드·10㎜·골드)
——————————————— 1개
메탈 비즈c (라운드·12㎜·골드)
——————————————— 1개
메탈 링a (이등변 삼각형·33×25㎜·골드)
——————————————— 1개
메탈 링b (9㎜·골드) ——————— 3개
금속 장식a (정육면체·8×10×10㎜·골드)
——————————————— 1개
금속 장식b (원통형·1×25㎜·골드) — 2개
O링a (0.6×3㎜·골드) ——————— 5개
O링b (0.7×4㎜·골드) ——————— 1개
9핀 (0.7×30㎜·골드) ——————— 1개
SR 장식 (골드) ————————— 1개

265
와이어 링 (고리형·25㎜·로듐) ——— 1개
메탈 비즈a (라운드·3.5㎜·로듐)
——————————————— 25개
메탈 비즈b (라운드·10㎜·로듐)
——————————————— 1개
메탈 비즈c (라운드·12㎜·로듐)
——————————————— 1개
메탈 링a (이등변 삼각형·33×25㎜·로듐)
——————————————— 1개
메탈 링b (9㎜·로듐) ——————— 3개
금속 장식a (정육면체·8×10×10㎜·로듐)
——————————————— 1개
금속 장식b (원통형·1×25㎜·로듐)
——————————————— 2개
O링a (0.6×3㎜·로듐) —————— 5개
O링b (0.7×4㎜·로듐) —————— 1개
9핀 (0.7×30㎜·로듐) —————— 1개
SR 장식 (로듐) ———————— 1개

(사용하는 도구)
기본 도구 (p.168) / 접착제

1 파츠A를 만듭니다. SR장식, 금속 장식b, 금속 장식a를 O링a로 연결합니다.

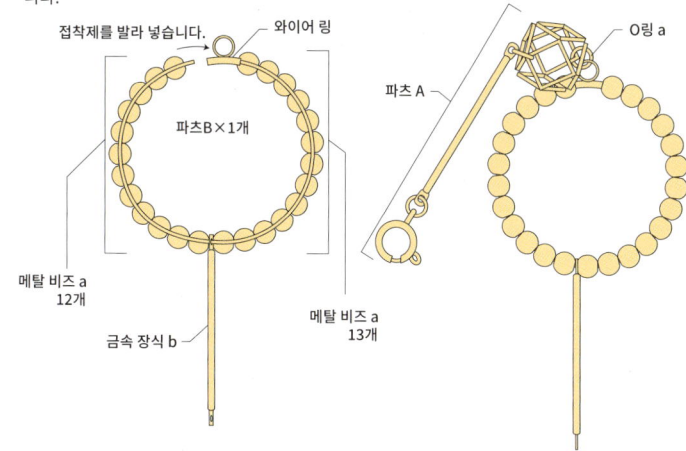

2 파츠B를 만듭니다.
와이어 링의 여닫는 부분을 열어 메탈 비즈a 13개→금속 장식b→메탈 비즈a 12개를 끼운 후 와이어 끝부분에 접착제를 발라 붙입니다.

3 접착제가 마르면 파츠A와 파츠B를 O링a로 연결합니다.

4 파츠C를 만듭니다.
메탈 비즈b, c를 9핀에 끼운 후 끝을 둥글게 구자말이 합니다.

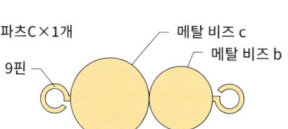

5 메탈 링a, 메탈 링b 3개, 파츠A, 파츠B, 파츠C를 O링으로 연결합니다.

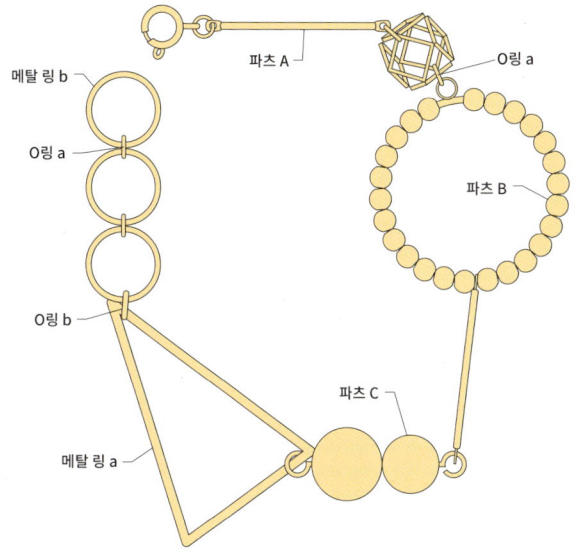

※ 그림은 258 작품 설명. 265 작품도 같은 방법으로 만듭니다.

> **memo**
> **메탈 링을 연장 체인으로!**
>
> 연장 체인 대신 메탈 링을 사용한 개성만점 디자인.
> 마음에 드는 파츠를 다양하게 사용할 수 있는 것은 핸드메이드만의 즐거움!

259, 266

SIZE: 세로5.2×가로3.5cm

1 귀걸이 링에 고정볼을 끼운 후 5.5cm 길이의 체인을 끼웁니다.

2 메탈 비즈a 3개 → b 2개 → c 1개 → 4.3cm 체인의 끝 한 칸 → 메탈 비즈d 1개의 순서로 끼웁니다.

3 1에서 처음에 끼운 5.5cm 체인의 반대편 끝 구멍을 평집게로 집어 꼬이지 않게 주의하며 귀걸이 링에 끼웁니다. 메탈 비즈c 1개→b 2개→a 3개 순서로 끼웁니다. 같은 방법으로 4.3cm 체인의 반대편 끝 구멍을 귀걸이 링에 끼우고 마지막에 고정볼을 끼웁니다. 반대쪽 귀걸이는 좌우대칭이 되도록 만듭니다.

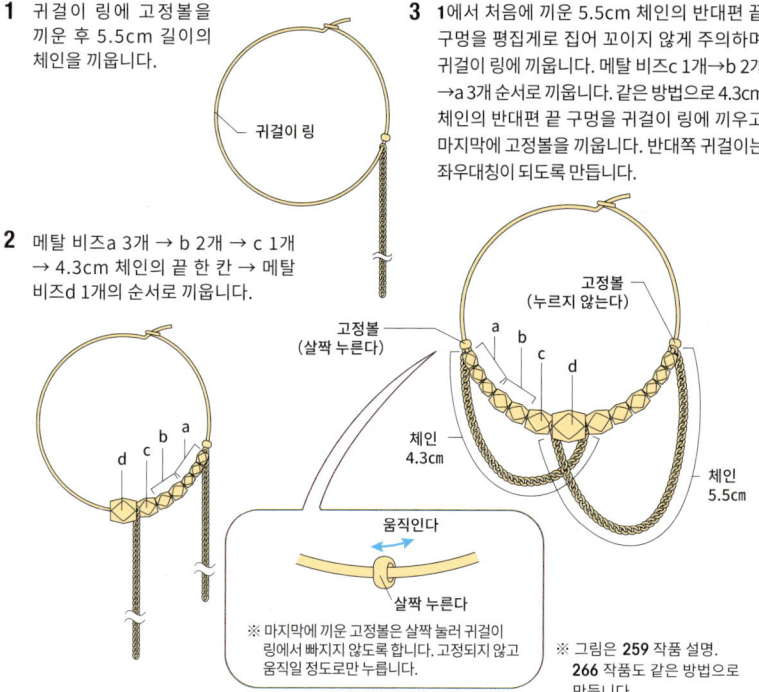

※ 그림은 259 작품 설명. 266 작품도 같은 방법으로 만듭니다.

재료

259
메탈 비즈a (정육면체·2.5mm·골드) — 12개
메탈 비즈b (정육면체·3mm·골드) — 8개
메탈 비즈c (정육면체·4mm·골드) — 4개
메탈 비즈d (정육면체·5mm·골드) — 2개
고정볼 (골드) — 4개
귀걸이 링 (후프·0.3×35mm·골드) — 1세트
체인 (골드)
— 5.5cm×2개, 4.3cm×2개

266
메탈 비즈a (정육면체·2.5mm·실버) — 12개
메탈 비즈b (정육면체·3mm·실버) — 8개
메탈 비즈c (정육면체·4mm·실버) — 4개
메탈 비즈d (정육면체·5mm·실버) — 2개
고정볼 (1.5mm·실버) — 4개
귀걸이 링 (후프·0.3×35mm·실버)
— 1세트
체인 (실버)
— 5.5cm×2개, 4.3cm×2개

[사용하는 도구]
기본 도구 (p.168)

260, 267

SIZE: 세로5.2×가로2cm

1 9핀 2개 ♥♣의 끝을 구자말이 집게로 둥글게 말아 고리를 만듭니다. 다른 9핀 ◆의 고리에 체인을 길이 짧은 순서로 1개씩 끼우고 끝부분을 구자말이를 한 9핀 ♥을 마지막으로 끼우고 고리를 닫습니다.

※ 체인이 끼워지지 않을 때에는 송곳으로 체인의 구멍을 넓힙니다.
※ 체인 구멍 넓히는 방법 ▶p.181 ⑬

2 체인을 끼운 9핀 ◆에 메탈 비즈를 5개 끼우고 남은 부분을 잘라 둥글게 만듭니다.

3 9핀 ♥♣에 귀걸이 훅을 연결합니다. 반대쪽 귀걸이도 같은 방법으로 만듭니다.

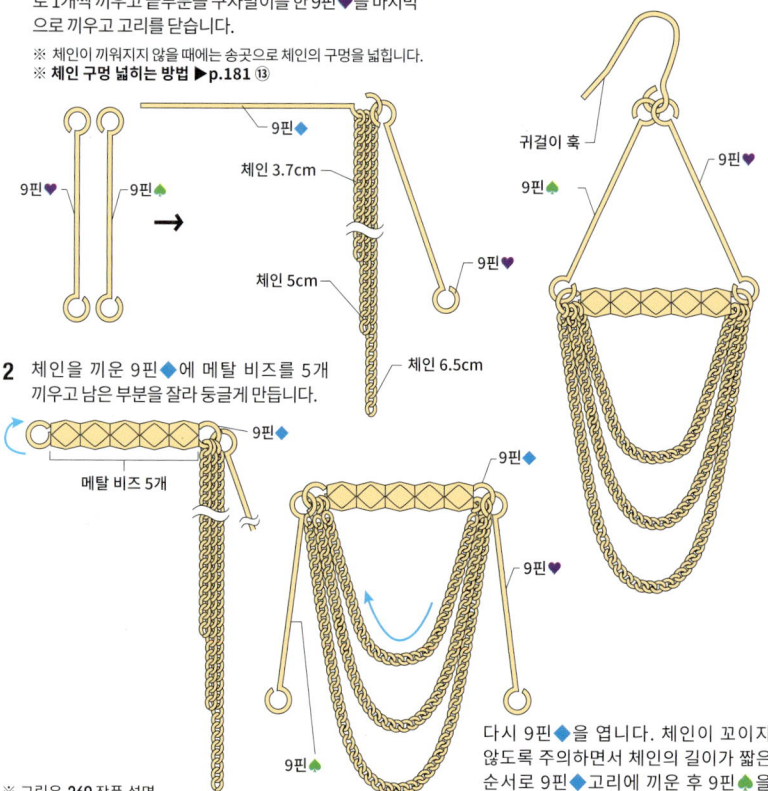

다시 9핀 ◆을 엽니다. 체인이 꼬이지 않도록 주의하면서 체인의 길이가 짧은 순서로 9핀 ◆고리에 끼운 후 9핀 ♣을 끼우고 고리를 닫습니다.

※ 그림은 260 작품 설명. 267 작품도 같은 방법으로 만듭니다.

재료

260
메탈 비즈 (정육면체·3mm·골드)
— 10개
9핀 (0.7×25mm·골드) — 6개
귀걸이 부자재 (후크·10mm·골드)
— 1세트
체인 (골드)
— 3.7cm×2개, 5cm×2개, 6.5cm×2개

267
메탈 비즈 (정육면체·3mm·실버)
— 10개
9핀 (0.7×25mm·실버) — 6개
귀걸이 부자재 (후크·10mm·실버)
— 1세트
체인 (실버)
— 3.7cm×2개, 5cm×2개, 6.5cm×2개

[사용하는 도구]
기본 도구 (p.168)

261, 268

SIZE: 세로 4 × 가로 2cm

1. 체인을 20mm X 30개로 자릅니다.

※ 1칸 단위씩 맞추고 싶은 경우에는 끝부분 체인을 가는 바늘로 끼우고 매달린 상태에서 체인을 니퍼로 자릅니다.

※ 체인의 구멍이 작은 경우 귀걸이 링에 끼워지도록 체인 끝의 칸을 송곳으로 구멍을 넓힙니다.
※ 체인 구멍 넓히는 방법 ▶p.181 ⑬

2. 귀걸이 링에 고정볼과 체인 15줄을 끼운 후 마지막에 고정볼을 끼웁니다. 반대쪽 귀걸이도 같은 방법으로 만듭니다.

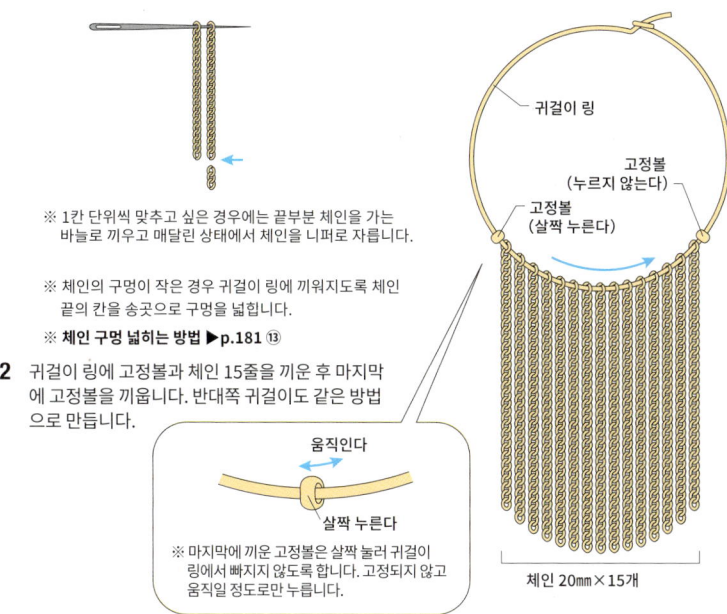

※ 마지막에 끼운 고정볼은 살짝 눌러 귀걸이 링에서 빠지지 않도록 합니다. 고정되지 않고 움직일 정도로만 누릅니다.

※ 그림은 261 작품 설명. 268 작품도 같은 방법으로 만듭니다.

재료

261
- 체인 (골드) ─── 약 20mm×30개
- 고정볼 (골드) ─── 4개
- 귀걸이 링 (후프·0.3×20mm·골드) ─── 1세트

268
- 체인 (실버) ─── 약 20mm×30개
- 고정볼 (실버) ─── 4개
- 귀걸이 링 (후프·0.3×20mm·실버) ─── 1세트

〔사용하는 도구〕
기본 도구 (p.168)

 ## 270, 279

SIZE: 세로 5 × 가로 1.8cm

1. 아크릴 파츠의 윗부분에 핀 바이스로 구멍을 뚫고 O링a를 연결합니다.

2. 파츠A를 만듭니다. 진주에 T핀을 끼운 후 끝부분을 둥글게 만듭니다. 금속 장식에 연결합니다.

3. 파츠B를 만듭니다. 라인스톤 파츠에 O링b 2개를 연결합니다.

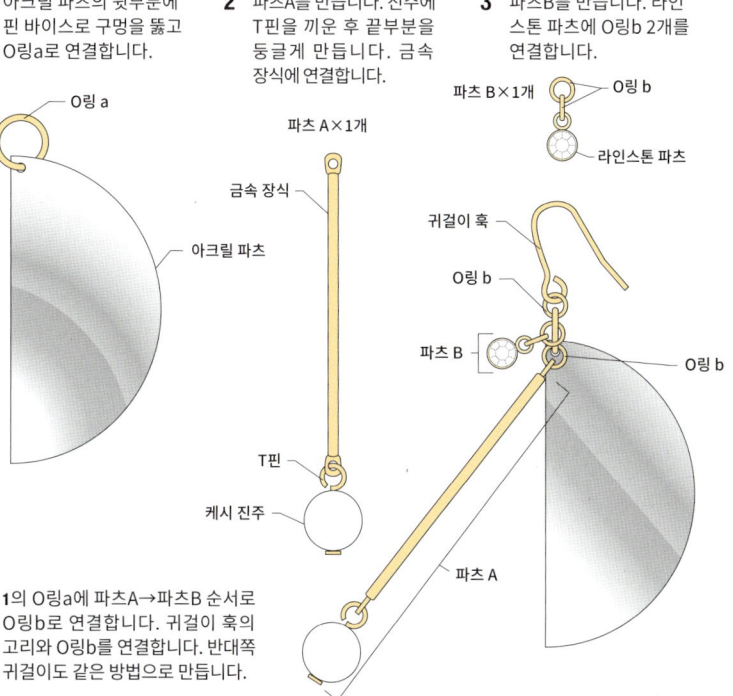

4. 1의 O링a에 파츠A→파츠B 순서로 O링b로 연결합니다. 귀걸이 훅의 고리와 O링b를 연결합니다. 반대쪽 귀걸이도 같은 방법으로 만듭니다.

※ p.123의 모델이 착용한 액세서리는 279 작품을 귀걸이 귀찌로 바꿔 착용하였습니다.
※ 그림은 270 작품 설명. 279 작품도 같은 방법으로 만듭니다.

재료

270
- 케시 진주 (라운드·6mm·크림) ─── 2개
- 아크릴 파츠 (반원·17×34mm·그레이 마블) ─── 2개
- 금속 장식 (막대·1×35mm·골드) ─── 2개
- 라인스톤 파츠 (라운드·고리형·골드) ─── 2개
- O링 a (0.8×6mm·골드) ─── 2개
- O링 b (0.6×3mm·골드) ─── 8개
- T핀 (0.6×20mm·골드) ─── 2개
- 귀걸이 부자재 (후크·10mm·골드) ─── 1세트

279
- 케시 진주 (라운드·6mm·그레이) ─── 2개
- 아크릴 파츠 (반원·17×34mm·그레이 마블) ─── 2개
- 금속 장식 (막대·1×35mm·로듐) ─── 2개
- 라인스톤 파츠 (라운드·고리형·로듐) ─── 2개
- O링 a (0.8×6mm·로듐) ─── 2개
- O링 b (0.6×3mm·로듐) ─── 8개
- T핀 (0.6×20mm·로듐) ─── 2개
- 귀걸이 부자재 (후크·10mm·로듐) ─── 1세트

〔사용하는 도구〕
기본 도구 (p.168) / 핀 바이스

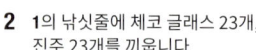# 262, 269

SIZE: 손목 둘레 15cm

재료

262
케시 진주 (라운드·3mm·그레이) ——— 23개
체코 글래스 (라운드·3mm·화이트) ——— 23개
금속 장식 (사각 파이프·2×25mm·골드) - 1개
구멍 지프 (골드) ——————————— 2개
O링 (0.6×3mm·골드) ——————— 4개
9핀 (0.7×40mm·골드) ——————— 1개
고정볼 (골드) —————————————— 2개
SR 장식 (골드) ————————————— 1개
연장 체인 (골드) ———————————— 1개
낚싯줄 (2호·투명) ——————— 40cm×1개
체인 (골드) ——————————— 6cm×2개

269
케시 진주 (라운드·3mm·그레이) ——— 23개
체코 글래스 (라운드·3mm·화이트) ——— 23개
금속 장식 (사각 파이프·2×25mm·로듐) - 1개
구멍 지프 (로듐) ——————————— 2개
O링 (0.6×3mm·로듐) ——————— 4개
9핀 (0.7×40mm·로듐) ——————— 1개
고정볼 (로듐) —————————————— 2개
SR 장식 (로듐) ————————————— 1개
연장 체인 (로듐) ———————————— 1개
낚싯줄 (2호·투명) ——————— 40cm×1개
체인 (로듐) ——————————— 6cm×2개

[사용하는 도구]
기본 도구 (p.168)

1 낚싯줄에 고정볼을 끼워 중심에서 고정 매듭을 짓습니다. 구멍 지프를 끼워 고정볼을 넣고 닫습니다.
※ 끈 매듭 방법 ▶p.186 ㉟
※ 구멍지프 사용법 ▶p.178 ⑥

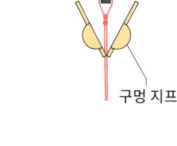

2 1의 낚싯줄에 체코 글래스 23개, 진주 23개를 끼웁니다.

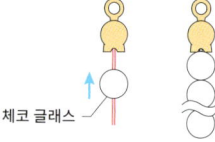

3 마지막으로 구멍 지프를 끼우고, 낚싯줄 1개에 고정볼을 끼워 고정 매듭을 짓습니다. 구멍 지프에 고정볼을 넣은 후 닫습니다. 낚싯줄 방향을 되돌려 진주 3개에 끼워 고정 매듭을 짓고 남은 낚싯줄은 자릅니다.

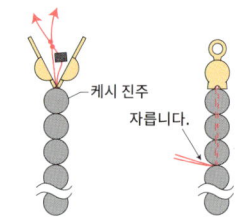

4 손가락으로 커브를 만든 9핀을 금속 장식에 끼우고 남은 부분은 자르고 끝부분을 구자말이하여 고리를 만듭니다.

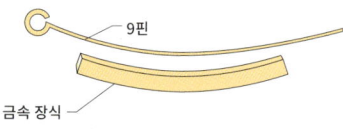

5 체인을 O링으로 9핀에 연결합니다.

6 고리 지프의 고리와 체인을 O링으로 연결한 후 각각 SR장식과 연장 체인을 연결합니다.

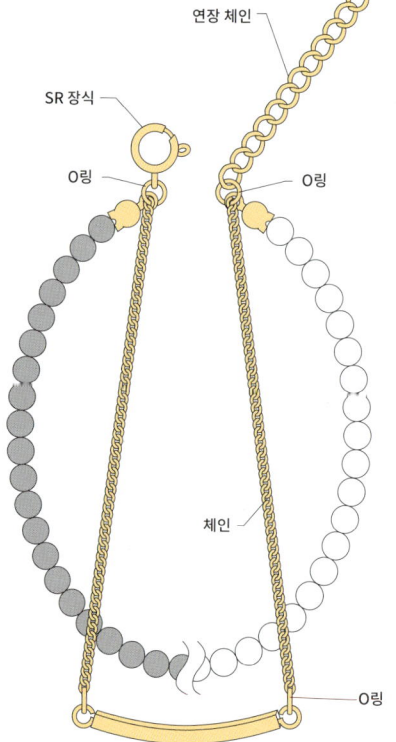

※ 그림은 262 작품 설명.
269 작품도 같은 방법으로 만듭니다.

271, 280

SIZE: 세로 2 × 가로 2 cm

재료

271

메탈 링a (라운드·9㎜·골드) ── 2개
메탈 링b (라운드·14㎜·골드) ── 2개
메탈 링c (라운드·19㎜·골드) ── 2개
O링a (0.6×3㎜·골드) ── 2개
O링b (0.7×3.5㎜·골드) ── 4개
귀걸이 부자재 (후크·10㎜·골드) ── 1세트

280

메탈 링a (삼각형·10㎜·실버) ── 2개
메탈 링b (삼각형·15㎜·실버) ── 2개
메탈 링c (삼각형·20㎜·실버) ── 2개
O링a (0.6×3㎜·실버) ── 2개
O링b (0.7×3.5㎜·실버) ── 4개
귀걸이 부자재 (후크·10㎜·실버) ── 1세트

〔사용하는 도구〕
기본 도구 (p.168)

1 메탈 링a에 O링a를 연결합니다.

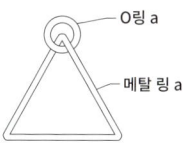

2 1의 O링a와 메탈 링b를 O링b로 연결합니다.

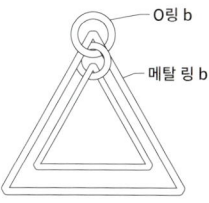

3 2의 O링b와 메탈 링c를 O링b로 연결한 후 귀걸이 훅에 연결합니다. 반대쪽 귀걸이도 같은 방법으로 만듭니다.

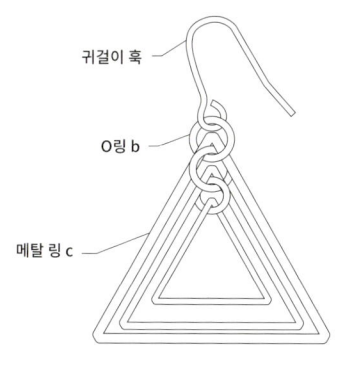

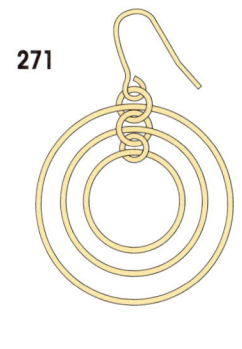

271

※ 그림은 280 작품 설명.
271 작품도 같은 방법으로 만듭니다.

272, 281

SIZE: 세로 3.5 × 가로 2 cm

재료

272

스와로브스키 (#4320·14×10㎜·그래파이트 (graphite)) ── 2개
메탈 참 (입체 스퀘어·8×10×10㎜·골드) ── 2개
O링 (0.6㎜×4㎜·골드) ── 2개
스톤캡 (#4320·14×10㎜용·골드) ── 2개
비즈캡 (8㎜·골드) ── 2개
귀걸이 포스트 (평판·6㎜·골드) ── 1세트

281

스와로브스키 (#4320·14×10㎜·데님 블루) ── 2개
메탈 참 (입체 스퀘어·8×10×10㎜·실버) ── 2개
O링 (0.6㎜×4㎜·실버) ── 2개
스톤캡 (#4320·14×10㎜용·실버) ── 2개
비즈캡 (8㎜·실버) ── 2개
귀걸이 포스트 (평판·6㎜·실버) ── 1세트

〔사용하는 도구〕
기본 도구 (p.168) / 접착제

1 스와로브스키를 스톤캡에 고정합니다.

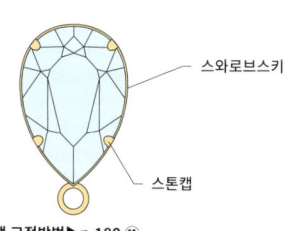

※ 스톤캡 고정방법 ▶p.180 ⑪

2 스톤캡에 비즈캡을 접착제로 붙입니다.

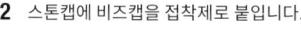

3 2가 마르면 귀걸이 포스트를 접착제로 붙입니다.

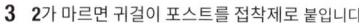

4 3의 고리에 메탈 참을 O링으로 연결합니다. 반대쪽 귀걸이도 같은 방법으로 만듭니다.

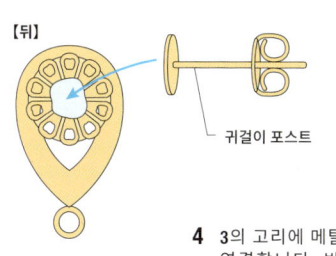

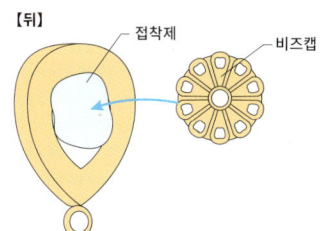

※ 그림은 272 작품 설명. 281 작품도 같은 방법으로 만듭니다.

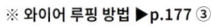

273, 282

SIZE: 목둘레 34cm

재료

1. 메탈 링을 오른쪽부터 a, b, c, d 순서로 O링을 연결합니다. 같은 것을 2개 만듭니다.

2. 파츠A1 ♥에 AW를 와이어 루핑을 합니다. 그림과 같이 AW에 파츠를 끼우고 마지막에 체인을 연결해 와이어 루핑을 합니다.
   ※ 와이어 루핑 방법 ▶ p.177 ③

3. 또 하나의 체인을 파츠A ◆에 O링으로 연결합니다. 체인의 끝부분은 SR장식을 O링으로 연결합니다.

4. 2의 체인에는 다른 하나의 파츠 A ♠에 O링으로 연결합니다.

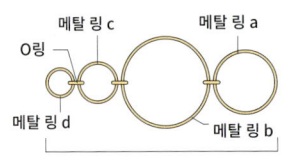

※ 그림은 273 작품 설명.
282 작품도 같은 방법으로 만듭니다.

273
- 메탈 비즈 (정육면체·5mm·골드) ── 2개
- 메탈 링a (라운드·14mm·골드) ── 2개
- 메탈 링b (라운드·19mm·골드) ── 2개
- 메탈 링c (라운드·6mm·골드) ── 2개
- 메탈 링d (라운드·4mm·골드) ── 2개
- 메탈 스페이서 (0.3×3mm·골드) ── 5개
- 금속 장식 (원통형·2×30mm·골드) ── 2개
- O링 (0.6×3mm·골드) ── 9개
- SR 장식 (골드) ── 1개
- AW [아티스틱 와이어]
  (#24·Non-Tarnish Brass) ── 10cm×1개
- 체인 (골드) ── 9cm×2개

282
- 메탈 비즈 (정육면체·5mm·골드) ── 2개
- 메탈 링a (라운드·14mm·로듐) ── 2개
- 메탈 링b (라운드·19mm·로듐) ── 2개
- 메탈 링c (라운드·6mm·로듐) ── 2개
- 메탈 링d (라운드·4mm·로듐) ── 2개
- 메탈 스페이서 (0.3×3mm·로듐) ── 5개
- 금속 장식 (원통형·2×30mm·로듐) ── 2개
- O링 (0.6×3mm·로듐) ── 9개
- SR 장식 (로듐) ── 1개
- AW [아티스틱 와이어]
  (#24·Non-Tarnish 실버) ── 10cm×1개
- 체인 (로듐) ── 9cm×2개

〔사용하는 도구〕
기본 도구 (p.168)

274, 284

SIZE: 세로3×가로4cm

재료

1. 금속 장식의 고리와 AW 끝에서부터 약 1cm 지점에 고리를 만들어 연결한 후 와이어 루핑을 합니다.
   ※ 와이어 루핑 방법 ▶ p.177 ③

2. 1의 AW에 막대 비즈→특소 비즈 5개→막대 비즈→금속 장식 순서로 끼웁니다. 이 과정을 2번 더 반복합니다.

3. 마지막 금속 장식을 끼우고 난 후 AW를 되돌아 접은 후 와이어 루핑을 합니다.

4. 1~3의 금속 장식 위의 고리와 귀걸이 포스트의 고리를 O링으로 연결합니다. 이 때 금속 장식의 방향을 맞추어 정리합니다.
   비즈를 끼운 부분을 손가락으로 살짝 눌러 프릴 모양이 되도록 만듭니다. 반대쪽 귀걸이도 같은 방법으로 만듭니다.

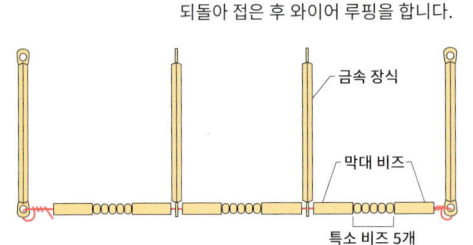

※ 그림은 274 작품 설명. 284 작품도 같은 방법으로 만듭니다.

274
- 막대 비즈 (6mm·골드실버) ── 12개
- 특소 비즈 (골드) ── 30개
- 금속 장식 (원통형·1×25mm·골드) ── 8개
- O링 (0.6×3.5mm·골드) ── 2개
- AW [아티스틱 와이어]
  (#24·Non-Tarnish Brass) ── 10cm×2개
- 귀걸이 포스트 (볼고리형·골드) ── 1세트

284
- 막대 비즈 (6mm·크리스탈 실버) ── 12개
- 특소 비즈 (화이트 실버 메탈릭) ── 30개
- 금속 장식 (원통형·1×25mm·로듐) ── 8개
- O링 (0.6×3.5mm·로듐) ── 2개
- AW [아티스틱 와이어]
  (#24·Non-Tarnish 실버) ── 10cm×2개
- 귀걸이 포스트 (볼고리형·로듐) ── 1세트

〔사용하는 도구〕
기본 도구 (p.168)

275, 285

SIZE: 모티브 세로1×가로3cm

판 뱅글에 삼각 아크릴 파츠 4개를 위아래 라인이 바로 되도록 접착제로 붙여 고정합니다.

재료

275
삼각 아크릴 파츠
　(구멍 없는 것·10㎜·호박 마블) ── 4개
뱅글 (중심이 평평한 형태·골드) ── 1개

285
삼각 아크릴 파츠
　(구멍 없는 것·10㎜·크리스탈 도트) ── 4개
뱅글 (중심이 평평한 형태·로듐) ── 1개

[사용하는 도구]
접착제

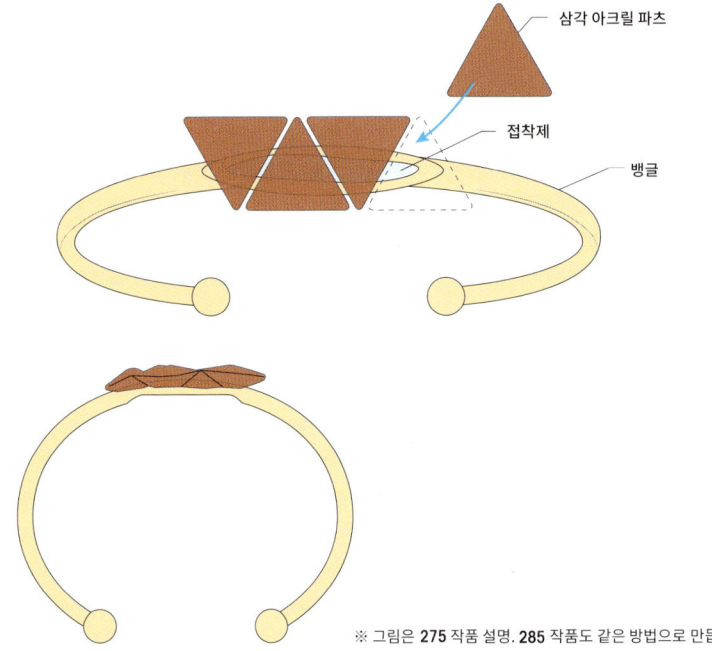

※ 그림은 275 작품 설명. 285 작품도 같은 방법으로 만듭니다.

276, 286

SIZE: 목둘레 60cm

1 메탈 플레이트 체인 양 끝에 O링b로 27.5cm 체인을 연결합니다.

2 체인의 끝에 SR장식 A바를 O링a로 각각 연결합니다.

3 3cm 체인의 한쪽에 큐빅 지르코니아를 O링a로 연결합니다.

4 1의 한쪽 O링b에 O링a로 3을 연결합니다.

재료

276
큐빅 지르코니아 (고리형·5㎜·골드) ── 1개
O링a (0.6×3㎜·골드) ── 4개
O링b (0.7×4㎜·골드) ── 2개
SR 장식 (골드) ── 1개
A바 (골드) ── 1개
메탈 플레이트 체인 (골드)
　　　　　　　　　　── 5cm×1개
체인 (골드) ── 27.5cm×2개, 3cm×1개

286
큐빅 지르코니아 (고리형·5㎜·로듐) ── 1개
O링a (0.6×3㎜·로듐) ── 4개
O링b (0.7×4㎜·로듐) ── 2개
SR 장식 (로듐) ── 1개
A바 (로듐) ── 1개
메탈 플레이트 체인 (로듐)
　　　　　　　　　　── 5cm×1개
체인 (로듐) ── 27.5cm×2개, 3cm×1개

[사용하는 도구]
기본 도구 (p.168)

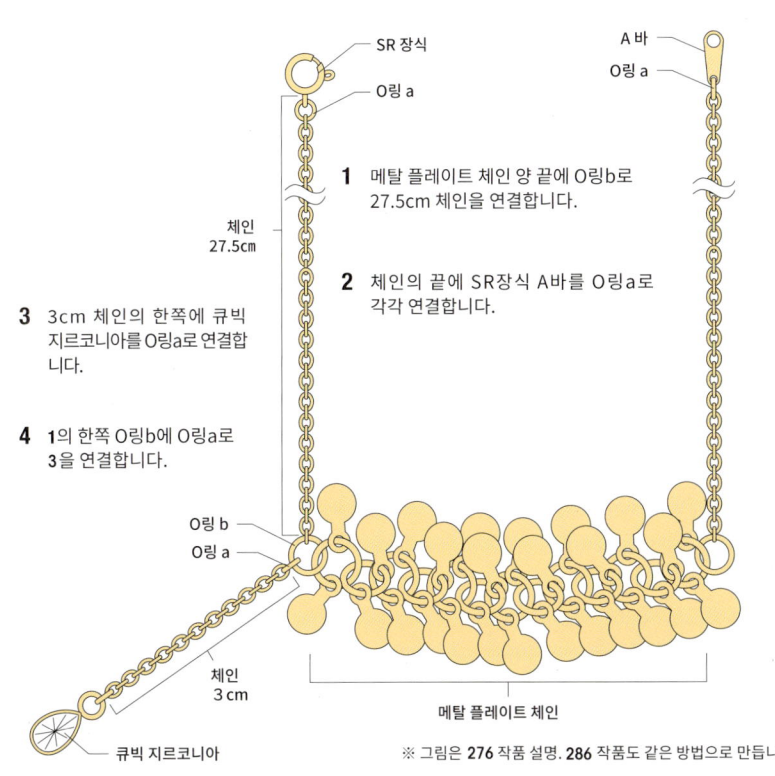

※ 그림은 276 작품 설명. 286 작품도 같은 방법으로 만듭니다.

277, 283

SIZE: 손목 둘레 18cm

1. 체인a의 양 끝에 O링으로 5.5cm 길이의 체인b를 연결합니다.

2. 16cm 길이의 체인b와 1의 양 끝을 O링으로 끼워 만텔과 연결합니다.

※ 그림은 277 작품 설명.
283 작품도 같은 방법으로 만듭니다.

재료

277
O링 (0.7×4㎜·골드) ──────── 4개
만텔 (골드) ──────── 1세트
체인a (15×22㎜·매트 골드) ──── 3칸
체인b (골드)
──────── 16㎝×1개, 5.5㎝×2개

283
O링 (0.7×4㎜·로듐) ──────── 4개
만텔 (로듐) ──────── 1세트
체인a (15×22㎜·매트 실버) ──── 3칸
체인b (로듐)
──────── 16㎝×1개, 5.5㎝×2개

〔사용하는 도구〕
기본 도구 (p.168)

 # 278, 287

SIZE: 손목 둘레 16.5cm

1. 팔찌 와이어의 한쪽에 접착제를 발라 마감 장식을 끼운 후 붙입니다.

2. 팔찌 와이어에 메탈 비즈 a, b, c 순서로 끼우고 팔찌 와이어의 끝부분에 접착제를 발라 마감 장식을 끼운 후 붙입니다.

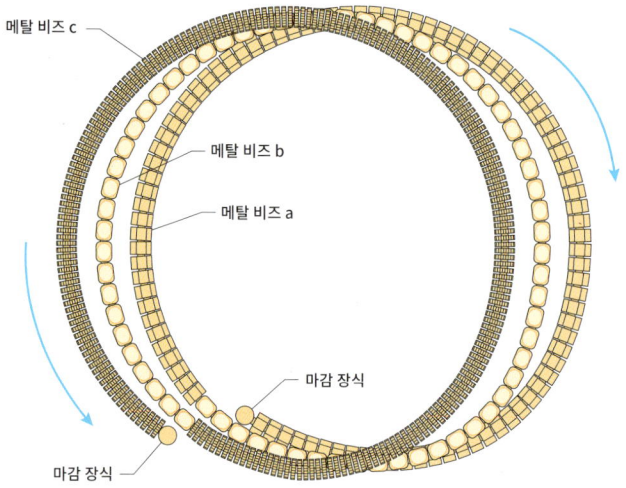

※ 그림은 278 작품 설명. 287 작품도 같은 방법으로 만듭니다.

재료

278
메탈 비즈a (사각·8㎜·소프트 골드)
──────── 115개
메탈 비즈b (직사각형·16㎜·소프트 골드)
──────── 60개
메탈 비즈c (8㎜·소프트 골드)
──────── 약 270개
팔찌 와이어 (3루프·0.6×6㎜·골드) ── 1개

287
메탈 비즈a (사각·8㎜·소프트 실버)
──────── 115개
메탈 비즈b (직사각형·16㎜·소프트 실버)
──────── 60개
메탈 비즈c (8㎜·소프트 실버)
──────── 약 270개
팔찌 와이어 (3루프·0.6×6㎜·로듐) ── 1개

〔사용하는 도구〕
접착제

288, 297

SIZE: 목둘레 54cm

1. 금속 장식 a~c와 메탈 플레이트에 9핀을 끼운 후 끝을 둥글게 구자말이 합니다.

2. 파츠B와 C의 양 끝을 O링b로 연결합니다.

3. 그림과 같이 파츠A~D를 연결합니다.
   ※ 꼬여지지 않게 조심합니다.

4. 파츠D의 9핀과 체인을 O링a로 연결합니다.
   체인의 끝에 SR장식, A바를 O링a로 연결합니다.

※ 그림은 288 작품 설명. 297 작품도 같은 방법으로 만듭니다.

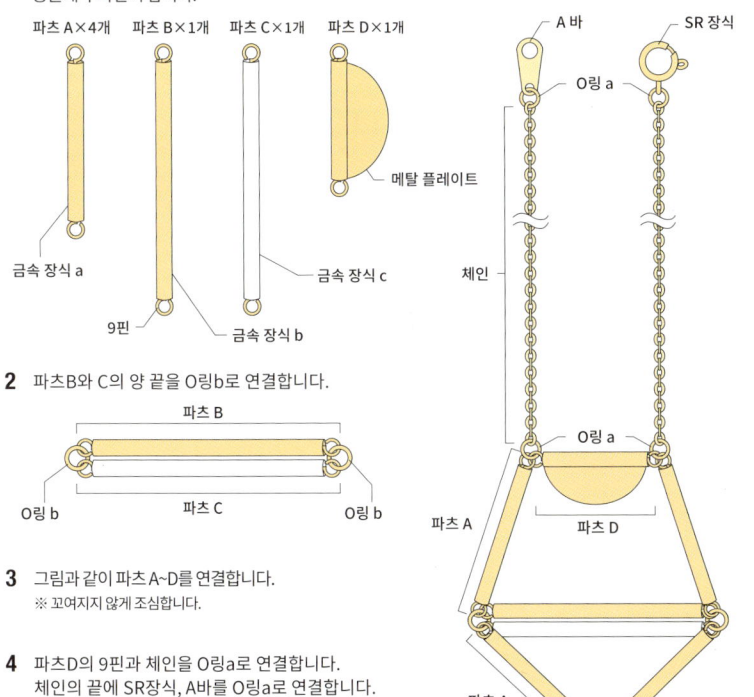

재료

288

메탈 플레이트
　(두 바퀴 말린 원형판·15×7mm·골드) · 1개
금속 장식a (원통형·2×19mm·골드) ──── 4개
금속 장식b (원통형·2×30mm·골드) ──── 1개
금속 장식c (원통형·2×30mm·화이트) ── 1개
O링a (0.6×3mm·골드) ──────── 4개
O링b (0.7×4mm·골드) ──────── 2개
9핀 (0.7×40mm·골드) ──────── 7개
SR 장식 (골드) ─────────── 1개
A바 (골드) ─────────── 1개
체인 (골드) ──────────── 25cm×2개

297

메탈 플레이트
　(두 바퀴 말린 원형판·15×7mm·로듐) · 1개
금속 장식a (원통형·2×19mm·로듐) ──── 4개
금속 장식b (원통형·2×30mm·로듐) ──── 1개
금속 장식c (원통형·2×30mm·화이트) ── 1개
O링a (0.6×3mm·로듐) ──────── 4개
O링b (0.7×4mm·로듐) ──────── 2개
9핀 (0.7×40mm·로듐) ──────── 7개
SR 장식 (로듐) ─────────── 1개
A바 (로듐) ─────────── 1개
체인 (로듐) ──────────── 25cm×2개

〔사용하는 도구〕
기본 도구 (p.168)

289, 298

SIZE: 세로5.5×가로1cm

1. 금속 장식a와 금속 장식b를 O링으로 연결합니다. 금속 장식b의 고리를 가지런히 모아 O링으로 연결합니다.

2. 1과 귀걸이 포스트를 O링으로 연결합니다. 반대쪽 귀걸이도 같은 방법으로 만듭니다.

※ 그림은 289 작품 설명.
298 작품도 같은 방법으로 만듭니다.

재료

289

금속 장식a
　(V자 고리형·9×10mm·크리스탈 골드)
　────────────── 2개
금속 장식b (막대·1×35mm·골드) ──── 4개
O링 (0.6×3mm·골드) ──────── 8개
귀걸이 포스트 (볼고리형·골드)
　────────────── 1세트

298

금속 장식a
　(V자 고리형·9×10mm·크리스탈 로듐)
　────────────── 2개
금속 장식b (막대·1×35mm·로듐) ──── 4개
O링 (0.6×3mm·로듐) ──────── 8개
귀걸이 포스트 (볼고리형·로듐)
　────────────── 1세트

〔사용하는 도구〕
기본 도구 (p.168)

290, 299

SIZE: 세로 5.5 × 가로 2cm

1 체인 양 끝의 마지막 칸 구멍을 송곳으로 넓힙니다.
　※ 체인 구멍 넓히는 방법 ▶ p.181 ⑬

2 1의 한쪽 끝에 O링으로 참을 연결합니다.

3 금속 장식과 2를 O링으로 연결합니다.

4 귀걸이 귀찌를 O링으로 연결합니다. 반대쪽 귀걸이는 좌우대칭이 되도록 만듭니다.

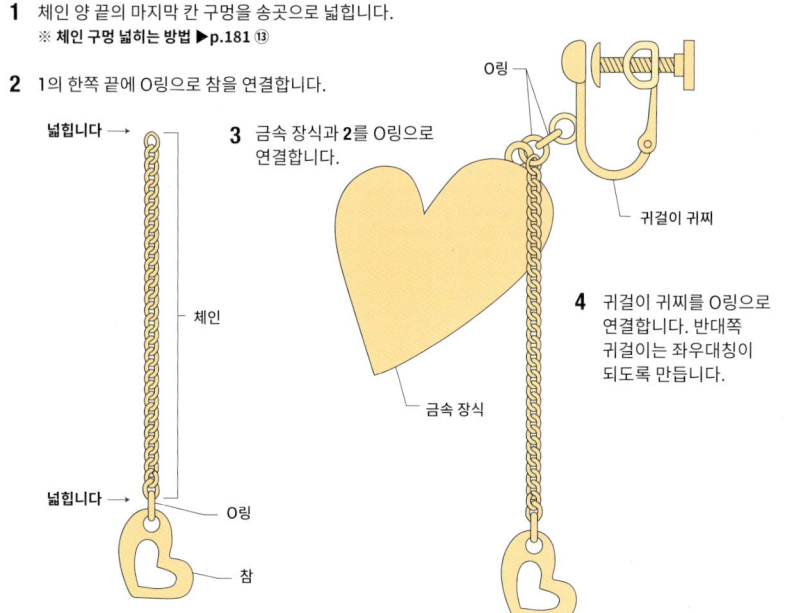

※ 그림은 290 작품 설명. 299 작품도 같은 방법으로 만듭니다.

재료

290
- 금속 장식 (하트·15×12mm·골드) — 2개
- 참 (하트·8mm·골드) — 2개
- O링 (0.6×3mm·골드) — 6개
- 귀걸이 귀찌 (고리형·골드) — 1세트
- 체인 (골드) — 3.5cm×2개

299
- 금속 장식 (하트·15×12mm·로듐) — 2개
- 참 (하트·8mm·로듐) — 2개
- O링 (0.6×3mm·로듐) — 6개
- 귀걸이 귀찌 (고리형·로듐) — 1세트
- 체인 (로듐) — 3.5cm×2개

〔사용하는 도구〕
기본 도구 (p.168)

292, 301

SIZE: 모티브 세로 1.7 × 가로 1.2cm

1 참을 소프트 몰드에 넣어 튀어나오는 부분을 자릅니다. 참 뒤에 있는 고리도 자릅니다.

2 소프트 몰드 1/3 정도까지 UV 레진을 붓고 2분 정도 UV 램프로 굳힙니다.

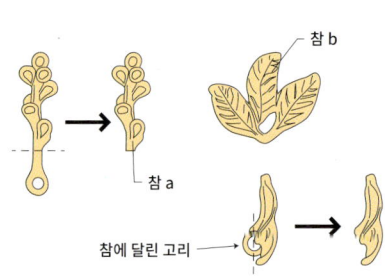

3 앞 부분이 아래로 향하도록 참 b, a 순서로 놓고 UV 레진을 소프트 몰드에 가득 채워 넣습니다. 2분 정도 UV 램프로 굳힙니다.

4 소프트 몰드에서 빼낸 후 디자인 커터 칼로 이물질을 제거합니다. 뒷면에 UV 레진을 발라 반지대를 붙여 2분 정도 UV 램프로 굳힙니다.

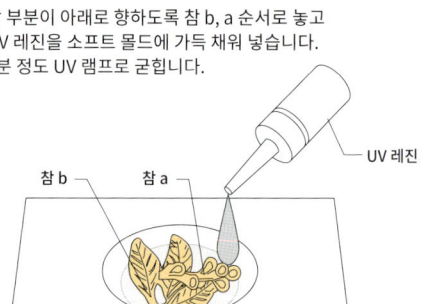

※ 그림은 292 작품 설명. 301 작품도 같은 방법으로 만듭니다.

재료

292
- 참a (꽃봉오리 가지·13×4mm·매트 골드) — 1개
- 참b (잎·13×8mm·매트 골드) — 1개
- 반지대 (평판·5mm·골드) — 1개
- UV 레진 — 적당량

301
- 참a (꽃봉오리 가지·13×4mm·로듐) — 1개
- 참b (잎·13×8mm·로듐) — 1개
- 반지대 (평판·5mm·로듐) — 1개
- UV 레진 — 적당량

〔사용하는 도구〕
기본 도구 (p.168) /
소프트 몰드 (타원형·17×12×6mm) /
UV 램프 / 디자인 커터칼

291, 300

SIZE: 모티브 세로1.8×가로1.8cm

1. AW의 끝에서 5.5cm 접어 돌린 후 평집게로 확실하게 누릅니다.

2. 5.5cm 부분의 와이어를 곡선을 만듭니다. AW에 코튼펄을 ♥에서 끼워 넣고 ▲를 2번 감은 후, 남은 와이어는 자릅니다.

3. 반지 사이즈 봉 또는 굵은 매직펜의 등 부분에 감아 하는 사이즈의 링 크기를 만듭니다. 하트 곡선 부분에 2번 감고 나머지는 자릅니다.

※ 그림은 291 작품 설명. 300 작품도 같은 방법으로 만듭니다.

재료

291
- 코튼펄 (라운드·8mm·화이트) ─ 1개
- AW [아티스틱 와이어] (#20·Non-Tarnish Brass) ─ 17cm×1개

300
- 코튼펄 (라운드·8mm·화이트) ─ 1개
- AW [아티스틱 와이어] (#20·Non-Tarnish 실버) ─ 17cm×1개

〔사용하는 도구〕
기본 도구 (p.168) / 반지 사이즈의 봉 또는 굵은 사인펜

293, 302

SIZE: 목둘레 49cm

1. 파츠A를 메탈 파이프로 아래 그림과 같이 만듭니다.
   (★=시작점. 40cm 낚싯줄의 중심)
   ※ 숫자는 메탈 파이프의 길이 단위: mm

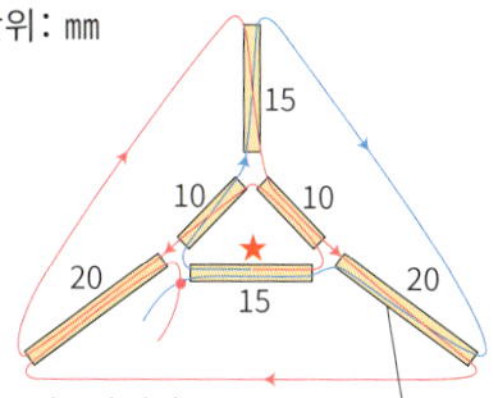

2. 같은 방법으로 파츠B, C를 지정한 길이의 메탈 파이프와 낚싯줄로 만듭니다.

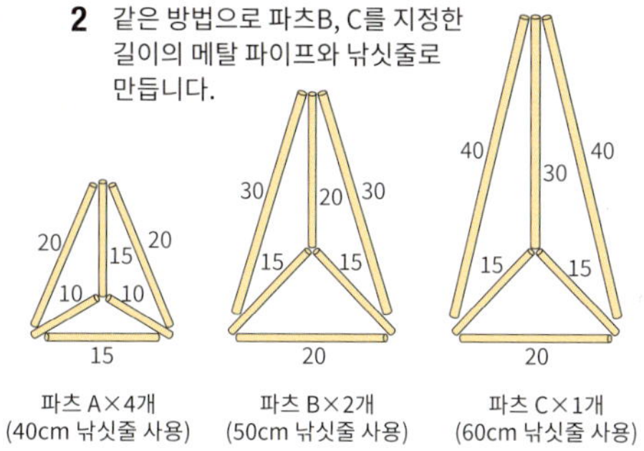

   파츠 A×4개 (40cm 낚싯줄 사용)
   파츠 B×2개 (50cm 낚싯줄 사용)
   파츠 C×1개 (60cm 낚싯줄 사용)

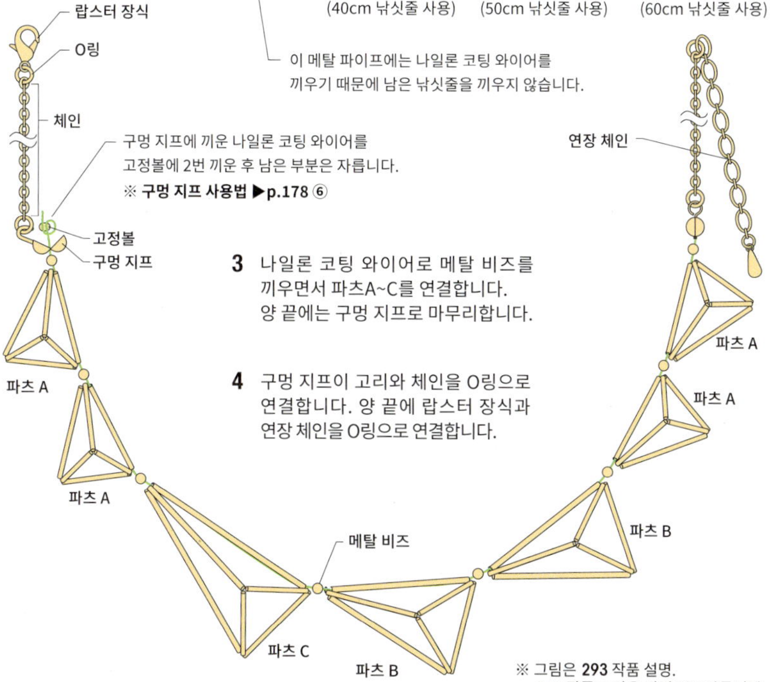

   이 메탈 파이프에는 나일론 코팅 와이어를 끼우기 때문에 남은 낚싯줄을 끼우지 않습니다.

   구멍 지프에 끼운 나일론 코팅 와이어를 고정볼에 2번 끼운 후 남은 부분은 자릅니다.
   ※ 구멍 지프 사용법 ▶p.178 ⑥

3. 나일론 코팅 와이어로 메탈 비즈를 끼우면서 파츠A~C를 연결합니다. 양 끝에는 구멍 지프로 마무리합니다.

4. 구멍 지프이 고리와 체인을 O링으로 연결합니다. 양 끝에 랍스터 장식과 연장 체인을 O링으로 연결합니다.

※ 그림은 293 작품 설명. 302 작품도 같은 방법으로 만듭니다.

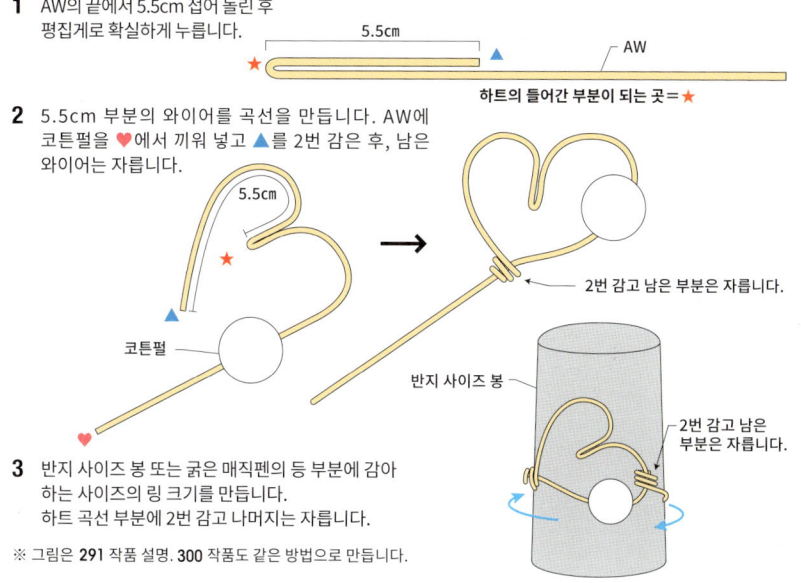

재료

293
- 메탈 파이프 a (원통형·1.0×10mm·골드) ─ 8개
- 메탈 파이프 b (원통형·1.0×15mm·골드) ─ 14개
- 메탈 파이프 c (원통형·1.0×20mm·골드) ─ 13개
- 메탈 파이프 d (원통형·1.0×30mm·골드) ─ 5개
- 메탈 파이프 e (원통형·1.0×40mm·골드) ─ 2개
- 메탈 비즈 (라운드·2mm·골드) ─ 8개
- O링 (0.7×3.5mm·골드) ─ 4개
- 구멍 지프 (골드) ─ 2개
- 고정볼 (골드) ─ 2개
- 랍스터 장식 (골드) ─ 1개
- 연장 체인 (골드) ─ 1개
- 체인 (골드) ─ 12.5cm×2개
- 나일론 코팅 와이어 (0.36mm·골드) ─ 50cm×1개
- 낚싯줄 (4호·투명) ─ 40cm×4개, 50cm×2개, 60cm×1개

302
- 메탈 파이프 a (원통형·1.0×10mm·실버) ─ 8개
- 메탈 파이프 b (원통형·1.0×15mm·실버) ─ 14개
- 메탈 파이프 c (원통형·1.0×20mm·실버) ─ 13개
- 메탈 파이프 d (원통형·1.0×30mm·실버) ─ 5개
- 메탈 파이프 e (원통형·1.0×40mm·실버) ─ 2개
- 메탈 비즈 (라운드·2mm·실버) ─ 8개
- O링 (0.7×3.5mm·실버) ─ 4개
- 구멍 지프 (실버) ─ 2개
- 고정볼 (실버) ─ 2개
- 랍스터 장식 (실버) ─ 1개
- 연장 체인 (실버) ─ 1개
- 체인 (실버) ─ 12.5cm×2개
- 나일론 코팅 와이어 (0.36mm·실버) ─ 50cm×1개
- 낚싯줄 (4호·투명) ─ 40cm×4개, 50cm×2개, 60cm×1개

〔사용하는 도구〕
기본 도구 (p.168)

294, 303

SIZE: 손목 둘레 15cm

재료

294
트위스트 후프 다이아 금속 장식
  (한쪽 구멍·20×35mm·골드) ─── 1개
메탈 비즈 (정육면체·4mm·골드)
  ─────────────────── 2개
아크릴 파츠 (튜브·4×20mm·크리스탈)
  ─────────────────── 1개
디자인 체인 (15×5mm·골드)
  ─────────────────── 4칸×2개
9핀 (0.8×60mm·골드) ─── 1개
O링 a (0.6×3mm·골드) ─── 4개
O링 b (0.7×4mm·골드) ─── 1개
SR 장식 (골드) ─── 1개
연장 체인 (골드) ─── 1개

303
트위스트 후프 다이아 금속장식
  (한쪽 구멍·20×35mm·로듐) ─── 1개
메탈 비즈 (정육면체·4mm·로듐)
  ─────────────────── 2개
아크릴 파츠 (튜브·4×20mm·크리스탈)
  ─────────────────── 1개
디자인체인 (15×5mm·로듐)
  ─────────────────── 4칸×2개
9핀 (0.8×60mm·로듐) ─── 1개
O링 a (0.6×3mm·로듐) ─── 4개
O링 b (0.7×4mm·로듐) ─── 1개
SR 장식 (로듐) ─── 1개
연장 체인 (로듐) ─── 1개

〔사용하는 도구〕
기본 도구 (p.168)

1 9핀을 메탈 비즈→아크릴 파츠→메탈 비즈 순서로 끼우고, 트위스트 후프 다이아 금속 장식의 구멍에 끼웁니다.

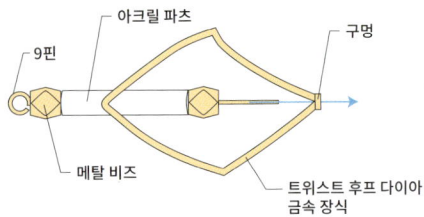

2 9핀 고리를 열어 O링a와 트위스트 후프 다이아 금속 장식을 끼운 후 닫습니다.

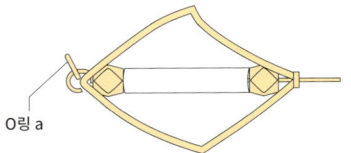

3 9핀의 끝을 둥글게 만들어 O링b를 연결합니다.

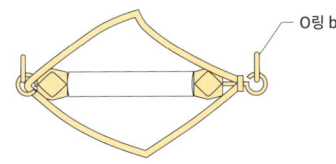

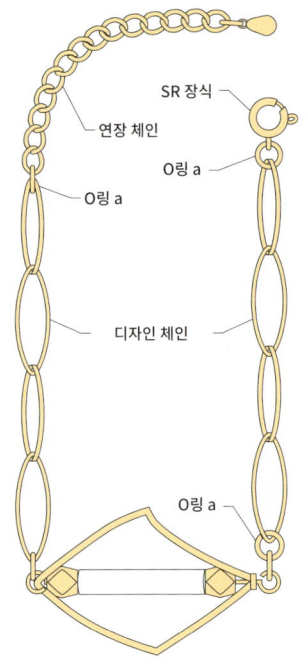

4 3의 파츠를 디자인 체인에 O링a로 연결합니다. 디자인 체인의 양 끝에는 SR장식과 연장 체인을 O링a로 연결합니다.

※ 그림은 294 작품 설명. 303 작품도 같은 방법으로 만듭니다.

 # 296, 305

SIZE: 세로5.2×가로1.2cm

재료

296
금속 장식 (사각 뿔·10×10mm·골드) ─── 4개
O링 a (0.7×4mm·골드) ─── 2개
O링 b (0.6×3mm·골드) ─── 2개
체인 (골드) ─── 2.5cm×2개
귀걸이 포스트 (볼고리형·골드)
  ─────────────────── 1세트

305
금속 장식 (사각 뿔·10×10mm·실버) ─── 4개
O링 a (0.7×4mm·로듐) ─── 2개
O링 b (0.6×3mm·로듐) ─── 2개
체인 (골드) ─── 2.5cm×2개
귀걸이 포스트 (볼고리형·로듐)
  ─────────────────── 1세트

〔사용하는 도구〕
기본 도구 (p.168) / 접착제

1 금속 장식 2개의 바닥 면을 접착제로 붙입니다.

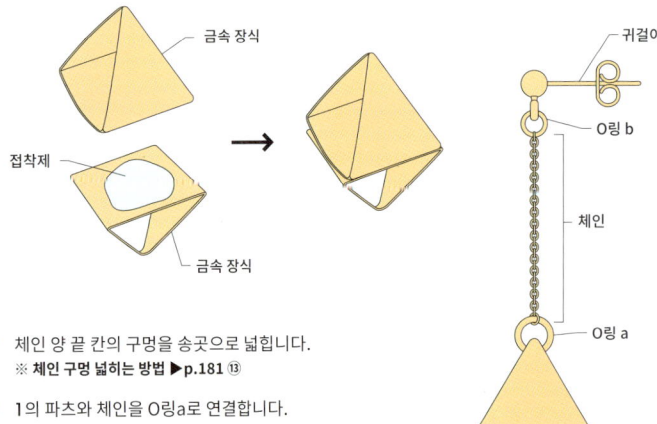

2 체인 양 끝 칸의 구멍을 송곳으로 넓힙니다.
※ **체인 구멍 넓히는 방법 ▶p.181** ⑬

3 1의 파츠와 체인을 O링a로 연결합니다.

4 체인 끝을 귀걸이 포스트와 O링b로 연결합니다. 반대쪽 귀걸이도 같은 방법으로 만듭니다.

※ 그림은 296 작품 설명. 305 작품도 같은 방법으로 만듭니다.

295, 304

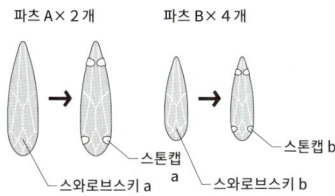

SIZE: 손목 둘레 18.5cm

재료

295
시계 파츠 (골드) ─── 1개
스와로브스키a (#4331·15㎜·골든 섀도우) ─── 2개
스와로브스키b (#4331·11㎜·골든 섀도우) ─── 4개
메탈 비즈 (라운드·2㎜·골드) ─── 12개
론델 (3㎜·크리스탈 골드) ─── 4개
참 (물방울·1cm·크리스탈 골드) ─── 1개
스톤캡a (#4331·15㎜용·골드) ─── 2개
스톤캡b (#4331·11㎜용·골드) ─── 4개
O링 (1.2×7㎜·골드) ─── 3개
C링 (1.2×5.5×6.5㎜·골드) ─── 3개
랍스터 장식 (골드) ─── 1개
고정볼 (2㎜·골드) ─── 2개
체인 (골드) ─── 5cm×2개
나일론 코팅 와이어 (0.36㎜·골드) ─── 15cm×2개

304
시계 파츠 (실버) ─── 1개
스와로브스키a (#4331·15㎜·크리스탈) ─── 2개
스와로브스키b (#4331·11㎜·크리스탈) ─── 4개
메탈 비즈 (라운드·2㎜·로듐) ─── 12개
론델 (3㎜·크리스탈 로듐) ─── 4개
참 (물방울·1cm·크리스탈 로듐) ─── 1개
스톤캡a (#4331·15㎜용·로듐) ─── 2개
스톤캡b (#4331·11㎜용·로듐) ─── 4개
O링 (1.2×7㎜·로듐) ─── 3개
C링 (1.2×5.5×6.5㎜·로듐) ─── 3개
랍스터 장식 (로듐) ─── 1개
고정볼 (2㎜·로듐) ─── 2개
체인 (로듐) ─── 5cm×2개
나일론 코팅 와이어 (0.36㎜·실버) ─── 15cm×2개

[사용하는 도구]
기본 도구 (p.168)

1. 스와로브스키a, b에 각각의 스톤캡을 고정시킵니다.

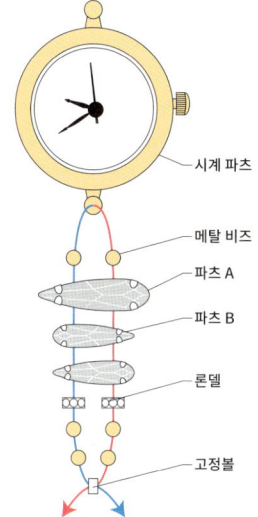

※ 스톤캡 고정방법 ▶p.180 ⑪

2. 나일론 코팅 와이어의 중심을 시계 파츠의 고리에 끼워 그림과 같이 파츠들을 끼웁니다. 마지막에는 고정볼에 교차되도록 끼우고 고정볼을 눌러 고정합니다. 남은 나일론 코팅 와이어는 론델까지 돌아와 끼운 뒤 자릅니다.

3. 2와 같은 방법으로 반대쪽도 나일론 코팅 와이어에 파츠들을 끼웁니다.

4. 3의 양 끝에 체인을 C링으로 연결합니다.

5. 체인 끝과 랍스터 장식을 C링으로 연결합니다.
   반대쪽 체인은 O링 3개를 연결한 후 참을 연결합니다.

※ 그림은 295 작품 설명. 304 작품도 같은 방법으로 만듭니다.

memo
장소에 맞춰 체인을 바꾸어 보세요!

이 책에서는 클래식한 체인으로 만들었지만 그날의 코디에 맞춰 체인을 바꿔도 OK! 다양한 디자인의 체인을 시도해보세요~!

PART 6　from 306 to 341

작은 비즈 액세서리

SMALL BEADS ACCESSORIES

옛날부터 작고 귀여운 것들을
모으는 걸 좋아해
어른이 된 지금도 장난감 같은
모티브를 직접 만들고 싶어요.

SMALL BEADS ACCESSORIES

1 비즈 자수 액세서리

한 땀 한 땀 조심스럽게 꿰매면
애정이 한층 더 많아지고
귀여운 모티브로 완성!

307　HOW TO MAKE p.144

308　HOW TO MAKE p.145

306　HOW TO MAKE p.144

310

311　HOW TO MAKE p.146

골드 델리카 비즈로 테두리를
수놓은 후 알록달록한 비즈를
채우듯이 수놓으면 완성.

309　HOW TO MAKE p.145

귀여운 강아지 얼굴
모티브로 자유롭게
수놓아도 OK.

③①②

③①③

꽃처럼 생긴 원형도 카우칭 스티치로
매끄럽게 수놓을 수 있습니다.

HOW TO MAKE　p.146

진주로 엮어 엘레강스한 이미지를.
흔들리는 물방울 진주로
시선을 모아줍니다.

③①⑥

③①④

③①⑤

HOW TO MAKE　p.147

③①⑦

HOW TO MAKE　p.147

똑바로 수놓기만 하면
되기 때문에 비즈 자수
초보자에게 추천!

비즈와 스팽글 라인
도 카우칭 스티치로
편하게 표현해요.

③①⑧

HOW TO MAKE
p.148

③①⑨

스팽글은 연속 수놓기로
꿰매는 것이 포인트!

③②⓪

HOW TO MAKE
p.148

③②①

작은 비즈 액세서리　141

SMALL BEADS ACCESSORIES

② 비즈 스티치 액세서리

비즈 스티치에는 몇 가지 테크닉이 있습니다.
여기서는 기본적인 방법으로
만드는 액세서리를 소개합니다.

③ ② ⑤

③ ② ④

HOW TO MAKE
p.149

구불구불한 트위스트 비즈에
드롭 비즈를 연결해요.

조금 복잡해 보이는 디자인도
실 꿰는 방법을
틀리지만 않으면
간단합니다.

③ ② ②

③ ② ③

HOW TO MAKE p.149

306

SIZE: 세로 4 × 가로 4cm

1. 펠트 한 장에 접착 심지를 붙입니다.
   ※ 펠트에 접착 심지를 붙이는 방법
   ▶ p.181 ⑮
2. 펠트에 도안을 옮깁니다.
   ※ 펠트에 도안 옮기는 방법
   ▶ p.181 ⑰
3. 자수실 한 가닥으로 비즈를 수놓습니다.
   ① 윤곽선을 따라 비즈를 백 스티치 합니다.
   ② 그림처럼 눈과 수염을 수놓습니다.
   ③ 남은 면을 백 스티치로 채웁니다.
   ※ 비즈 자수의 기본 테크닉
   ▶ p.187, 188
4. 가장자리를 2mm 남기고 가위로 자릅니다.
5. 다른 한 장 펠트의 테두리를 1cm 크게 자릅니다. 뒷면에 브로치 금속 부자재를 접착제로 붙이고 자수실 두 가닥으로 꿰맵니다.
6. 4의 뒤에 5를 접착제로 붙여 완전히 마르면 4를 따라 남은 부분을 자릅니다.

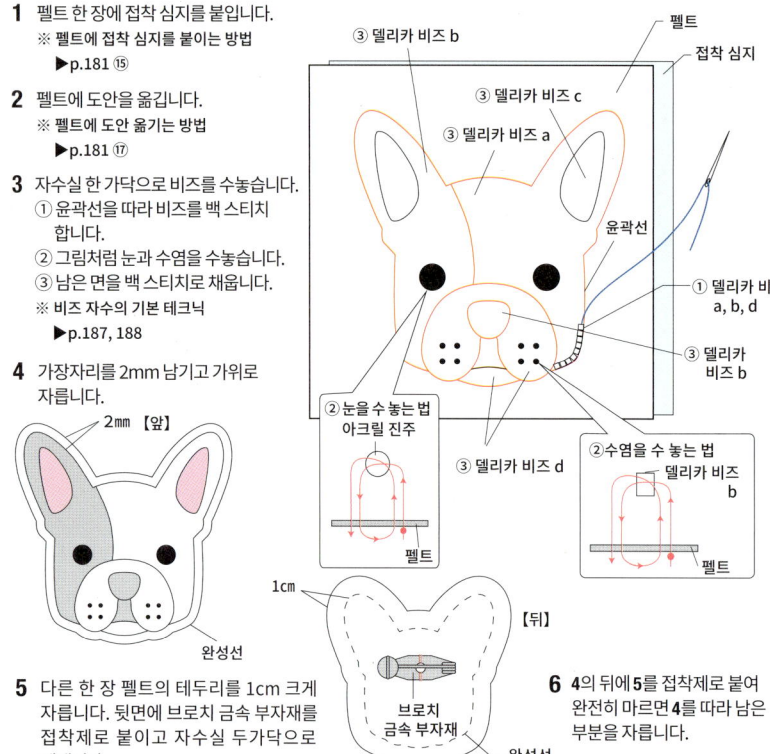

재료

306
- 아크릴 진주 (라운드·3mm·블랙) ——— 2개
- 델리카 비즈 a (화이트) ——— 약 130개
- 델리카 비즈 b (블랙) ——— 약 120개
- 델리카 비즈 c (핑크) ——— 약 30개
- 델리카 비즈 d (화이트) ——— 약 70개
- 브로치 금속 장식 (18mm·실버) ——— 1개
- 펠트 (화이트) ——— 5×5cm×2장
- 접착 심지 ——— 5×5cm×1장
- 자수실 (25번사·화이트) ——— 적당량
- 자수실 (25번사·블랙) ——— 적당량

〔사용하는 도구〕
비즈 스티치 바늘 / 가위 / 초크 펜슬 / 다리미 / 접착제

memo
비즈와 실 색상을 맞추면 예뻐요!

비즈를 꿰매는 자수실을 비즈 색상에 맞추면 작품의 완성도가 높아집니다.

 # 307

SIZE: 세로 4 × 가로 3cm

1. 펠트 한 장에 접착 심지를 붙입니다.
   ※ 펠트에 접착 심지를 붙이는 방법
   ▶ p.181 ⑮
2. 펠트에 도안을 옮깁니다.
   ※ 펠트에 도안 옮기는 방법
   ▶ p.181 ⑰
3. 자수실 한 가닥으로 비즈를 수놓습니다.
   ① 윤곽선을 따라 비즈를 백 스티치 합니다.
   ② 그림처럼 눈을 수놓습니다.
   ③ 눈썹과 귀, 입을 백 스티치로 채웁니다.
   ④ 남은 면을 백 스티치로 채웁니다.
   ※ 비즈 자수의 기본 테크닉
   ▶ p.187, 188
4. 가장자리를 2mm 남기고 가위로 자릅니다.
5. 다른 한 장 펠트의 테두리를 1cm 크게 자릅니다. 뒷면에 브로치 금속 부자재를 접착제로 붙이고 자수실 두 가닥으로 꿰맵니다.
6. 4의 뒤에 5를 접착제로 붙여 완전히 마르면 4를 따라 남은 부분을 자릅니다.

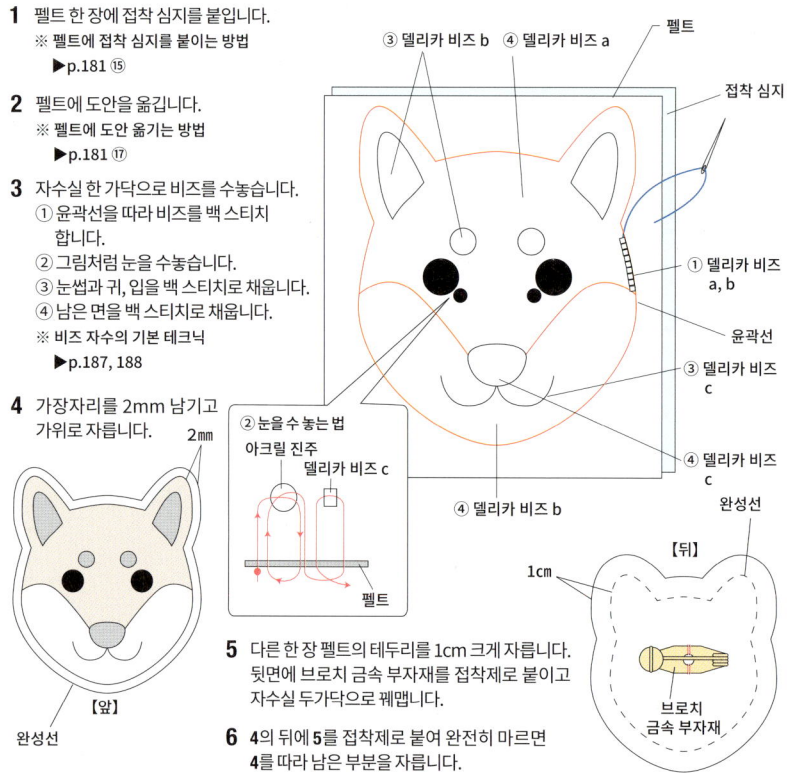

재료

307
- 아크릴 진주 (라운드·3mm·블랙) ——— 2개
- 델리카 비즈 a (황토색) ——— 약 180개
- 델리카 비즈 b (화이트) ——— 약 130개
- 델리카 비즈 c (블랙) ——— 약 20개
- 브로치 금속 장식 (18mm·골드) ——— 1개
- 펠트 (베이지) ——— 5×5cm×2장
- 접착 심지 ——— 5×5cm×1장
- 자수실 (25번사·베이지) ——— 적당량

〔사용하는 도구〕
비즈 스티치 바늘 / 가위 / 초크 펜슬 / 다리미 / 접착제

308

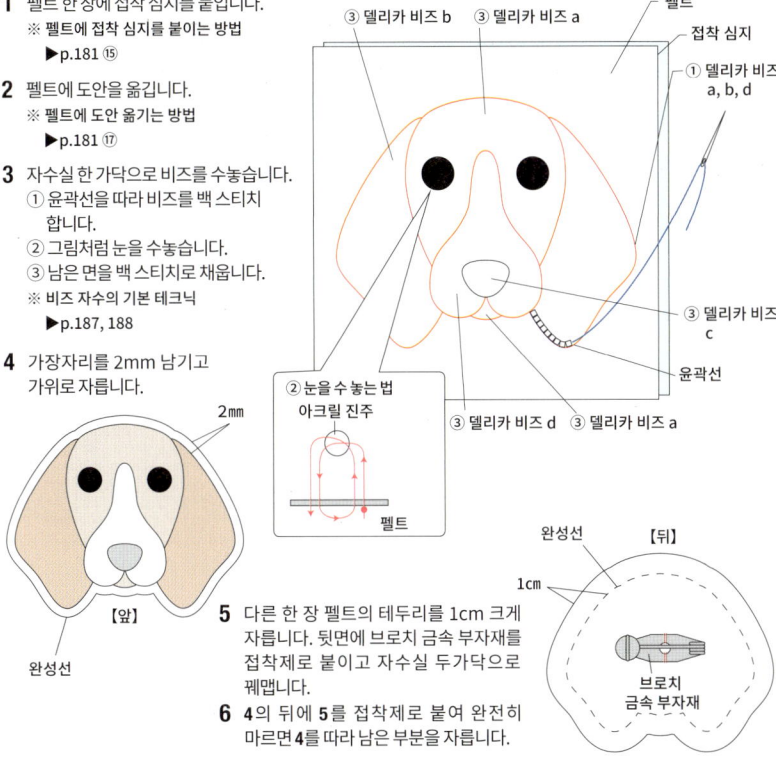

SIZE: 세로3.5×가로4cm

1 펠트 한 장에 접착 심지를 붙입니다.
　※ 펠트에 접착 심지를 붙이는 방법 ▶p.181 ⑮
2 펠트에 도안을 옮깁니다.
　※ 펠트에 도안 옮기는 방법 ▶p.181 ⑰
3 자수실 한 가닥으로 비즈를 수놓습니다.
　① 윤곽선을 따라 비즈를 백 스티치 합니다.
　② 그림처럼 눈을 수놓습니다.
　③ 남은 면을 백 스티치로 채웁니다.
　※ 비즈 자수의 기본 테크닉 ▶p.187, 188
4 가장자리를 2mm 남기고 가위로 자릅니다.
5 다른 한 장 펠트의 테두리를 1cm 크게 자릅니다. 뒷면에 브로치 금속 부자재를 접착제로 붙이고 자수실 두가닥으로 꿰맵니다.
6 4의 뒤에 5를 접착제로 붙여 완전히 마르면 4를 따라 남은 부분을 자릅니다.

재료

308

아크릴 진주 (라운드·3mm·블랙) ── 2개
델리카 비즈a (황토색) ── 약 80개
델리카 비즈b (브라운) ── 약 180개
델리카 비즈c (블랙) ── 약 15개
델리카 비즈d (화이트) ── 약 80개
브로치 금속 장식 (18mm·실버) ── 1개
펠트 (브라운) ── 5×5㎝×2장
접착 심지 ── 5×5㎝×1장
자수실 (25번사·브라운) ── 적당량

〔사용하는 도구〕

비즈 스티치 바늘 / 가위 / 초크 펜슬 / 다리미 / 접착제

309

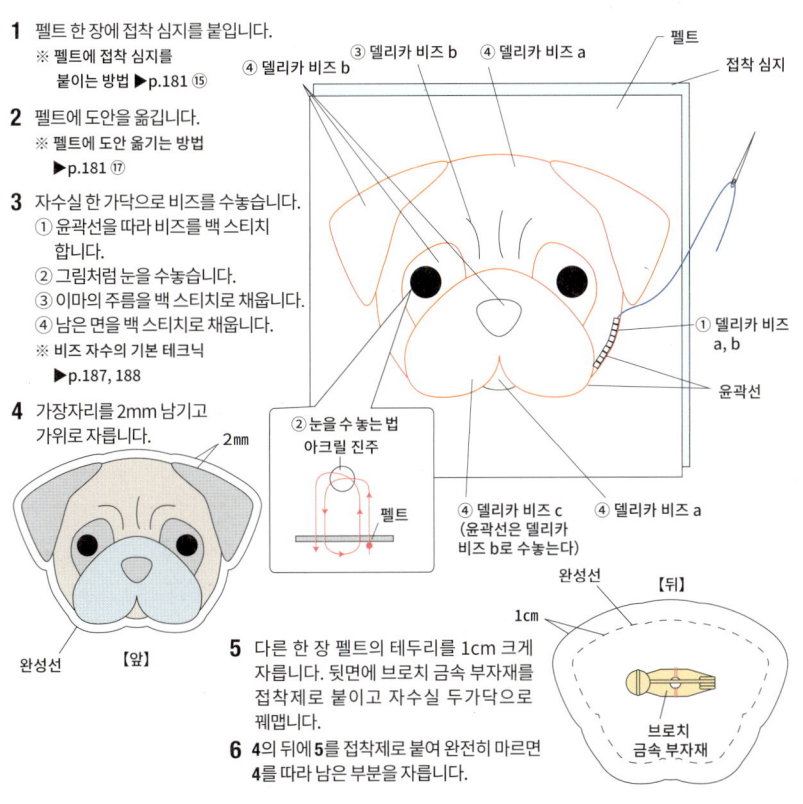

SIZE: 세로3×가로4cm

1 펠트 한 장에 접착 심지를 붙입니다.
　※ 펠트에 접착 심지를 붙이는 방법 ▶p.181 ⑮
2 펠트에 도안을 옮깁니다.
　※ 펠트에 도안 옮기는 방법 ▶p.181 ⑰
3 자수실 한 가닥으로 비즈를 수놓습니다.
　① 윤곽선을 따라 비즈를 백 스티치 합니다.
　② 그림처럼 눈을 수놓습니다.
　③ 이마의 주름을 백 스티치로 채웁니다.
　④ 남은 면을 백 스티치로 채웁니다.
　※ 비즈 자수의 기본 테크닉 ▶p.187, 188
4 가장자리를 2mm 남기고 가위로 자릅니다.
5 다른 한 장 펠트의 테두리를 1cm 크게 자릅니다. 뒷면에 브로치 금속 부자재를 접착제로 붙이고 자수실 두가닥으로 꿰맵니다.
6 4의 뒤에 5를 접착제로 붙여 완전히 마르면 4를 따라 남은 부분을 자릅니다.

재료

309

아크릴 진주 (라운드·3mm·블랙) ── 2개
델리카 비즈a (베이지) ── 약 120개
델리카 비즈b (블랙) ── 약 260개
델리카 비즈c (그레이) ── 약 60개
브로치 금속 장식 (18mm·골드) ── 1개
펠트 (베이지) ── 5×5㎝×2장
접착 심지 ── 5×5㎝×1장
자수실 (25번사·베이지) ── 적당량

〔사용하는 도구〕

비즈 스티치 바늘 / 가위 / 초크 펜슬 / 다리미 / 접착제

310, 311

SIZE : 세로 2.5 × 가로 4 cm

재 료

1. 펠트 한 장에 접착 심지를 붙입니다.
   ※ 펠트에 접착 심지를 붙이는 방법
   ▶p.181 ⑮

2. 펠트에 도안을 옮깁니다.
   ※ 펠트에 도안 옮기는 방법
   ▶p.181 ⑰

3. 자수실 한 가닥으로 비즈를 수놓습니다.
   ① 윤곽선을 따라 델리카 비즈 a를 카우칭 스티치로 수놓습니다.
   ② 그림처럼 눈을 수놓습니다.
   ③ 남은 면을 백 스티치로 채웁니다.
   ④ 꽃을 수놓습니다.
   ※ 비즈 자수의 기본 테크닉
   ▶p.187, 188

4. 가장자리를 2mm 남기고 가위로 자릅니다.

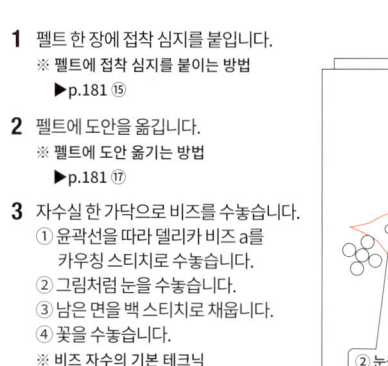

310
- 레진 진주 (라운드·2mm·화이트) ── 8개
- 델리카 비즈 a (골드) ── 약 110개
- 델리카 비즈 b (아이보리) ── 약 50개
- 델리카 비즈 c (다크 브라운) ── 1개
- 델리카 비즈 d (핑크) ── 약 30개
- 델리카 비즈 e (살몬 핑크) ── 약 11개
- 브로치 금속 장식 (18mm·골드) ── 1개
- 펠트 (핑크) ── 5×5cm×2장
- 접착 심지 ── 5×5cm×1장
- 자수실 (25번사·핑크) ── 적당량

311
- 레진 진주 (라운드·2mm·화이트) ── 8개
- 델리카 비즈 a (골드) ── 약 110개
- 델리카 비즈 b (아이보리) ── 약 50개
- 델리카 비즈 c (다크 브라운) ── 1개
- 델리카 비즈 d (라이트 블루 그린) ── 약 30개
- 델리카 비즈 e (옐로우) ── 약 11개
- 브로치 금속 장식 (18mm·골드) ── 1개
- 펠트 (크림) ── 5×5cm×2장
- 접착 심지 ── 5×5cm×1장
- 자수실 (25번사·옐로우) ── 적당량

〔사용하는 도구〕
비즈 스티치 바늘 / 가위 / 초크 펜슬 / 다리미 / 접착제

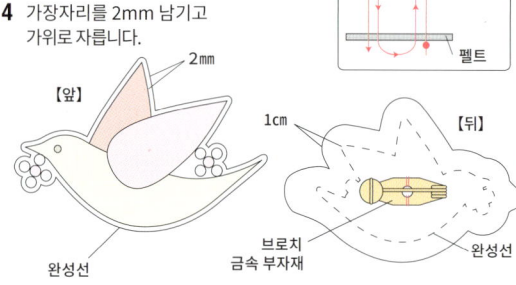

5. 다른 한 장 펠트의 테두리를 1cm 크게 자릅니다. 뒷면에 브로치 금속 부자재를 접착제로 붙이고 자수실 두 가닥으로 꿰맵니다.

6. 4의 뒤에 5를 접착제로 붙여 완전히 마르면 4를 따라 남은 부분을 자릅니다.

※ 그림은 310 작품 설명. 311 작품도 같은 방법으로 만듭니다.

312, 313

SIZE : 지름 2.5 cm

재 료

1. 펠트 한 장에 접착 심지를 붙입니다.
   ※ 펠트에 접착 심지를 붙이는 방법
   ▶p.181 ⑮

2. 실물 크기 도안을 복사 또는 종이에 베껴 그린 후 잘라 초크 펜슬로 펠트에 옮겨 그립니다.

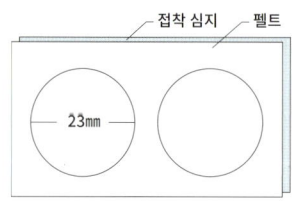

3. 한 가닥의 자수실로 비즈를 수놓습니다.
   ① 그림과 같이 캡진주를 꿰맵니다.
   ② 가장자리에 트라이앵글 비즈, ③ 레진 진주, ④ 델리카 비즈, ⑤ 쓰리컷 진주 순서로 카우칭 스티치로 수놓습니다.
   ※ 비즈 자수의 기본 테크닉 ▶p.187, 188

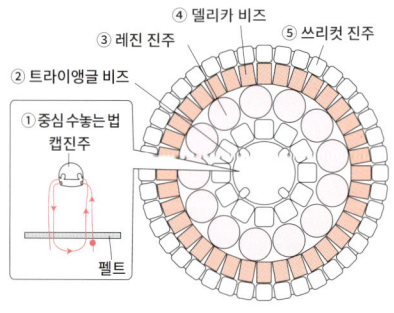

312
- 레진 진주 (라운드·3mm·핑크) ── 26개
- 쓰리컷 진주 (골드 크림 화이트) ── 약 80개
- 델리카 비즈 (연핑크) ── 약 70개
- 트라이앵글 비즈 (실버) ── 24개
- 캡진주 (6mm·화이트) ── 2개
- 귀걸이 귀찌 (평판형·10mm·골드) ── 1세트
- 펠트 (핑크) ── 4×8cm×2장
- 접착 심지 ── 4×8cm×1장
- 자수실 (25번사·핑크) ── 적당량

313
- 레진 진주 (라운드·3mm·크림) ── 26개
- 쓰리컷 진주 (베이지) ── 약 80개
- 델리카 비즈 (옐로우 그린) ── 약 70개
- 트라이앵글 비즈 (골드) ── 24개
- 캡진주 (6mm·화이트) ── 2개
- 귀걸이 귀찌 (평판형·10mm·골드) ── 1세트
- 펠트 (민트 그린) ── 4×8cm×2장
- 접착 심지 ── 4×8cm×1장
- 자수실 (25번사·민트 그린) ── 적당량

〔사용하는 도구〕
비즈 스티치 바늘 / 가위 / 초크 펜슬 / 다리미 / 접착제

4. 가장자리를 2mm 남기고 가위로 자르고 다른 한 장 펠트를 정사각형으로 잘라 접착제로 뒷면에 붙입니다. 완전히 마르면 완성선을 따라 남은 부분을 자릅니다.

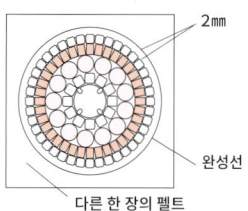

5. 귀걸이 귀찌의 평판 부분에 접착제를 발라 4의 뒤에 붙입니다. 반대쪽 귀걸이도 같은 방법으로 만듭니다.

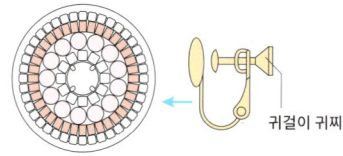

※ 그림은 312 작품 설명. 313 작품도 같은 방법으로 만듭니다.

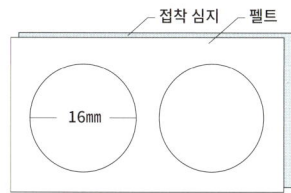

314, 315

SIZE: 세로 3 × 가로 2 cm

재료

1. 펠트 한 장에 접착 심지를 붙입니다.
   ※ 펠트에 접착 심지를 붙이는 방법
   ▶ p.181 ⑮
2. 실물 크기 도안을 복사 또는 종이에 베껴 그린 후 잘라 초크 펜슬로 펠트에 옮겨 그립니다.

3. 한 가닥의 자수실로 비즈를 수놓습니다.
   ① 그림과 같이 쉬링크 진주를 중심에 꿰매고 레진 진주 a를 가장자리에 카우칭 스티치로 수놓습니다.
   ② 가장자리에 쓰리컷 진주를 카우칭 스티치로 수놓습니다.
   ※ 비즈 자수의 기본 테크닉 ▶ p.187, 188

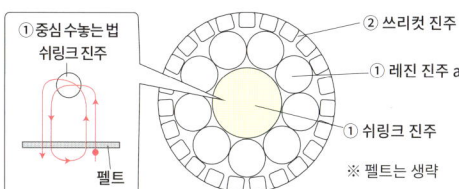

314
쉬링크 진주(Shrink pearl) 비즈
 (라운드·6mm·화이트) ── 2개
레진 진주 a (라운드·3mm·화이트) ── 18개
레진 진주 b (드롭·6×10mm·화이트) ── 2개
3컷 진주 (골드 크림 화이트) ── 약 50개
귀걸이 귀찌 (평판형·15mm·실버) ── 1세트
펠트 (화이트) ── 3×6cm×2장
자수실 (25번사·화이트) ── 적당량
접착 심지 ── 3×6cm×1장

315
쉬링크 진주(Shrink pearl) 비즈
 (라운드·6mm·핑크) ── 2개
레진 진주 a (라운드·3mm·화이트) ── 18개
레진 진주 b (드롭·6×10mm·화이트) ── 2개
3컷 진주 (베이지) ── 약 50개
귀걸이 귀찌 (평판형·15mm·실버) ── 1세트
펠트 (베이지) ── 3×6cm×2장
접착 심지 ── 3×6cm×1장
자수실 (25번사·베이지) ── 적당량

[사용하는 도구]

비즈 스티치 바늘 / 가위 / 초크 펜슬 / 다리미 / 접착제

4. 가장자리를 2mm 남기고 가위로 자르고 다른 한 장 펠트를 정사각형으로 잘라 접착제로 뒷면에 붙입니다. 완전히 마르면 완성선을 따라 남은 부분을 자릅니다.

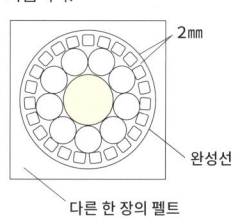

5. 한 가닥의 자수실로 진주들을 꿰맵니다.

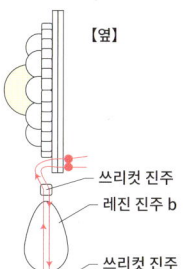

6. 귀걸이 귀찌의 평판 부분에 접착제를 발라 5의 뒤에 붙입니다. 반대쪽 귀걸이도 같은 방법으로 만듭니다.

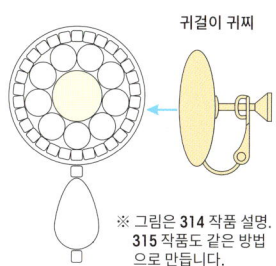

※ 그림은 314 작품 설명. 315 작품도 같은 방법으로 만듭니다.

316, 317

SIZE: 지름 3.5 cm

재료

1. 펠트 한 장에 접착 심지를 붙입니다.
   ※ 펠트에 접착 심지를 붙이는 방법
   ▶ p.181 ⑮
2. 실물 크기 도안을 복사 또는 종이에 베껴 그린 후 잘라 초크 펜슬로 펠트에 옮겨 그립니다.

3. 한 가닥의 자수실로 비즈를 수놓습니다.
   ① 델리카 비즈 a로 윤곽선을 카우칭 스티치로 수놓습니다.
   ② 중심에 델리카 비즈 b를 카우칭 스티치로 수놓습니다.
   ③ 바깥쪽을 향해 레진 진주, 막대 비즈를 카우칭 스티치로 수놓습니다.
   ※ 비즈 자수의 기본 테크닉 ▶ p.187, 188

316
레진 진주 (라운드·3mm·화이트) ── 28개
델리카 비즈 a (골드) ── 약 75개
델리카 비즈 b (레드) ── 약 60개
막대 비즈 (3mm·골드) ── 28개
브로치 금속 장식 (18mm·골드) ── 1개
펠트 (딥 핑크) ── 5×5cm×2장
접착 심지 ── 5×5cm×1장
자수실 (25번사·딥 핑크) ── 적당량

317
레진 진주 (라운드·3mm·화이트) ── 28개
델리카 비즈 a (골드) ── 약 75개
델리카 비즈 b (청록) ── 약 60개
막대 비즈 (3mm·골드) ── 28개
브로치 금속 장식 (18mm·골드) ── 1개
펠트 (청록) ── 5×5cm×2장
접착 심지 ── 5×5cm×1장
자수실 (25번사·청록) ── 적당량

[사용하는 도구]

비즈 스티치 바늘 / 가위 / 초크 펜슬 / 다리미 / 접착제

4. 가장자리를 2mm 남기고 가위로 자릅니다.

5. 다른 한 장 펠트의 테두리를 1cm 크게 자릅니다. 뒷면에 브로치 금속 부자재를 접착제로 붙이고 자수실 두가닥으로 꿰맵니다.

6. 4의 뒤에 5를 접착제로 붙여 완전히 마르면 4를 따라 남은 부분을 자릅니다.

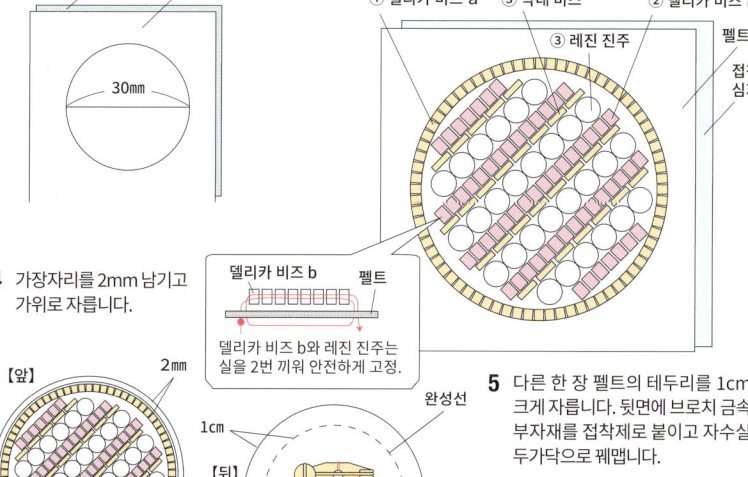

※ 그림은 316 작품 설명. 317 작품도 같은 방법으로 만듭니다.

147

318, 319

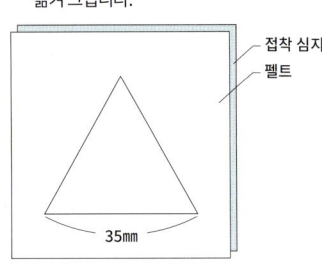

SIZE: 세로 4 × 가로 3.5cm

재료

318
- 쓰리컷 진주 (골드 크림 화이트) ── 약 60개
- 델리카 비즈 (아이보리) ── 31개
- 트라이앵글 비즈 (실버) ── 29개
- 스팽글 (육각형·5㎜·실버) ── 15개
- 브로치 금속 장식 (18㎜·실버) ── 1개
- 펠트 (크림) ── 5×5cm×2장
- 접착 심지 ── 5×5cm×1장
- 자수실 (25번사·크림) ── 적당량

319
- 쓰리컷 진주 (베이지) ── 약 60개
- 델리카 비즈 (퍼플) ── 31개
- 트라이앵글 비즈 (실버) ── 29개
- 스팽글 (육각형·5㎜·골드) ── 15개
- 브로치 금속 장식 (18㎜·골드) ── 1개
- 펠트 (라벤더) ── 5×5cm×2장
- 접착 심지 ── 5×5cm×1장
- 자수실 (25번사·라벤더) ── 적당량

〔사용하는 도구〕
비즈 스티치 바늘 / 가위 / 초크 펜슬 / 다리미 / 접착제

1 펠트 한 장에 접착 심지를 붙입니다.
※ 펠트에 접착 심지를 붙이는 방법 ▶p.181 ⑮

2 실물 크기 도안을 복사 또는 종이에 베껴 그린 후 잘라 초크 펜슬로 펠트에 옮겨 그립니다.

3 한 가닥의 자수실로 비즈를 수놓습니다.
① 쓰리컷 진주를 윤곽선을 따라 카우칭 스티치로 수놓습니다.
② 아래쪽부터 트라이앵글 비즈, ③ 델리카 비즈를 카우칭 스티치로 수놓고, ④ 스팽글을 연속 수놓기합니다.
※ 비즈 자수의 기본 테크닉 ▶p.187, 188

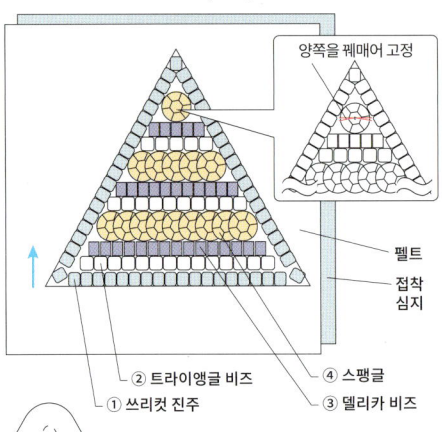

4 가장자리를 2mm 남기고 가위로 자릅니다.

5 다른 한 장 펠트의 테두리를 1cm 크게 자릅니다. 뒷면에 브로치 금속 부자재를 접착제로 붙이고 자수실 두가닥으로 꿰맵니다.

6 4의 뒤에 5를 접착제로 붙여 완전히 마르면 4를 따라 남은 부분을 자릅니다.

※ 그림은 319 작품 설명. 318 작품도 같은 방법으로 만듭니다.

320, 321

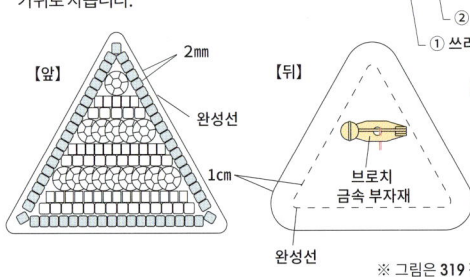

SIZE: 세로 3 × 가로 3cm

재료

320
- 레진 진주 (라운드·2.5㎜·화이트) ── 48개
- 스팽글 (태양·4㎜·메탈릭 골드) ── 약 65개
- 브로치 금속 장식 (18㎜·골드) ── 1개
- 펠트 (핑크) ── 5×5cm×2장
- 접착 심지 ── 5×5cm×1장
- 자수실 (25번사·핑크) ── 적당량

321
- 레진 진주 (라운드·2.5㎜·화이트) ── 48개
- 스팽글 (태양·4㎜·메탈릭 실버) ── 약 65개
- 브로치 금속 장식 (18㎜·실버) ── 1개
- 펠트 (화이트) ── 5×5cm×2장
- 접착 심지 ── 5×5cm×1장
- 자수실 (25번사·화이트) ── 적당량

〔사용하는 도구〕
비즈 스티치 바늘 / 가위 / 초크 펜슬 / 다리미 / 접착제

1 펠트 한 장에 접착 심지를 붙입니다.
※ 펠트에 접착 심지를 붙이는 방법 ▶p.181 ⑮

2 실물 크기 도안을 복사 또는 종이에 베껴 그린 후 잘라 초크 펜슬로 펠트에 옮겨 그립니다.

3 한 가닥의 자수실로 비즈를 수놓습니다.
① 스팽글을 연속 수놓기합니다.
② 레진 진주를 카우칭 스티치로 수놓습니다.
③ ①과 ②를 반복합니다.
※ 비즈 자수의 기본 테크닉 ▶p.187, 188

4 가장자리를 2mm 남기고 가위로 자릅니다.

5 다른 한 장 펠트의 테두리를 1cm 크게 자릅니다. 뒷면에 브로치 금속 부자재를 접착제로 붙이고 자수실 두가닥으로 꿰맵니다.

6 4의 뒤에 5를 접착제로 붙여 완전히 마르면 4를 따라 남은 부분을 자릅니다.

※ 그림은 320 작품 설명. 321 작품도 같은 방법으로 만듭니다.

322, 323

SIZE: 목둘레 31cm

1. 비즈 스티치 실을 바늘에 끼우고 실 끝을 15cm 남긴 후 극소 비즈를 5개 끼워 둥글게 만듭니다. 고정 매듭을 지은 후 실을 뜨기 시작합니다.

   ※ 고정 매듭 ▶p.186 ㉟
   ※ 비즈 스티치의 기본 테크닉 ▶p.185

2. 패턴을 40회 반복하여 뜹니다. 실이 부족해지면 도중에 추가합니다.(p.151의 **7** 참조)

3. 실의 시작과 끝 매듭을 지어가면서 뜨면서 적당한 위치에서 실을 잘라 마무리합니다.

4. 랍스터 장식과 연장 체인을 C링으로 연결하고, 연장 체인 끝에 C링으로 드롭 비즈를 연결합니다.

   ※ 그림은 323 작품 설명. 322 작품도 같은 방법으로 만듭니다.

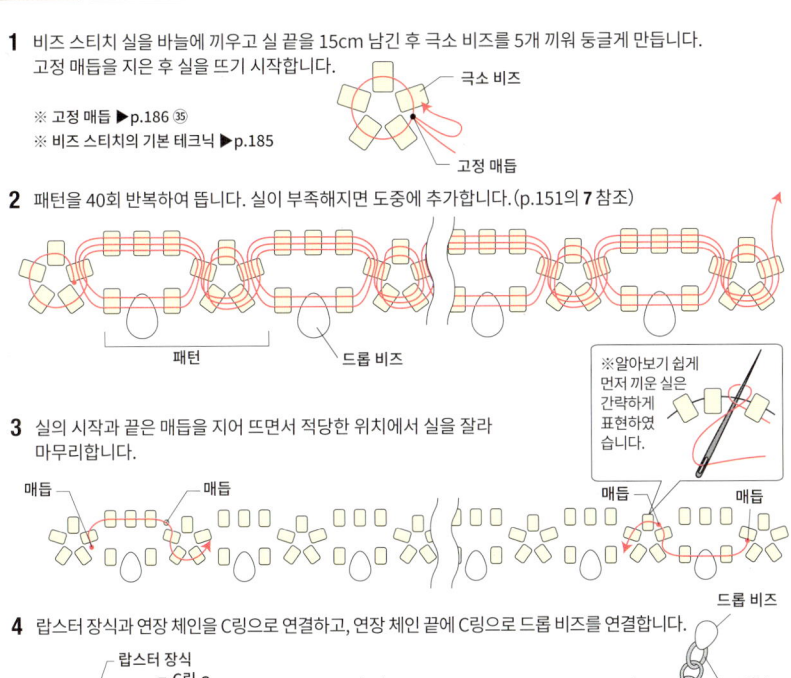

재료

322
- 드롭 비즈 (3.4mm·블랙) ─── 41개
- 극소 비즈 (블랙) ─── 405개
- C링 a (0.8×3×5mm·실버) ─── 3개
- C링 b (0.6×3×4mm·실버) ─── 1개
- 랍스터 장식 (골드) ─── 1개
- 연장 체인 (골드) ─── 1개
- 비즈 스티치 실 (#40·블랙) ─── 140cm×2개

323
- 드롭 비즈 (3.4mm·크리스탈 AB) ─── 41개
- 극소 비즈 (아이보리 계열) ─── 405개
- C링 a (0.8×3×5mm·골드) ─── 3개
- C링 b (0.6×2×4mm·골드) ─── 1개
- 랍스터 장식 (골드) ─── 1개
- 연장 체인 (골드) ─── 1개
- 비즈 스티치 실 (#40·아이보리) ─── 140cm×2개

[사용하는 도구]
기본 도구 (p.168) / 비즈 스티치 바늘 / 가위

324, 325

SIZE: 손목 둘레 16cm

1. 비즈 스티치 실을 바늘에 끼워 실 끝을 20cm 남겨 고정용 비즈 (극소 비즈·분량 외)를 끼운 후, 그림과 같이 패턴을 7번 반복하여 뜨고 끝과 시작점의 실을 마무리 짓습니다. 실이 부족하면 도중에 추가합니다. (p.151의 **7** 참고)

   ※ 비즈 스티치의 기본 테크닉 ▶p.185

2. C링 a로 랍스터 장식과 연장 체인을 연결합니다. 연장 체인의 끝에 C링 b로 드롭 비즈를 3개 연결합니다.

   ※ 그림은 324 작품 설명. 325 작품도 같은 방법으로 만듭니다.

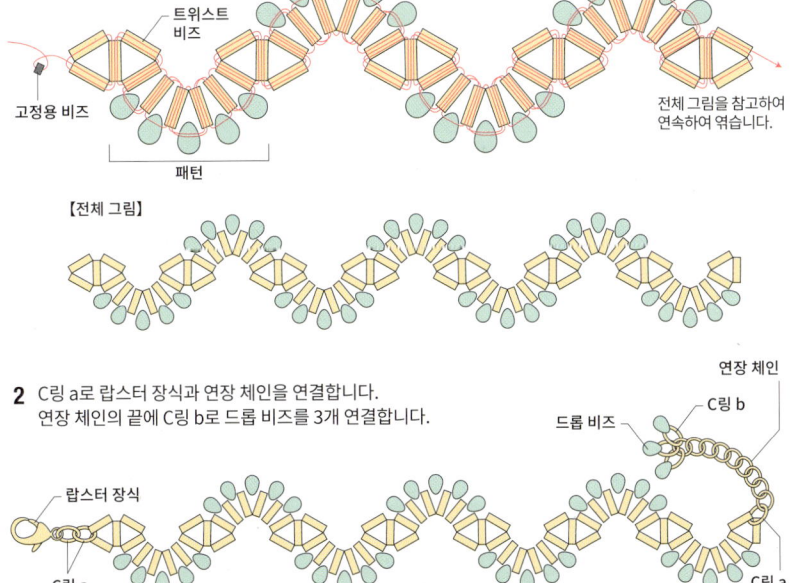

재료

324
- 트위스트 비즈 (2×6mm·골드) ─── 66개
- 드롭 비즈 (3.4mm·터키석) ─── 38개
- C링 a (0.8×3×5mm·골드) ─── 3개
- C링 b (0.6×3×4mm·골드) ─── 3개
- 랍스터 장식 (골드) ─── 1개
- 연장 체인 (골드) ─── 1개
- 비즈 스티치 실 (#40·라이트 브라운) ─── 150cm×2개

325
- 트위스트 비즈 (2×6mm·실버) ─── 66개
- 드롭 비즈 (3.4mm·옐로우) ─── 38개
- C링 a (0.8×3×5mm·실버) ─── 3개
- C링 b (0.6×3×4mm·실버) ─── 3개
- 랍스터 장식 (실버) ─── 1개
- 연장 체인 (실버) ─── 1개
- 비즈 스티치 실 (#40·아이보리) ─── 150cm×2개

[사용하는 도구]
기본 도구 (p.168) / 비즈 스티치 바늘 / 가위

328, 329

SIZE: 세로 5.5 × 가로 2.5cm

브릭 스티치 첫 단 엮는 방법

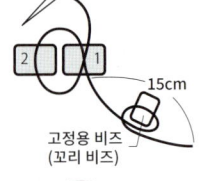

① 첫 단은 고정용 비즈를 실에 통과시키되 돌려 끼우고 꼬리실은 15cm 남깁니다.
1번 비즈를 아래에서, 2번 비즈를 위에서 통과시킨 후 되돌려 1번 비즈 아래로 엮습니다.

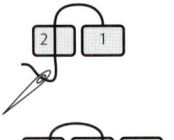

② 2번 비즈 위로 통과합니다.

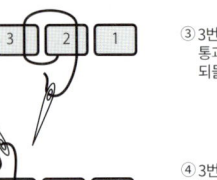

③ 3번 비즈 아래에서 통과시켜 2번 비즈 위로 되돌려 엮습니다.

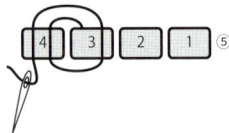

④ 3번 비즈 아래에서 통과시킨 후 비즈를 단단히 조여 고정합니다.

⑤ 위에서 4번 비즈로 통과시키고, 되돌려 아래에서 3번 비즈로 통과시킵니다. 다시 위에서 4번 비즈로 통과시킨 후 실을 조여 비즈를 고정합니다.

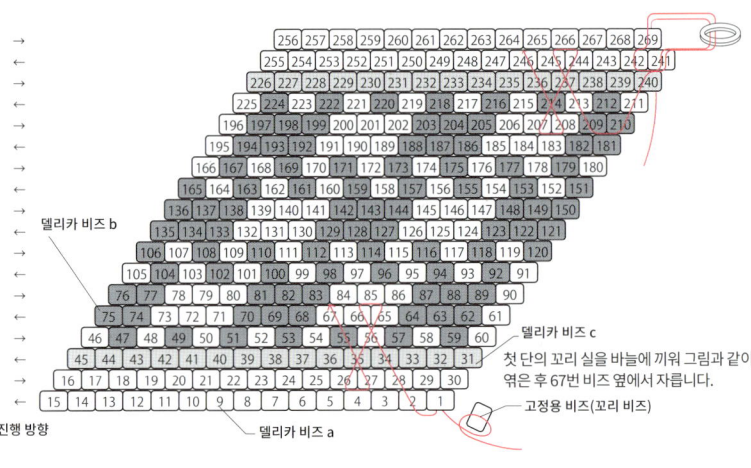

델리카 비즈 b
델리카 비즈 a
델리카 비즈 c
고정용 비즈(꼬리 비즈)
진행 방향

첫 단의 꼬리 실을 바늘에 끼워 그림과 같이 엮은 후 67번 비즈 옆에서 자릅니다.

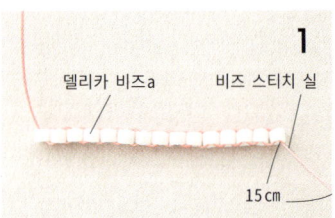

위의 그림 ①~⑤와 같이 델리카 비즈 a로 첫 단을 엮습니다. ※과정 사진에서는 이해하기 쉽게 비즈 스티치 실 색상을 핑크색으로 바꾸어 제작하였습니다.

델리카 비즈 a
비즈 스티치 실
15cm

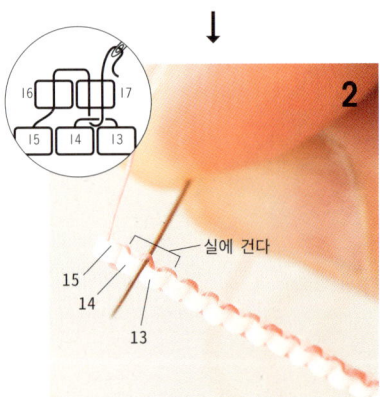

델리카 비즈 a를 2개를 꿴 후, 아랫단 14번과 13번 비즈의 연결 고리부터 실을 걸어 17번 아래로 통과시켜 실을 조입니다.

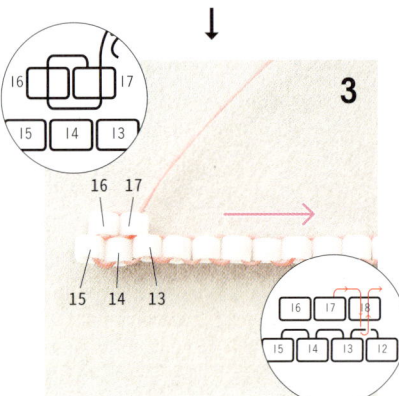

다시 16번 비즈 위에서 넣고 17번 비즈 아래에서 통과시킨 후 비즈를 조입니다. 17번 비즈로 나온 바늘에 18을 꿰어 13과 12 비즈의 연결 고리로부터 실을 걸어 18번 비즈 아래에서 통과시켜 실을 조입니다. 이 과정을 29번 비즈까지 반복합니다.

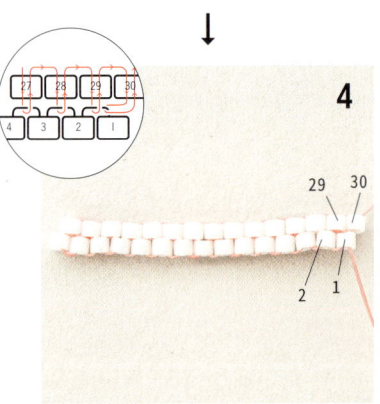

29번 비즈에서 나온 바늘에 30번 비즈를 꿰어 2번 비즈와 1번 비즈의 연결 고리로부터 실을 걸어 30번 비즈 아래에서 위로 통과시킵니다.

재료

328
- 델리카 비즈 a (화이트) ─── 290개
- 델리카 비즈 b (블랙) ─── 188개
- 델리카 비즈 c (실버) ─── 60개
- C링 (0.6×3mm·로듐) ─── 2개
- 귀걸이 부자재 (후크·로듐) ─── 1세트
- 이중 링 (3mm·로듐) ─── 2개
- 비즈 스티치 실 (#40·아이보리) ─── 90cm×4개

329
- 델리카 비즈 a (화이트) ─── 290개
- 델리카 비즈 b (블랙) ─── 188개
- 델리카 비즈 c (골드) ─── 60개
- C링 (0.6×3mm·골드) ─── 2개
- 귀걸이 부자재 (후크·골드) ─── 1세트
- 이중 링 (3mm·골드) ─── 2개
- 비즈 스티치 실 (#40·아이보리) ─── 90cm×4개

(사용하는 도구)
기본 도구 (p.168) / 비즈 스티치 바늘 / 가위
※ 사진은 328 작품 설명.
329 작품도 같은 방법으로 만듭니다.

memo
브릭 스티치와 페이요트 스티치

겉보기에는 같은 모습의 2개의 스티치지만 엮는 기법은 전혀 다르므로 주의!

	브릭	페이요트
비즈를 꿸 때 구멍 방향	세로	가로
엮는 방법	실에 건다	비즈에 건다
완성	단단함	부드러움
액세서리	귀걸이 등	팔찌

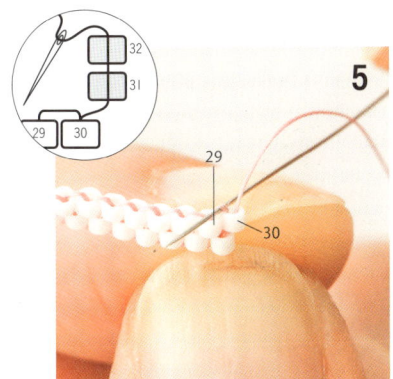

5

델리카 비즈 c 2개를 꿴 후, 아래 단 30번 비즈와 29번 비즈의 연결 고리로부터 실을 걸어 3단을 엮습니다.

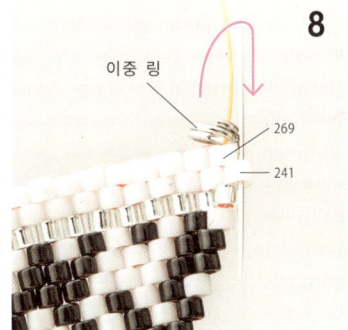

8

18단까지 엮은 후 끝의 실을 이중 링에 통과시켜 241번 비즈 위에서 통과시킵니다.

11

엮은 실의 마무리는 사진과 같이 통과시킨 후 비즈 옆에서 바짝 자릅니다.

↓

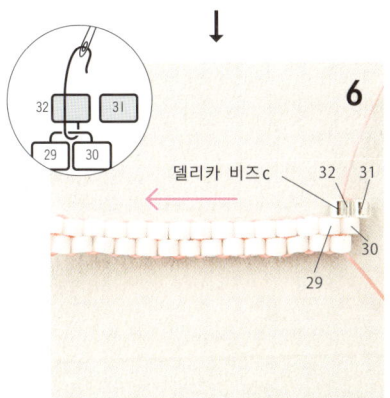

6

32번 비즈 위로 실을 빼고 **3**과 반대 방향으로 엮습니다.

↓

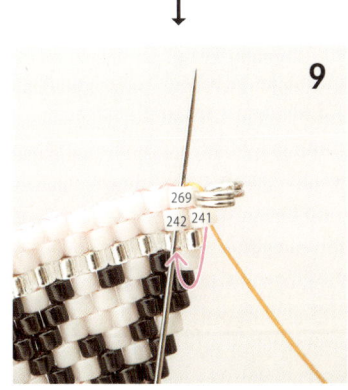

9

242번 비즈와 269번 비즈의 아래쪽에서 실을 통과시킵니다. 8~9과정을 2회 반복합니다.

↓

12

처음에 남겨 놓은 고정용 비즈를 빼고 비즈 스티치 바늘에 실을 끼웁니다. 사진과 같이 통과시킨 후 실을 짧게 끊어 마무리합니다.

↓

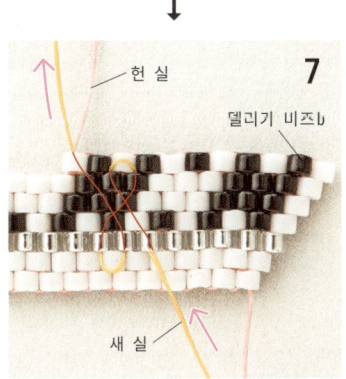

7

실이 부족해지면 사진과 같이 새 실을 비즈 스티치 바늘에 꿰어 연결합니다.
헌 실은 그대로 두고 모두 엮은 후 실 처리를 합니다 (실 마무리 방법 ➡ p.185 ㉝).

↓

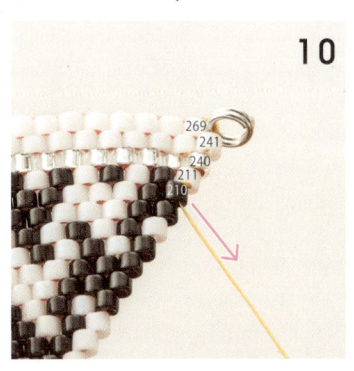

10

9의 실을 210번 비즈 아래로 빼냅니다.

↓

13

귀걸이 훅에 C링으로 연결합니다. 반대쪽 귀걸이도 같은 방법으로 만듭니다.

326, 327

SIZE: 손목 둘레 16cm

1 비즈 스티치 실을 바늘에 꿰어 20cm 남겨 고정용 비즈(델리카 비즈・분량 외)를 달고 그림처럼 페이요트 스티치로 엮습니다. 끝난 실은 자르지 않고 잠시 놔둡니다.

2 시작할 때 남긴 실과 끝날 때 남긴 꼬리 실을 바늘에 끼우고 그림과 같이 각각 고리를 만들어 실을 마무리합니다.

3 고리에 만텔을 연결합니다.

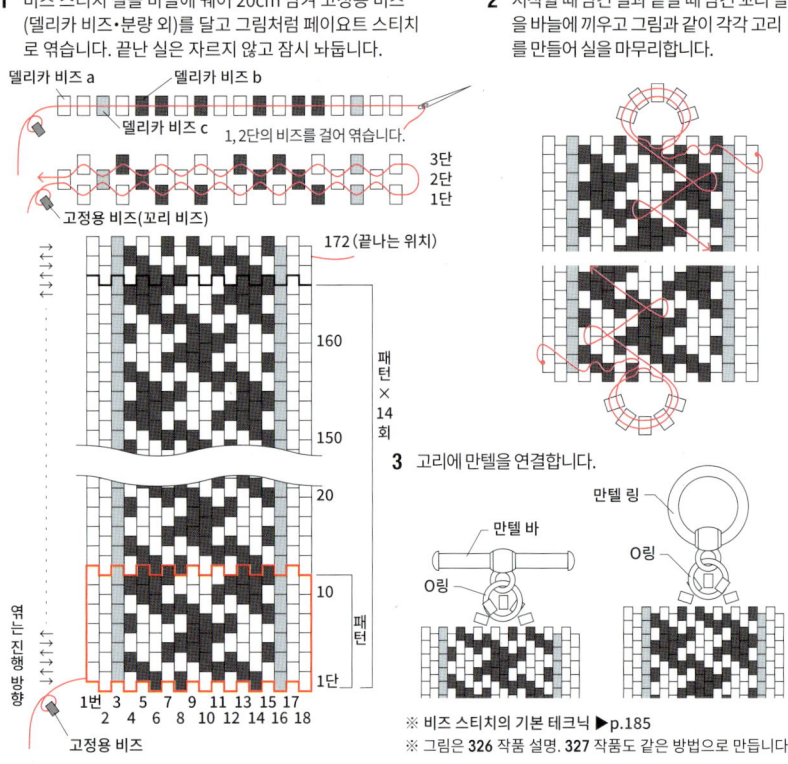

※ 비즈 스티치의 기본 테크닉 ▶p.185
※ 그림은 326 작품 설명. 327 작품도 같은 방법으로 만듭니다.

재료

326
- 델리카 비즈 a (화이트) ——— 860개
- 델리카 비즈 b (블랙) ——— 526개
- 델리카 비즈 c (실버) ——— 172개
- O링 (1×6mm・실버) ——— 2개
- 만텔 (앤틱 실버) ——— 1세트
- 비즈 스티치 실 (#40・아이보리) ——— 140cm×4줄

327
- 델리카 비즈 a (블랙) ——— 860개
- 델리카 비즈 b (화이트) ——— 526개
- 델리카 비즈 c (골드) ——— 172개
- O링 (1×6mm・골드) ——— 2개
- 만텔 (골드) ——— 1세트
- 비즈 스티치 실 (#40・아이보리) ——— 140cm×4줄

〔사용하는 도구〕
기본 도구 (p.168) / 비즈 스티치 바늘 / 가위

334, 335

SIZE: 세로3.5×가로2.5cm

1 비즈 스티치 실을 바늘에 끼우고 실 끝을 15cm 남겨 고정용 비즈(델리카 비즈・분량 외)를 달고 그림과 같이 브릭 스티치로 번호 순서대로 엮습니다 (p.150 참고).

2 161번 비즈까지 엮은 후 계속 실로 스틸 링 파츠를 연결한 후 실을 마무리합니다.

3 델리카 비즈 b를 1개 걸어 시작할 때 남겨둔 실을 마무리합니다.

4 3에 귀걸이 훅을 연결합니다. 나머지 한쪽 귀걸이는 색상을 바꿔 똑같이 만듭니다.

※ 다른 한쪽 귀걸이는 델리카 비즈 a를 걸어 꿰입니다.
※ 그림은 334 작품 설명. 335 작품도 같은 방법으로 만듭니다.

재료

334
- 델리카 비즈 a (옐로우) ——— 162개
- 델리카 비즈 b (블루) ——— 79개
- 델리카 비즈 c (화이트) ——— 83개
- 스틸 링 파츠 (10mm・실버) ——— 2개
- 귀걸이 부자재 (후크・실버) ——— 1세트
- 비즈 스티치 실 (#40・아이보리) ——— 110cm×2줄

335
- 델리카 비즈 a (핑크) ——— 162개
- 델리카 비즈 b (퍼플) ——— 79개
- 델리카 비즈 c (화이트) ——— 83개
- 스틸 링 파츠 (10mm・골드) ——— 2개
- 귀걸이 부자재 (후크・골드) ——— 1세트
- 비즈 스티치 실 (#40・아이보리) ——— 110cm×2줄

〔사용하는 도구〕
기본 도구 (p.168) / 비즈 스티치 바늘 / 가위

330~333

SIZE: 모티브 세로2×가로1.5cm

재료

1 AW의 끝을 8cm 남기고 델리카 비즈 a 9개를 끼웁니다. 고리 모양으로 만들어 시작 부분을 2~3회 비틉니다. 델리카 비즈 b~e도 같은 방법으로 고리 모양을 만듭니다.

※ 비즈 스티치의 기본 테크닉 ▶p.185

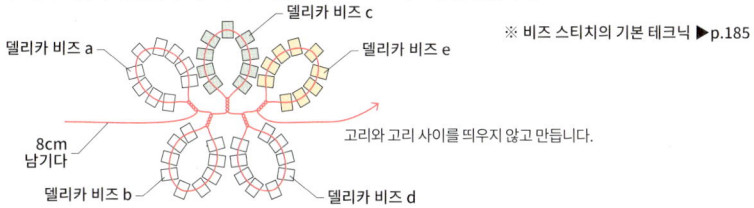

2 디자인 핀에 레진 진주를 끼운 후 **1** 을 감습니다.

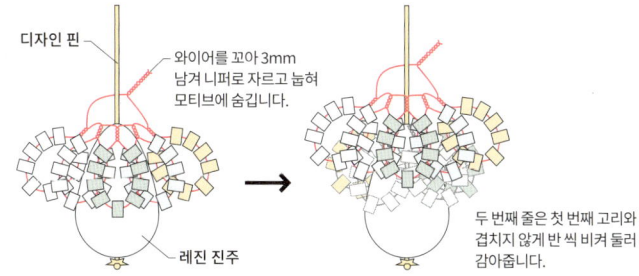

3 **2** 에 델리카 비즈 e 1개와 비즈캡을 끼운 후 디자인 핀 끝을 둥글게 만듭니다.

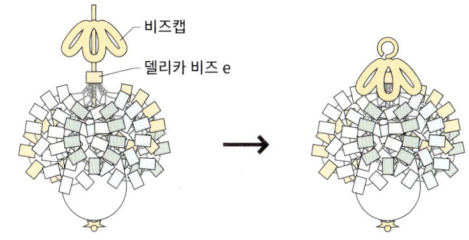

4 목걸이에 체인과 SR장식, A바를 연결합니다. 귀걸이는 귀걸이 훅을 연결합니다. 반대쪽 귀걸이도 같은 방법으로 만듭니다.

※ 목걸이 그림은 **330** 작품 설명. **331**작품도 같은 방법으로 만듭니다.
※ 귀걸이 그림은 **332** 작품 설명. **333**작품도 같은 방법으로 만듭니다.

330
레진 진주 (물방울·6×10㎜·에나멜 골드) - 1개
델리카 비즈a (터키석) ──── 18개
델리카 비즈b (옐로우 그린) ──── 18개
델리카 비즈c (모스 그린) ──── 18개
델리카 비즈d (실버) ──── 18개
델리카 비즈e (골드) ──── 19개
O링a (0.8×4㎜·골드) ──── 1개
O링b (0.7×3.5㎜·골드) ──── 4개
디자인 C링 (0.6×10×8㎜·골드) ── 1개
디자인 핀 (플라워·0.6×30㎜·골드) ── 1개
비즈캡 (14㎜·골드) ──── 1개
꽃받침 금속 장식 (7㎜·골드) ──── 1개
SR장식 (골드) ──── 1개
A바 (골드) ──── 1개
체인 (골드) ──── 25㎝×2개
AW[아티스틱 와이어]
(#30·Non-Tarnish Brass) ── 25㎝×2개

331
레진 진주 (물방울·6×10㎜·크림) ── 1개
델리카 비즈a (핑크) ──── 18개
델리카 비즈b (살몬 핑크) ──── 18개
델리카 비즈c (아이보리) ──── 18개
델리카 비즈d (실버) ──── 18개
델리카 비즈e (골드) ──── 19개
O링 (0.8×4㎜·골드) ──── 1개
O링 (0.7×3.5㎜·골드) ──── 4개
디자인 C링 (0.6×10×8㎜·골드) ── 1개
디자인 핀 (플라워·0.6×30㎜·골드) ── 1개
비즈캡 (14㎜·골드) ──── 1개
꽃받침 금속 장식 (7㎜·골드) ──── 1개
SR장식 (골드) ──── 1개
A바 (골드) ──── 1개
체인 (골드) ──── 25㎝×2개
AW[아티스틱 와이어]
(#30·Non-Tarnish Brass) ── 25㎝×2개

332
레진 진주 (물방울·6×10㎜·에나멜 골드) - 2개
델리카 비즈a (터키석) ──── 36개
델리카 비즈b (옐로우 그린) ──── 36개
델리카 비즈c (모스 그린) ──── 36개
델리카 비즈d (실버) ──── 36개
델리카 비즈e (골드) ──── 38개
디자인 C링 (0.6×10×8㎜·골드) ── 2개
디자인 핀 (플라워·0.6×30㎜·골드) ── 2개
꽃받침 금속 장식 (7㎜·골드) ──── 2개
귀걸이 부자재 (골드) ──── 1세트
AW[아티스틱 와이어]
(#30·Non-Tarnish Brass) ── 25㎝×4개

333
레진 진주 (물방울·6×10㎜·크림) ── 2개
델리카 비즈a (핑크) ──── 36개
델리카 비즈b (살몬 핑크) ──── 36개
델리카 비즈c (아이보리) ──── 36개
델리카 비즈d (실버) ──── 36개
델리카 비즈e (골드) ──── 38개
디자인 C링 (0.6×10×8㎜·골드) ── 2개
디자인 핀 (플라워·0.6×30㎜·골드) ── 2개
꽃받침 금속 장식 (7㎜·골드) ──── 2개
귀걸이 부자재 (골드) ──── 1세트
AW[아티스틱 와이어]
(#30·Non-Tarnish Brass) ── 25㎝×4개

[사용하는 도구]
기본 도구 (p.168)

336, 337

SIZE: 세로 3 × 가로 1.5cm

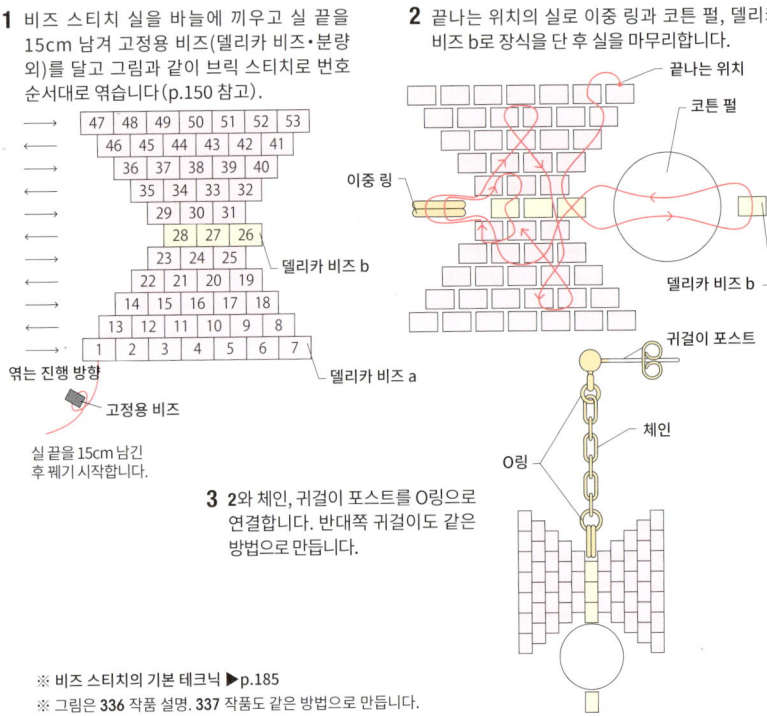

1 비즈 스티치 실을 바늘에 끼우고 실 끝을 15cm 남겨 고정용 비즈(델리카 비즈·분량 외)를 달고 그림과 같이 브릭 스티치로 번호 순서대로 엮습니다(p.150 참고).

2 끝나는 위치의 실로 이중 링과 코튼 펄, 델리카 비즈 b로 장식을 단 후 실을 마무리합니다.

3 2와 체인, 귀걸이 포스트를 O링으로 연결합니다. 반대쪽 귀걸이도 같은 방법으로 만듭니다.

※ 비즈 스티치의 기본 테크닉 ▶p.185
※ 그림은 336 작품 설명. 337 작품도 같은 방법으로 만듭니다.

재료

336
- 코튼펄 (라운드·8㎜·화이트) ─ 2개
- 델리카 비즈a (핑크) ─ 100개
- 델리카 비즈b (골드) ─ 8개
- O링 (0.6×3㎜·골드) ─ 4개
- 이중 링 (3㎜·골드) ─ 2개
- 귀걸이 포스트 (볼고리형·골드) ─ 1세트
- 체인 (골드) ─ 1㎝×2개
- 비즈 스티치 실 (#40·로즈) ─ 70㎝×2개

337
- 코튼펄 (라운드·8㎜·화이트) ─ 2개
- 델리카 비즈a (밤색) ─ 100개
- 델리카 비즈b (골드) ─ 8개
- O링 (0.6×3㎜·골드) ─ 4개
- 이중 링 (3㎜·골드) ─ 2개
- 귀걸이 포스트 (볼고리형·골드) ─ 1세트
- 체인 (골드) ─ 1㎝×2개
- 비즈 스티치 실 (#40·라이트 브라운) ─ 70㎝×2개

〔사용하는 도구〕
기본 도구 (p.168) / 비즈 스티치 바늘 / 가위

338, 339

SIZE: 세로 3 × 가로 1.5cm

1 비즈 스티치 실을 바늘에 끼우고 실 끝을 15cm 남겨 고정용 비즈(델리카 비즈·분량 외)를 달고 그림과 같이 브릭 스티치로 번호 순서대로 엮습니다(p.150 참고).

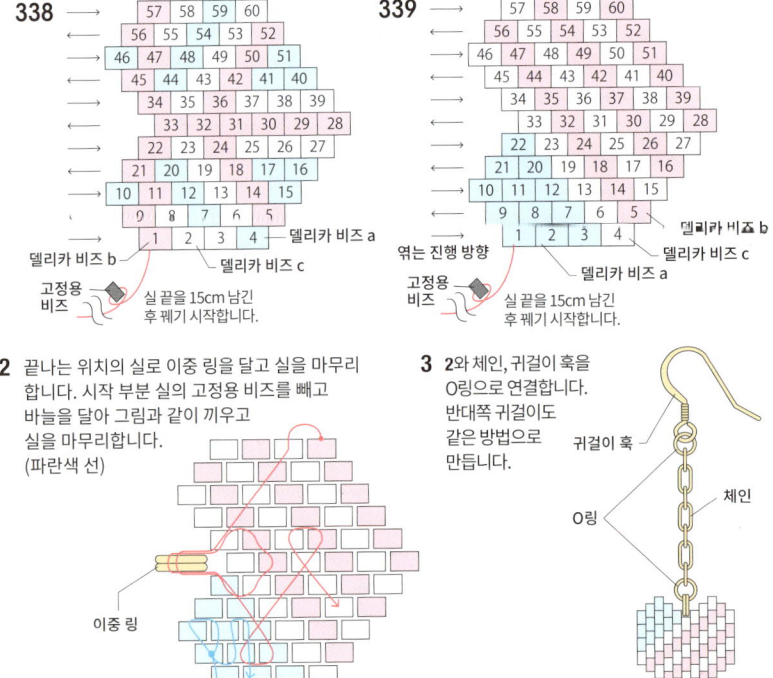

2 끝나는 위치의 실로 이중 링을 달고 실을 마무리합니다. 시작 부분 실의 고정용 비즈를 빼고 바늘을 달아 그림과 같이 끼우고 실을 마무리합니다. (파란색 선)

3 2와 체인, 귀걸이 훅을 O링으로 연결합니다. 반대쪽 귀걸이도 같은 방법으로 만듭니다.

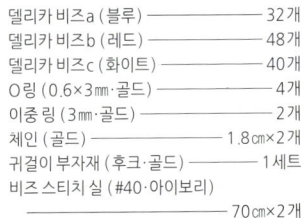

※ 비즈 스티치의 기본 테크닉 ▶p.185
※ 그림은 339 작품 설명. 338 작품도 같은 방법으로 만듭니다.

재료

338
- 델리카 비즈a (블루) ─ 32개
- 델리카 비즈b (레드) ─ 48개
- 델리카 비즈c (화이트) ─ 40개
- O링 (0.6×3㎜·골드) ─ 4개
- 이중 링 (3㎜·골드) ─ 2개
- 체인 (골드) ─ 1.8㎝×2개
- 귀걸이 부자재 (후크·골드) ─ 1세트
- 비즈 스티치 실 (#40·아이보리) ─ 70㎝×2개

339
- 델리카 비즈a (블루) ─ 24개
- 델리카 비즈b (레드) ─ 46개
- 델리카 비즈c (화이트) ─ 50개
- O링 (0.6×3㎜·골드) ─ 4개
- 이중 링 (3㎜·골드) ─ 2개
- 체인 (골드) ─ 1.8㎝×2개
- 귀걸이 부자재 (후크·골드) ─ 1세트
- 비즈 스티치 실 (#40·아이보리) ─ 70㎝×2개

〔사용하는 도구〕
기본 도구 (p.168) / 비즈 스티치 바늘 / 가위

340, 341

SIZE: 손목 둘레 17cm 폭 2cm

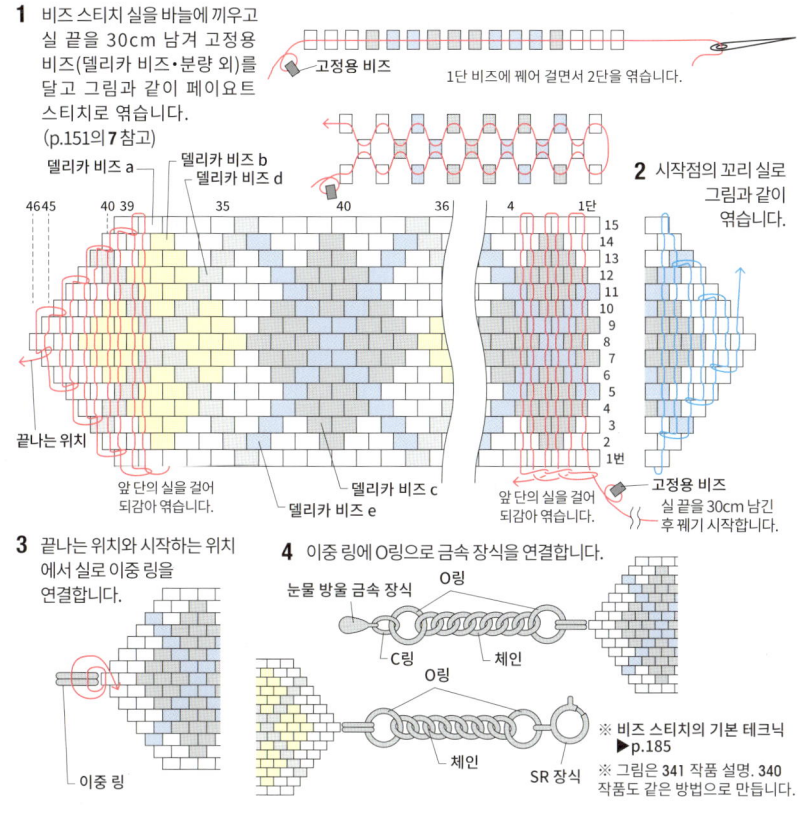

1 비즈 스티치 실을 바늘에 끼우고 실 끝을 30cm 남겨 고정용 비즈(델리카 비즈・분량 외)를 달고 그림과 같이 페이요트 스티치로 엮습니다. (p.151의 7 참고)

2 시작점의 꼬리 실로 그림과 같이 엮습니다.

3 끝나는 위치와 시작하는 위치에서 실로 이중 링을 연결합니다.

4 이중 링에 O링으로 금속 장식을 연결합니다.

※ 비즈 스티치의 기본 테크닉 ▶ p.185
※ 그림은 341 작품 설명. 340 작품도 같은 방법으로 만듭니다.

재료

340
- 델리카 비즈 a (살몬 핑크) ——— 262개
- 델리카 비즈 b (아이보리) ——— 108개
- 델리카 비즈 c (브라운) ——— 108개
- 델리카 비즈 d (보르도(와인색)) ——— 83개
- 델리카 비즈 e (골드) ——— 71개
- O링 (1.2×6mm・골드) ——— 4개
- 이중 링 (3mm・골드) ——— 2개
- SR장식 (골드) ——— 1개
- 눈물 방울 금속 장식 (골드) ——— 1개
- 체인 (골드) ——— 4cm×2개
- 비즈 스티치 실 (#40・아이보리)
  ——— 140cm×2개

341
- 델리카 비즈 a (화이트) ——— 262개
- 델리카 비즈 b (옐로우) ——— 108개
- 델리카 비즈 c (그레이) ——— 108개
- 델리카 비즈 d (실버) ——— 83개
- 델리카 비즈 e (블루) ——— 71개
- O링 (1.2×6mm・실버) ——— 4개
- 이중 링 (3mm・실버) ——— 2개
- SR장식 (실버) ——— 1개
- 눈물 방울 금속 장식 (실버) ——— 1개
- 체인 (실버) ——— 4cm×2개
- 비즈 스티치 실 (#40・아이보리)
  ——— 140cm×2개

〔사용하는 도구〕
기본 도구 (p.168) / 비즈 스티치 바늘 / 가위

실물 크기 도안

306 307  308  309

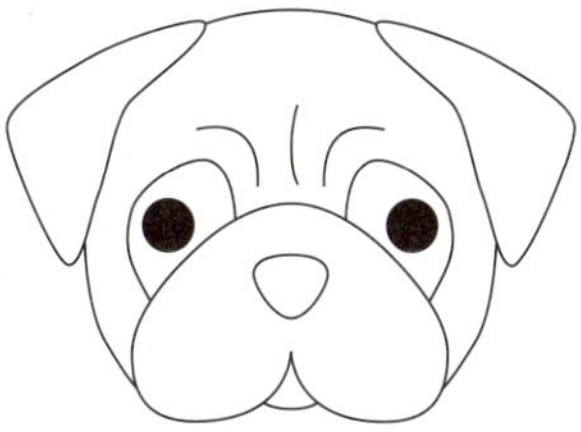

310, 311 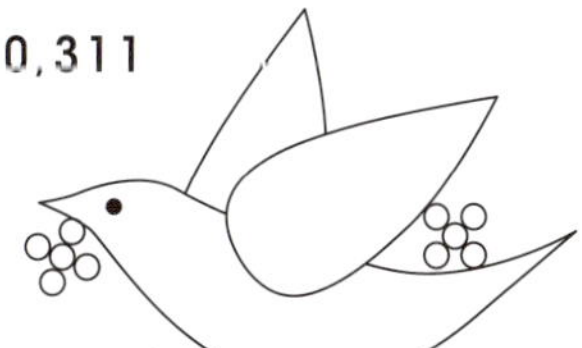   312, 313 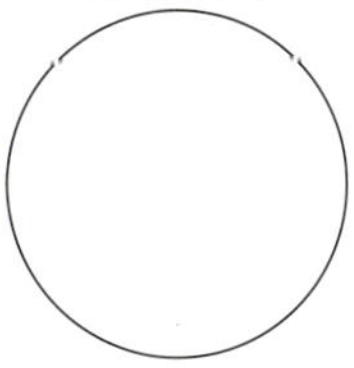   314, 315 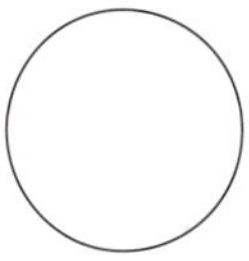   316, 317

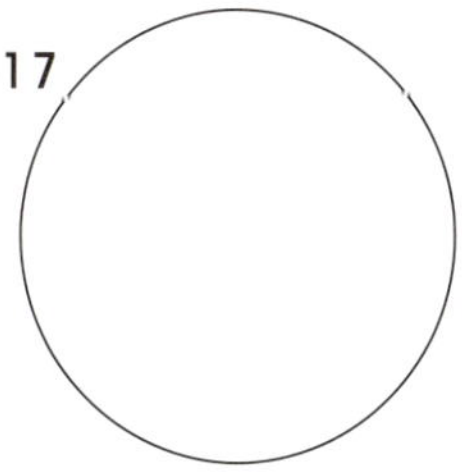

318, 319 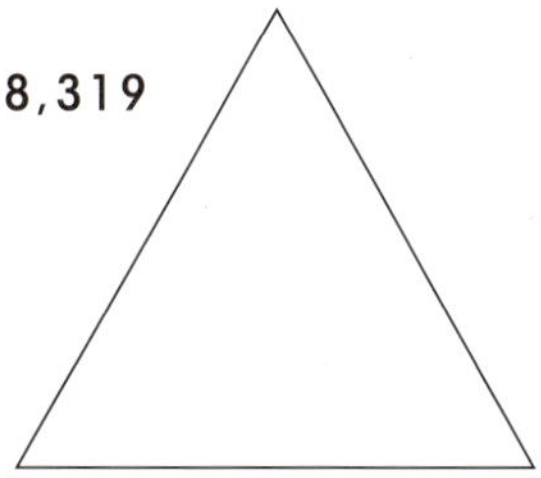   320, 321

PART 7   from 342 to 373

디오라마 액세서리

DIORAMA ACCESSORIES

자세히 보면 귀걸이와 반지에
작은 사람이나 동물이 붙어있어요!
재밌는 액세서리로 시선을 독차지해보세요!

㊧ 345	㊨ 344	㊧ 343	㊨ 342
HOW TO MAKE P.160	HOW TO MAKE P.160	HOW TO MAKE P.160	HOW TO MAKE P.160
㊧ 349	㊨ 348	㊧ 347	㊨ 346
HOW TO MAKE P.161	HOW TO MAKE P.161	HOW TO MAKE P.161	HOW TO MAKE P.161

디오라마 모형과 반짝이를
꽉꽉 채워서!

디오라마의 배경은 네온 컬러의
아크릴 파츠!

삼각형으로 자른 가죽에 모형을
접착제로 붙이기만 해도 완성!

실리콘 몰드를 사용하면 나만의
컬러 반지를 만들 수 있어요!

좌 353	우 352	좌 351	우 350
HOW TO MAKE P.162	HOW TO MAKE P.162	HOW TO MAKE P.162	HOW TO MAKE P.162
좌 357	우 356	좌 355	우 354
HOW TO MAKE P.163	HOW TO MAKE P.163	HOW TO MAKE P.163	HOW TO MAKE P.163

디오라마 모형을 체인에 붙이고 귀걸이 포스트에 끼우면 완성!

원형 봉과 동그란 나무도 액세서리 파츠로 사용해요!

손에 장난스러운 세상을 가두자!

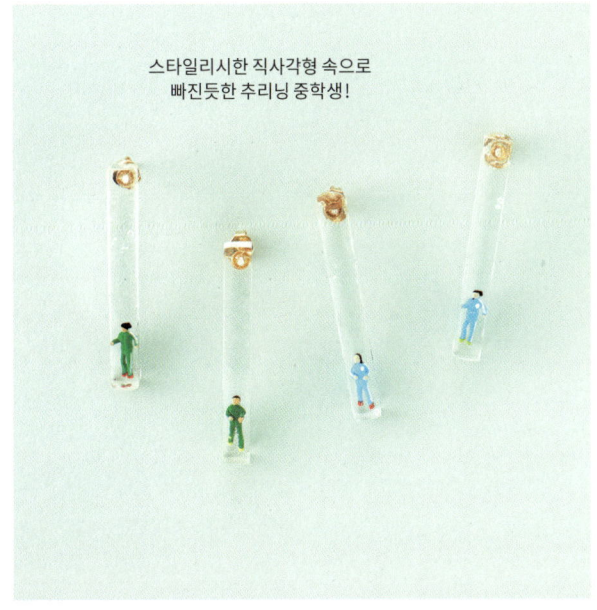

스타일리시한 직사각형 속으로 빠진듯한 추리닝 중학생!

나무 x 셀로판지 x 디오라마
그리운 공작 시간 느낌이 되살아 나네요!

풍부한 표정을 가진 비즈들은
와이어로 정리합니다.

좌 361	우 360	하 359	상 358
HOW TO MAKE P.164	HOW TO MAKE P.164	HOW TO MAKE P.164	HOW TO MAKE P.164
좌 365	우 364	좌 363	우 362
HOW TO MAKE P.165	HOW TO MAKE P.165	HOW TO MAKE P.165	HOW TO MAKE P.165

귀여운 사자는 그대로 펜던트로!

안에 넣을 비즈는 남은 것들을
활용해도 OK.

인기 있는 큰 귀걸이에
디오라마를 더해 평범하지 않게!

디오라마 모형에 9자 나사못을 달면
액세서리 파츠로 사용할 수 있습니다.

좌 369	우 368	좌 367	우 366
HOW TO MAKE P.166	HOW TO MAKE P.166	HOW TO MAKE P.166	HOW TO MAKE P.166
좌 373	우 372	좌 371	우 370
HOW TO MAKE P.167	HOW TO MAKE P.167	HOW TO MAKE P.167	HOW TO MAKE P.167

꽈배기 코드를 동그랗게 만들어
레진 프레임 역할로 쓰는 아이디어!

키치스러운 아크릴 파츠와
어린 시절 향수를 불러일으키는
여자애와의 조합은 최고!

디오라마 액세서리

342, 343

SIZE: 세로 2.7 × 가로 2.7 cm

재료

342
모형 (파란색, 초록색 옷을 입은 여자·1cm)
─────────── 각 1개
아크릴 파츠 (라운드·2.7cm·핑크)
─────────── 2개
귀걸이 부자재 (원터치형 귀찌·골드)
─────────── 1세트
홀로그램 (실버) ─────── 적당량
UV레진 ─────────── 적당량

343
모형 (자전거 타는 남자·1cm) ── 2개
아크릴 파츠 (라운드·2.7cm·옐로우) ─ 2개
귀걸이 부자재 (원터치형 귀찌·골드)
─────────── 1세트
홀로그램 (실버) ─────── 적당량
UV레진 ─────────── 적당량

〔사용하는 도구〕
접착제 / 소프트 몰드(반구형·지름20×높이5㎜)
/ 이쑤시개 / 디자인 커터 칼 / UV 램프

1 소프트 몰드의 절반 높이까지 UV 레진과 홀로그램을 넣고 이쑤시개로 섞습니다. 약 2분 정도 UV 램프로 굳힙니다.

2 모형 앞면의 위를 향하게 해서 1에 넣고 표면이 약간 볼록할 정도로 UV 레진을 넣습니다. 이쑤시개로 기포를 뺀 후, 약 2분 정도 UV 램프로 굳힙니다.

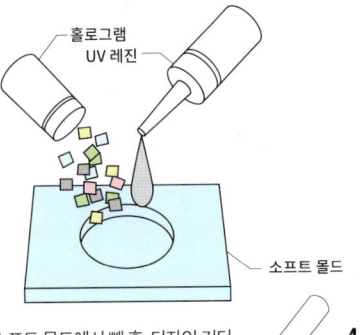
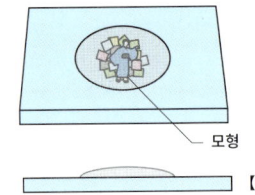

3 소프트 몰드에서 뺀 후, 디자인 커터 칼로 찌꺼기를 제거합니다.

4 아크릴 파츠에 레진 파츠와 귀걸이 귀찌를 접착제로 붙입니다. 반대쪽 귀걸이도 같은 방법으로 만듭니다.

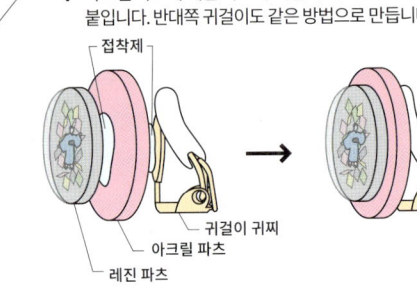

※ UV 레진의 기본 테크닉 ▶p.184, 185
※ 그림은 342 작품 설명. 343 작품도 파츠를 바꾸어 같은 방법으로 만듭니다.

 # 344, 345

SIZE: 모티브 세로 7 × 가로 5 cm

재료

344
모형 (축구하는 사람들·1cm) ──── 1개
머리끈 금속 장식 (평판·12㎜·골드)
─────────── 1개
반짝이 파우더 (실버) ──── 적당량
UV레진 ─────────── 적당량

345
모형 (오렌지색 옷을 입은 남자·1cm) ── 1개
머리끈 금속 장식 (평판·12㎜·골드)
─────────── 1개
반짝이 파우더 (블루) ──── 적당량
UV레진 ─────────── 적당량

〔사용하는 도구〕
접착제 / 소프트 몰드(반구형·지름30×높이5㎜)
/ 이쑤시개 / 디자인 커터 칼 / UV 램프

1 소프트 몰드의 1/3 정도까지 UV 레진을 넣고 약 2분 정도 UV 램프로 굳힙니다.

2 모형의 앞면이 아래를 향하게 한 후, 1에 넣고 소프트 몰드 꽉 차게 UV 레진을 넣습니다. 약 5분 정도 UV 램프로 굳힙니다.

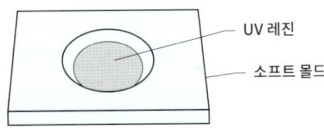

3 반짝이 파우더와 UV 레진을 가득 넣고 이쑤시개로 섞어 약 5분 정도 UV 램프로 굳힙니다. 소프트 몰드에서 빼낸 후 디자인 커터 칼로 찌꺼기를 제거합니다.

4 3 의 뒷면에 접착제로 머리끈 금속 장식을 붙입니다.

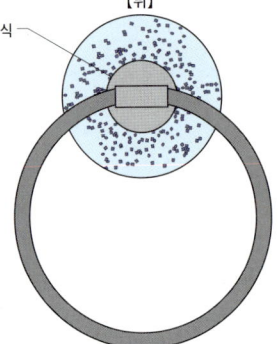

※ UV 레진의 기본 테크닉 ▶p.184, 185
※ 그림은 345 작품 설명. 344 작품도 파츠를 바꾸어 같은 방법으로 만듭니다.

346, 347

SIZE : 세로 3 × 가로 2 cm

1 소프트 몰드 가득 차게 UV 레진과 반짝이 파우더를 넣고 이쑤시개로 섞습니다. 약 5분 정도 UV 램프로 굳힙니다.

2 소프트 몰드에서 1을 빼낸 후 디자인 커터 칼로 찌꺼기를 제거합니다.

3 2의 윗면에 얇게 UV 레진을 바른 후 모형을 넣고 약 2분 정도 UV 램프로 굳힙니다.

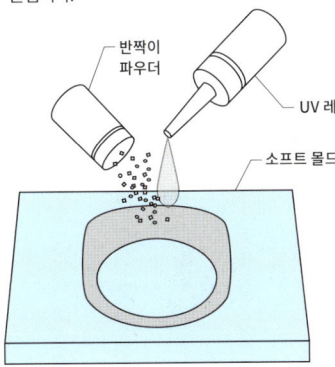
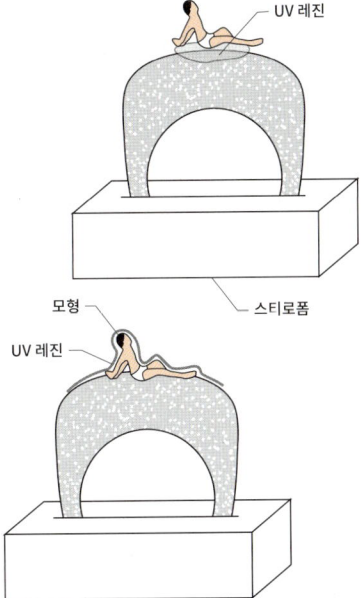

4 모형 위에 UV 레진을 발라 틈새를 채웁니다. 전체적으로 UV 레진을 바른 후 약 5분 정도 UV 램프로 굳힙니다.

※ UV 레진의 기본 테크닉 ▶p.184, 185
※ 그림은 347 작품 설명.
  346 작품도 파츠를 바꾸어 같은 방법으로 만듭니다.

재료

346
모형 (정면을 보고 앉아있는 여자·1cm) ——— 1개
반짝이 파우더 (그린) ——— 적당량
UV 레진 ——— 적당량

347
모형 (옆으로 앉아있는 남자·1cm) ——— 1개
반짝이 파우더 (실버) ——— 적당량
UV 레진 ——— 적당량

〔사용하는 도구〕
소프트 몰드 (반지 모양·30×20mm) /
이쑤시개 / 디자인 커터 칼 / UV 램프 /
스티로폼

348, 349

SIZE : 세로 4 × 가로 4 cm

1 새틴 리본을 반으로 접어 가죽 뒷면 위에 마스킹 테이프로 고정합니다.

2 펠트를 자른 후 칼집을 냅니다.

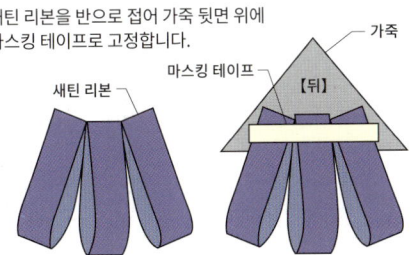
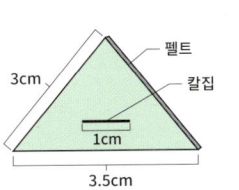

3 귀걸이 귀찌에 접착제를 발라 귀걸이 귀찌 뒷클립을 펠트의 칼집 낸 부분에 끼워 넣어 고정시킵니다.

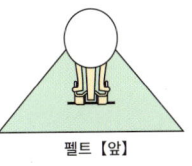

4 가죽 뒷면에 접착제를 발라 3을 붙입니다. 전체를 눌러 단단히 붙입니다.

5 가죽 앞면에 모형을 접착제로 붙입니다.

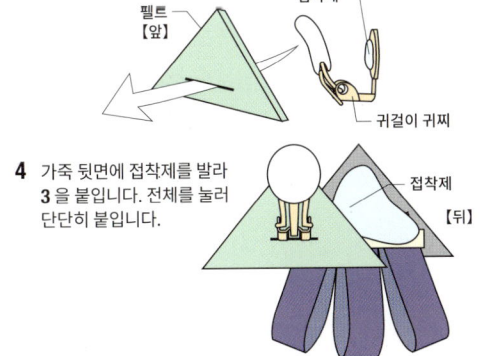

※ 그림은 348 작품 설명. 349 작품도 파츠를 바꾸어 같은 방법으로 만듭니다.

재료

348
모형 (노랑색, 오렌지색 옷을 입은 남자·2cm)
——— 각 1개
새틴 리본 (6mm 폭·네이비) ——— 5cm×6개
소가죽 (실버) ——— 3×3×3.5cm×2개
펠트 (2mm 두께·블루)
——— 3×3×3.5cm×2개
귀걸이 부자재 (원터치형 귀찌·골드)
——— 1세트

349
모형 (하늘색, 민트색 옷을 입은 남자·2cm)
——— 각 1개
새틴 리본 (6mm 폭·퍼플) ——— 5cm×6개
소가죽 (실버) ——— 3×3×3.5cm×2개
펠트 (2mm 두께·블루)
——— 3×3×3.5cm×2개
귀걸이 부자재 (원터치형 귀찌·골드)
——— 1세트

〔사용하는 도구〕
접착제 / 마스킹 테이프 / 가위

350, 351

SIZE: 세로 6.5 × 가로 1cm

1. 나무 a 위로부터 5mm 떨어진 곳에 귀걸이 포스트 컵의 침이 들어갈 정도의 구멍을 핀 바이스로 뚫습니다. 이때 관통되지 않도록 주의합니다. 나무 b도 같은 방법으로 위에서 8mm 떨어진 곳에 구멍을 뚫습니다.

2. 귀걸이 포스트 컵의 침 부분에 접착제를 바른 후 1의 구멍에 끼워 넣습니다. 나무 a의 밑에서 2cm 만큼 아크릴 물감으로 색을 칠합니다(마스킹 테이프를 붙이고 칠하면 깨끗하게 마무리할 수 있습니다). 물감이 마른 후 마스킹 테이프를 떼어냅니다.

3. 나무 b도 같은 방법으로 귀걸이 포스트에 접착제를 발라 구멍에 끼워 넣은 후 파츠 전체에 색을 칠합니다.

4. 나무 a의 색을 칠한 부분 앞에 접착제로 모형을 붙입니다.

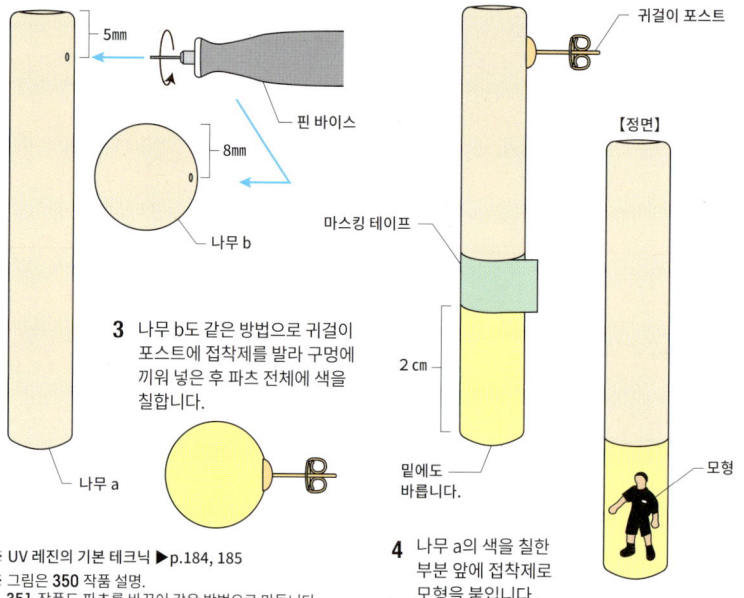

※ UV 레진의 기본 테크닉 ▶ p.184, 185
※ 그림은 350 작품 설명. 351 작품도 파츠를 바꾸어 같은 방법으로 만듭니다.

재료

350
모형 (반팔 반바지를 입은 남자·1cm) ─── 1개
나무 a (봉 형태·사포질 마감·베이지)
　　　　　　　　　　지름 1cm × 6.5cm × 1개
나무 b (구 형태·사포질 마감·베이지)
　　　　　　　　　　　　　지름 1.5cm × 1개
귀걸이 포스트 (침형·골드) ─── 1세트
아크릴 물감 (옐로우) ─── 적당량

351
모형 (파란색 옷을 입은 남자·1cm) ─── 1개
나무 a (봉 형태·사포질 마감·베이지)
　　　　　　　　　　지름 1cm × 6.5cm × 1개
나무 b (구 형태·사포질 마감·베이지)
　　　　　　　　　　　　　지름 1.5cm × 1개
귀걸이 포스트 (침형·골드)
　　　　　　　　　　　　　　── 1세트
아크릴 물감 (오렌지) ─── 적당량

〔사용하는 도구〕
접착제 / 핀 바이스 / 마스킹 테이프 / 붓

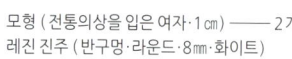

352, 353

SIZE: 길이 약 4.5cm

1. 접착제를 바른 귀걸이 포스트를 레진 진주에 끼워 넣어 붙입니다.

2. 모형의 등에 접착제를 발라 체인의 끝 0.5cm를 붙입니다.

3. 반대편 체인에 O링을 연결합니다.

4. 귀걸이 포스트에 접착제를 바른 후, 3의 O링을 끼워 붙입니다. 반대쪽 귀걸이도 같은 방법으로 만듭니다.

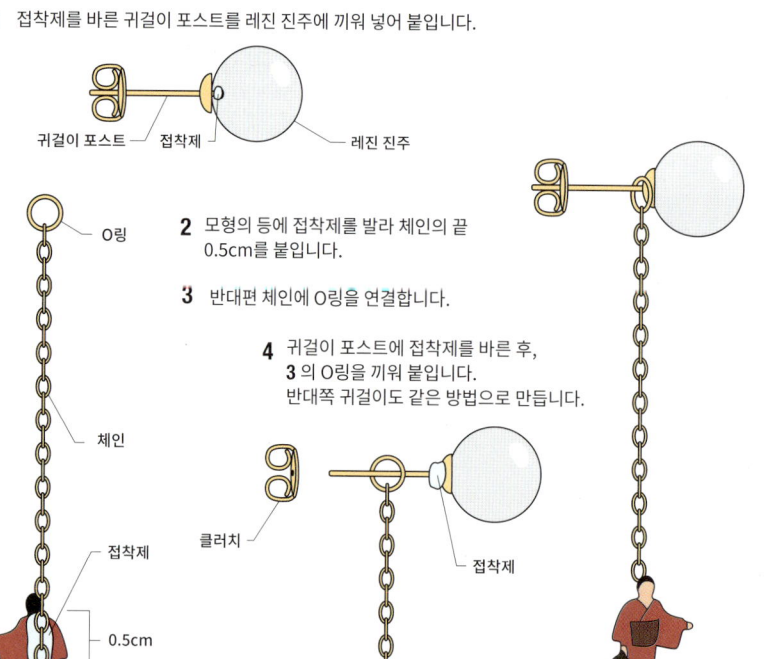

재료

352
모형 (전통의상을 입은 여자·1cm) ─── 2개
레진 진주 (반구멍·라운드·8㎜·화이트)
　　　　　　　　　　　　　　　　── 2개
O링 (0.5 × 3.5㎜·골드) ─── 2개
귀걸이 포스트 (침형·3㎜·골드)
　　　　　　　　　　　　　── 1세트
체인 (골드) ─── 3.5cm × 2개

353
모형 (파란색 옷을 입은 남자·1cm) ─── 2개
레진 진주 (반구멍·라운드·8㎜·화이트)
　　　　　　　　　　　　　　　　── 2개
O링 (0.5 × 3.5㎜·골드) ─── 2개
귀걸이 포스트 (침형·3㎜·골드)
　　　　　　　　　　　　　── 1세트
체인 (골드) ─── 3.5cm × 2개

〔사용하는 도구〕
기본 도구 (p.168) / 접착제

※ 그림은 352 작품 설명. 353 작품도 파츠를 바꾸어 같은 방법으로 만듭니다.

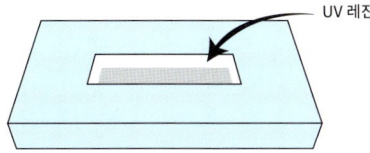 # 354,355

SIZE : 세로 4 × 가로 0.5 ㎝

재료

1. 소프트 몰드의 1/3 정도까지 UV 레진을 넣고 약 2분 정도 UV 램프로 굳힙니다.
2. 모형의 앞면이 아래를 향하게 한 후, 1에 넣고 소프트 몰드 꽉 차게 UV 레진을 넣습니다. 약 5분 정도 UV 램프로 굳힙니다.
3. 2를 소프트 몰드에서 빼낸 후 디자인 커터 칼로 찌꺼기를 제거합니다.
4. 윗부분 뒷면에 귀걸이 포스트 컵의 침이 들어갈 정도의 구멍을 핀 바이스로 뚫습니다.
5. 귀걸이 포스트 컵의 침 부분에 접착제를 바른 후 4의 구멍에 끼워 넣습니다. 반대쪽 귀걸이도 같은 방법으로 만듭니다.

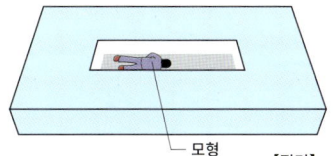

354
모형 (파란색 추리닝을 입은 중학생·1㎝) ——— 2개
귀걸이 포스트 (침형·골드) ——— 1세트
UV레진 ——— 적당량

355
모형 (초록색 추리닝을 입은 중학생·1㎝) ——— 2개
귀걸이 포스트 (침형·골드) ——— 1세트
UV레진 ——— 적당량

〔사용하는 도구〕
소프트 몰드 (사각·약 40×5×5㎜) / 디자인 커터 칼 / 핀 바이스 / UV 램프 / 접착제

※ UV 레진의 기본 테크닉 ▶p.184, 185
※ 그림은 354 작품 설명.
355 작품도 파츠를 바꾸어 같은 방법으로 만듭니다.

 # 356,357

SIZE : 모티브 지름 1.7㎝

재료

1. 소프트 몰드의 1/3 정도까지 UV 레진을 넣고 약 2분 정도 UV 램프로 굳힙니다.
2. 모형의 앞면이 아래를 향하게 한 후, 1에 넣고 소프트 몰드의 80% 차게 UV 레진을 넣습니다. 약 5분 정도 UV 램프로 굳힙니다.

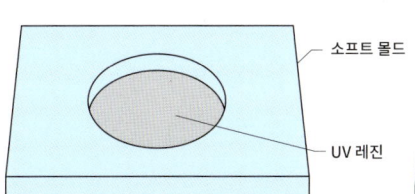 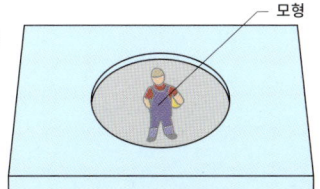

3. 반짝이 파우더와 UV 레진을 가득 부은 후 이쑤시개로 섞어 약 5분 정도 UV 램프로 굳힙니다.
4. 다 굳으면 3을 소프트 몰드에서 빼내 디자인 커터 칼로 찌꺼기를 제거합니다. 뒷면에 UV 레진을 바르고 반지대를 붙인 후 약 2분 정도 UV 램프로 굳힙니다.

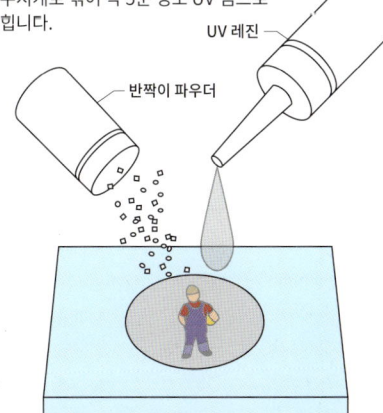 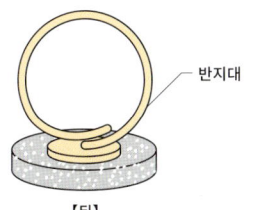

356
모형 (반바지 소년·1㎝) ——— 1개
반지대 (평판·6㎜·골드) ——— 1개
반짝이 파우더 (실버) ——— 적당량
UV레진 ——— 적당량

357
모형 (멜빵 바지 소년·1㎝) ——— 1개
반지대 (평판·6㎜·골드) ——— 1개
반짝이 파우더 (블루) ——— 적당량
UV레진 ——— 적당량

〔사용하는 도구〕
접착제 / 소프트 몰드
(동전 모양 보석컷·지름 17×높이 7㎜) / 이쑤시개 / 디자인 커터 칼 / UV 램프

※ UV 레진의 기본 테크닉 ▶p.184, 185
※ 그림은 357 작품 설명.
356 작품도 파츠를 바꾸어 같은 방법으로 만듭니다.

 # 358, 359

SIZE : 세로 3.5 × 가로 2.6 cm

1 접착제를 귀걸이 포스트에 발라 모형의 뒷면에 붙입니다.

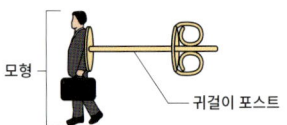

2 AW에 모조석, 아크릴 구슬, 천연석, 빈티지 비즈를 모두 끼운 후 와이어 루핑을 합니다.
※ 와이어 루핑 방법 ▶p.177 ③

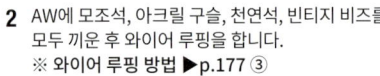
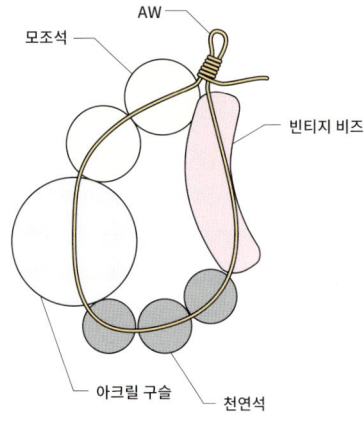

3 2 의 와이어 루핑을 한 AW의 고리에 O링을 달아 귀걸이 포스트에 끼웁니다. 반대쪽 귀걸이도 같은 방법으로 만듭니다.

※ 그림은 359 작품 설명. 358 작품도 파츠를 바꾸어 같은 방법으로 만듭니다.

재료

358
모형 (정장 차림의 남녀·1cm) ——— 각 1개
아크릴 구슬 (14mm·투명) ——— 2개
모조석(라운드·양구멍·8mm·프로스트 화이트)
——— 4개
천연석 (라운드·6mm·아라고나이트)
——— 6개
빈티지 비즈 (타원·2cm·화이트) ——— 2개
O링 (0.8×6mm·골드) ——— 2개
귀걸이 포스트 (평판·3mm·골드)
——— 1세트
AW [아티스틱 와이어] (#28·황동)
——— 10cm×2개

359
모형 (정장 차림의 남녀·1cm) ——— 각 1개
아크릴 구슬 (14mm·투명) ——— 2개
모조석(라운드·양구멍·8mm·프로스트 화이트)
——— 4개
천연석 (라운드·6mm·하우라이트) ——— 6개
빈티지 비즈 (직사각형·2cm·핑크) ——— 2개
O링 (0.8×6mm·골드) ——— 2개
귀걸이 포스트 (평판·3mm·골드) ——— 1세트
AW [아티스틱 와이어] (#28·황동)
——— 10cm×2개

〔사용하는 도구〕
기본 도구 (p.168) / 접착제

 # 360, 361

SIZE : 세로 2 × 가로 4 cm

1 소프트 몰드의 1/3 정도까지 UV 레진을 넣고 약 2분 정도 UV 램프로 굳힙니다.

2 모형의 머리가 왼쪽으로 향하게 한 후, 소프트 몰드의 가득 차게 UV 레진을 넣습니다. 약 5분 정도 UV 램프로 굳힙니다.

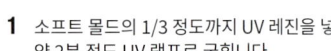

3 소프트 몰드 크기로 자른 칼라 셀로판지를 올려 UV레진을 얇게 발라 약 5분 정도 UV 램프로 굳힙니다.

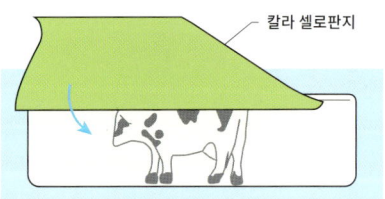

4 3 을 소프트 몰드에서 빼내 디자인 커터 칼로 찌꺼기를 제거합니다. 칼라 셀로판지를 붙인 면에 아크릴 물감을 칠합니다. 물감이 마르면 위에 UV 레진을 바르고 약 2분 정도 UV 램프로 굳힙니다.

5 4와 나무를 접착제로 맞춰 붙입니다. 다 마르면 4 의 뒤에 접착제를 바르고 브로치 금속 장식을 붙입니다.

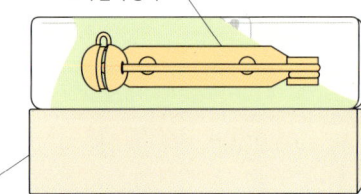

※ UV 레진의 기본 테크닉 ▶p.184, 185
※ 그림은 361 작품 설명. 360 작품도 파츠를 바꾸어 같은 방법으로 만듭니다.

재료

360
모형 (소·블랙) ——— 1개
나무 (베이지·직사각 바 형태)
——— 4×1×1cm×1개
브로치 금속 장식 (21mm·골드) ——— 1개
칼라 셀로판지 (핑크)
——— 4×4cm×1개
아크릴 물감 (화이트) ——— 적당량
UV레진 ——— 적당량

361
모형 (소·화이트 블랙) ——— 1개
나무 (베이지·직사각 바 형태)
——— 4×1×1cm×1개
브로치 금속 장식 (21mm·골드) ——— 1개
칼라 셀로판지 (옐로우 그린)
——— 4×4cm×1개
아크릴 물감 (화이트) ——— 적당량
UV레진 ——— 적당량

〔사용하는 도구〕
접착제 / 소프트 몰드 (사각·약 40×10×7mm)
/ 붓 / 디자인 커터 칼 / UV 램프

362, 363

SIZE: 세로 3.5 × 가로 3.5 cm

1 소프트 몰드의 1/3 정도까지 UV 레진을 넣고 약 2분 정도 UV 램프로 굳힙니다.

2 소프트 몰드의 1/2 정도까지 UV 레진을 넣습니다. 모형의 앞면을 위로 향하게 하여 넣고 막대 비즈, 글래스 컷 비즈를 배치한 후 이쑤시개로 균형있게 조절합니다.

3 소프트 몰드 가득 차게 UV 레진을 넣고 약 5분 정도 UV 램프로 굳힙니다.

4 3을 소프트 몰드에서 빼내 디자인 커터 칼로 찌꺼기를 제거합니다.

5 뒷면에 접착제를 바르고 브로치 금속 장식을 붙입니다.

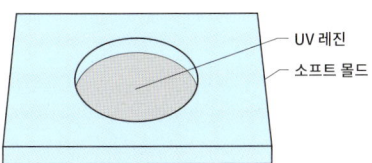
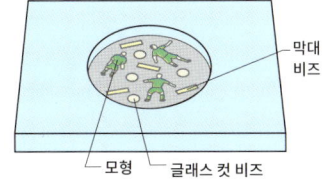

※ UV 레진의 기본 테크닉 ▶p.184, 185
※ 그림은 362 작품 설명. 363 작품도 파츠를 바꾸어 같은 방법으로 만듭니다.

재료

362
- 모형 (축구 소년·1cm) ─── 3개
- 막대 비즈 (6mm·골드) ─── 4개
- 글래스 컷 비즈 (라운드·3mm·화이트) ─── 5개
- 브로치 금속 장식 (2.5cm·골드) ─── 1개
- UV레진 ─── 적당량

363
- 모형 (야구 소년·1cm) ─── 3개
- 막대 비즈 (6mm·그린) ─── 4개
- 글래스 컷 비즈 (사각·2mm·레드) ─── 5개
- 브로치 금속 장식 (2.5cm·골드) ─── 1개
- UV레진 ─── 적당량

[사용하는 도구]
접착제 / 소프트 몰드
(동전 모양·지름 약 35×높이 5mm) /
이쑤시개 / 디자인 커터 칼 / UV 램프

364, 365

SIZE: 목둘레 40 cm

1 실키 코드에 고정볼을 1개 끼우고 되감아 통과시킨 후 평집게로 눌러 찌그러트려 고정합니다. 남은 실키 코드는 가로로 자릅니다.

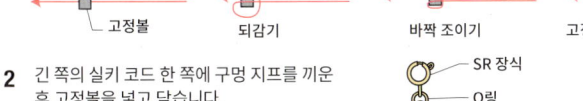

2 긴 쪽의 실키 코드 한 쪽에 구멍 지프를 끼운 후 고정볼을 넣고 닫습니다.
※ 구멍 지프 사용법 ▶p.178 ⑥

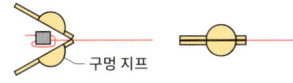

3 케시 진주와 칼라 진주를 그림과 같이 끼웁니다. 다 끼운 후 실 끝에 다시 한번 고정볼과 구멍지프를 끼워 1, 2와 같은 방법으로 만듭니다.

4 구멍지프에 SR 장식, A바를 각각 O링으로 연결합니다.

5 모형 위를 핀 바이스로 구멍을 뚫고 평집게로 9자 나사못을 돌려 넣습니다 (p.166 366 참고). 9자 나사못의 고리에 C링을 연결한 후, 목걸이 아래 가운데에 연결합니다.

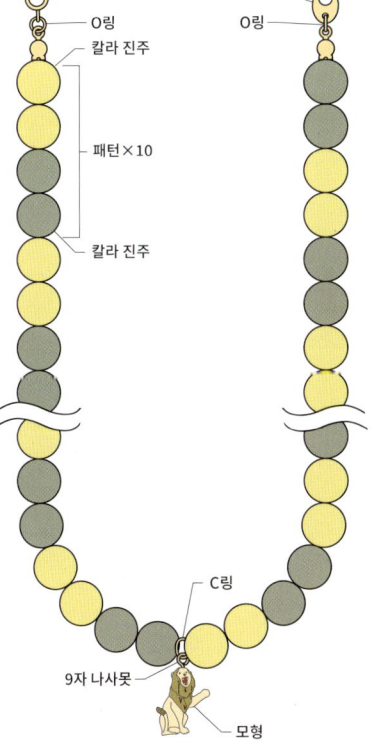

※ 그림은 365 작품 설명. 364 작품도 같은 방법으로 만듭니다.

재료

364
- 모형 (사자·2cm) ─── 1개
- 케시 진주 (라운드·10mm·화이트) ─── 20개
- 칼라 진주 (라운드·10mm·화이트) ─── 20개
- O링 (0.8×4.5mm·골드) ─── 2개
- C링 (0.6×4×3mm·골드) ─── 1개
- 구멍 지프 (골드) ─── 2개
- 고정볼 (골드) ─── 2개
- SR 장식 (매트 골드) ─── 1개
- A바 (매트 골드) ─── 1개
- 9자 나사못 (8×3mm·골드) ─── 1개
- 실키 코드 silky cord (#20·화이트) ─── 50cm×1개

365
- 모형 (사자·2cm) ─── 1개
- 케시 진주 (라운드·10mm·포레스트 그린) ─── 20개
- 칼라 진주 (라운드·10mm·브라이트 골드) ─── 20개
- O링 (0.8×4.5mm·골드) ─── 2개
- C링 (0.6×4×3mm·골드) ─── 1개
- 구멍 지프 (골드) ─── 2개
- 고정볼 (골드) ─── 2개
- SR 장식 (매트 골드) ─── 1개
- A바 (매트 골드) ─── 1개
- 9자 나사못 (8×3mm·골드) ─── 1개
- 실키 코드 silky cord (#20·화이트) ─── 50cm×1개

[사용하는 도구]
기본 도구 (p.168) / 가위 / 핀 바이스

366, 367

SIZE: 세로 5 × 가로 2.5 cm

재료

366
- 모형 (소·화이트 블랙·1cm) ——— 1개
- O링 a (0.8×6mm·골드) ——— 1개
- O링 b (0.8×4.5mm·골드) ——— 1개
- 9자 나사못 (8×4mm·골드) ——— 1개
- 귀걸이 부자재 (후크·골드) ——— 1세트
- 소가죽 (퍼플) ——— 3×3.5×2cm×1개

367
- 모형 (소·블랙·1cm) ——— 1개
- O링 a (0.8×6mm·골드) ——— 1개
- O링 b (0.8×4.5mm·골드) ——— 1개
- 9자 나사못 (8×4mm·골드) ——— 1개
- 귀걸이 부자재 (후크·골드) ——— 1세트
- 소가죽 (라이트 그린) ——— 3×3.5×2cm×1개

〔사용하는 도구〕
기본 도구 (p.168) / 핀 바이스 / 송곳

1. 모형 위에 핀 바이스로 9자 나사못이 들어갈 정도의 크기로 구멍을 뚫습니다.

2. 평집게를 사용하여 9자 나사못을 돌려 끼워 넣습니다.

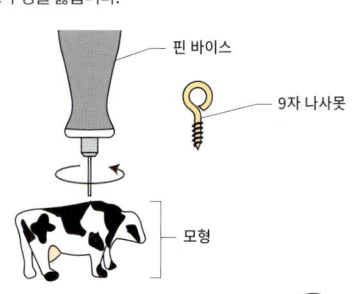

3. 가죽에 송곳으로 구멍을 뚫습니다.

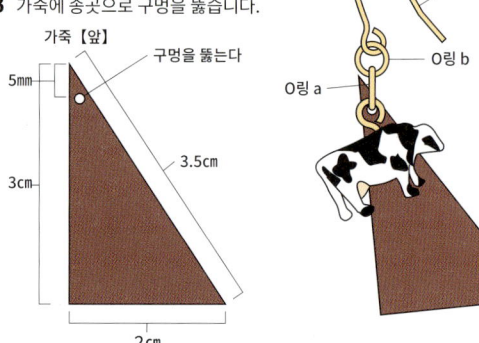

4. O링 a에 2, 3을 연결합니다.

5. 4에 O링 b를 연결한 후 귀걸이 훅에 연결합니다.

※ 그림은 366 작품 설명. 367 작품도 같은 방법으로 만듭니다.

368, 369

SIZE: 세로 7 × 가로 2.5 cm

재료

368
- 모형 (웨이트리스·1cm) ——— 2개
- 모형 파츠 (런치 세트) ——— 2개
- 우드 비즈 a (라운드·6mm·베이지) ——— 2개
- 우드 비즈 b (팔각형·13×19mm·다크 블루) ——— 2개
- 우드 비즈 c (중앙 구멍·10mm·핑크) ——— 2개
- 우드 비즈 d (동전 모양·26mm·실버) ——— 2개
- O링 (0.8×4.5mm·골드) ——— 2개
- T핀 (0.7×75mm·골드) ——— 2개
- 귀걸이 부자재 (골드) ——— 1세트

369
- 모형 (요리사, 웨이터·1cm) ——— 각 1개
- 모형 파츠 (런치 세트) ——— 2개
- 우드 비즈 a (라운드·6mm·베이지) ——— 2개
- 우드 비즈 b (팔각형·13×19mm·골드) ——— 2개
- 우드 비즈 c (중앙 구멍·10mm·핑크) ——— 2개
- 우드 비즈 d (동전 모양·26mm·실버) ——— 2개
- O링 (0.8×4.5mm·골드) ——— 2개
- T핀 (0.7×75mm·골드) ——— 2개
- 귀걸이 부자재 (골드) ——— 1세트

〔사용하는 도구〕
기본 도구 (p.168) / 접착제

1. 우드 비즈 a~d를 T핀에 끼운 후 끝을 둥글게 만듭니다.

2. 그림과 같이 1과 귀걸이 훅을 O링으로 연결합니다.

3. 모형 뒷면에 접착제를 발라 우드 비즈 d에 붙입니다. 반대쪽도 같은 방법으로 만듭니다.

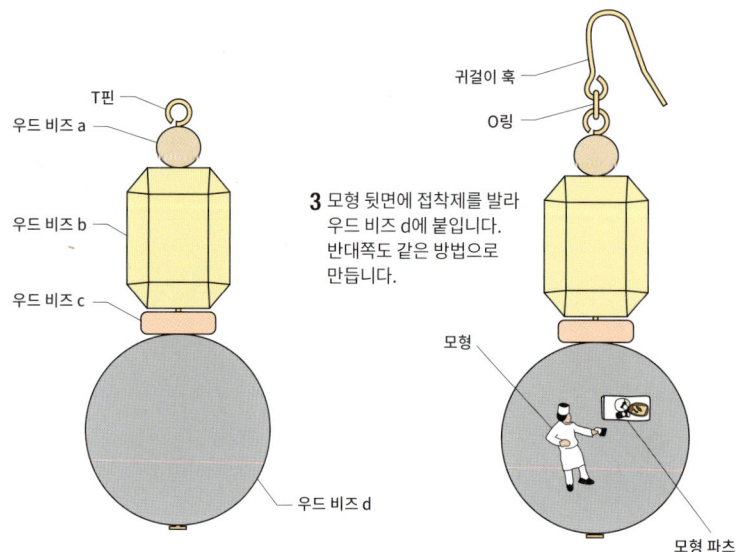

※ 그림은 369 작품 설명. 368 작품도 파츠를 바꾸어 같은 방법으로 만듭니다.

370, 371

SIZE: 370 세로 4.5 × 2cm   371 세로 5.5 × 가로 1.5cm

1. 모형 뒷면에 접착제를 발라 귀걸이 포스트를 붙입니다.
2. 귀걸이 클러치에 O링 b, O링 a, 아크릴 파츠 순서로 연결합니다.

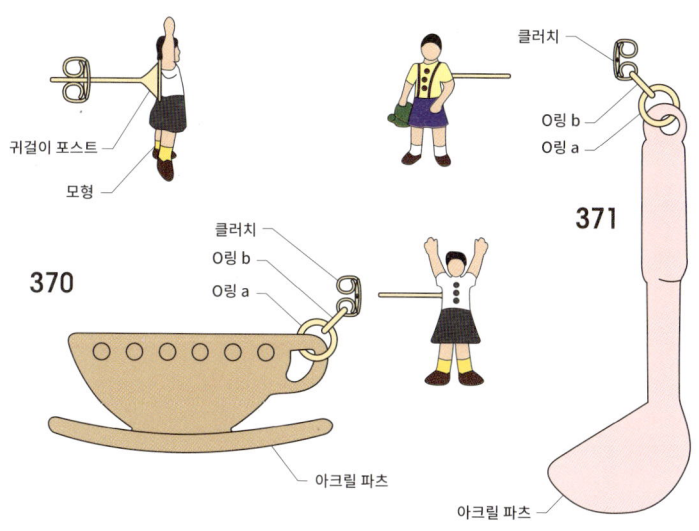

재료

370
모형 (만세하는 여자 아이·1cm) ─ 1개
아크릴 파츠 (찻잔 모양·가로 폭 3.5cm·오렌지) ─ 1개
O링 a (0.8×6mm·골드) ─ 1개
O링 b (0.8×4.5mm·골드) ─ 1개
귀걸이 포스트 (평판·3mm·골드) ─ 1세트

371
모형 (분무기 들고 있는 여자 아이·1cm) ─ 1개
아크릴 파츠 (국자 모양·세로 폭 5cm·핑크) ─ 1개
O링 a (0.8×6mm·골드) ─ 1개
O링 b (0.8×4.5mm·골드) ─ 1개
귀걸이 포스트 (평판·3mm·골드) ─ 1세트

[사용하는 도구]
기본 도구 (p.168) / 접착제

372, 373

SIZE: 모티브 세로 3.5 × 가로 3cm

1. 트위스트 코드로 둥글게 원형을 만들어 마스킹 테이프로 고정시킵니다. 마스킹 테이프 위에 접착제를 붙여 4cm의 새틴 리본을 감습니다.
2. 위에서부터 20cm의 새틴 리본을 묶어 리본 매듭을 짓습니다. 리본 끝에 올풀림 방지액을 바르고 건조 후 비스듬히 가로로 자릅니다.
3. 리본 매듭 아래에 바늘과 실을 사용해 살짝 꿰매 리본이 풀리지 않도록 고정합니다. 이때 O링 a를 같이 연결하여 고정합니다.
4. 완성 크기의 모티브가 들어갈 정도로 클리어 화일을 자릅니다. 클리어 화일에 모티브를 얹어 마스킹 테이프로 뜨지 않게 확실하게 고정합니다. 가운데 UV 레진을 1/3 정도 전체적으로 바르고 약 2분 정도 UV 램프로 굳힙니다.
5. 4에 모형을 얹고 UV 레진을 4에 가득 차게 넣고 약 5분 정도 UV 램프로 굳힙니다.
6. 3에서 연결한 O링 a에 체인을 걸고 체인 양 끝에 O링 b와 배꼽 장식 클래습을 연결합니다.

※ UV 레진의 기본 테크닉 ▶p.184, 185
※ 그림은 373 작품 설명. 372 작품도 파츠를 바꾸어 같은 방법으로 만듭니다.

재료

372
모형 (투수·2cm) ─ 1개
O링 a (0.8×6mm·골드) ─ 1개
O링 b (0.8×4.5mm·골드) ─ 2개
배꼽장식 클래습 (골드) ─ 1세트
체인 (골드) ─ 60cm×1개
트위스트 코드 (3mm 폭·메탈릭 골드) ─ 9cm×1개
새틴 리본 (6mm 폭·네이비) ─ 4cm×1개, 20cm×1개
UV레진 ─ 적당량

373
모형 (타자·2cm) ─ 1개
O링 a (0.8×6mm·골드) ─ 1개
O링 b (0.8×4.5mm·골드) ─ 2개
배꼽장식 클래습 (골드) ─ 1세트
체인 (골드) ─ 60cm×1개
트위스트 코드 (3mm 폭·메탈릭 골드) ─ 9cm×1개
새틴 리본 (6mm 폭·그린) ─ 4cm×1개, 20cm×1개
UV레진 ─ 적당량

[사용하는 도구]
기본 도구 (p.168) / 마스킹 테이프 / 가위 / 클리어 화일 / UV 램프 / 바늘 / 실 / 올풀림 방지액 / 접착제

BASIC
LESSON
↓
3 2 1
☐ ☐ ☑
T M T
E A O
C T O
H E L
N R S
I I
Q A
U L
E S

LESSON 1

BASIC TOOLS

필요한 기본 도구

액세서리 제작에 사용하는 도구를 소개합니다.
필요한 도구를 갖추면 작업 효율이 높아집니다.

기본 도구 ·

[평집게]

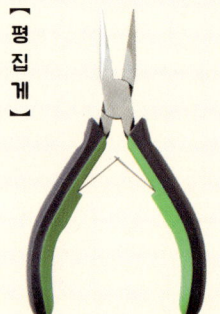

O 링이나 C 링 등 링 종류를 열고 닫을 때, 구멍지프를 닫거나 고정볼을 누르는데 적합하다. 링 종류를 열고 닫을 때 평집게가 2 개가 필요하지만, 하나는 9 자말이 집게로도 대체할 수 있습니다.

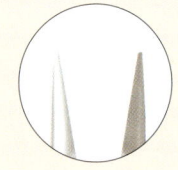

이렇게 생겼어요 —
끝이 평평하게 되어 있어서 금속 장식을 끼우는 데 적합합니다.

이럴 때 사용해요 —
주로 O 링을 손쉽게 열고 닫기 위해 사용합니다.

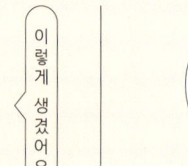

이렇게 생겼어요 —
끝이 가늘고 둥글게 되어있어 세밀한 작업을 하기에 적합합니다.

이럴 때 사용해요 —
주로 핀 종류를 둥글게 말 때 사용합니다.

[구자말이 집게]

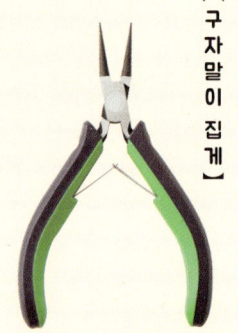

9 핀과 T 핀 등을 둥글게 말 때 사용하는 공구. 액세서리를 만들 때 반드시 사용 것이므로, 한 개는 가지고 있을 것. O 링이나 C 링을 열고 닫을 때도 사용합니다.

[니퍼]

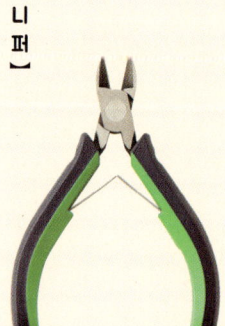

가위로 잘리지 않는 것을 자를 때 사용한다. 핀 종류를 자르거나 체인을 힘들이지 않고 자를 수 있습니다.

이렇게 생겼어요 —
굵은 날이 붙어 있고, 스프링의 힘으로 금속을 자릅니다.

이럴 때 사용해요 —
아트와이어 및 줄 등 끈을 자를 때.

이렇게 생겼어요 —
끝이 가늘고 뾰족하며, 비즈 구멍을 넓히는데 사용할 수 있습니다.

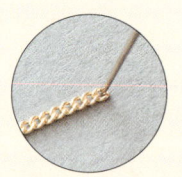

이럴 때 사용해요 —
체인의 구멍을 넓힐 때에도 사용합니다.

[수예용 송곳]

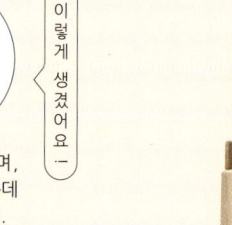
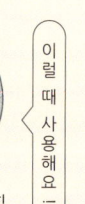

세밀한 작업을 할 때 편리한 도구로 끈의 매듭을 만들거나, 비즈 구멍의 이물질을 제거할 때에도 사용할 수 있습니다.

작품에 사용된 도구

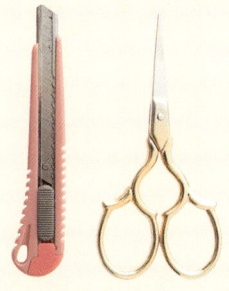

가 위 , 커 터 칼
우레탄 줄 , 실 , 패턴 등을 자를 때 사용합니다 . 우레탄 줄이나 실은 작은 가위로 , 패턴을 자를 때에는 큰 가위나 커터 칼을 사용하면 좋습니다 .

자
체인이나 천 등의 길이나 크기를 잴 때 사용합니다 . 줄자로도 대신 사용할 수 있습니다 .

비즈 바늘
일반적으로 사용하는 것보다 긴 바늘로 실을 이용해 비즈를 꿰는 데 사용합니다 . 나일론 줄 , 우레탄 줄과 함께 사용합니다 .

이 쑤 시 개
파츠나 부자재의 끝부분에 접착제를 발라서 붙이거나 , 접착제를 펴 바를 때 사용합니다 .

핀 셋
세밀한 작업을 할 때 유용한 도구 . 글래스 돔 안에 비즈를 넣거나 스톤으로 데코 작업을 할 때 사용합니다 .

다용도 접착제

비즈용 접착제
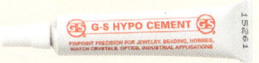

접착제
파츠를 고정시키는 데 사용합니다 . 다양한 종류가 있으므로 용도에 맞게 선택하여 사용합니다 . 비즈용 접착제는 끝이 가늘게 되어있기 때문에 부품 안에 접착제를 흘려 넣는데 편리합니다 . 다용도 접착제는 건조가 빠르고 작업 중에 고정시킨 파츠가 잘 미끄러지지 않아 작업하기 편리합니다 .

그 외 있으면 편리한 도구

비즈 트레이
액세서리를 만들 때 필요한 재료를 담는 트레이 . 사용하는 부자재는 미리 필요한 개수대로 담아두면 작업하기 쉽고 편리합니다 .

부자재 케이스
구슬 및 부자재 , 만든 액세서리를 수납하는 플라스틱 케이스 . 자주 사용하는 기본 부자재 등을 한꺼번에 정리해 두면 부자재를 일일이 찾는 수고를 줄일 수 있습니다 .

비즈 매트
폭신 폭신한 매트 . 구슬을 엎어도 굴러가지 않기 때문에 구슬에 상처가 생기지 않는다 . 구슬을 손으로 잡지 않고 바늘을 넣을 수 있으므로 , 바늘과 실을 사용한 작품을 만들 때 매우 편리합니다 .

LESSON 2
BASIC MATERIALS

이 책에 등장하는 기본 재료

파츠와 재료 선택도 즐거움 중 하나.
각각의 특징을 아는 것은 액세서리 예쁘게 만들기 위한 첫걸음입니다.

기본 재료

진주

수지 (레진), 코튼, 아크릴, 플라스틱 등 소재에 따라 다양한 종류가 있습니다. 심플한 스타일의 간단한 디자인도, 품위 있는 디자인 작품도 만들 수 있습니다.

아크릴 비즈

아크릴로 만든 비즈로 체코 비즈와 같이 다양한 색과 모양이 있습니다. 꿰거나 연결해 만드는 액세서리에 알맞은 재료입니다.

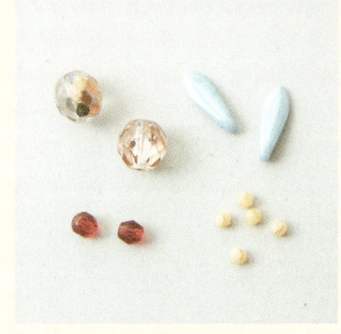

체코 비즈

비즈 가공 기술 수준이 높은 체코에서 만든 비즈를 말하며, 모양이 독특하고 색과 소재의 종류가 다양합니다. 낚시줄에 비즈를 꿰어 다양하게 연출할 수 있습니다.

원석

준보석으로도 불리며 가공 방식에 따라 라운드, 칩, 론델 등 다양한 형태가 있으며, 같은 원석이라도 색감이 차이가 있어서 고르는 즐거움도 있습니다.

스와로브스키・크리스탈

스와로브스키사에서 생산하는 크리스탈을 말하며, 1개만 붙여도 화려하게 연출할 수 있습니다. 스톤 캡에 넣어 붙이는 세트 구성으로 된 것, 구멍 뚫린 형태의 비즈 등 다양한 형태가 있습니다.

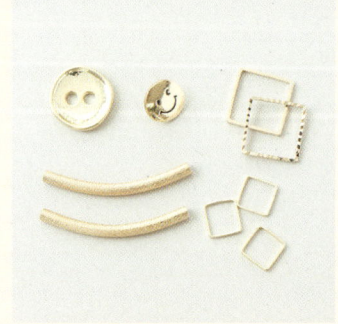

금속 장식

심플한 디자인이 포인트가 되는 금속 소재의 장식. 심플한 액세서리의 장식요소로 진주, 스와로브스키 크리스탈과 잘 조합해서 만들어보세요.

메탈 비즈

모양과 크기도 다양한 금속 소재의 비즈로 액세서리를 세련된 스타일로 마무리해 줍니다. 연결하는 것만으로도 심플한 액세서리로 만들 수 있습니다.

참 (팬던트)

별과 꽃 등 모티브의 상단에 고리가 붙어 있는 파츠. 오링이나 C 링으로 고리와 연결해 매달거나, 끈이나 리본에 직접 통과시켜 사용할 수도 있습니다.

비즈 캡

비즈의 상하 또는 양쪽에 붙이는 장식. 구슬의 크기와 색상에 맞춰 비즈 캡의 크기와 모양을 고르면 자연스럽게 맞출 수 있다.

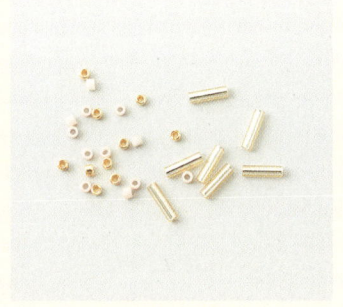

시드 비즈

알갱이처럼 작은 크기의 비즈로 모양이나 크기에 따라 명칭이 다릅니다. 소형 라운드 모양 외에도 대형 라운드・특대・특소, 막대 비즈 등이 있습니다.

라인 스톤

구멍이 뚫린 스톤 캡에 세팅된 크리스탈. 귀걸이나 반지 등 벌집판 (샤워대) 에 파츠를 엮을 때 장식으로 자주 사용됩니다.

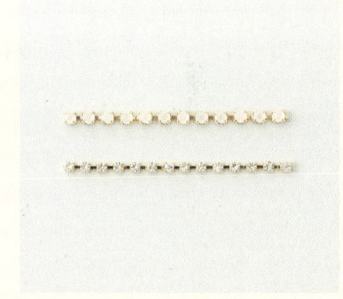

줄란

라인 스톤이 연결된 체인으로 니퍼로 원하는 길이로 잘라서 달거나 큰 스톤 주위에 붙여 연출할 수 있습니다.

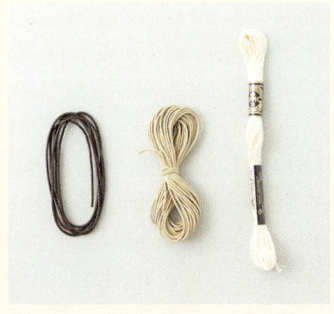

끈 , 실

가죽 끈, 실크 줄, 자수실 등 용도에 따라 구분하여 사용합니다. 엮어서 팔찌를 만들거나 태슬 파츠를 만들 수도 있습니다.

디오라마

철도 모형의 풍경 등에 사용되는 작은 사람 또는 동물 모형. 다양한 종류가 있으며 화방이나 디오라마, 미니어처 온라인 쇼핑몰에서 쉽게 구할 수 있다.

조화 , 압화 , 드라이 플라워

압화와 드라이 플라워는 레진으로 코팅하여 사용한다. 조화는 그대로 붙이거나 꿰매어 액세서리 파츠로 사용한다. 화방이나 수공예 온라인 쇼핑몰에서 구입할 수 있다.

기본 금속부자재

구멍지프, 고정볼

낚시줄과 우레탄줄 같은 와이어를 끝에 마무리하는데 사용하는 부품입니다. 고정볼을 와이어에 낀 후 집게로 누르고 구멍지프로 덮는 것 만으로 OK. 고리와 연결할 수 있습니다.

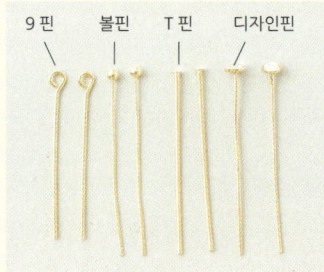

핀

막대 모양의 부분에 필요한 구슬을 꿰어 끝을 9 자말이 집게로 둥글게 말면 파츠 완성. T 핀, 9 핀, 볼핀, 디자인핀 등이 있으며, 길이와 굵기도 여러 가지 종류가 있습니다.

링

파츠나 작은 장식 등의 연결을 위한 부자재입니다. 집게를 이용하여 열고 닫아 사용하며 O 링, C 링, 삼각링, 디자인링 등 종류도 다양합니다.

토글 바

목걸이와 팔찌 양 끝에 쓰이는 마감장식으로 큼직한 비즈를 엮어서 만든 액세서리에 많이 사용합니다. 막대를 링 안으로 통과시켜 넣어서 완성!

랍스터 장식, SR 장식, 연장체인

목걸이와 팔찌 체인의 끝에 붙는 연결고리 기능을 하는 마감장식입니다. SR 장식, 랍스터 장식을 연장체인에 연결하여 완성합니다. 연장체인의 위치로 길이를 조절할 수 있습니다.

마감 장식

코드나 리본, 깃털의 끝에 달아서 파츠를 만드는 부자재. 아이템에 끼우고 집게로 눌러 고정시켜 마무리합니다.

스톤캡

스와로브스키 등 스톤을 끼우는 금속 부자재. 크기와 모양에 따라 전용 캡이 있고 사방의 4 발 물림을 평집게로 기울이며 닫아 고정합니다. 구멍이 뚫린 것, 고리가 달려 있는 종류도 있습니다.

체인

주로 목걸이에 사용하며, 가는 체인부터 큰 체인까지 용도에 따라 구분하여 사용할 수 있습니다. 디자인 체인으로 개성을 살려 연출해보세요.

클래습 (배꼽장식)

원형 금속 마감장식으로 한쪽 돌기를 구멍에 끼워 고정시킵니다. 한 손으로도 탈착이 쉽고 단단히 고정되므로 팔찌 마감장식으로 추천합니다.

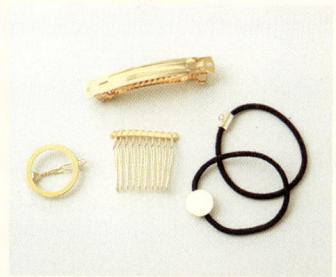

헤어 액세서리 금속부자재
머리끈, 머리핀, 머리빗 핀 등이 있으며 디자인이나 기법에 맞게 금속부자재를 선택하여 사용합니다. 골드는 귀여운 느낌, 실버는 시크한 느낌으로 완성할 수 있습니다.

브로치 핀대
귀걸이와 같이 파츠를 붙이는 판이 있거나, 매달아 걸 수 있는 고리가 붙어 있는 것 등 다양한 형태가 있습니다. 와이어 및 낚시줄로 엮어 꿸 수 있는 구멍이 있는 형태 도 있습니다.

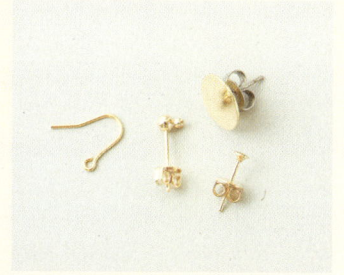

귀걸이 포스트
비즈를 붙일 수 있는 둥근 판이 붙은 포스트, 고리가 달려있어 파츠를 달 수 있는 포스트, U 자형 훅 타입의 포스트 등 디자인에 맞는 포스트를 선택해보세요.

반지대
이 책에서는 스와로브스키와 진주 전용 반지대가 많이 등장합니다. 반지대 디자인에 맞게 붙이는 파츠를 선택해보세요.

귀찌
논피어싱 나사형, 원터치형 등 종류가 다양합니다. 실리콘 커버가 달린 것은 귀가 아프지 않아 안심하고 사용할 수 있습니다.

벌집판이 달린 부자재란 ?

벌집판이라는 것은 비즈를 엮기 위한 구멍이 여러 개 뚫려있는 금속받침대 입니다. 본체에 끼우고 4 발 물림을 기울여서 물리게 하여 고정합니다.

와이어, 실 종류

아티스틱 와이어
이 책에서는 AW 로 표기하였으며, 황동선에 폴리우레탄을 가공한 와이어로 호수가 클수록 가늘어집니다.

낚싯줄
비즈를 꿰거나 엮을 때 사용하며, 이 책에서는 주로 2호와 3호를 사용합니다. 아티스틱 와이어보다 부드러워 사용하기 편합니다.

비즈 스티치 실
나일론 또는 폴리에스테르로 되어있고 색상과 굵기도 다양한 종류가 있습니다.

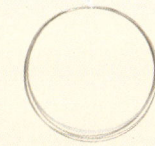
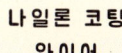

나일론 코팅 와이어
흔히 피아노줄로 불리는 표면이 나일론으로 코팅된 가는 줄. 낚싯줄보다 튼튼합니다.

우레탄 줄 (투명 고무줄)
폴리우레탄 하얀 투명 고무로 부드럽고 잘 늘어나는 성질이 있습니다. 팔찌를 만들 때 사용하면 편리합니다. 매듭을 지어 접착제를 발라 고정합니다.

※이 책에서 소개하는 와이어, 실 종류 이외의 재료를 사용하고 있는 작품도 있습니다.

레진 액세서리 만들기 재료와 도구

UV 레진이란??

UV레진은 수지의 한 종류로 UV 램프로 굳힙니다. 레진액을 사용하면 비즈나 드라이플라워를 메탈 프레임에 넣어 굳히거나 다양한 형태로 굳힐 수 있습니다.

재료

착색제 (액상)
투명감 있는 액체 형태의 레진 전용 착색제입니다. 양을 조절해서 색상의 농도를 조절할 수 있고, 색상끼리 혼색도 가능하여 원하는 색상을 만들 수도 있습니다.

UV-LED 레진
UV(자외선) 또는 LED로 경화하는 투명한 액체 수지. 틀에 넣어 굳히거나 파츠끼리 레진으로 붙일 수도 있다. 이 책에서는 「UV 레진」으로 표기하였습니다.

도구

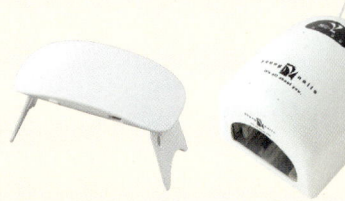

UV 램프
UV 라이트로 레진액을 굳힐 수 있는 조사기입니다. 사진 (왼쪽)과 같이 콤팩트한 사이즈의 핸디 타입 UV-LED 램프는 휴대하기 편리합니다.

마스킹 테이프
레진액을 부을 때 테두리 틈새를 막는데 사용하며, 레진액이 굳으면 쉽게 떼어낼 수 있습니다.

조색 팔레트
팔레트를 한쪽으로 기울여서 몰드에 조색한 레진액을 그대로 부어 넣을 수 있어 편리하다. 폴리프로필렌 재질로 경화한 레진도 쉽게 잘 벗겨진다.

소프트 몰드
UV 레진액을 부어 성형할 수 있는 폴리프로필렌 재질의 몰드로, 원형, 삼각형, 사각형 등 다양한 종류의 형태와 크기가 있다.

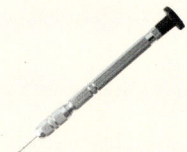

디자인 커터
레진을 실리콘 몰드에서 꺼낼 때, 튀어나온 부분이 있으면 디자인 커터로 잘라내 깔끔하게 완성합니다.

핀바이스
굳힌 레진에 링을 끼울 수 있는 구멍을 뚫는 데 사용합니다.

클리어 파일
작업용 받침대로 편리합니다. UV 램프에 들어가는 크기로 잘라 그대로 UV 램프에 넣어 경화 시킬 수 있습니다.

※ 이 책에서는 파디코 UV-LED 레진을 사용하였습니다. UV 레진의 경화 시간은 브랜드, UV 레진의 사용량, UV 램프의 종류에 따라 다를 수 있습니다. UV 레진을 사용할 때 반드시 사용설명서를 읽어주세요.

점토 액세서리 만들기 재료와 도구

> **점토란??**

자신이 좋아하는 모양으로 만들 수 있는 아이템으로, 구워서 굳히는 타입과 자연건조 타입 등 여러가지 종류가 있습니다. 점토 자체에 색이 있는 것이나, 물감으로 색을 입히는 것도 있습니다. 이 책에서는 2 종류의 점토를 사용하였습니다.

재료

석분 점토

손에 잘 붙지 않고 공기에 노출되면 굳는 점토. 건조하는 데에 하루에서 이틀정도 걸리지만, 강도가 높고 사포로 갈아낼 수 있어 섬세한 작업도 가능하며 아크릴 물감으로 채색하여 사용합니다. 화방 또는 수공예 온라인 쇼핑몰에서 쉽게 구할 수 있습니다.

수지 점토

건조 후 휘어짐과 부러짐에 매우 강한 수지 점토. 완전히 마르면 생활 방수 정도의 내수성이 있습니다. 투과성 있는 반투명의 부드러운 질감으로 깔끔한 마감이 가능하므로 액세서리 파츠 만들기에 좋습니다.

도구

헤라

점토로 모양을 만들 때 사용하는 점토 성형도구. 부드러운 점토라면 헤라로 자르는 것도 가능합니다.

밀대

점토류를 평평하게 만드는 데 사용하는 도구. 두께에 상관없이 쉽게 사용할 수 있습니다.

점토 판

점토 밑에 깔고 사용하는 판.

쿠킹 시트

점토를 평평하게 만들 때 점토가 점토 판에 달라붙지 않도록 점토 판 위에 붙여 사용한다.

아크릴 물감

석분 점토에 색을 칠할 때 사용합니다. 석분 점토의 표면이 완전히 마른 후에 아크릴 물감을 사용합니다.

디자인 커터

점토로 모양을 만들 때 사용합니다. 이 책에서는 폴리머 클레이를 틀에 따라 자를 때 쓰입니다.

나무 꼬지

점토에 무늬를 내거나 작은 파츠를 취급할 때 사용합니다. 점토에 색을 칠 할 때도 사용하면 편리합니다.

커터 칼

점토를 자르거나 이동시킬 때 사용합니다. 주의하여 사용합니다.

수용성 바니쉬 (무광)

매트하게 마감하고 싶을 때 사용합니다. 확실하게 마른 후 바르지 않을 경우 번지므로 주의하세요.

수성 니스 (유광)

석분 점토를 마감할 때 사용합니다. 마르면 생활 방수 정도의 내수성이 있습니다.

사포

석분 점토의 마무리에 사용하며, 중간 입도 (100~200 방) 나 고은 입도 (200~400 방) 로 표면을 정리합니다.

BASIC
LESSON

↓

3 2 1
☐ ☐ ☐
T M T
E A E
C T C
H E H
N R N
I I I
Q A Q
U L U
E S E

LESSON 3

BASIC TECHNIQUE

기본 테크닉

액세서리 만드는 기본 테크닉을 소개합니다.

① O링·C링 사용법

집게로 오링을 여닫아 각종 부자재를 걸거나 연결하는 데 사용합니다.

↓

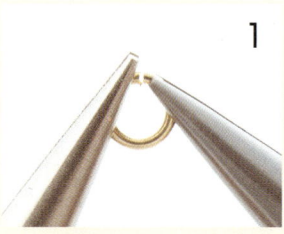

1

O링의 틈을 위로 두고 집게를 사용하여 열고 닫습니다.
평집게 2개를 쓰는 방법과 평집게와 9자말이 집게를 쓰는 방법이 있습니다.

↓

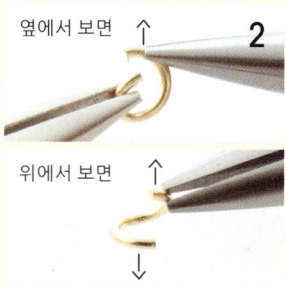

옆에서 보면 ↑ **2**

위에서 보면 ↑
↓

O링을 앞뒤로 어긋나게 움직여 열고 닫아줍니다.

NG!

좌우로 벌려주듯 열면 링이 비틀어져 강도가 떨어지게 되므로 주의하세요.

② T핀·9핀 사용법

비즈를 핀에 끼우고, 핀이 원형이 되도록 9자말이 집게로 둥글게 말아줍니다.

↓

1

90도

비즈에 핀을 통과시켜, 비즈와 90도가 되도록 구부려줍니다.

↓

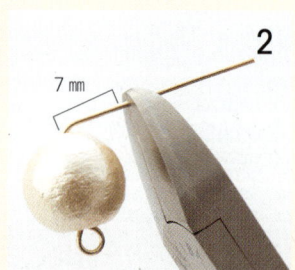

2

7mm

구부린 곳으로부터 7mm 남기고 니퍼를 이용해 잘라줍니다.

↓

3

손바닥이 위를 향하게 한 후 비즈를 잡고 9자말이 집게로 핀의 끝부분을 잡습니다.

4

손목을 돌려 고리를 둥글게 말아 핀 끝이 잘 닫히도록 모양을 잡습니다.

↓

5

평집게를 이용하여 양쪽 끝 고리의 방향이 평행이 되도록 평평하게 정리해줍니다. T핀과 9핀으로 만든 파츠를 직접 체인에 연결할 경우에는 O링·C링과 같은 방법으로 평집게를 이용하여 고리의 끝부분을 앞뒤로 열어줍니다.

NG!

오른쪽은 고리가 제대로 닫히지 않은 상태. 왼쪽은 고리가 서로 평행하지 않은 상태. 되도록 보기 좋게 평집게로 정리해주세요.

③ 와이어 루핑 방법

와이어에 비즈를 통과시킨 후, 위, 아래쪽에 고리를 만들어 파츠를 완성합니다.

1

와이어를 5~10cm 길이로 자른 후 (통과시킬 비즈의 크기와 수에 따라 조절), 9자말이 집게로 비즈가 빠지지 않을 정도의 크기로 둥글게 말아 작은 고리를 만듭니다.

↓

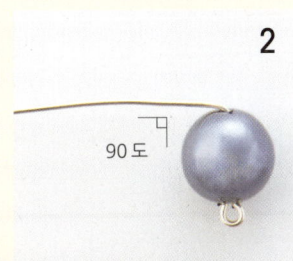

2

와이어에 비즈를 끼운 후 와이어를 직각으로 꺾는다.

↓

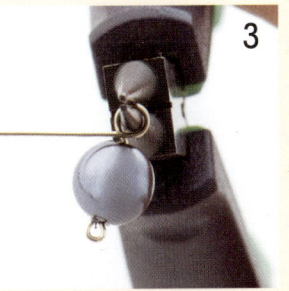

3

9자말이 집게로 비즈에 바짝 붙여 9자말이 둥근 모양에 맞춰 와이어를 한번 말아 고리를 만듭니다. 다른 파츠나 금속 부자재를 직접 연결할 경우 고리에 통과시켜 놓는다.

4

평집게로 고리를 잡고 와이어를 비즈 바로 위에서 2번 감아줍니다.

↓

5

와이어가 겹치지 않도록 감아주고, 남은 와이어는 니퍼로 잘라주세요.

↓

6

와이어의 잘린 부분은 평집게로 집어 감은 와이어에 딱 붙여서 정리합니다.

④ 와이어 루핑으로 파츠 연결 방법

비즈를 통과시킨 와이어를 고리에 넣은 후, 와이어로 고리를 만들어 파츠를 연결한다.

1

연결하고 싶은 파츠의 고리에 비즈를 통과시킨 와이어를 넣은 후, 9자말이 집게로 둥글게 한번 감아 고리를 만듭니다.

↓

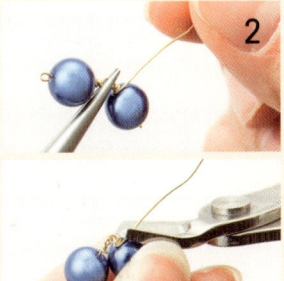

2

평집게로 고리를 잡고 와이어가 겹쳐지지 않도록 비즈 밑 부분에 돌돌 감아줍니다. 와이어의 남은 부분은 니퍼로 자릅니다.

↓

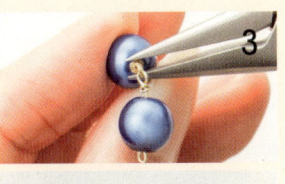

3

와이어의 잘린 부분은 평집게로 눌러 정리합니다.
아래 사진은 연결한 모습.

⑤ 와이어 참 루핑 방법

와이어에 비즈를 끼운 후, 고리를 만들어 참을 완성합니다.

1

와이어를 비즈에 끼운 후, 비즈의 좌우 중앙 연장선 위에서 교차시킵니다. 교차시킨 와이어 2 개를 평집게로 눌러 잡아 파츠가 고정되도록 3 번 감아올립니다.

↓

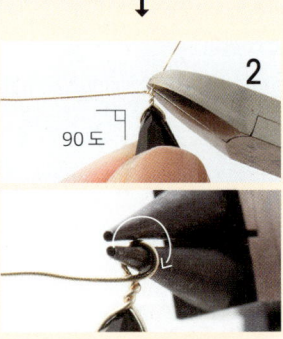
2

한 개의 와이어를 90 도로 꺾어 구부리고, 다른 한 개의 와이어는 니퍼로 자릅니다. 9 자말이 집게를 와이어에 바짝 붙여 집게 모양에 맞춰 1 번 돌려 둥글게 말아줍니다.

↓

3

평집게로 꼬인 부분을 덮듯이 평집게로 와이어를 위에서 아래로 비즈 끝부분을 향해 3 번 감아 내려옵니다. 남은 와이어를 니퍼로 자른 후, 잘린 와이어 부분은 평집게로 꽉 눌러 정리합니다.

⑥ 구멍지프 사용법 (와이어)

비즈 등을 와이어에 통과시킨 후 와이어 끝부분에 달아 마감 역할을 합니다.

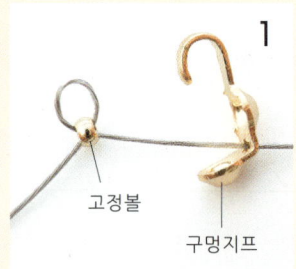
1
고정볼   구멍지프

와이어를 구멍지프와 고정볼을 통과시킨 후, 고정볼에 돌려 감아 구멍에 끼워 빼냅니다.

↓

2

와이어를 타이트하게 조여준 후, 평집게를 이용하여 고정볼을 여러 번 눌러 고정시킵니다.

↓

3
2 mm 남김

와이어를 2mm만 남기고 니퍼로 자릅니다.

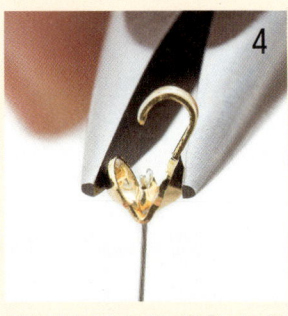
4

구멍지프 안으로 고정볼을 넣고 평집게로 닫습니다.

↓

5

와이어에 비즈를 다 통과시킨 후, 반대쪽도 마찬가지로 구멍지프와 고정볼 순서로 통과시키고 와이어를 고정볼에 돌려 감아 구멍에 끼워 빼냅니다.

↓

6

송곳으로 고정볼을 구멍지프 안으로 이동시킨 후 와이어를 타이트하게 조입니다. 2 번 과정처럼 평집게를 이용하여 고정볼을 여러 번 눌러 고정합니다. 남은 줄은 짧게 자른 후 구멍지프를 닫습니다.

⑦ 고정캡 사용법

끈이나 깃털의 뿌리 끝부분에 끼워 고리가 달린 파츠를 만들 수 있습니다.

1 고정캡에 끈을 넣습니다. 끈의 끝이 고정캡으로부터 1mm 튀어나오게 한 후 손가락으로 잡습니다.

↓

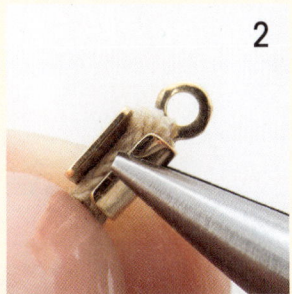

2 평집게로 고정캡 한 쪽 날개를 누릅니다.

↓

3 거꾸로 잡고 나머지 한 쪽 날개도 평집게로 누릅니다.
마지막으로 전체를 눌러 단단하게 고정합니다.

⑧ 레이스캡 사용법

리본 양 끝에 달아 다른 부자재를 연결하여 사용할 수 있습니다.

1 리본의 끝을 레이스캡 안쪽으로 집어넣습니다.

↓

2 넣은 후 평집게로 전체적으로 누릅니다.

↓

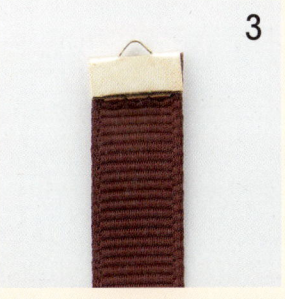

3 레이스캡은 리본이 밖으로 나오지 않도록 꽉 눌러 닫고, 리본의 폭과 같은 사이즈를 골라야 합니다.

⑨ 줄란 사용법

필요한 길이로 잘라 만들고 줄란캡을 이용해 다른 재료와 연결하여 사용합니다.

1 줄란 체인은 필요한 길이만큼 니퍼로 자릅니다.

↓

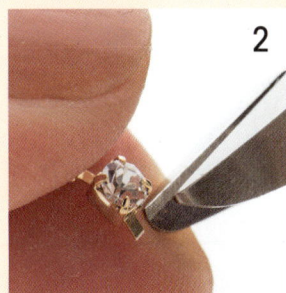

2 자른 후 튀어나온 부분은 니퍼로 잘라서 정리합니다.

↓

3 줄란 캡을 이용해 끝부분 줄란을 감싸듯 넣어 평집게로 발을 물려 고정시킵니다.

⑩ 벌집판 고정 방법

비즈를 엮어 벌집판에 고정하여 다양한 형태의 액세서리를 만들 수 있습니다.

1 평집게를 이용하여 고정캡의 발 두 개를 눌러 눕힙니다.

↓

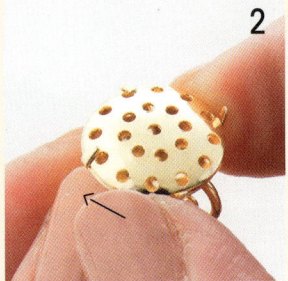

2 1번 과정의 접은 발에 벌집판을 밀어 넣어 끼웁니다.

↓

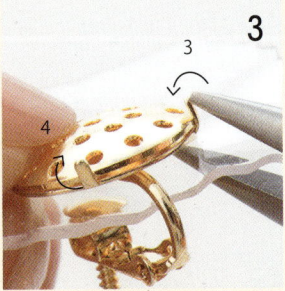

3 남은 두 개의 발도 평집게로 눌러 고정합니다. 부자재가 흠집 나지 않게 평집게 사이에 두꺼운 비닐 시트를 끼우고 작업합니다.

⑪ 스톤캡 고정 방법

구멍이 없는 스와로브스키 스톤은 스톤캡에 고정하여 사용합니다.

1 스톤을 스톤캡 위에 놓고 평집게로 발을 하나씩 눕혀 물립니다.

↓

2 발을 모두 눌러 스톤을 물립니다.

⑫ 접착제 바르는 방법

파츠를 붙일 때 직접 바르지 말고 이쑤시개를 사용하여 바릅니다.

1 접착제는 이쑤시개를 사용하여 접착할 면 전체에 얇게 골고루 펴서 바릅니다.

↓

2 마르기 전에 붙인 후 완전히 말려주세요.

침이 있는 포스트인 경우

침 부분도 칠함

귀걸이 포스트 부분에 침이 있는 경우 포스트의 컵 부분만 아니라 침도 이쑤시개로 얇게 펴서 바릅니다.

⑬ 체인 구멍 넓히는 방법

체인의 구멍이 너무 작아서 부자재를 연결할 수 없을 때, 송곳을 이용해 구멍을 넓힙니다.

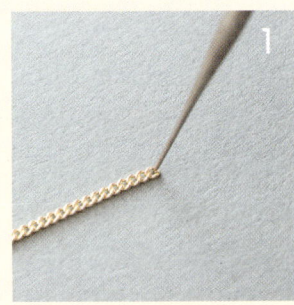

체인의 구멍이 작아서 오링을 끼우기 힘든 경우, 커팅 매트를 바닥에 깔고 넓히고 싶은 체인 구멍에 송곳을 꽂아 조금씩 넓힙니다.

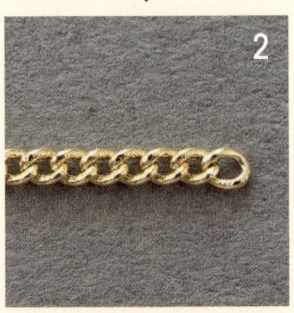

끝 부분 구멍을 넓힌 모습. 무리하게 넓히면 체인이 끊어지기 때문에 잘 살펴보면서 넓혀주세요.

⑭ 진주 구멍 정리 방법

진주 구멍 주변에 붙은 찌꺼기는 송곳으로 구멍에 넣어 깨끗하게 정리합니다.

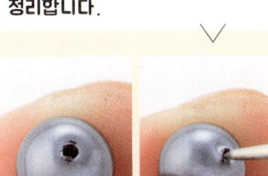

진주 비즈는 구멍 주변에 찌꺼기가 있는 경우가 있기 때문에 구멍에 송곳으로 찌꺼기를 밀어 넣어 깨끗이 정리한 후 사용합니다.

⑮ 펠트에 접착 심지 붙이는 방법

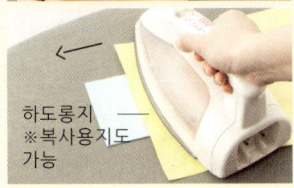

접착 심지 / 펠트

하도롱지 ※복사용지도 가능

펠트 위에 같은 크기의 접착 심지를 얹어 다리미를 평행하게 이동시키면서 균일하게 다려 붙입니다. 접착 심지의 풀이 신경 쓰이는 경우에는 하도롱지를 사이에 끼웁니다.

⑯ 자수실 사용 방법

자수실 타래에서 사용하기 적당한 길이(약 40cm) 만큼 실을 뽑아 자릅니다.

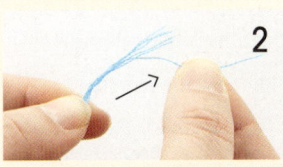

25번 자수실은 한 타래에 6가닥으로 이루어져 있어 한 가닥씩 뽑아 사용합니다. 1가닥이 필요하면 1가닥, 2가닥이 필요하면 한 가닥씩 2번 뽑아 함께 모아 바늘에 끼웁니다.

⑰ 펠트에 도안 옮기는 방법

초크 페이퍼로 도안을 옮기는 일반적 방법보다 펠트에 확실하게 옮길 수 있는 방법을 소개합니다.

펠트 / 실물 크기 도안

펠트 위에 실물 크기 도안을 얹어 도안의 선을 따라 송곳으로 구멍을 뚫습니다. 선의 교차점이나 꺾이는 부분에는 반드시 구멍을 뚫습니다.

초크 펜으로 뚫린 구멍을 따라 점을 찍어 덧그립니다. 물에 지워지는 초크 펜을 추천합니다.

도안을 빼낸 후, 도안을 보면서 점과 점을 이어 도안을 완성시킵니다.

⑱ 태슬 만드는 방법

실을 두꺼운 종이에 감아 태슬을 만드는 기본 방법을 소개합니다.

※ 여기에서는 이해하기 쉽도록 서로 다른 두 가지 색의 실을 사용하였습니다.
※ 이 책에서는 감는 실을 실이 아닌 O링과 AW를 사용하여 만든 작품도 있습니다.

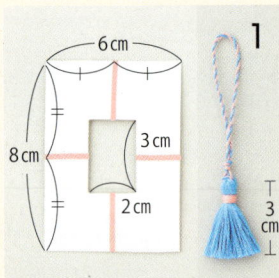

원하는 태슬 길이 + 1㎝×2 배를 세로 길이로 한 틀을 두꺼운 종이로 만듭니다. 가로, 세로 중심에 표시합니다. 위의 사진은 예시.

1에서 그은 틀의 중심선 위치에서 매다는 용도로 쓰일 다른 실로 묶어 매듭을 지어 고정합니다.

↓

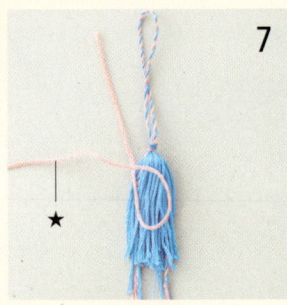

태슬을 정리하여 매듭을 짓습니다. 4~5회 감은 후 묶을 수 있을 만큼 30㎝ 정도의 실을 준비하고 사진처럼 교차 시켜 태슬 위에 둡니다.

↓

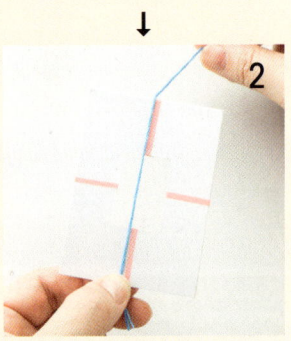

중심에 실을 맞춰 아래부터 위로 감기 시작합니다.

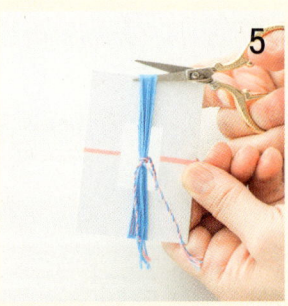

실타래의 위아래를 자릅니다.

↓

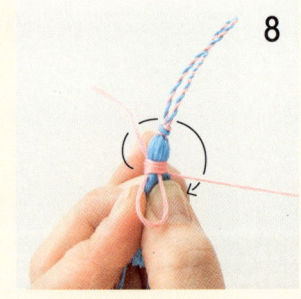

태슬을 손으로 꽉 잡으면서 ★표시의 실을 4번 감습니다.

↓

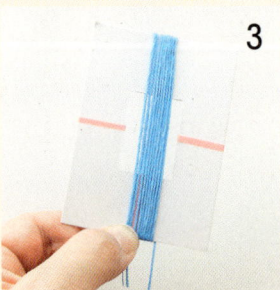

필요한 횟수(10회 정도)만큼 틀에 실을 감습니다. 너무 힘주어 감으면 종이가 휠 수 있어 주의합니다..

틀을 뺀 후 고리 역할 실을 위로 향하게 하고 매듭 부분이 중심에 오도록 태슬을 정리합니다.

↓

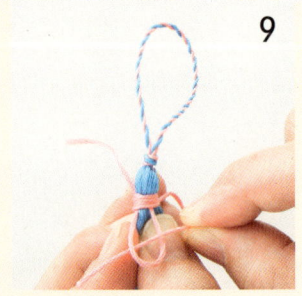

다 감은 실의 끝을 고리에 끼워 통과시킵니다.

176,188 (p.087) ,177,189 (p.088), 195,196 (p.090) 에서는 실타래의 위아래의 끝부분을 자르지 않은 태슬을 만듭니다.
그 경우에는 미리 틀의 한쪽 위아래 중앙에서 중앙으로 뚫은 구멍에 가위를 넣어 태슬의 매듭을 빼낼 수 있는 공간을 만들어놓습니다.

⑲ **실타래에서 태슬을 얻는 방법**

아크릴실과 자수실 등 실타래를 그대로 살려 실을 따로 감지 않고 태슬을 만드는 방법

사진과 같은 아크릴실처럼 타래 상태로 판매하는 실을 그대로 사용합니다.

↓

고리가 만들어져 있는 부분을 자른 후, 타래 그대로 필요한 길이만큼 가위로 자릅니다.

↓

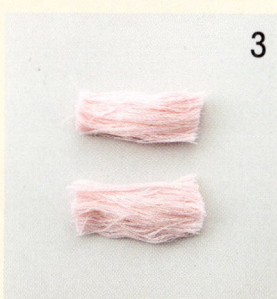

2의 한 묶음을 반으로 나누어 1/2 묶음으로 사용하였습니다. 작품에 따라 1/4 묶음으로 사용해도 좋습니다.

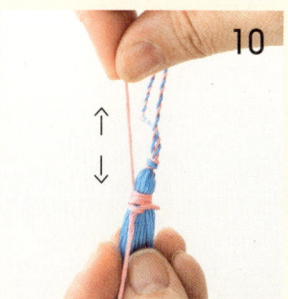

실 끝을 각각 잡고 위아래로 잡아당겨 매듭을 안으로 넣습니다.

경계선에서 실을 자릅니다.

↓

바늘에 소량의 접착제를 묻혀 매듭에 바릅니다.

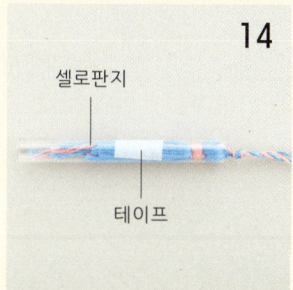

셀로판지에 태슬을 감아 테이프로 고정합니다.

↓

다시 한번 실 끝을 잡고 위아래로 꽉 잡아당깁니다.

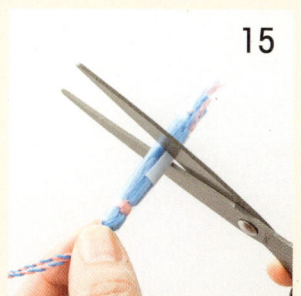

완성 길이로 자릅니다.

UV 레진의 기본 테크닉

⑳ UV 레진의 작업 매트 만드는 방법

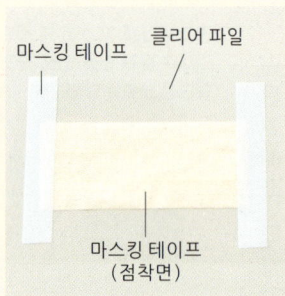

UV 램프에 넣을 크기로 자른 클리어 파일 위에 마스킹 테이프의 접착면을 위로 향하게 하여 양 끝부분을 마스킹 테이프로 붙여 고정합니다. 접착면은 얹어질 파츠보다 사이즈가 크도록 여러 장 나란히 붙입니다.

㉑ UV 레진 프레임으로 파츠 만드는 방법

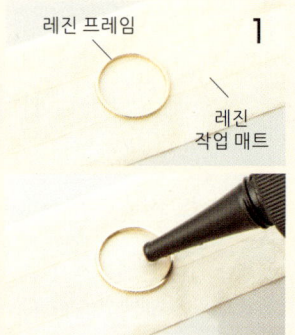

레진 프레임이 어긋나지 않도록 작업 매트에 확실하게 붙입니다. UV 레진 프레임 안에 UV 레진을 얇게 부은 후, UV 램프로 굳힙니다.

↓

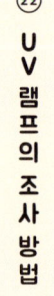

파츠를 붙이고 싶은 부분에 UV 레진을 얇게 바르고 난 후, 그 위에 얹어 임시 고정합니다. 그 위에 UV 레진을 붓습니다. 작은 파츠를 얹을 때는 핀셋을 사용하면 편리합니다.

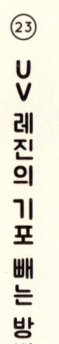

펄이나 자개 가루 등을 넣는 경우에는 뿌리고, 착색제를 넣는 경우에는 흘려 넣고 이쑤시개로 부드럽게 섞습니다.

↓

표면을 볼록하게 하고 싶은 경우에는 충분한 양의 UV 레진을 흘려 올린 후 UV 램프로 굳힙니다.

㉒ UV 램프의 조사 방법

UV 레진을 넣은 소프트 몰드 또는 파츠를 얹은 레진 작업 매트를 UV 램프에 넣어 조사하여 경화시킵니다. 조사 시간은 UV 레진의 취급 설명서에 따릅니다.

㉓ UV 레진의 기포 빼는 방법

UV 레진 안에 기포가 있는 경우, 굳히기 전에 이쑤시개로 찔러 기포를 뺍니다.

㉔ UV 레진으로 파츠끼리 붙이는 방법

이쑤시개로 UV 레진을 소량 묻혀 파츠의 붙이고 싶은 부분에 발라 파츠끼리 맞춰 붙인 후 UV 램프에 굳힙니다. 뒷면 전체에도 UV 레진을 바르고 UV 램프로 굳혀 경화시킵니다.

㉕ UV 레진으로 금속 부자재 붙이는 방법

금속 부자재를 달고 싶은 부분에 UV 레진을 얇게 바른 후, 금속 부자재를 얹고 UV 램프로 굳힙니다. 부자재 위에 UV 레진을 붓고 다시 한 번 굳힙니다. 접착제로 사용해도 좋습니다.

비즈 스티치의 기본 테크닉

26 UV 레진에 펄을 섞는 방법

용기에 UV 레진을 넣은 후, 펄을 적정량 넣어 이쑤시개로 섞습니다. 한쪽 입구가 튀어나온 조색 팔레트가 있으면 레진을 흘려 넣을 때 편리합니다.

27 UV 레진에 착색제를 섞는 방법

용기에 UV 레진을 넣은 후, 착색제를 조금씩 넣으면서 이쑤시개로 섞어 색을 조절합니다. 소프트 몰드와 레진 프레임에 UV 레진을 부은 후, 칼라로 착색시켜 만든 UV 칼라 레진을 부어 넣습니다.

28 UV 레진을 그라데이션 하는 방법

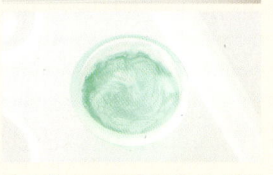

1. UV 칼라 레진을 소프트 몰드에 부은 후, 다음으로 UV 투명 레진을 부어 넣습니다.
↓
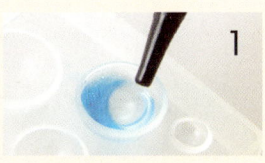

2. 두 색의 경계를 이쑤시개로 부드럽게 섞습니다.

29 소프트 몰드로 굳히기

소프트 몰드에 UV 레진을 가득 찰 때까지 끝까지 부은 후 UV 램프로 굳힙니다.

30 이물질 제거하는 방법

튀어나온 여분의 레진은 디자인 커터 또는 가위로 깎아 정리합니다.

31 물감 분량에 대하여

이 책에서는 사진처럼 이쑤시개 끝에 묻힌 물감의 분량을 한 번 찍은 양이라고 표기하였습니다. 또한 튜브를 눌러 짜내는 경우의 분량은 1엔 동전 크기 정도입니다.

32 엮기 시작 방법

여기에서는 비즈 스티치의 기본이 되는 매듭과 실 마무리 테크닉을 소개합니다.

1. 150cm 의 실을 한 가닥으로 사용합니다. 전체 길이의 1/3 위치에서 바늘구멍에 통과해 꺾어 접습니다.

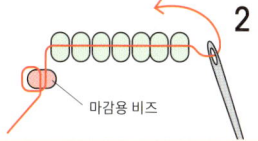

2. 엮기 시작할 때에는 실 끝을 지정한 길이만큼 남긴 후 마감용 비즈(분량 외)를 단 후 비즈를 통과시킵니다. 마감용 비즈는 마지막에 풀고 실을 정리하여 마무리합니다.

33 실 마무리 방법
※ 비즈 스티치의 실 마무리

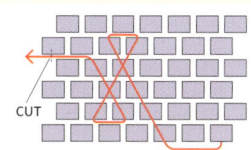

다 끝난 실의 마무리는 마감용 비즈를 빼고 실을 바늘에 꿰어, 그림과 같이 실을 2회 정도 회전하듯 꿴 후 실을 자릅니다. 엮기 시작점 부분도 마감용 비즈를 빼어낸 후 같은 방법으로 마무리합니다.

34 매듭 마무리 방법
※ 비즈 엮기의 실 마무리

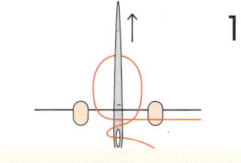

1. 비즈 꿴 실에 바늘로 걸쳐 마무리 실을 바늘에 감고 바늘을 빼냅니다.

2. 앞에 꿴 비즈에 통과시켜 그림과 같이 중간에 2회 옭매듭을 짓고 여러 개의 비즈를 꿴 후 실을 자릅니다.

㉟ 끈 매듭 방법

돌려 엮기

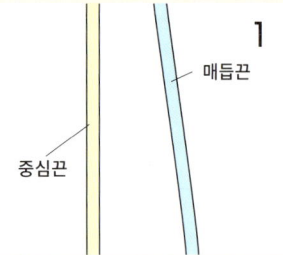
1

완성 사이즈 4~5배 길이의 매듭끈 하나를 중심끈의 오른쪽에 놓습니다.

↓

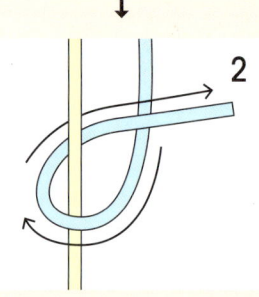
2

매듭끈을 중심끈의 오른쪽에서 왼쪽으로 감습니다.

↓

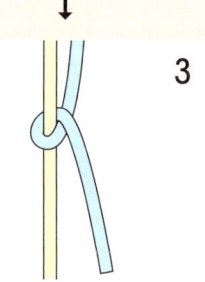
3

끈을 당겨 조이면 매듭 1 세트 완성. **2,3**번 과정을 여러 번 반복합니다.

↓

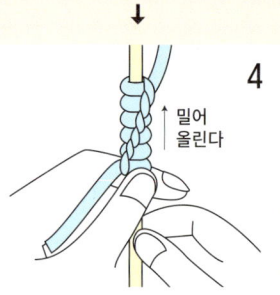
4

매듭이 반 회전한 곳을 기준으로 끈을 당겨 매듭을 밀어 올립니다.

좌우 엮기

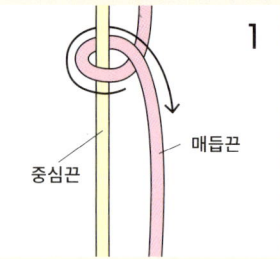
1

왼쪽에 중심끈, 오른쪽에 매듭끈을 놓고 오른쪽으로 돌려 엮기를 합니다.

↓

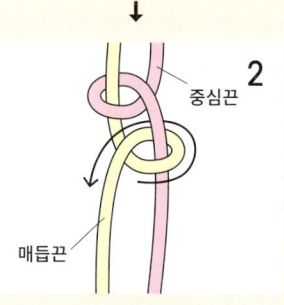
2

오른쪽에 중심끈, 왼쪽에 매듭끈으로 놓고 왼쪽으로 돌려 엮기를 합니다.

↓

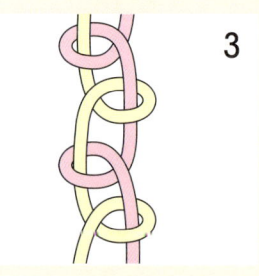
3

1 ~ 2 좌우 엮기 1 세트 완성. 이 과정을 여러 번 반복하여 엮습니다. 마지막으로 전체를 당깁니다..

고정 매듭

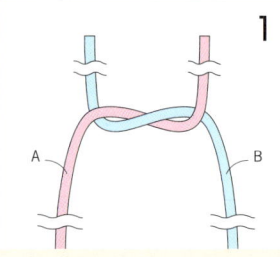
1

A와 B를 1 회 끈을 교차시켜 한 번 묶습니다.

↓

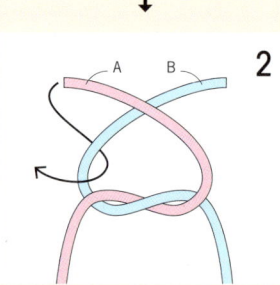
2

A와 B를 교차시킨 후 A의 실 끝을 B의 실 안쪽으로 통과시킵니다.

↓

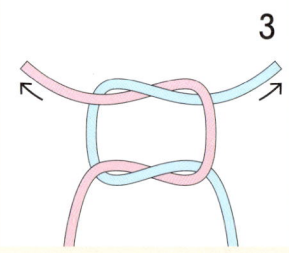
3

A와 B를 균일하게 잡아당겨 묶어 완성합니다.

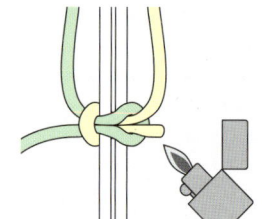

불로 지져 마감하는 법

끈을 3~4㎜ 남기고 잘라 끝이 지저분하지 않도록 라이터 불로 지져 마무리합니다. 불에 직접 닿지 않도록 주의하세요.

※ 이 책에서 지시하고 있는 장소 외에서 사용은 위험하오니 삼가세요.

비즈 자수의 기본 테크닉

(3 줄 땋기)

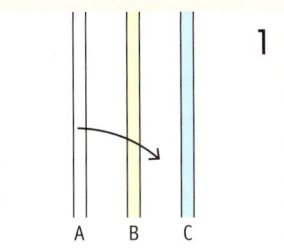
A를 B의 위로 교차시켜 놓습니다.

↓

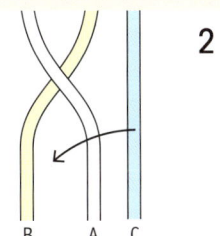
C를 A의 위로 교차시켜 놓습니다.

↓

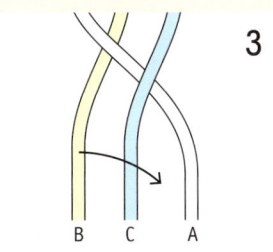
B를 C의 위로 교차시켜 놓습니다.

↓

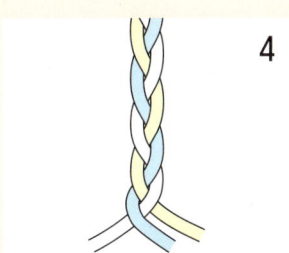
1~3번 과정을 반복하며 엮을 때 마다 잡아당겨 조이면서 엮습니다.

㊱ 매듭 만드는 방법

바늘에 실을 휘감아 실 끝에 매듭 짓는 방법. 한 가닥과 두 가닥 모두 가능합니다.

∨

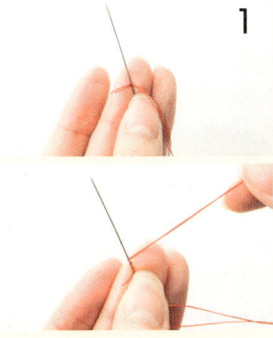
바늘에 실을 꿰고, 두 가닥의 경우에는 실 끝을 잘 정리한다. 실 끝 1cm를 남기고 바늘로 누른 상태에서 3회 실을 휘감습니다.

↓

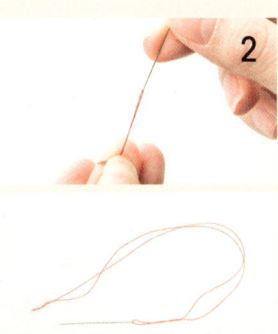
실의 휘감긴 끝자락 부분을 손가락으로 누르면서 바늘을 천천히 위로 당겨 빼냅니다.

㊲ 비즈 백스티치

모티브의 아웃라인을 표현할 때 편리한 기법입니다. 연속으로 수놓아 선을 표현합니다.

∨

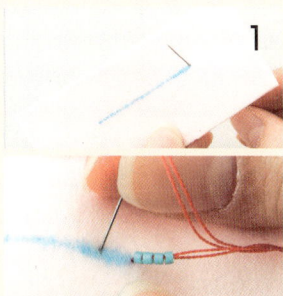
미리 초크 펜으로 펠트에 가이드라인을 그어 놓습니다. 선의 가장 끝 부분에 바늘을 뒤에서 찔러 빼내 비즈를 3, 4개 통과시킵니다. 끝나는 비즈 옆에 바늘을 찔러 넣습니다.

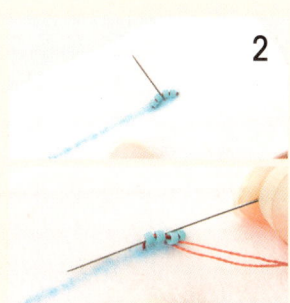
두 번째와 세 번째 비즈 사이로 바늘을 뒤에서 빼냅니다. 세 번째와 네 번째 비즈 구멍으로 바늘을 통과시킵니다.

↓

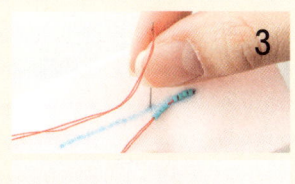
새 비즈 4개를 바늘에 통과시켜 같은 방법으로 반복합니다. 세밀한 도안일 경우 비즈 3개 또는 2개 정도 바늘에 통과시켜 같은 방법으로 바느질을 합니다.

㊳ 카우칭 스티치 (원형)

※ 꽃 모티브 만들기 편리한 자수 기법

비즈를 중심으로 둘러싸서 원형으로 수놓는 자수 기법. 꽃의 모티브가 완성됩니다.

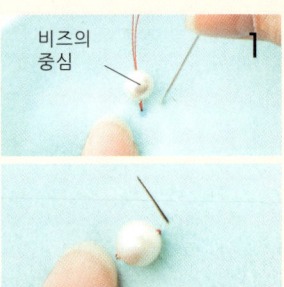

펠트 뒤쪽에서 바늘을 빼내 진주를 통과시킨 후 겉에서 바늘을 꽂아 넣습니다. 비즈의 반지름 정도의 위치에서 바늘을 뒤에서 빼냅니다.

↓

중심 진주 주위를 쌀 정도의 개수만큼 비즈를 바늘에 통과시킵니다. 첫 번째 비즈의 구멍에 바늘을 통과시켜 펠트 뒷면으로 꽂아 넣습니다. 아직 비즈가 고정되지 않은 상태이므로 바늘을 펠트 뒷면에서 진주와 비즈 사이로 꽂아 빼냅니다.

↓

실 바깥쪽으로 걸쳐 바늘을 원단에 찔러 꽂아 고정합니다. ★부분도 같은 방법으로 만듭니다.

㊴ 카우칭 스티치 (선)

비즈 꿴 실 위로 같은 간격으로 수직으로 걸쳐 고정시키는 방법.

펠트 뒤쪽으로부터 바늘을 빼내 비즈를 모두 통과시킨 후 펠트 뒤로 꽂아 넣습니다. 2 번째의 비즈 밑에서 바늘을 빼냅니다.

↓

2, 3 개마다 실을 걸어 바늘을 다시 꽂아 고정합니다. ★의 위치도 같은 방법으로 고정합니다.

↓

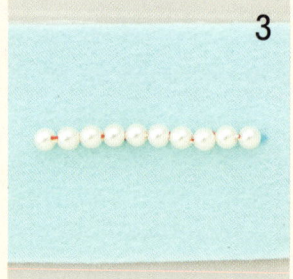

곧은 라인 완성. 곡선이 있는 라인의 경우도 같은 방법으로 수놓습니다.

㊵ 스팽글 연속 수놓기

연속으로 스팽글을 수놓을 때 사용하는 기본적인 기법

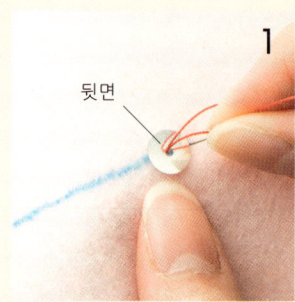

도안 선 끝에 스팽글 반지름 위치에 뚫린 구멍으로 뒤쪽에서 바늘을 빼냅니다. 스팽글 뒷면이 위로 향한 채 바늘을 빼내 반지름만큼 돌아온 곳에 꽂습니다. 거북이 등 모양처럼 생긴 앞뒤가 있는 스팽글의 경우 지정된 면이 앞이 되도록 합니다.

↓

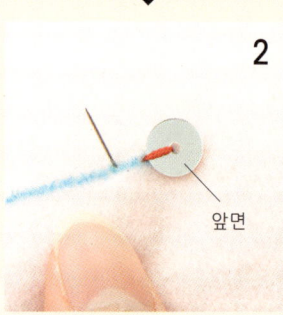

1 의 스팽글을 오른쪽으로 밀어 쓰러트려 반지름만큼 나아가 뒤에서 바늘을 꽂아 앞으로 빼냅니다.

↓

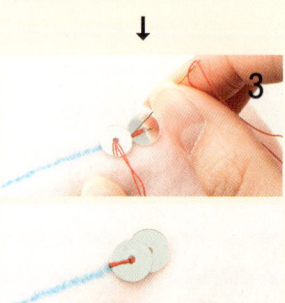

2 의 바늘에 뒷면을 위로한 스팽글을 꽂아 실을 빼낸 후 첫 번째 스팽글의 구멍에 다시 꽂아 넣습니다. 스팽글을 오른쪽으로 넘어트려 겹치게 합니다. 1~3 을 반복합니다.

SHOP LIST
HANDMADE ACCESSORIES STYLE BOOK!

액세서리 금속 부자재와 귀여운 파츠를 구매할 수 있는 상점을 소개합니다.
상점마다 특징이 다르기 때문에 만들고 싶은 작품에 맞게 선택해보세요.

귀화 제작소   아사쿠사바시 본점

액세서리 금속 장식, 리본, 끈이나 오리지널 참 등 기본 아이템부터 유행 파츠, 레시피까지 다양한 재료를 판매합니다. (온라인 숍도 운영)

1

http://www.kiwaseisakujo.jp/shop/

파츠 클럽   아사쿠사바시 역전점

2

전국 100 개의 점포. 약 3만 점 이상 비즈&파츠 판매. 상점 내에서 개최하는 「핸드메이드 교실」에서 재료비만으로 계절에 맞는 액세서리를 만들 수 있습니다.

http://www.partsclub.jp/

Collage

레진 재료와 파츠를 좋은 가격에 손쉽게 구할 수 있습니다. 동물 미니어처, 디자인 참 등 구입할 수 있습니다.
(온라인 숍만 운영).

3

http://collage-net.shop-pro.jp

BOX CHARM   Industry

4

참과 스톤 등 전 세계에서 수입한 파츠가 2000 종류 넘게 취급하고 있습니다. 유럽에서 들여오는 빈티지 파츠도 다양하게 갖추고 있습니다.

http://boxcharmindustry.com

Make it ! 닷컴

베르사유 궁전의 샹들리에에 사용된 크리스탈 글래스(PRECIOSA), 튼튼하고 금속 파츠, 체인 등 2만 점 이상의 제품을 판매합니다.
(온라인 숍만 운영)

5

http://www.tsukuro.com

Petit-copain

6

해외에서 수입된 단추, 빈티지 파츠가 풍부합니다. 다양한 색상의 아이템을 보고 있는 것만으로도 아이디어가 떠오를 것입니다.
(온라인 숍만 운영)

http://www.petit-copain.com

국내 온라인 재료 쇼핑몰

레진
쪼만한 마을   http://www.jjo.co.kr/
귀걸이 부자재
하우비즈   http://www.howbeads.com/
디웨이   https://www.dway.co.kr/
진주 / 원석
엔조이 비즈   http://www.gemmarket.co.kr/
비즈 아이   http://www.beads-i.com/
루비스   http://www.rubys.co.kr/

비즈 / 크리스탈
비즈메이커   http://www.beadsmaker.com/
크리스탈몰   http://crystalmall.net/
금속장식
팝 비즈   http://www.pop-beads.com/
셀프아트   https://www.selfart.co.kr/
리본 / 끈
가배리본   http://www.gaberibbon.co.kr/
악세사리 대장   http://www.acckim.com/

DESIGNER'S PROFILE

이 책에 소개한 액세서리 디자이너 10인의 프로필 소개

1

이치노사와 카오리 一之澤かおり

육아를 하면서 액세서리 만들기 시작. 피규어를 사용한 개성적인 것이나 빈티지 비즈 액세서리 등 세상에서 단 하나뿐인 디자인이 인기를 끌고 있습니다.

http://nightynight.theshop.jp/

PART2: 074-103
PART3: 134,135,138,139, 158-161
PART4: 210-217

2

이와사키 아키노 岩崎晶乃

건축 디자이너를 거쳐 태슬 작가 (tassel de sica) 로 브랜드 운영 「태슬 외로는 표현할 수 없는 계절감」을 테마로 작품을 제작.
저서로는 『태슬 액세서리와 소품』 (일본보그사)가 있습니다.

http://www.tasseldesica.com

PART1: 011-014,038, 039,063-066
PART3: 164,165,176,177, 188,189,191,195,196,208

3

오카모토 모모요 岡本百代

오사카 문화 복장 학원 졸업. 패션 디자이너를 거쳐 자신이 디자인 한 것을 가볍게 몸에 지니고 싶다고 생각하면서 제작 판매를 개시. 실제 꽃을 사용한 디자인이 인기있습니다.

http://www.shisui.co/
[Instagram]
@shisui_momoyo

PART3: 136,137,166,170,175, 178,182,187,203,207
PART7: 342-373

4

후나다 쇼코 舟田祥子

액세서리 브랜드 「kode mari」 운영. 「착용하면 두근거리는」 콘셉트로 심플하고 사용하기 편한 것부터 단 하나밖에 없는 커스텀 디자인 액세서리를 판매합니다.

https://minne.com/@kodemari

PART1: 004-006,009,010, 040-052,067,068
PART3: 162,163,192,193
PART5: 256,263,272,281

고토우 카오리
後藤佳織

디자인 회사 근무 경험을 거쳐 6년 전에 프리랜서로 변신. 액세서리 제작 외로 그래픽 디자인, 일러스트 작업 등을 하고 있다.

http://www.creema.jp/c/kateme

PART1: 001-003,007,008, 015-037,058-062
PART3: 140,141,150-157
PART5: 258-261,265-268, 271,273,274,280,282,284

오쿠 미유키
奥美有紀

요코하마에서 액세서리 교실 「Beads-Yokohama」를 운영.
저서로는 『처음 만드는 비즈 모티브』 (부티크사) 등이 있다.

https://ameblo.jp/m-oku/

PART3: 168,169,171,172,174, 180,181,183,184,186,197,209.
PART4: 241-249,253-255
PART5: 291-293,295,300-302,304
PART6: 306-341

미야조노 미키코
宮園美樹子

의류 판매원의 경험을 살려 의상에 맞춰 액세서리를 만들기 시작하면서 판매를 시작.
누군가에게 어울릴만한 이미지」를 콘셉트로 진행하고 있습니다.

PART1: 069-073

5
6
7
8
9
10

타마무라 마리
玉村麻里

미술 학교를 졸업 후, 의류 판매 경력을 쌓았습니다. 아이를 키우면서 액세서리 제작을 시작.
2017년부터 일러스트와 맞춰 작품 만들기를 시작. 마치 「이야기에서 나온 듯한」을 콘셉트로 점토를 사용한 작품을 주로 제작합니다.

https://minne.com/@mm-haru
[Instagram] @tamamuramari

PART4: 224-240

오쿠다이라 준코
奥平順子

액세서리 브랜드 「Ju's drawer」 운영. 핸드메이드 액세서리 사이트에서 많은 지지를 받으며 미디어에서도 주목받고 있는 인기 디자이너. 다방면에서 활약 중.

https://minne.com/@junko131

PART2: 131-133
PART3: 142-149,167,173,179, 185,190,194,198-202,204-206
PART4: 218-223,250-252
PART5: 257,262,264,269, 270,275-279,283,285-287,288-290,294,296,297-299,303,305

모리 미사
森みさ

의류 판매원을 거쳐서 2011년에 집에서 만든 드라이 플라워와 레진의 액세서리 브랜드「m.i*n.i*」을 시작. 2015년 사이타마 현 오오미야에서 핸드메이드와 잡화 상점「mimi*」을 오픈. 현지 상업시설로 행사 출점도 하고 있습니다.

[Instagram] @mini.33

PART2: 104-130

MAINICHIWO, JIBUNRASHIKU YOSOOU. TEZUKURI ACCESSORY DELUXE!
Copyright © 2018 Asahi Shimbun Publications Inc., All rights reserved.
Original Japanese edition published in Japan by Asahi Shimbun Publications Inc.,
Japan.
Korean translation copyright © 2020 by Mafia Single House Publications Inc.
Korean translation rights arranged with Asahi Shimbun Publications Inc., Japan
through Imprima Korea Agency.

이 책의 한국어판 저작권은 Imprima Korea Agency를 통해 Asahi Shimbun Publications Inc., Japan와의 독점계약으로 마피아 싱글하우스에 있습니다.
저작권법에 의해 한국 내에서 보호를 받는 저작물이므로 무단전제와 무단복제를 금합니다.

p.002, 038 (오른쪽 위), 064 (왼쪽)
프론트 셔츠 드레스/ Honnete (글래스턴베리 쇼룸)
레이스 업 슈즈/ HUMAN WOMAN (휴먼 우먼)

p.003 (아래), 013 (오른쪽), 070
스탠드 블라우스, 코듀로이 스커트
/ HUMAN WOMAN (휴먼 우먼)

p.013 (왼쪽), 039 (왼쪽 위), 064 (오른쪽)
터틀넥 니트/ JOHN SMEDLEY (리밀스 에이전시)
레이스 업 슈즈/ HUMAN WOMAN (휴먼 우먼)

p.012 (왼쪽), 067, 144
플레어 원피스/ HUMAN WOMAN (휴먼 우먼)

p.012 (오른쪽), 038 (오른쪽 아래), 064 (중앙)
롱 드레스/ Honnete (글래스턴베리)
반팔 니트/ JOHN SMEDLEY (리밀스 에이전시)
사이드 고어 슈즈/ HUMAN WOMAN (휴먼 우먼)

p.003 (위), 100
버건디 상의/ LACOSTE (라코스테)
안에 입은 리버티 프린트 셔츠/ HUMAN WOMAN(휴먼 우먼)

p.004 (아래), 018, 098
살로펫/ vainio.seitsonen (퀄리네스트)
노컬러 셔츠/ LACOSTE (라코스테)

p.004 (위), 039 (오른쪽 아래)
하프 집업 풀오버/ LACOSTE (라코스테)
스니커즈/ Reebok CLASSIC (리복 아디다스그룹)

p.014, 039 (아래), 064 (오른쪽)
셔츠/ Yarmo (글래스턴베리)

p.005 (위), 015
스트라이프 재킷/ Yarmo (글래스턴베리)

p.005 (아래), 019, 038 (왼쪽)
니트 원피스/ LACOSTE LiVE (라코스테)

p.017, 062, 096
베스트/ H/standard (애쉬·스탠다드 후타코타마가와 라이즈)
팬츠/ HUMAN WOMAN (휴먼 우먼)

매일 나답게 꾸미자! 액세서리 교과서

액세서리 스타일 북

2021년 1월 18일 초판 1쇄 발행

지은이 | 아사히신문출판
발행인 | 신재은
옮긴이 | 김현진
편집/마케팅 | 신재은, 신재혁
발행처 | 마피아 싱글하우스
출판등록 | 2014년 4월 23일(제2014-000077호)

주소 | 서울특별시 동작구 동작대로35길 67 1F
전화 | (02) 579-2877
팩스 | (02) 6008-9815
홈페이지 | www.mafiasinglehouse.com
인스타그램 | @mafia_single_house
ISBN   979-11-958488-5-0 14630
       979-11-958488-2-9 (세트)

본서의 내용을 무단 복제 하는 것은 저작권법에 의해 금지되어 있습니다. 또한 대행업체 등 제3자에게 의뢰하여 스캔 또는 디지털화하는 것은 개인적, 가정 내에서의 이용일지라도 일체 허락되지 않습니다.
파본이나 잘못된 책은 구입한 곳에서 교환해 드립니다.
본서에 게재된 사진, 작품, 도면 등을 상품화하여 핸드메이드 마켓이나 SNS 등의 개인 판매 및 실제 점포, 프리마켓, 바자회 등 영리 목적으로의 사용은 저작권법으로 금지되어 있습니다. 개인이 핸드메이드로 즐기는 것에 사용해 주세요.

이 도서의 국립중앙도서관 출판예정도서목록(CIP)은 서지정보유통지원시스템 홈페이지(http://seoji.nl.go.kr)와 국가자료종합목록 구축시스템(http://kolis-net.nl.go.kr)에서 이용하실 수 있습니다. (CIP제어번호 : CIP2020050359)

Mafia single house 「마피아 싱글하우스」는 꿈이 있는 사람들을 위한 수공예 전문 출판사입니다.